Ansyen Liv Jasé a

Tradwi pa Hakeem Valcin

ii

Yo rele l tou

Sepher HaYasher (An Ebre)

Oswa

Liv Moun ki mache dwat la

Yon Nouvo Edisyon Annote

Refere nan Jozye 10:13; 2 Samyèl 1:18; 2 Timote 3:8

ISBN: 978-1-967787-56-2

Tab Kontni

Dedikas vii

Sou Otè a ix

Entwodiksyon xi

1- Soti nan Kreyasyon pou rive nan Abèl 1

2- Soti nan Sèt rive nan Enòk 4

3- Lavi Enòk 7

4- De Apostazi rive nan nesans Noye 10

5- De Noye rive nan lanmò Metouchela 12

6- Delij la 14

7- Jenerasyon Noye yo 17

8- Granmoun saj Nimwòd yo 20

9- Abram ak konstriksyon gwo kay Babèl la 23

10- Desandan Noye yo 26

11- Rejim mechan Nimwòd la 29

12- Abram kouri kite Nimwòd 33

13- Abram nan Kanaran 38

14- Farawon Rikayon (Premye Farawon) 41

15- Abram nan peyi Lejip (Gwo grangou a) ... 44

16- Abram kont senk wa yo 48

17- Vyòl Saben yo 51

18- Kòmansman Sikonsizyon 53

19- Destriksyon Sodòm 56

20- Abraram ak Filisten yo 60

21- Izarak fèt 62

22- Pi dlo Abraram ak lanmò Terak 65

23- Abraram Ofri Izarak 69

24- Izarak ak Rebeka 75

25- Pitit gason Ketoura yo 78

26- Lanmò Abraram 80

27- Lanmò Nimwòd 83

28- Izarak ak Filisten yo 85

29- Jakòb Pran Benediksyon Ezaou 87

30- Jakòb ak Rachèl 91

31- Maryaj Jakòb yo 93

32- Jakòb rekonsilye ak Ezaou 98

33- Sichèm ak Dina 103

34- Masak nan Sichèm 107

35- Reyaksyon Amorit yo 112

36- Edòmiten yo pran Pouvwa 114

37- Lagè Kananeyen yo kòmanse 117

38- Lagè Kananeyen yo kontinye 121

39- Lagè Kananeyen yo kontinye 125

40- Kananeyen yo chache lapè 130

41- Rèv Jozèf la 134

42- Jozèf Vann Kòm Esklav 137

43- Frè Jozèf Yo Nan Lapenn 141

44- Jozèf Te Vann Bay Potifa 145

45- Fanmi Pitit Gason Jakòb yo 151

46- Jozèf Entèprete De Rèv 154

47- Jakòb ak Ezaou Fè Lapè 156

48- Jozèf Entèprete Rèv Farawon an 159

49- Jozèf Chèf Tout Peyi Lejip 164

50- Ejipsyen Yo Prepare Pou Grangou a 167

51- Izrayelit Yo Ale Lejip Pou Manje 170

52- Izrayelit yo retounen Lejip 174

53- Benjamen Nan Lejip 177

54- Jozèf Revele Tèt Li 180

55- Izrayelit Yo Etabli Nan Lejip 188

56- Lanmò Jakòb 191

57- Zefo Fè Lagè 196

58- Lagè Edòmiten Kontinye........................ 200

59- Lanmò Jozèf 203

60- Lagè ant Angeas ak Turnus 205

61- Zefo Ini Itali 208

62- Lanmò Pitit Gason Jakòb Yo 210

63- Lagè Women-Afriken 213

64- Lagè Women-Lejipsyen......................... 216

65- Izrayelit Yo Redwi An Esklavaj 220

66- Ti Bebe Bason Izrayelit Yo Mouri 223

67- Miryam Fèt 225

68- Moyiz Fèt 229

69- Lejipsyen Yo Maltrete Izrayelit Yo 231

70- Ti Bebe Moyiz....................................... 232

71- Moyiz Touye Yon Lejipsyen 235

72- Kikiyanis.. 236

73- Moyiz Nan Etyopi.................................. 239

74- Moyiz Reye Nan Peyi Kouch.................. 242

75- Efrayimit Yo Eseye Kite Lejip................ 244

76- Moyiz Kite Peyi Kouch.......................... 246

77- Baton Moyiz 250

78- Apèl Moyiz 253

79- Moyiz Devan Farawon 254

80- Epidemi Lejipsyen Yo 258

81- Lanmè Wouj la Separe 262

82- Lalwa Sou Mòn Sinayi........................... 266

83- Douz Espyon Yo 268

84- Rebelyon Kore 271

85-Mowabit Yo Sedwi Izrayèl..................... 273

86- Izrayèl Atake Madyanit 277

87- Lanmò Moyiz.. 278

88- Jozye Travèse Jouden An 279

89- Konkèt Kanaran 283

90- Jozye Divize Peyi a 286

91- Gouvènans Ansyen yo 289

*Anèks A... 290

*Anèks B... 296

*Anèks C : 300

Anèks D: Swadizan Kontradiksyon............ 303

Anèks E:... 308

Dedikas

Mwen Dedye Liv sa a bay YAHWEH, Papa, Yeshua Hamachiach, Pitit la, ak Ruach Hakodesh, Lespri Sen an.

Sou Otè a

Hakeem Valcin te fèt nan ane 1995, an Ayiti, li te vin yon Kretyen a laj 15 an. Li te vin reyalize byen vit ke te gen diferans nan doktrin e nan divès denominasyon epi l te vin ap chèche pwouve tèt li bon entèpretasyon kòrèk nan pwoblèm sa yo ki divize Kretyen yo. Li te etidye nan Nyack College a New York, Bib ak Teyoloji e li te vin fini etid li nan Campbell University, North Carolina sou Etid Kretyen nan Ministè jèn. Li te resevwa diplòm Asosye li sou Etid Kretyen nan ane 2021 ak Bakaloreya li nan Etid Kretyen nan Ministè jèn yo nan 2022. Aprè yon etid entansif sou legliz premye syèk la, ak Ekriti Sen yo, li te ap chèche fè retounen ansèyman Apot yo ak disip 12 Apot yo ansanm ak pwofèt Ansyen Testaman yo. Hakeem Valcin se yon otè ki pale sou divès pwoblèm ki genyen rapò ak Nasyon Izrayèl nan Bib la, reyalite vrè pèp Izrayèl la kounyeya ak istwa ansyen de pèp BonDye a ke nou pa jwen legliz men ki enpòtan. Li genyen plis lòt travay l'ap fè pou ouvè zye pèp BonDye. Pami yo, liv Jasé sa, video anime sou Liv Jasé k'ap vini byento, aplikasyon pouw instale liv apokrif yo, liv yo an odyo, ak anpil sijè e emisyon. Kè l se pou l ekri ak tradwi liv, pou sèvi moun e bay limyè pou gide nenpòt moun ki ta vle vin konnen plis laverite k ap transfòme epi k ap pote yon enpak k'ap dire lontan. Rete branche pou plis liv ak limyè nan pawòl BonDye a.

Kounyeya Hakeem Valcin ap dirije yon chanèl Youtube ki rele Reyalite Ebre, ak on lòt chanèl an anglè ki rele Hebrew Realities k'ap pale sou liv sa yo ak lòt sijè intèresan.

Entwodiksyon

Kisa Liv Jasé a ye?

Liv Jasé a se youn nan liv ke yo swadizan rele apokrif, ki pami plis ke 36 lòt liv istwa ansyen ke Bib la rekòmande pou nou li. Nan plis ke 36 liv sa yo, nou genyen avèk nou liv Jasé a ki toujou egziste malgré tout sa ki te pase l pou l pat la. Si pou nou kwè tèks la, men brèf istwal. Liv sa a te ekri plis pase 3,500 ane de sa. Li gen anviwon menm laj ak liv Jenèz nan Bib la. Li kouvri apeprè menm peryòd tan avèk Jenèz ansanm ak Egzòd, men li gen apeprè de fwa plis enfòmasyon pase Jenèz. Li reponn a anpil kesyon ke moun ap poze konsènan Jenèz rive jouk a liv Jozye a.

Kijan nou ka asire ke sa a se vrè Liv Jasé a? Oswa, èske se pa yon fo Liv nan tan Mwayennaj yo?

Te gen omwen de fo liv Jasé se vre. Youn se yon tretat etik ki soti nan Mwayennaj yo, men li pa egziste nan lang Anglè a jiskaprezan selon sa mwen konnen. Anplis, premye fo liv Jasé a li gen yon stil Gnostik ki kòmanse ak yon seksyon sou mistè kreyasyon an selon sa chèchè yo fè konnen. Yon dezyèm fo te pibliye an 1829, swadizan tradwi pa Flaccus Albinus Alcuinus. Men, pou di w vre de fo sa yo pa genyen menm nivo ak kredibilite avèk liv Jasé sa a ki nan menw lan. Anplis, tou de manke enfòmasyon ke Ekriti Sen an di ki nan vrè Liv Jasé a. Se sèl liv Jasé sa a ki nan men w lan ki koresponn ak sa Bib la di li genyen an. Kidonk nou ka asire nou ke Liv Jasé sa ki tradwi a se kopi parèy kopi orijinal la.

Anpil nan enfòmasyon siplemantè ki nan Jasé, ou ka jwenn yo tou nan liv jwif yo ki rele Talmud **Babilòn** nan, Mishnah, ak Lejann jwif yo (Legends of the Jews) tradwi pa Louis Ginzberg. Nan anpil sitasyon, genyen kotasyon ki montre Rabbi Eléazar yon jwif ki te koni anpil, te itilize liv Jasé sa anpil nan premye syèk ap. J.-C. Liv Mishnah te fini anviwon ane 200 ap. J.-C. Epi Talmud Babilòn nan anviwon ane 800 ap. J.-C. Kidonk, avèk yon asirans nou ka konnen ke Mishnah ak Talmud lan te itilize liv Jasé sa a kòm sous dokiman yo, se pa kontrè. Epitou, depi lè liv Seder Olam te ekri nan anviwon ane 169 ap. J.-C. Liv Seder Olam te refere a Jasé anpil, nou konnen ke liv Jasé a te itilize pa lòt istoryen nan dezyèm syèk ap. J.-C. Tout sa se pou moutre nou kijan liv Jasé a te koni e te genyen anpil enpòtans pami anpil ekriven Jwif.

Kisa Bib la di sou Liv Jasé?

Ekriti Sen an anrejistre evènman kote BonDye te fè solèy la rete nan plas li jouk Jozye ak mesye li yo te fini bat Amoreyen yo. Se te yon evènman tèlman enkwayab ke otè liv Jozye a eksplike ke, li vrè paske menm evènman sa tou anrejistre nan Liv Jasé a, kòm temwen. Sa montre nou de bagay. Premyeman, liv orijinal Jasé a pi ansyen pase liv Jozye a; Dezyèmman, Bib la rekòmande pou nou li liv istwa sa a.

"Jou Senyè a te lage moun Amori yo nan men pèp Izrayèl yo, Jozye pale ak Senyè a, devan tout pèp Izrayèl la: Solèy, rete kanpe sou lavil Gabawon. Lalin, rete klere sou Fon Ajalon an. Solèy la te rete kote l te ye a, lalin lan pa fè yon pa, jouk pèp Izrayèl la te tire revanj sou lènmi li yo. Se sa nou jwenn ekri nan liv Moun ki mache dwat la. Solèy la te rete nan mitan syèl la, san li pa mache yon bon tan, longè yon jounen konsa. Se apre sa l'al kouche. Ni anvan sa, ni apre sa, pa janm gen yon jou tankou jou sa a lè Senyè a te fè sa yon moun te mande l fè, paske Senyè a te goumen pou pèp Izrayèl la. Jozye 10:12-14 HAT 98

Men sa Jasé a di: "... Jozye di nan je tout pèp la: Solèy, rete kanpe sou Gabawon, ak lalin nan Fon Ajalon, jiskaske nasyon an va tire revanj tèt li. Sou ènmi li yo... Epi solèy la te kanpe nan mitan syèl la, li te kanpe trann sis moman, epi lalin lan te kanpe tou e li pa t prese desann yon jounen antyèman. Epi pa t gen okenn jou konsa anvan l oswa apre l, kote Senyè a te koute vwa lèzòm, paske Senyè a te goumen pou pèp Izrayèl la." Jasé 88:63-64

Referans Jasé nan 2 Samyèl la te rive kote David t'ap plenn pou lanmò Sayil. Men sa Bib la di:

"David pran chante pou plenn lanmò Sayil ak Jonatan, pitit Sayil la. Li bay lòd pou yo moutre chante a bay tout moun Jida yo. Se chante banza yo. Yo jwenn li ekri nan Liv Moun ki mache dwat la." 2 Samyèl 1:17-18

Pasaj sa fè referans ak epòk lè Jakòb ta pral mouri e li te rele pitit gason l yo ansanm pou l te pwofetize sou yo. Evènman sa anrejistre nan Jenèz 49. Men, kòmandman espesifik sa Jakòb te bay Jida pa ekri nan Liv Sen an, men li nan Ansyen Liv Jasé a jan yo di nou nan pasaj sa a ki anlè a.

"...sèlman anseye pitit gason ou yo pou sèvi ak banza ak tout zam pou lagè, pou yo ka goumen pou frè yo ki pral gouvène sou lènmi yo." Jasé 56:9

Alizyon

Pòl bay non de majisyen yo ki te kenbe tèt ak Moyiz: Jannès ak Janbrès. Evènman sa anrejistre nan Egzòd 7:8-13; Men, non majisyen yo pa janm bay nan Ansyen Testaman an. Pòl te konnen non yo ak lòt detay sou yo nan lòt sous liv Ebre yo. Se sèlman liv Jasé a ki pale nou anpil sou yo. Kidonk, Ansyen Liv Jasé a se youn nan sous sa yo.

"Menm jan ou te wè Janès ak Janbrès t'ap fè Moyiz opozisyon an, konsa tou moun sa yo ap fè verite a opozisyon. Se yon bann moun ki gen lespri yo deraye. Bondye voye yo jete paske yo pa gen konfyans tout bon nan li. Men, yo p'ap rive lwen paske tout moun pral rekonèt jan yo pèdi tèt yo, menm jan sa te rive pou Jannès ak Janbrès." 2 Timote 3:8-9 HAT 98

"Lè yo fin ale, farawon an voye chache Balaram, majisyen an, e kote Jannès ak Janbrès, pitit gason l yo, ak tout majisyen yo, iluzyonist yo ak konseye ki te pou wa a. Arawon prese jete baton an nan men l devan farawon ak devan sèvitè l yo, e baton an tounen yon sèpan. Jasé 79:27,36

Ansyen Liv Seder Olam se yon lòt liv istwa Ebre (ki pa mansyone nan Ekriti Sen an) ki te ekri nan ane 169 ap. J.-C. Li anrejistre ke Rabbi Eliezè te youn nan ekriven ki te pi egzak lè l t'ap kalkile dat ak fèt yo paske li te itilize Ansyen Liv Jasé a kòm pi bon sous pou liv istwa li a. Sa fè nou konnen yo te konn itilize liv Jasé a anpil e li te byen koni nan premye syèk ap. J.-C. Gade chapit 4 Ansyen Seder Olam pou plis detay.

Prefas orijinal la de Liv Jasé a nan tradiksyon Anglè a te ajoute ke Josephus Flavius te ekri ke Jasé se yon liv istwa trè serye. Gade anèks E nan dènye paj liv sa a pou plis detay.

"Pa Liv sa a li bay bon konprann sou kèk rejis ki te kenbe nan yon kote ki an sekirite tout espre, ki bay yon kont sou sa ki te pase nan mitan Ebre yo chak ane, epi yo te rele li Jasé oswa moun ki dwat la, akòz fidelite nan istwa yo." ~Josephus Flavius

Poukisa Liv Jasé a pa nan Bib la?

Repons kesyon sa anpil paske li pa yon sèl ni yon senp repons. Pou rezime men repons lan, nan 17yèm syèk la liv Jasé a te redekouvri e pibliye. Se te nan ane 70 ap. J.-C. liv lan te chanje lokasyon soti Jerizalèm ale Espay, kidonk lè yo t'ap fè reyinyon pou deside ki liv ki diy pou nan kanon wan liv Jasé a pat dispoze nan anpil kopi. Ki vle di lè legliz Katolik Women ak Pwotestan resi deside liv pa yo, li vin two ta paske dènye reyinyon ki te fèt, pou mwen avèw te ka genyen vèsyon Bib nou genyen yan se te 1885 e ki te enfliyanse pa reyinyon ki te fèt depi 1546 ak 1563 e lòt dat avan sa yo toujou. Mwen va ekri yon liv komantè sou Jasé ki pral ede w konpran istwa l plis.

Kilès ki te Jasé ?

Lè nou rasanble mòso enfòmasyon ke nou jwenn nan divès woulo ansyen yo, ak nan prefas orijinal Liv Jasé a ak lòt referans tankou nan 1 Kwonik 2:18 ak Jenèz 46:12, nou dekouvri ke Jasé, oswa Yesher, ou byen nan lang Ebre 'HaYashar' ak nan kèk lòt vèsyon ki ekri l diferan (men tout diferan nom sa yo se yon sèl moun), Jasé te fèt nan peyi Kanaran (Izrayèl). Li te premye pitit gason Kalèb. Brèfman, Kalèb sa a n'ap pale ya la, se pa menm ak Kalèb pitit Jefoune an ki te fè pati de douz espyon ke Moyiz te voye an selon (Nonb 13 :6). Men, Kalèb sa a se pitit Ezwon an, li te fèt apre Kalèb piti Jefoune an, pa konsekan se te de jenerasyon diferan. Dapre dosye istorik yo, Jasé deklare ke li te jwenn enfòmasyon li yo nan men Kalèb, papa li ak Ezwon, granpapa li. Jasé te prezante evènman yo jan yo te rive a, avèk senplisite ak fòs laverite. An jeneral, rapò li yo dakò ak deklarasyon yo nan liv Moyiz yo. Lè genyen yon diferans, li rapòte evènman yo avèk fidelite detaye kòm yon gadyen laverite. Se atachman sa a pou verite ak ladwati ki fè li te rele « Jasé » bonè nan lavi li, paske non sa a literalman vle di « ladwati. » Nan Izrayèl, yo te konn di konsènan li, poutèt fidelite li nan travay li yo ak wòl li kòm yon rakontè nan mitan pèp li : « Men nonm ki dwat la. » Se te konsa Jasé te ekri volim ki pote non li. Malgre enfòmasyon sa yo, genyen kèk dezakò sou sijè sa a. Gen kèk entelektyèl ki diskite sou sa. Yo kwè ke « Jasé » pa t' yon moun, men pito yon tit ki vle di « liv dwat la » paske tèm ספר הישר literalman vle di « rejis ki dwat oswa kòrèk. » Pandan anpil lòt moun kwè liv la refere a yon moun espesifik, sa toujou rete kòm yon dispit. Sepandan, kit liv la pote non yon moun oswa li refere a « liv moun dwat yo », li rete kòm yon dokiman ki itil ak valab pou lekti, jan Martin Luther te di konsènan liv apokrif yo : « yo itil ak bon pou lekti. » Mete sou sa, Bib la fè lwanj liv sa a twa fwa : De fwa li site li dirèkteman pa non, e yon lòt fwa li fè alizyon sou li. Se pou rezon sa yo, Liv Jasé a se yon liv ki bon pou lekti, epi li gen valè pou kwè nan li kòm yon sous istorik ak relijye ki merite konsiderasyon.

Ki istwa ki pa dèyè Liv Jasé a?

Dapre lejann rabinik la, liv Jasé a ak plizyè lòt tèks ansyen ki pa Biblik, yo te pote yo soti nan Jerizalèm ale nan peyi Espay apre Jerizalèm te tonbe nan ane 70 ap. J.-C. Youn nan ofisye Women anperè Titus, ki te rele Sidrus, te kwè nan BonDye Ebre yo. Li te asire ke plizyè tèks sakre te soti nan Jerizalèm pou yo te kenbe an sekirite nan vil Sevilia nan peyi Espay. Raben Sefarad yo (ki se non jwif ki t'ap viv nan Espay) te kenbe tèks sa yo an sekirite. Nan ane 1613 ap. J.-C. Premye kopi ofisyèl ki te enprime nan lang Ebre a pou liv Jasé a te pibliye nan Venice, peyi Itali. Epi premye tradiksyon soti nan vèsyon Ebre an pou mete l nan lang Anglè a te fini nan ane 1840 ap. J.-C.

Èske tèks Jasé a te kòwonpi pandan syèk yo?

Woulo ansyen sa yo te nan move kondisyon lè liv la te enprime nan lang Ebre a nan ane 1613. Tèks la enspire pa BonDye, e li te yon liv istwa ki egzat anpil, men ki te nan foulay, tèks la montre siy erè eskrib menm jan ak Bib kanon nou wan. Men, nou dwe sonje ke woulo sa a ka **gen** plis pase 3,500 ane. Pwiske pat genyen machine pou tape, se kopye avèk men soti nan yon lang a yon lòt, kidonk genyen erè ladan l, men ki pa chanje mesay ak istwa nan original la k'ap bay lan. Liv Jasé a rekòmande pa Ekriti Sen an anpil.

Kalendriye Ebre a

Kalendriye Kretyen an baze sou nesans Kris la. Si kalendriye sa pa te kòwonpi, ane AD (ki se ap. J.-C.) 2024 ta vle di Jezi Kris te fèt 2,024 ane de sa. Kalendriye Ebre a baze li menm sou kreyasyon mond lan. Ane Kretyen AD ki se (ap.J-C.) 2024 koresponn ak 5,785 AM nan kalendriye Jwif la. Abreveyasyon « AM » vle di « Anno Mundi, » ki vle di « Ane Mond lan »; menm jan ak « AD » ki vle di « Anno Domini» ki vle di « nan ane Senyè a. »Pifò Kretyen fondamantalis kwè kalendriye Jwif la manke, oswa genyen anplis, omwen 168 ane. Sepandan, sa depase sijè travay sa a. Tout dat ki nan liv Jasé a se dat depi Kreyasyon rive jouk sou pèp Jwif la lè yo te antre nan Tè ki te Pwomèt a yo. Li sèlman kouvri premye 2,516 ane istwa limanite.

Aranjman liv sa a

Apre chapit entwodiksyon sa a, ou pral jwenn tèks Ansyen Liv Jasé a. Apre tèks la, ou pral jwenn senk anèks. Anèks A montre yon seri tab tan pou konvenyans ou, mwen te jwen enfòmasyon tab sa a nan website Dr. Ken Johnson sou sit Biblefacts.org li an. Anèks B bay Nòt sou kwonoloji ak tablo nasyon yo, ke (Biblefacts.org) ranje pou nou. Anèks C bay enfòmasyon sou Evènman enpòtan ak Lis wa Janti yo (Biblefacts.org). Anèks D bay yon analiz detaye sou swadizan kontradiksyon ki genyen ant Jasé ak Bib la. Anèks E gen prefas orijinal la ki te ajoute nan vèsyon 1840 la. Tanpri voye tout kesyon ak kòmantè ban nou epi ekri nou sou email nou nan ReyaliteEbre24@outlook.com. Nou ta renmen tande pale de ou kijan liv sa beniw. Ansyen Liv Jasé a gen 91 chapit.

Ansyen Liv Jasé

SA A SE LIV JENERASYON LIMANITE, KE BONDYE TE KREYE SOU TÈ A, NAN JOU LÈ SENYÈ BONDYE TE FÈ SYÈL AK TÈ A.

1- Soti nan Kreyasyon pou rive nan Abèl

(Jenèz 1-4)

[1] Epi BonDye di:-Ann fè moun nan imaj nou, daprè resanblans nou, epi BonDye kreye moun nan imaj Li.

[2] BonDye te fòme yon moun depi nan tè a, Li soufle nan twou nen l Souf ki bay lavi a, epi moun nan vin tounen yon nanm vivan ki anrichi ak pawòl.

[3] SENYÈ a di:-Li pa bon pou yon moun rete poukont li. M'ap fè pou li yon konpayon ki pou ede l.

[4] SENYÈ a te fè yon gwo dòmi tonbe sou Adan, li t'al dòmi, Li wete youn nan zo kòt li yo, Li bati chè sou li, Li fòme l, Li mennen l bay Adan. Lè Adan leve nan dòmi, li gade yon fanm te kanpe devan l.

[5] Epi li di:-Sa a se yon zo nan zosman mwen yo, y'a pral rele l fanm, paske yo te pran sa a nan gason. Adan te rele l Èv, paske se li menm ki manman tout moun ki vivan.

[6] BonDye te beni yo, Li ba yo non Adan ak Èv nan jou Li te kreye yo a, e SENYÈ a BonDye di:-Fè pitit, miltipliye, epi ranpli tè a.

[7] SENYÈ BonDye, pran Adan ak madanm li, Li mete yo nan jaden Edenn nan pou kiltive l, e pran swen l. Li ba yo lòd, Li di yo:-Nou gen dwa manje nan tout pyebwa ki nan jaden an, men nan pyebwa konesans sa ki byen ak sa ki mal nou pa dwe manje, paske jou nou manje ladan l, n'ap mouri.

[8] Lè BonDye te beni e kòmande yo, li te kite yo, e Adan ak madanm li te rete nan jaden an daprè kòmandman SENYÈ a te ba yo.

[9] Epi sèpan, ke BonDye te kreye avèk yo sou tè a, vin jwenn yo pou pouse yo dezobeyi kòmandman BonDye te ba yo a.

[10] Aprè sa, sèpan an pran tèt fanm nan, li konvenk fanm nan pou l manje nan pye bwa konesans la, fanm nan koute vwa sèpan an, li dezobeyi pawòl BonDye a, li pran nan pyebwa konesans sa ki byen ak sa ki mal la, li manje, e li pran ladan l, li bay mari l tou pou li manje.

[11] Epi Adan ak madanm li te dezobeyi kòmandman BonDye te ba yo a, BonDye te konnen sa, Li te fache sou yo e Li te madichonnen yo.

[12] Jou sa a, SENYÈ BonDye, te mete yo deyò nan jaden Edenn lan, pou yo te travay tè kote yo te pran yo a. Adan te konnen Èv, madanm li, e li te fè de pitit gason ak twa pitit fi.

[13] Li rele premye pitit gason an Kayen, li di:-Mwen jwenn yon nonm nan men SENYÈ a, e li te rele lòt la Abèl, paske li te di:-Nan vanite nou vin sou tè a, nan vanite nou prale ladan l.

[14] Ti gason yo te grandi, papa yo te ba yo yon byen nan peyi a. Kayen se te yon travayè tè, e Abèl te yon gadò mouton.

[15] Aprè kèk ane, yo te pote yon ofrann ki konparab bay SENYÈ a, Kayen te pote fwi ki te soti nan tè a, Abèl pou bò pa l, te pran nan premye pitit mouton l yo, sak te pi gra yo. Lè sa a, BonDye vire, Li panche sou Abèl ak ofrann li a, e SENYÈ a te fè dife desann sot nan syèl la, Li boule l.

[16] Men, SENYÈ a pa t vire bay Kayen ak ofrann li te fè a, Li pa t panche sou li, paske l te pote fwi mizerab ki soti nan tè a devan SENYÈ a, e Kayen te fè jalouzi kont Abèl, frè l la poutèt sa. Li t'ap chèche yon pretèks pou l te touye l.

[17] Kèk tan aprè sa, Kayen ak Abèl, frè li a, te ale nan jaden pou fè travay yo. Yo tou de te nan savann nan. Kayen t'ap travay tè, li t'ap raboure. Abèl menm, t'ap [bay mouton l yo manje]. Epi twoupo yo te pase [nan] pati Kayen te raboure nan tè a, e sa te bay Kayen anpil lapenn.

[18] Lè sa a, Kayen pwoche bò kote Abèl, frè l la, li te fache, li di l:-Kisa ki genyen ant mwen menm ak ou, pou w vin rete, pou w mennen mouton w yo manje nan jaden mwen an?

[19] Abèl reponn Kayen, frè l la, li di l:-Kisa ki genyen ant mwen menm avè w pou w manje vyann mouton m yo, pou w abiye w ak lenn mouton m yo?

[20] Kounyeya, wete lenn mouton m yo ou te mete sou ou a, epi ban mwen fwi po bèt yo ak vyann yo ou te manje a. Lè w'a fin fè sa, m'a kite tè w la jan w te di l la.

[21] Kayen di Abèl, frè li a:-Si m touye w jòdi a, ki moun ki pral mande m kont pou san w?

[22] Abèl reponn Kayen, li di l:-Se vre wi, BonDye ki fè nou sou tè a, L'ap tire revanj kòz mwen an, epi L'ap mande ou san m si w touye m, paske SENYÈ a se jij ak abit. Se li menm ki va peye lèzòm daprè mechanste li yo, epi mechan an daprè mechanste li pral fè sou tè a.

[23] Kounyeya, si w ta touye m isit la, asireman, BonDye konnen sekrè w yo, epi L'ap jije w pou sa ki mal ou te deklare fè m jodi a.

[24] Lè Kayen tande pawòl Abèl, frè l la te di a, Kayen te fache sou Abèl, pou sa l te di l.

[25] Aprè sa, Kayen prese leve, li pran pati an fè nan zouti raboure l la, menm moman li frape frè l la, li touye l, epi Kayen vide san Abèl frè l la sou tè a, san Abèl koule sou tè a devan twoupo yo.

[26] Kou sa fin pase, Kayen te vin regrèt li te touye frè l la, li te nan lapenn anpil, li te kriye pou li e sa te boulvèse l.

[27] Aprè sa, Kayen leve, li fouye yon twou nan jaden an, kote li mete kadav frè l la, epi l vide pousyè tè sou li.

[28] SENYÈ a te konnen sa Kayen te fè frè l la, Li parèt devan Kayen, Li di l:-Kote Abèl, frè w la, ki te avè w la?

[29] Kayen pran pòz li, li di:-Mwen pa konnen, èske se gadyen frè m lan mwen ye? SENYÈ a di l: Kisa ou fè [la]? Vwa san frè w la soti nan tè kote w te touye l la, l'ap rele nan Pye m.

[30] Paske, ou te touye frè w la, epi ou kache entansyon w devan mwen, e ou imajine nan kè w ke Mwen pa t wè w ni konnen tout aksyon w yo.

[31] Men, ou fè bagay sa a epi w touye frè w la pou anyen, e paske li te pale byen avèk ou. Kounyeya, madichon pou ou, soti nan tè a ki louvri bouch li pou resevwa san frè w la nan men w, kote w te antere l la.

[32] Epi, lè w'a travay [tè yan], li p'ap ba w randman ankò jan sa te ye avan, paske se pikan ak pengwen tè a pral pwodwi, epi w'ap deplase, w'ap moute desann sou tè a jouk ou mouri.

[33] Lè sa a, Kayen te soti devan SENYÈ a, kote l te ye a, li ale nan peyi [ki te] nan direksyon lès Edenn nan, li menm ak tout moun ki pou li yo.

[34] Kayen te vin kouche avèk madanm li, nan epòk sa yo, li vin ansent, li fè yon pitit gason, li rele l Enòk, li di: "Lè sa a, SENYÈ a te kòmanse ba l repo ak trankilite sou tè a."

[35] Kayen te kòmanse bati yon vil tou. Li bati vil la epi l rele vil la Enòk, daprè non pitit li a. Paske nan epòk sa yo SENYÈ a te ba li repo sou tè a. Lè li pa t deplase e li pa t moute desann tankou nan jan sa te ye avan.

[36] Enòk te fè Irad, Irad te papa Meoujaèl, Meoujaèl te papa Metousayèl.

2- Soti nan Sèt rive nan Enòk

[1] Se te nan santantrantyèm ane (130) nan lavi Adan sou tè a, li te vin kouche ankò ak Èv, madanm li, epi l vin ansent, li te vin fè yon pitit gason ki sanble ak Adan tèt koupe, li te rele l Sèt. Li t'ap di:- Paske BonDye ban mwen yon lòt pitit nan plas Abèl, paske Kayen te touye l.

[2] Sèt viv sansenkan (105), li te vin fè yon pitit gason. Epi Sèt rele pitit gason l lan Enòch, li di konsa:- Paske nan epòk sa a, pitit gason lèzòm yo te kòmanse fè anpil anpil pitit, yo t'ap maltrete nanm yo ak kè yo, lè yo te vire do bay BonDye e revòlte kont BonDye.

[3] Nan epòk Enòch la, pitit gason lèzòm yo te kontinye ap revòlte e fè peche kont BonDye, pou yo te ogmante kòlè SENYÈ a kont yo.

[4] Pitit gason lèzòm yo ale, yo sèvi lòt dye, yo te bliye SENYÈ a ki te kreye yo sou tè a. Lè sa a, pitit gason lèzòm yo te fè estati kwiv ak fè, bwa ak wòch, yo bese tèt yo desann epi sèvi yo.

[5] Chak moun te fè dye pa yo, yo bese tèt devan yo, e moun yo te abandone SENYÈ a pandan tout tan Enòch ak pitit li yo. Kòlè SENYÈ a te limen poutèt zèv yo ak abominasyon yo t'ap fè sou tè a.

[6] SENYÈ a te fè dlo larivyè Giyon an kouvri yo, li te monte sou yo, li te touye yo. Li te detwi yon twazyèm pati nan tè a, e malgre sa, pitit gason lèzòm pa t vire do bay move chemen yo. Mete sou sa, men yo te toujou lonje pou yo te fè sa ki mal nan je SENYÈ a.

[7] Nan tan sa, yo pa t ni simen ni rekòlte sou tè a; e pa t gen manje pou moun yo, grangou a te grav anpil nan epòk sa yo.

[8] Epi, grenn yo te vin simen nan epòk sa a, te vin tounen pikan, pengwen ak raje; Paske depi nan epòk Adan, se te deklarasyon sa a ki te bay konsènan tè a, se madichon sa BonDye te bay, Li te modi tè a, akoz peche Adan te fè devan SENYÈ a.

[9] Se te san rete lèzòm te kontinye ap fè rebèl ak transgresyon kont BonDye, yo t'ap fè koripsyon sou chemen yo, akoz sa tè a te vin kòwonpi anpil.

[10] Enòch te gen katrevendizan (90) lè li te fè Kenan.

[11] Kenan te grandi, li te gen karantan (40), li te vin gen bon konprann, li te gen konesans ak konpetans nan tout sajès li, epi l te gouvènen sou tout pitit gason lèzòm yo, li kondwi pitit gason lèzòm yo nan bon konprann ak konesans; Paske Kenan se te yon nonm ki te gen anpil sajès. Ak sajès li, li te gouvène sou lespri ak demon.

[12] Epi Kenan te konnen atravè bon konprann li, ke BonDye ta pral detwi pitit gason lèzòm yo, paske yo t'ap fè anpil peche sou tè a, e ke nan dènye jou yo, SENYÈ a ta pral voye gwo inondasyon sou yo.

[13] Lè sa a, Kenan te vin ekri sou kèk ròch plat, sa ki te gen pou rive, nan tan k'ap vini yo, epi l te mete ròch plat sa yo nan trezò l yo.

[14] Aprè sa, Kenan te gouvènen sou tout tè a, li te fè kèk nan pitit gason lèzòm yo vin sèvi BonDye.

[15] Lè Kenan te gen swasanndizan (70), li te fè twa pitit gason ak de pitit fi.

[16] Men non pitit Kenan yo: Premye pitit gason an, te rele Malaleyèl, dezyèm lan te rele Enan, twazyèm lan te rele Merèd. De fi yo se te Ada ak Zila. Se senk pitit sa yo Kenan te fè.

[17] Lemèk, pitit gason Metousayèl la, te vin fanmi Kenan pa maryaj, Lemèk marye ak tou de pitit fi Kenan yo, li pran yo pou madanm li. Ada vin ansent, li fè yon pitit gason pou Lemèk, Ada rele l Jabal.

[18] Li vin ansent ankò, li fè yon pitit gason, li rele l Joubal. Lè sa a, Zila sè li ya pa t gen pitit, paske l pa t ka fè pitit.

[19] Nan epòk sa yo, pitit gason lèzòm yo t'ap fè peche kont BonDye [pi rèd], yo te dezobeyi tout kòmandman BonDye te bay Adan: Ki se pou yo fè pitit e miltipliye sou tè a.

[20] Après sa, kèk nan pitit gason lèzòm yo te fè madanm yo bwè yon bouyon, ki ta ka fè yo paka fè pitit, yon fason pou yo ta kapab kenbe fòm kò yo, ak bèl aparans yo, pou'l pa t fennen.

[21] Lè pitit gason lèzòm yo te fè kèk nan madanm yo bwè bagay sa, Zila te bwè avèk yo tou.

[22] Medam ki fè pitit yo te parèt mizerab devan mari yo tankou vèv, pandan mari yo te toujou vivan. Paske mari yo te atache sèlman ak medam ki pa t ka fè pitit yo.

[23] Après anpil jou ak ane, lè Zila fin granmoun nèt, SENYÈ a te louvri vant li.

[24] Li vin ansent, li fè yon pitit gason, li rele l Toubal-Kayen, li di:-Après mwen fin vyeyi nèt, mwen jwenn li nan men BonDye ki gen tout pouvwa a.

[25] Li vin ansent ankò, li vin fè yon pitit fi, li rele l Naama. Li redi:-Après mwen fin vyeyi, mwen jwenn plezi ak kè kontan.

[26] Lemèk te fin granmoun anpil, li te vin avanse nan laj, je l yo te fèb jouk tan li pa t ka wè, se te Toubal-Kayen pitit gason li an ki t'ap mennen l. Yon jou Lemèk te ale nan jaden an ak Toubal-Kayen, pitit gason l te fè avèk Zila, pandan yo t'ap mache nan jaden an, Kayen, pitit gason Adan, t'ap avanse sou yo [byen lwen]; Lemèk te fin granmoun, li pa t ka wè anpil bagay, e Toubal-Kayen, pitit gason li an, te piti anpil.

[27] Toubal-Kayen di papa l pou'l rale banza l, tire avèk flèch li yo. Lè sa, flèch yo te frape Kayen, ki te byen lwen toujou, epi l touye l, paske kayen te parèt pou yo tankou yon bèt.

[28] Flèch yo te antre nan kò Kayen, malgre li te byen lwen yo, epi l te tonbe atè, li mouri.

[29] SENYÈ a te pini Kayen pou mechanste l te fè Abèl, frè l la, daprè pawòl SENYÈ a te di.

[30] Se te konsa, lè Kayen te mouri, Lemèk ak Toubal-Kayen te ale wè bèt yo te touye a, epi lè yo gade yo wè Kayen, gran granpapa yo, te mouri atè a.

[31] Lemèk te pran lapenn anpil lè l te fè sa, pandan l t'ap bat men l yo ansanm, li frape pitit gason l lan ak men l, li lakoz lanmò l.

[32] Madanm Lemèk yo tande sa Lemèk te fè, yo t'ap chache touye l.

[33] Madanm Lemèk yo te rayi l depi jou sa a, paske l te touye Kayen ak Toubal-Kayen. Madanm Lemèk yo te separe avè l, yo pa t vle koute l nan epòk sa a.

[34] Lemèk pwoche bò kote madanm li yo, li mande yo pou yo koute l sou zafè sa a.

[35] Epi l di madanm li Ada ak Zila:-Koute vwa mwen, medam Lemèk yo, koute sa m'ap di yo, paske kounyeya nou imajine e nou di, mwen te touye yon nonm ak blesi m yo, yon timoun mwen

te touye ak blese m yo san l pa fè vyolans, men siman konnen mwen fin granmoun anpil anpil ak tèt blanch, e ke je mwen yo lou akoz laj ki fè mwen te fè bagay sa a san mwen pa t konnen.

[36] Madanm Lemèk yo te koute l nan koze sa a, yo retounen vin jwenn li ak konsèy Adan papa yo, men yo pa t fè pitit pou li depi lè sa a, paske yo te konnen kòlè BonDye t'ap ogmante nan epòk sa a kont pitit gason lèzòm yo, pou Li te detwi yo ak gwo inondasyon an pou move zak yo.

[37] Malaleyèl, pitit gason Kenan, te viv swasannsenkan lè li te fè Jerèd. Jerèd te viv swasann dezan (62) lè li te vin fè Enòk.

3- Lavi Enòk
(Jenèz 5)

[1] Enòk te viv swasannsenkan (65), lè li te fè Metouchela. Enòk te mache avèk BonDye aprè li te fin fè Metouchela, li te sèvi SENYÈ a, li te meprize move chemen lèzòm yo.

[2] Nanm Enòk te vlope nan enstriksyon SENYÈ a, nan konesans ak nan konpreyansyon; Avèk sajès li, li te retire kò l devan pitit gason lèzòm yo, li t'al kache pou yo pandan plizyè jou.

[3] Aprè plizyè lane, pandan li t'ap sèvi SENYÈ a, li t'ap lapriyè lakay li, yon zanj SENYÈ te rele l, a yon vwa sot nan syèl la. Enòk reponn: Men mwen!

[4] Epi l di l: -Leve non, soti lakay ou ak kote w kache a, parèt devan pitit gason lèzòm yo, pou w ka moutre yo chemen pou yo [swiv] ak travay pou yo fè. Sa yo dwe akonpli pou mache nan chemen BonDye a.

[5] Epi Enòk leve daprè sa SENYÈ a te di a, li soti lakay li, kote l te ya ak chanm kote l te kache a. Li te ale kote pitit gason lèzòm yo e li te anseye yo chemen SENYÈ a, nan moman sa li te rasanble pitit lèzòm yo e li te fè yo konnen enstriksyon SENYÈ a.

[6] Aprè sa, li bay lòd pou yo anonse l nan tout kote moun yo te rete, li di: -Kote moun ki vle konnen chemen SENYÈ a ak bon zèv [li] yo? Se pou l vin jwenn Enòk.

[7] Aprè sa, tout moun yo te reyini bò kote l, paske tout moun ki te vle bagay sa yo te ale jwen Enòk, epi Enòk te gouvènen sou pitit gason lèzòm yo daprè sa SENYÈ a te di. Yo vini, yo bese tèt devan li epi yo te tande pawòl li.

[8] Lespri BonDye a te sou Enòk, e li te anseye tout moun li yo sajès BonDye ak chemen Li yo, epi pitit gason [lèzòm] yo te sèvi SENYÈ a pandan tout tan Enòk la, yo te vin tande bon konprann li.

[9] E tout wa pitit gason lèzòm yo, premye ak dènye, ansanm ak chèf yo ak jij yo, te vin jwenn Enòk lè yo te tande pale de sajès li, epi yo bese tèt devan l, yo te mande Enòk tou pou l wa sou yo. Li te dakò avèk sa.

[10] Aprè sa, yo te rasanble santrant [130] wa ak chèf, yo te mete Enòk wa sou yo, e yo tout te anba pouvwa l ak kòmandman li.

[11] Epi Enòk te anseye yo sajès, konesans ak chemen SENYÈ a; Li te fè lapè nan mitan yo, e lapè te sou tout tè a pandan lavi Enòk.

[12] Enòk te gouvènen sou pitit gason lèzòm pandan desankarantwazan (243), li te pratike lalwa ak jistis sou tout pèp li a, epi l te dirije yo nan chemen SENYÈ a.

[13] Men jenerasyon Enòk, li te gen twa pitit gason: Metouchela, Elize ak Elimelèk. Men sè yo se te Mèlka ak Nama. Metouchela te viv katrevensètan li te vin fè Lemèk.

[14] Epi se te nan senkannsizyèm ane nan lavi Lemèk la, Adan mouri; Lè li mouri, li te gen nèfsantrantan (930). De pitit gason l yo, ansanm ak Enòk ak Metouchela, pitit gason li an, antere l ak gwo kòtèj, tankou lè yo te antere wa yo, nan gwòt BonDye te di l la.

[15] Epi nan kote sa a, tout pitit gason yo te fè yon gwo lapenn ak kriye poutèt Adan; Se poutèt sa, se yon koutim nan mitan lèzòm jouk jounen jòdi a.

[16] Adan te mouri paske l te manje nan pyebwa konesans la; Li menm ak pitit li yo aprè l, jan SENYÈ, BonDye a, te di l la.

[17] Epi se nan lane lanmò Adan an, ki te desankarantzwazyèm [243] lane rèy wa Enòk la, nan epòk sa, Enòk te deside pou l separe tèt li ak pitit gason lèzòm yo, epi pou l te kache tèt li menm jan nan kòmansman pou l te sèvi SENYÈ a.

[18] Enòk te fè sa, men li pa t kache tèt li nèt pou yo, men l te rete lwen pitit gason lèzòm yo pandan twa jou, answit l'ale bò kote yo, pou yon jou.

[19] Epi pandan twa jou l te nan chanm li a, li t'ap lapriyè, e li t'ap fè lwanj SENYÈ, BonDye li a, jou l te ale, li te parèt devan moun li yo, li te anseye yo chemen SENYÈ a, ak tout sa yo te mande l sou SENYÈ a li te di yo.

[20] Aprè sa, li te fè sa pandan plizyè ane, epi l kache tèt li pandan sis jou, li parèt devan pèp li a, yon jou [nan semèn lan]; Aprè sa yon fwa pa mwa, epi answit yon fwa pa ane, jiskaske tout wa, tout chèf ak tout pitit gason lèzòm yo t'ap chèche l, yo te vle wè figi Enòk ankò, e pou yo te tande pawòl li; men yo pa t kapab, paske tout pitit gason lèzòm yo te pè Enòk anpil, e yo te pè pwoche bò kote l akoz krentif BonDye ki te chita sou figi l; Se poutèt sa pèsonn pa t kapab gade l, [yo te] pè pou yo pa t pini epi mouri.

[21] Tout wa yo ak chèf yo te deside rasanble pitit gason lèzòm yo, pou yo te vin jwenn Enòk, yo te panse yo tout ta ka pale avè l lè l te soti nan mitan yo. E, yo te a rive pale avel.

[22] Jou Enòk te soti, yo tout te rasanble, yo te vin jwenn li, Enòk te di yo pawòl SENYÈ a, li te anseye yo sajès ak konesans, epi yo bese tèt devan l, yo t'ap di:–Se pou wa viv! Se pou wa viv!

[23] Kèk tan aprè, lè wa yo, chèf yo ak pitit gason lèzòm yo t'ap pale ak Enòk, Enòk t'ap anseye yo chemen BonDye, epi yon Zanj SENYÈ a te rele Enòk nan syèl la, li te vle mennen l nan syèl la pou l te fè l gouvènen sou pitit BonDye yo [ki nan syèl la], menm jan li t'ap gouvènen sou pitit gason lèzòm yo sou tè a.

[24] Lè Enòk tande sa, li ale, li rasanble tout moun ki te rete sou tè a, li ba yo sajès ak konesans, li ba yo enstriksyon ki soti nan BonDye, li di yo:–Yo te mande m pou m monte nan syèl la, se poutèt sa a mwen pa konnen ki jou mwen prale.

[25] Kounyeya m'ap moutre nou sajès ak konesans, e m'ap ba nou enstriksyon anvan m kite nou, ki jan pou nou aji sou tè a pou nou ka viv. Epi li te fè sa.

[26] Li te anseye yo sajès ak konesans, li ba yo ansèyman, li te rale zòrèy yo, li te mete devan yo lwa ak jijman pou yo fè sou tè a, li te fè lapè nan mitan yo, li te anseye yo lavi Etènèl la, epi l te rete avèk yo kèk tan ap anseye yo tout bagay sa yo.

[27] Epi lè sa a, pitit gason lèzòm yo te avèk Enòk, Enòk t'ap pale ak yo, yo leve je yo, epi te genyen yon resanblans yon gwo chwal ki te desann sot nan syèl la, e chwal la t'ap mache nan lè a.

[28] Yo rakonte Enòk sa yo te wè, Enòk di yo:–Se poutèt mwen chwal sa a desann sou tè a; Lè a rive kote m dwe ale a, pou m kite nou, nou p'ap wè m ankò.

[29] Lè sa a, chwal la desann, li kanpe devan Enòk, e tout moun ki te avèk Enòk yo te wè l.

[30] Aprè sa, Enòk te bay lòd ankò pou yon vwa te pwoklame, pou l di:-Kote nonm ki pran plezi konnen chemen SENYÈ a, BonDye li a, se pou l vin jwenn Enòk jòdi a anvan yo retire l nan men nou.

[31] Aprè sa, tout moun yo reyini, yo rive jwenn Enòk jou sa a. E tout wa latè yo ak chèf yo ak konseye yo te rete avèk li jou sa a; Enòk te anseye pitit lèzòm yo sajès ak konesans, li te ba yo enstriksyon ki te soti nan BonDye; Li te kòmande yo pou sèvi SENYÈ a epi mache nan chemen l pandan tout lavi yo, li te kontinye fè lapè nan mitan yo.

[32] Aprè sa, li leve, li moute sou chwal la, li pati. Tout moun t'ap mache dèyè l, anviwon witsan mil (8,000) gason. Yo pati avè l yon jou vwayaj.

[33] Dezyèm jou a, li di yo:-Retounen lakay nou, kote nou te ye a, poukisa nou vle ale avèm? Petèt nou ka mouri; Gen kèk nan yo ki te kite l, e moun ki te rete yo pati avè l sis jou vwayaj; Chak jou, Enòk t'ap di yo:-Retounen nan tant nou pou nou pa mouri. Men yo pa t vle retounen, epi yo pati avè l.

[34] Sou sizyèm jou a, kèk nan mesye yo rete, yo kole ak li, yo di l:-Nou prale avèw kote w prale a. Jan SENYÈ a vivan, lanmò sèlman ki pou separe nou.

[35] Yo sitèlman mande pou yo ale avè l, li sispann pale ak yo. Yo pati dèyè l, yo pa t vle retounen.

[36] Lè wa yo retounen, yo te fè yon resansman pou yo te ka konnen kantite moun ki te rete ansanm ak Enòk. E se sou Sètyèm jou a, Enòk te monte nan syèl la nan yon toubiyon, avèk chwal ak cha lagè dife.

[37] Epi sou wityèm jou a, tout wa ki te avèk Enòk, yo te voye chache kantite moun ki te avèk Enòk nan plas kote l te monte nan syèl la.

[38] Aprè sa, tout wa sa yo te ale nan plas la epi yo jwenn tè a plen nèj, nan nèj la, te gen gwo wòch nèj, youn di lòt:-Vini non, ann kraze nèj yo poun wè, petèt mesye yo ki te rete ak Enòk yo te mouri, e kounyeya yo anba wòch nèj yo. Yo t'ap chèche, men yo pa t jwenn yo. Ni yo pat jwen Enòk, paske l te monte nan syèl la.

4- De Apostazi rive nan nesans Noye

(Jenèz 6:1-8)

[1] Tout jou Enòk te viv sou tè a, te twasanswasannsenkan (365).

[2] Lè Enòk te monte nan syèl la, tout wa sou latè leve, yo pran Metouchela, pitit gason li an, yo vide lwil sou li, epi yo fè l gouvènen nan plas papa l.

[3] Metouchela te aji dwat devan BonDye, jan Enòk, papa l, te anseye l, e li menm tou pandan tout lavi l li te anseye pitit lèzòm yo sajès, konesans ak krentif pou BonDye, e li pa t vire do bay BonDye ak bon chemen an, swa a dwat oswa a goch.

[4] Men, nan dènye tan Metouchela, pitit gason lèzòm yo te vire do bay SENYÈ a, yo te vin konwonpi tè a, yo t'ap piye youn lòt, yo te revòlte kont BonDye, yo te dezobeyi l, yo te detwi chemen yo, yo pa t vle koute vwa Metouchela, men yo te revòlte kont li.

[5] SENYÈ a te fache anpil sou yo, e SENYÈ a te kontinye detwi semans yo nan jou sa yo, konsa pa t gen ni simen ni rekòlte sou tè a.

[6] Paske lè yo te simen [sou] tè a, pou yo [te] ka jwenn manje pou yo manje, se gade yo gade, pikan ak pengwen t'ap pwodwi san yo pa t simen.

[7] Men, pitit gason lèzòm yo pa t vire do bay move chemen yo paske yo te toujou lonje pou yo te fè sa ki mal nan je BonDye, epi yo te pwovoke SENYÈ a ak move chemen yo, e SENYÈ a te fache anpil. Li te regrèt ke Li te fè moun.

[8] Epi l te panse pou l detwi yo e efase yo nèt, e Li te fè sa.

[9] Lè Lemèk, pitit gason Metouchela, te gen san swasantan (160), Sèt, pitit gason Adan an, te mouri.

[10] Sèt te viv nèfsandouzan (912) lè li mouri.

[11] Lemèk te gen sankatreventan (180) lè li te pran Achmoua, pitit fi Elize, pitit gason Enòk, tonton li a, e li te vin ansent.

[12] Lè sa a, pitit gason lèzòm yo te simen [nan] tè a, li te fè yon ti kras manje, men lèzòm pa t vire do bay move chemen yo te pran, yo te fè sa ki mal e yo te revòlte kont BonDye.

[13] Madanm Lemèk vin ansent, li fè yon pitit gason pou li nan epòk sa a, nan revolisyon ane a.

[14] Metouchela te rele l Noye, li di:-Nan jou l yo, tè a te nan repo, san kòripsyon. Lemèk, papa l, te rele l Menakèm, li di:-Li pral konsole nou nan travay nou yo ak nan travay mizè nou fè sou tè a, ke BonDye te madichonnen an.

[15] Ti pitit la te grandi, li te sevre, e li te mache nan chemen Metouchela, papa l, li te bon nèt e [mache] dwat devan BonDye.

[16] Tout pitit gason lèzòm yo, te kite chemen SENYÈ a, nan epòk sa yo, pandan yo t'ap miltipliye sou sifas tè a ansanm avèk pitit gason e ak pitit fi yo, yo t'ap anseye youn lòt move pratik yo, epi yo te kontinye fè peche kont SENYÈ a.

[17] Chak moun te fè yon dye, chak moun t'ap vòlè ak piye vwazen yo, ansanm ak fanmi yo, yo te kòwonpi tè a, tè a te vinn plen ak vyolans.

[18] Aprè sa, jij yo ak chèf yo te al jwenn pitit fi lèzòm yo, yo te pran madanm yo ak fòs nan men mari yo, selon jan yo te chwazi yo an. Nan lè sa, pitit gason lèzòm yo te pran [kèk] nan bèt ki te sou latè, bèt domestik, bèt nan bwa ak zwazo ki nan syèl la, yo t'ap pratike melanj espès bèt yo, youn ak lòt, pou yo te ka pwovoke SENYÈ a; e BonDye te wè tout tè a te fin pouri, paske tout moun te kòwonpi chemen l sou tè a, tout moun ak tout bèt.

[19] SENYÈ a te di:-M'ap efase moun mwen te kreye sou fas tè a, wi! Depi sou lèzòm rive sou zwazo nan syèl la, ansanm ak bèt domestik ki nan jaden, paske mwen regrèt mwen te fè yo.

[20] Lè sa tout moun ki t'ap mache nan chemen SENYÈ a, te mouri nan jou sa yo, anvan SENYÈ a te voye malè sou moun li te deklare yo, paske sa te soti nan SENYÈ a, pou yo pat wè sa ki mal SENYÈ a te pale konsènan pitit lèzòm yo.

[21] Men, Noye te jwenn favè nan je SENYÈ a, e SENYÈ a te chwazi Noye ak pitit li yo, pou l te fè pitit pitit aprè l yo soti nan yo menm, sou sifas tè a.

11

5- De Noye rive nan lanmò Metouchela
(Jenèz 6)

[1] Se te nan katrevenkatriyèm ane (84) nan lavi Noye a, Enòch, pitit gason Sèt la te mouri, li te gen nèfsansenk ane (905) lè li mouri.

[2] Nan san swasanndiznevyèm ane (179) nan lavi Noye, Kenan, pitit gason Enòch la, te mouri.

[3] Nan desantrannkatriyèm ane (234) nan lavi Noye, Malaleyèl, pitit gason Kenan, te mouri, e Malaleyèl te gen witsan katreven kenzan (895 an), epi li mouri.

[4] Jerèd, pitit gason Malaleyèl la, te mouri nan tan sa a, nan twasantrantsizyèm (336) ane nan lavi Noye a. Jerèd te gen nèfsanswanndezan (962 an), lè li te mouri.

[5] Epi tout moun ki t'ap swiv SENYÈ a te mouri nan jou sa yo, anvan yo te wè sa ki mal BonDye te deklare Li pral fè sou tè a.

[6] Aprè plizyè lane pase, nan katsankatrevenyèm ane (480 ane) nan lavi Noye, lè tout moun sa yo ki t'ap swiv SENYÈ a te mouri, ki te pami pitit gason lèzòm yo, se sèlman Metouchela ki te rete. BonDye pale ak Noye e Metouchela, li di yo:

[7] Pale, pwoklame a pitit lèzòm yo, di yo: Men sa SENYÈ a di: Retounen soti nan move chemen nou ye a, kite bagay mal nou yo, SENYÈ a pral change lidel, pou sa ki mal Li te di l'ap fè nou an, poul pa rive nou.

[8] Paske, men sa SENYÈ a di ankò:-Gade! Mwen ban nou yon peryòd de sanventan (120 an); Si nou retounen vin jwenn Mwen, si nou vire do bay move chemen nou yo, lè sa a M'ap vire do bay sa m te di nou an tou, e li p'ap rive. Se sa SENYÈ a di.

[9] Aprè sa, Noye ak Metouchela te pale tout pawòl SENYÈ a [te] bay moun yo, chak jou, yo [te] toujou ap pale ak yo.

[10] Men, pitit gason lèzòm yo pa t vle koute Noye ak Metouchela, pitit gason lèzòm yo pa t vle panche zòrèy yo, pou yo te tande pawòl SENYÈ a, yo te gen kou rèd.

[11] SENYÈ a te ba yo yon peryòd sanventan (120 an), li di:-Si yo retounen vin jwen BonDye, lè sa L'ap [chanje lide l] sou sa Li ta pral fè yo, Li p'ap detwi tè a ankò.

[12] Noye, pitit gason Lemèk la, pa t marye nan tan sa yo, pou l pa t fè pitit, paske l te di:-Bon, kounyeya, BonDye pral detwi tè a, poukisa pou m fè pitit?

[13] Men, Noye te yon nonm jis, li te pafè nan jenerasyon l, e SENYÈ a te chwazi l pou l te fè pitit pitit sou sifas tè a.

[14] SENYÈ a di Noye:-Pran yon madanm pou ou, fè pitit, paske mwen wè ou jis devan Mwen nan jenerasyon sa a.

[15] W'a va leve desandan, ansanm ak pitit ou yo, sou sifas tè a. Noye ale, li pran yon madanm, li chwazi Naama, pitit fi Enòk la, ki te gen senksankatreven zan (580).

[16] Noye te gen katsankatrevendizwitan (498) lè li te marye ak Naama.

[17] Naama vin ansent, li fè yon pitit gason, li rele l Jafè, li di:-BonDye fè m vin pi gran sou latè. Li vin ansent ankò, li fè yon pitit gason, li rele l Sèm, li di:-BonDye fè pou mwen yon ti rès, ki pou fè [anpil] pitit pitit sou tè a.

[18] Noye te gen senksandezan (502 an) lè Naama te fè Sèm. Ti gason yo te grandi e yo te swiv chemen SENYÈ a, nan tout sa Metouchela ak Noye, papa yo, te anseye yo.

[19] Lemèk, papa Noye, te mouri nan epòk sa a. Men pou di w vre, li pa t ale ak tout kè l [nèt] nan chemen papa l, e li te mouri nan senk sankatrevenkenzyèm ane (595 ane) nan lavi Noye.

[20] Lemèk te viv sètsan swasanndizan (770) aprè sa li mouri.

[21] Epi tout moun ki te konnen SENYÈ a, te mouri nan ane sa a anvan SENYÈ a te fè malè a rive sou yo. Paske SENYÈ a te vle yo mouri, pou yo pat wè malè BonDye t'ap pote sou frè yo ak fanmi yo, jan Li te deklare L'ap fè a.

[22] Lè sa a, SENYÈ a di Noye ak Metouchela: Leve kanpe, anonse pitit lèzòm yo tout pawòl mwen te di nou nan jou sa yo, petèt yo ka vire do bay move chemen yo, epi lè sa a M'a repanti. Mwen pa'p fè yo sa ki mal la ankò.

[23] Noye ak Metouchela leve kanpe, yo di nan zòrèy pitit gason lèzòm yo, tout sa BonDye te di [ki te] konsène yo.

[24] Men, pitit gason lèzòm yo pa t vle koute, ni yo pa t vle tande tout pawòl yo.

[25] Aprè sa, SENYÈ a di Noye:-Lafen tout moun vini devan M, poutèt move zak yo, gade, Mwen pral detwi tè a.

[26] Pran bwa gofè avèw, ale nan yon kote, bati l nan plas sa a. fè yon gwo lach.

[27] W'a fè l konsa, longè l twa san koude (18 pous se yon koude), lajè li senkant koude ak wotè li trant koude.

[28] W'a fè yon pòt pou ou, W'a louvri yon sèl pòt sou kote l, w'a fini sou yon koude (18 pous) anwo a, w'a kouvri l anndan kou deyò ak goudwon.

[29] Epi gade, Mwen pral fè yon gwo inondasyon sou tè a, e tout moun ki anba syèl la pral detwi, ansanm ak tout sa ki sou tè a pral peri.

[30] Aprè sa, ou menm ansanm ak tout moun lakay ou yo, pral sanble de koup nan tout bèt vivan, mal ak fenmèl, epi w'ap mennen yo nan batiman an, pou yo fè pitit sou tè a.

[31] Epi, sanble tout manje bèt yo manje, ak manje pou ou menm.

[32] W'a chwazi twa jènn fi pami pitit fi lèzòm yo pou pitit gason w yo, epi yo pral madanm yo.

[33] Noye leve, li fè batiman an kote BonDye te ba l lòd fe l la. Noye fè sa BonDye te mande l la.

[34] Nan senksankatrevenkenzyèm ane (595) li, Noye te kòmanse fè batiman an, epi l te konstwil nan senkan, jan SENYÈ a te ba l lòd la.

[35] Aprè sa, Noye pran twa pitit fi Elyakim yo, pitit gason Metouchela, pou madanm pitit gason l yo, jan SENYÈ a te bay Noye lòd la.

[36] Lè sa a, Metouchela, pitit gason Enòk la, te mouri, li te gen nèf sanswasant nèvan (969) lè li mouri.

6- Delij la
(Jenèz 7,8)

[1] Lè sa a, Aprè lanmò Metouchela, SENYÈ a di Noye konsa:-Ale ak tout fanmi w nan batiman an. Gade, mwen pral rasanble tout bèt ki sou latè, bèt nan bwa ak zwazo ki nan syèl la ba ou, epi yo tout pral vin antoure lach la.

[2] W'a ale, w'a chita bò pòtay lach la. Tout bèt sovaj, tout kalite bèt ak zwazo yo pral reyini, y'a mennen tèt yo devan w. W'a pran pitit gason w yo, w'a lage tout bèt yo nan men yo, y'a mennen yo nan lach la. W'a kite kote w tout sa ki va kanpe devan w yo.

[3] Aprè sa, SENYÈ a te fè sa nan denmen. Bèt domestik, ak bèt sovaj, e zwazo yo vini an gwo foul epi yo antoure lach la.

[4] Noye ale, li chita bò pòt lach la. Li fè tout bèt ki te akoupi devan l yo antre nan lach la, li kite tout bèt ki te kanpe devan l yo sou tè a.

[5] Aprè sa, yon manman lyon vini, ak de pitit li yo, mal ak fenmèl, tou le twa yo te kouche bese tèt devan Noye, epi de jenn ti lyon yo leve kont manman lyon an, yo frape l, yo fè l kouri kite kote l te ye yan, epi l t'ale. De jenn lyon yo retounen nan plas yo, yo bese tèt yo atè a devan Noye.

[6] Aprè sa, manman lyon an kouri retounen, li vin kanpe nan plas de jenn ti lyon yo.

[7] Noye wè sa, li sezi anpil, li leve, li pran de jenn ti lyon yo, li mennen yo nan lach lan.

[8] Aprè sa, Noye te antre nan lach lan avek tout bèt vivan ki te sou tè a, se konsa pa t genyen bèt ki te rete ankò, eksepte sa Noye pa't pote nan batiman an.

[9] De pa de yo vin jwenn Noye nan batiman an. Men, nan bèt pwòp yo ak zwazo pwòp yo, li te mennen sèt koup, jan BonDye te kòmande l.

[10] Tout kalite bèt, ak bèt sovaj, ak zwazo te toujou la, yo te antoure batiman toupatou, e lapli pa t ko tonbe, sou jouk sèt jou aprè.

[11] Epi nan jou sa a, SENYÈ a te fè tout tè a tranble, solèy la te fè nwa, fondasyon mond lan te move, e tout tè a te souke ak vyolans, zèklè t'ap klere, e loraj t'ap gwonde, tout sous dlo ki te sou tè an te pete moute, tankou moun ki te abite sou tè yan pa t konnen anvan; BonDye te fè gwo aksyon sa a, pou l te fè pitit gason lèzòm pè, pou pa t gen malè ankò sou tè a.

[12] Men, pitit gason lèzòm yo pa t vle kite move chemen yan, epi yo t'ap ogmante kòlè SENYÈ a nan epòk sa a, yo pa t menm kontwole kè yo nan tout bagay mal sa yo.

[13] Aprè sèt jou, nan sis san ane (600) nan lavi Noye a, gwo inondasyon an te kòmanse sou tè a.

[14] Tout sous dlo yo te pete, fenèt syèl la te louvri, lapli t'ap tonbe sou tè a pandan karant jou karant nwit.

[15] Noye ak tout fanmi l yo ansanm ak tout bèt vivan ki te avè l yo te rete nan lach la poutèt dlo inondasyon an, epi SENYÈ a fèmen l anndan.

[16] Aprè sa, tout moun ki te rete sou tè a te fatige ak malè sa poutèt lapli a, paske dlo yo t'ap vin pi vyolan sou tè a, e lòt kalite bèt ak bèt sovaj yo te toujou antoure batiman.

[17] Se konsa, sètsanmil (700.000) gason ak fanm reyini ansanm, yo vin jwenn Noye bò lach la.

[18] Yo rele Noye, yo di l:-Louvri pou nou, pou nou ka vin jwenn ou nan lach la. Poukisa pou n mouri?

[19] Aprè sa, Noye, reponn avèk yon vwa byen fò, li di yo:-Eske nou tout pa t revòlte kont SENYÈ a, epi nou t'ap di ke Li pa egziste? Se poutèt sa, SENYÈ a te voye malè sa a sou nou, pou l te detwi nou, pou l te wete nou sou latè.

[20] Eske se pa sa mwen te di nou sanven ane (120) depi lontan sa, epi nou pa t vle koute vwa SENYÈ a. Atò la, kounyeya nou vle viv sou tè a?

[21] Yo di a Noye:-Nou pare pou nou retounen vin jwenn SENYÈ a. Sèlman louvri pou nou pou n ka viv epi pou n pa mouri.

[22] Noye reponn, li di yo:-Gade! Kounyeya nou wè pwoblèm nanm nou yo, se kounyeya nou vle retounen vin jwenn SENYÈ a. Poukisa nou pa t retounen pandan sanven ane (120) sa yo, ke SENYÈ a te ba nou kòm peryòd detèmine a?

[23] Men, se atò la nou vin di m sa poutèt pwoblèm nanm nou, SENYÈ a p'ap tande nou, ni Li p'ap koute nou jòdi a, pou nou pa reyisi kounyeya nan volonte nou.

[24] Pitit gason lèzòm yo pwoche pou yo antre nan Batiman an, pou yo te ka kase l antre anndan poutèt lapli a, paske yo pa t kapab sipòte lapli a sou yo ankò.

[25] SENYÈ a voye tout bèt sovaj ki te kanpe bò kote batiman an. Bèt sovaj yo te devore yo, bèt yo te fè yo deplase kote lach la te ye a, chak moun t'al fè wout yo epi yo gaye ankò sou sifas tè a.

[26] Lapli a te toujou ap tonbe sou tè a, li tonbe karant jou ak karant nwit, lapli a t'ap tonbe fò anpil sou tè a; e tout kò ki te sou tè a, oswa nan dlo yo te mouri, kit se moun, bèt domestik, bèt sovaj, bèt ki trennen oswa zwazo nan syèl la, sèlman Noye ak moun ki te avè l yo ki te rete nan lach la.

[27] Epi dlo yo te vin pi fò, li te ogmante anpil sou tè a, dlo wan te leve lach la, lach lan te vin leve anlè dlo wan.

[28] Lach lan t'ap flote sou sifas dlo a, li t'ap lanse devan e dèyè sou dlo a, se konsa tout bèt vivan ki te anndan yo te vire tankou bouyon nan yon chodyè.

[29] Epi gwo enkyetid te pran tout bèt vivan ki te nan batiman an, e lach lan te sanble tankou l pral kraze.

[30] Tout bèt vivan ki te nan lach la te pè, lyon yo t'ap gwonde, bèf yo bese atè, chen mawon [ki se lou] yo t'ap ranni, tout bèt vivan ki te nan lach la t'ap kriye nan lang pa yo, e vwa yo te rive byen lwen, epi Noye ak pitit gason l yo t'ap kriye, yo t'ap rele nan tray yo; Yo te pè anpil, yo te panse yo rive nan pòtay lanmò.

[31] Noye lapriyè SENYÈ a, li kriye nan pye l poutèt sa, epi l di l: O, SENYÈ, ede nou, paske nou pa gen fòs pou nou sipòte malè sa a ki kouvri nou an, paske vag dlo yo antoure nou, gwo larivyè move fè nou pè, pèlen lanmò vin devan nou; Reponn nou, O Granmèt, reponn nou, limen figi W anvè nou epi gen pitye pou nou, rachte n epi delivre nou.

[32] SENYÈ a te koute vwa Noye, SENYÈ a te vin chonje l.

[33] Aprè sa, yon van soufle sou tè a, dlo a te trankil epi lach la te poze.

[34] Sous dlo yo ak fenèt yo nan syèl la te fèmen, epi lapli ki te soti nan syèl la te kanpe.

[35] Lè sa a, dlo a [komanse] bese, lach la te poze sou mòn Ararat lan.

[36] Aprè sa, Noye ouvri fenèt yo nan lach la, Noye te toujou ap priye SENYÈ a nan moman sa a, li di:-O! SENYÈ, ki te fòme tè a ak syèl la ak tout sa ki ladan l, fè nanm nou soti kite prizon sa a, ak nan prizon kote Ou te mete nou an, paske mwen bouke anpil ak soupi.

[37] SENYÈ a koute vwa Noye a, li di l konsa:-Lè w'ap fini yon ane konplè, w'a soti.

[38] Aprè revolisyon yon ane, lè yon ane konplè te fini pou Noye te rete nan batiman an, dlo yo te seche sou tè a, epi Noye wete kouvèti batiman an.

[39] Lè sa a, sou vennsètyèm jou (27) dezyèm mwa a, tè a te sèk, men Noye ak pitit gason li yo ak moun ki te avè l yo pa t soti kite lach la jiskaske SENYÈ a te di yo.

[40] Epi jou SENYÈ a te di yo pou yo soti, yo tout soti nan batiman an.

[41] Yo chak retounen nan chemen yo, epi yo te ale nan plas yo, Noye ak pitit gason li yo rete nan peyi BonDye te di yo a, epi yo te sèvi SENYÈ a pandan tout tan yo, e SENYÈ a te beni Noye ak pitit gason li yo lè yo te soti nan lach la.

[42] Li di yo:-Fè pitit, plen tout tè a. Vin pi fò, epi ogmante anpil sou tè a, miltipliye ladan li.

7- Jenerasyon Noye yo

(Jenèz 10; Jenèz 10:8-9; 1 Samyèl 24:13)

[1] Men non pitit Noye yo: Jafè, Kam ak Sèm. Aprè inondasyon an, yo te fè pitit, paske yo te marye anvan inondasyon an.

[2] Sa yo se pitit gason Jafè yo: Gomè, Magòg, Madayi, Javan, Toubal, Mechèk ak Tiras, te gen sèt pitit gason.

[3] Men non pitit Gomè yo: Achkenaz, Refat ak Togama.

[4] Men non pitit Magòg yo: Elikanaf ak Loubal.

[5] Men pitit Madayi yo: Se te Achon, Zeelo, Kazòni ak Lo.

[6] Men pitit gason Javan yo: Elize, Tasis, Kittim ak Doudonim.

[7] Pitit gason Toubal yo: Se te Arifi, Kèsèd ak Taari.

[8] Men non pitit Mechèk yo: Dedòm, Zawon ak Chebachni.

[9] Tiras te gen de pitit gason: Benib, Gera, Lupiyon ak Gilak. Sa yo se pitit gason Jafè yo daprè fanmi yo. Nan epòk sa a, te gen katsanswasant (460) gason.

[10] Men non pitit gason Kam yo: Kouch, Mizrayim, Pout ak Kanaran, kat pitit gason. Men non pitit Kouch yo: Seba, Avila, Sabta, Rama ak Sabteka. Rama te gen de pitit gason: Seba ak Dedan.

[11] Men pitit Mizrayim yo: Lidi, Anom ak Patwòs, Kaslou ak Kaftò.

[12] Men non pitit Pout yo: Geboul, Hadan, Bena ak Adan.

[13] Men non pitit Kanaran yo: Sidon, Èt, Amori, Gègachi, Evi, Aka, Seni, Awodi, Zimodi ak Kamoti.

[14] Sa yo se pitit gason Kam yo, daprè fanmi yo. Nan epòk sa a, yo te konte sètsantrant (730) gason.

[15] Men pitit Sèm yo: Elam, Achou, Apachad, Lidi ak Aram, senk pitit gason. Men non pitit gason Elam yo: Souzan, Makul ak Amon.

[16] Achou te gen de pitit gason: Miris ak Mokil. Pitit gason Apachad yo se: Chelak, Ana ak Achkòl.

[17] Pitit gason Lidi yo se te Petò ak Bizayon, pitit gason Aram yo se te Ouz, Kul, Ransanble ak Mas.

[18] Sa yo se pitit Sèm yo, daprè fanmi yo. Nan epòk sa yo, yo te konte twasan (300) moun.

[19] Sa yo se pitit pitit Sèm yo. Sèm te papa Apachad, Apachad te papa Chelak, Chelak te papa Ebè, e Ebè te fè de pitit, yonn te rele Pelèg, paske nan tan li yo, pitit gason lèzòm yo te divize, e nan dènye jou yo, tè a te divize.

[20] Epi dezyèm lan te rele Yoktan, sa vle di nan epòk li a lavi pitit gason lèzòm yo te diminye e redwi.

[21] Pitit gason Yoktan yo se: Almodad, Chelèf, Kazarmovèt, Yerak, Adouwòm, Ozèl, Dikla, Obal, Abimayèl, Cheba, Ofi, Avila ak Jòbab. Tout moun sa yo se pitit gason Yoktan yo.

[22] Pelèg, frè li a, te fè Yen, Yen te papa Sewoug, Sewoug te papa Nakò, Nakò te papa Terak, Terak te gen trantwitan (38 an), li te fè Aran ak Nakò.

[23] Lè sa a, Kouch, pitit gason Kam lan, pitit gason Noye a, te pran yon madanm nan tan sa yo lè li te fin vye granmoun. Epi li te fè yon pitit gason, yo rele l Nimwòd, yo di: "Lè sa a, pitit gason lèzòm yo te kòmanse revòlte e yo te vire do bay BonDye ankò," pitit la te grandi, e papa l te renmen l anpil, paske l te fè pitit gason sa nan vyeyès li.

[24] Epi, rad an po BonDye te fè pou Adan ak madanm li an, lè yo te soti nan jaden an, yo te bay yo a Kouch.

[25] Paske, aprè lanmò Adan ak madanm li, rad an po yo, yo te bay Enòk li, pitit gason Jerèd la, e lè Enòk te monte al jwen BonDye, li te bay Metouchela, pitit gason li an rad yo.

[26] Lè Metouchela mouri, Noye pran yo, li mennen yo nan batiman an, epi yo rete avè l jouk li soti nan batiman an.

[27] Lè yo soti, Kam te vòlè rad sa yo nan men Noye, papa l, li pran yo, li kache yo pou frè l yo [pa t wèl].

[28] Lè Kam te fè premye pitit li a Kouch, li ba li rad yo an kachèt, epi yo te rete avèk Kouch pandan plizyè jou.

[29] Kouch te kache yo tou pou pitit gason l yo ak frè l yo pa t wèl, lè Kouch te fè Nimwòd, li te ba l rad sa yo, paske l te renmen li anpil, Nimwòd te grandi, e lè li te gen ventan, li mete rad sa yo sou li.

[30] Nimwòd te vin fò lè li te mete rad sa yo sou li, e BonDye te ba li fòs ak pouvwa, li te vin yon gwo chasè sou tè a, wi, li te vin yon gwo chasè nan jaden, e li te al lachas dèyè bèt yo, li bati lotèl, epi l ofri bèt yo sou lotèl yo devan SENYÈ a.

[31] Nimwòd te fòtifye tèt li, li leve soti nan mitan frè l yo, epi li te goumen pou frè l yo kont tout lènmi yo ki te ozalantou yo.

[32] SENYÈ a te delivre tout lènmi frè l yo nan men l, e BonDye te fè l prospere detanzantan nan batay li yo, epi l te gouvènen sou tè a.

[33] Se poutèt sa, nan epòk sa yo, sa te vin tounen yon koutim lè yon nonm te voye sòlda li te prepare pou lagè, li te di yo:–Menm jan BonDye te fè Nimwòd, ki te yon gwo chasè sou tè a, e ki te reyisi nan batay ki te genyen kont frè l yo, li te delivre yo anba men lènmi li yo, [se] pou BonDye ban nou fòs, pou l delivre nou jòdi a.

[34] Lè Nimwòd te gen karantan, nan epòk sa a te gen yon lagè ant frè l yo ak pitit Jafè yo, se konsa yo te anba pouvwa lènmi yo.

[35] Lè sa a, Nimwòd soti, li reyini tout pitit Kouch yo ak tout fanmi yo, anviwon katsan swasant (460) gason. Li pran katreven (80) moun nan kèk zanmi l yo, li ba yo salè yo, epi l te ale avèk yo nan batay, lè li te sou wout la, Nimwòd fòtifye kè moun ki t'ap mache avè l yo.

[36] Li di yo: Nou pa bezwen pè, nou pa bezwen genyen kè sote, paske tout lènmi nou yo pral tonbe nan men nou, epi n'a fè sa nou vle ak yo.

[37] Aprè sa moun ki t'ap mache avè l yo te vin senksan (500), sòlda yo goumen ak ènmi yo, yo bat e detwi ènmi yo, Nimwòd te mete ofisye l yo kanpe nan gran plas sou ènmi l yo, ke yo te okipe avan.

[38] Aprè sa, li pran kèk nan pitit [lènmi l] yo kòm sekirite, epi yo tout te esklav Nimwòd ak frè l yo, Nimwòd ak tout moun ki te avè l yo retounen lakay yo.

[39] Lè Nimwòd te retounen soti nan batay la ak kè kontan, aprè li te fin konkeri ènmi l yo ozalantou l, tout frè l yo ansanm ak moun ki te konnen l anvan yo te rasanble pou fè l wa sou yo, epi yo te mete kouwòn wa a sou tèt li.

[40] Aprè sa, li mete lòt chèf sou tèt chèf ki te anba l yo, ak pèp li yo, prens li yo, jij li yo, ak dirijan l yo, jan sa te konn abitye fèt pami wa yo.

[41] Epitou, Nimwòd te mete Terak, pitit gason Nakò a, vin chèf lame li a, li onore l e leve l pi wo pase tout chèf li yo.

[42] Epi pandan li t'ap gouvènen daprè dezi kè l, aprè li te fin konkeri tout lènmi l yo ozalantou l, li te bay konsèy ak konseye l yo, pou yo te bati yon vil pou palè l, epi yo te fè sa.

[43] Yo [te] jwenn yon gwo fon anfas bò solèy leve a, yo bati pou li yon gwo vil e vaste, Nimwòd rele lavil li te bati a Chenea, paske SENYÈ a te souke lènmi l yo e detwi yo.

[44] Epi Nimwòd te rete Chenea, li [te] gouvènen an sekirite, li goumen ak ènmi l yo, li [te] soumèt yo, e li te genyen siksè nan tout batay li yo, e wayòm li an te vin gran anpil.

[45] Epi tout nasyon ak tout lang te tande nonmen non l, yo [te] rasanble bò kote l, epi yo bese tèt atè a [devan l], yo pote ofrann pou li. Li te vin mèt ak wa yo, e yo tout [te] rete avè l nan lavil Chenea, Nimwòd te gouvènen sou tè a sou tout pitit Noye yo, e yo tout te anba pouvwa l ak konsèy li.

[46] Lè sa tout tè a te de yon sèl lang, pawòl yo te ini, men Nimwòd pa t [kontinye] ale nan chemen SENYÈ a, li te [vin] pi mechan pase tout moun ki te la anvan l yo, depi nan jou inondasyon an rive nan tan [pal] yo.

[47] Li te fè dye an bwa e ak wòch, li te bese tèt devan yo, li te revòlte kont SENYÈ a, li t'ap anseye tout moun li yo ak [tout] moun ki [te la] sou tè a move chemen li yo; Mardon, pitit gason li an te pi mechan pase papa l.

[48] Lè tout moun ki te tande [move] aksyon Mardon, pitit gason Nimwòd la [t'ap] fè, yo t'ap di konsènan li: Se nan mechan an, mechanste soti! Se poutèt sa, li te vin tounen yon pwovèb sou tout tè a, ki di: Se nan mechan an, mechanste soti! e sa te komen nan pawòl lèzòm [yo], depi lè sa a pou jouk kounyeya.

[49] Lè sa, Terak, pitit gason Nakò a, chèf lame Nimwòd la, te gen anpil pouvwa nan je wa a e chèf li yo. Wa a ak chèf yo te renmen l, yo te leve l byen wo.

[50] Terak te pran yon madanm, ki te rele Amthelo, pitit fi Kornebo. Lè sa a, madanm Terak te vin ansent, li te fè yon pitit gason pou li nan tan sa yo.

[51] Terak te gen swasanndizan lè li te fè l, e Terak te rele pitit gason an Abram, paske wa a te leve Terak nan tan sa yo, e wa Nimwòd te mete l chèf sou tout chèf li yo ki te avè l.

8-Granmoun saj Nimwòd yo

[1] Se nan mitan lannwit lan Abram te fèt, tout sèvitè Terak yo, tout nèg save Nimwòd yo ansanm ak tout moun ki t'ap konvoke l yo te vini, yo manje, yo bwè nan kay Terak la, epi yo te rejwi avè l nan lannwit sa.

[2] Lè tout nèg save yo ak tout majistra yo soti kay Terak la, yo te leve je yo nan syèl la, lannwit sa, pou yo te gade zetwal yo, epi yo te wè yon gwo zetwal ki soti nan bò solèy leve a, li kouri nan syèl la, li vale kat zetwal ki soti nan kat bò syèl la.

[3] Epi tout nèg save wa a, ak majisyen li yo te sezi wè sa, e save yo te konprann bagay sa a, e yo te konnen ki enpòtans li.

[4] Yonn t'ap di lòt: "Sa sèlman vle di timoun ki te fèt pou Terak aswè a, li pral grandi, li pral gen anpil pitit pitit ki pral pran tout tè a, li menm ak pitit li yo pou tout tan. E desandan li yo pral touye gwo wa yo, epi yo pral eritye peyi [pa] yo.

[5] Aprè sa, mesye saj yo ak majisyen yo te ale lakay yo lannwit sa a, e nan maten, tout mesye saj yo ak majisyen sa yo te leve byen bonè, yo reyini nan yon kay ki te fikse [pou] sa.

[6] Yo t'ap pale, youn di lòt: "Gade! Vizyon nou te wè yè swa a, wa poko konnen li, paske sa kache a wa.

[7] Si wa a vin konnen bagay sa a nan dènye jou yo, l'a di nou: Poukisa nou te kache m bagay sa a? Lè sa a, nou tout pral mouri. Se poutèt sa, kounyeya, ann al rakonte wa a vizyon nou te wè a, ak entèpretasyon li, lè sa a n'ap rete klè.

[8] Epi yo fè sa, yo tout ale bò kote wa a, yo bese tèt yo jouk atè devan li, epi yo di l: "Se pou wa a viv, se pou wa a viv!

[9] Nou te tande ke Terak, pitit gason Nakò a, chèf lame ou a, te fè yon pitit gason, e yèswa, nou te rive lakay li, nou manje, nou bwè e nou te kontan avè l nan sware sa.

[10] Lè sèvitè w yo te soti nan kay Terak la, pou nou te ale lakay nou. Nou te rete la pou nwit lan, nou te leve je nou anlè nan syèl la, nou te wè yon gwo zetwal ki te soti nan bò solèy leve a, menm zetwal sa kouri ak yon gwo vitès, li [te] vale kat gwo zetwal ki te soti nan kat bò syèl la.

[11] Sèvitè w yo te sezi wè vizyon ke nou te wè a, [e nou] te pè anpil, epi n te fè yon jijman sou vizyon an, nou te vin konnen gras ak bon konprann nou, ki entèpretasyon vizyon sa. Bagay sa aplike a timoun ki fèt pou Terak la, li pral grandi, li va miltipliye anpil, li pral vin pwisan, li pral touye tout wa yo ki sou latè, li pral eritye tout peyi yo, li menm ak desandan li yo pou tout tan.

[12] Kounyeya, mèt nou ak wa nou, gade! Nou te vrèman [vle] fè w konnen sa nou te wè konsènan pitit sa a.

[13] Si wa a wè sa bon, se pou l bay papa [yon kay ki plen ajan ak lò] pou pitit sa a, n'ap touye l anvan li grandi, e vin ogmante nan peyi a, epi malè l pa p vinni sou nou, ak sou pitit nou yo, lè sa a nou pa p peri nan malè l.

[14] Aprè sa, wa a te koute pawòl yo, paske yo te sanble bon nan je l, epi l voye rele Terak, Terak pwoche bò kote wa a.

[15] Wa di Terak konsa: "Yo te di m yon pitit gason te fèt pou ou yèswa, e yo te obsève [siy sa] nan syèl la lè l te fèt la.

[16] Kounyeya, ban mwen pitit la, pou n ka touye l, anvan malè l tonbe sou nou, m'ap ba ou pou valè l, yon kay ki plen ajan ak lò.

[17] Terak reponn wa a, li di l: "Mèt! Wa mwen, mwen tande pawòl ou yo, e sèvitè w la pral fè tout sa wa vle a.

[18] Men, monwa, monwa, m'ap di w sa ki te rive m yèswa, pou m ka wè ki konsèy wa mwen an pral bay sèvitè li a. Aprè sa, m'a reponn wa sou sa li sot di yo. Wa di l:-Pale non!

[19] Terak di wa a: "Ayon, pitit gason Morèd la, te vin jwenn mwen yèswa, li di m:

[20] Ban mwen bèl chwal wa a te ba ou a, m'a ba ou ajan, lò, pay ak manje pou valè li vo. Mwen di l konsa:-Rete tann jiskaske mwen pale ak wa a konsènan pawòl ou yo, epi sa wa va di nan sa a, se sa m'ap fè.

[21] Kounyeya, mèt mwen ak wa mwen, Gade! Mwen fè w konnen bagay sa a. Kite wa m nan bay sèvitè l konsèy sou sa, epi m'ap swiv.

[22] Aprè wa te fin tande pawòl Terak yo, li te vin fache, e li te konsidere l tankou yon moun sòt.

[23] Wa a reponn Terak, li di l konsa: "Eske w son moun sòt, ou pa konn anyen, oswa w pa gen konprann pou w fè bagay sa a, pou w bay bèl chwal ou a pou ajan ak lò oswa menm pou pay ak manje?

[24] Eske w manke lò ak ajan pou w fè bagay sa a, eske se paske w pa ka jwenn pay ak manje pou chwal la manje? Epi ki sa ki ajan ak lò, oswa pay ak manje pou ou, pou menm arive bay bèl chwal mwen te ba ou a, tankou pa t janm genyen bagay sa yo sou latè?

[25] Wa a sispann pale, epi Terak reponn wa a, li di l: "Se menm jan wi, wa a te pale ak sèvitè li a.

[26] Monwa, monwa, m'ap mande w kisa ou te di m ? Ou dim: Pou m bay pitit gason m lan pou nou touye l, w'a ban m ajan ak lò pou valè l. Kisa pou m fè ak ajan ak lò aprè lanmò pitit gason m lan? Kiyès ki pral eritye m? Lè sa a, lè m fin mouri, ajan ak lò yo pral retounen jwen wa ki te bay li a.

[27] Lè wa a tande pawòl Terak yo ansanm ak parabòl li te pote sou wa a, sa te fè l lapenn anpil, li te fache pou bagay sa a, e li t'ap brile ak kòlè andedan kè l.

[28] Terak wè wa a te fache sou li, li reponn wa a, li di l: "Tout sa m genyen anba pouvwa wa a. Kèlkeswa sa wa vle fè sèvitè li a, se pou l fè l, wi, menm pitit gason mwen an, li anba pouvwa wa, san oken valè ni echanj, li menm ak de frè l yo ki pi gran pase l.

[29] Wa a di Terak konsa:-Non! Men mwen pral achte ti pitit gason w lan pou yon pri.

[30] Terak reponn wa a, li di l:-Monwa, monwa, tanpri, kite sèvitè w pale devan ou, kite wa tande pawòl sèvitè l la. Terak di l: "Kite wa m nan ban m twa jou jiskaske mwen egzamine pwoblèm sa a nan tèt mwen, epi [kitem] konsilte ak fanmi mwen konsènan pawòl ou te dim yo. Anplis de sa a, Terak te fè gwo efò pou l te konvenk wa jouk li dakò ak sa.

21

[31] Wa koute Terak, li [te] fè sa, li ba li twa jou a, Terak soti devan wa a, li retounen lakay li al jwenn fanmi l, li rakonte yo tout pawòl wa a te di yo. E fanmi an te pè anpil.

[32] Twazyèm jou a, wa voye di Terak konsa: "Voye pitit gason w lan pou mwen, jan mwen te di w la. Si w pa fè sa, m'ap voye touye tout sa ou genyen lakay ou, ata menm on chen ou p'ap rete.

[33] Terak mache prese, (pou sa wa te di a), li pran yon timoun nan men youn nan sèvant yo, sèvant li a te fè l pou li jou sa a. E Terak te mennen ti gason an bay wa a, e li te resevwa yon valè pou li.

[34] SENYÈ Etènèl la, te avèk Terak nan zafè sa a, pou Nimwòd pa t ka lakòz Abram mouri. Wa a te pran ti gason an nan men Terak, epi l frape tèt timoun lan fò ak tout fòs li atè a, paske l te panse se te Abram. Sa te [rete] kache pou li depi jou sa a, epi wa a te bliye l, paske se te volonte Pwovidans [BonDye] pou l pa t touye Abram.

[35] Terak pran Abram, pitit gason li an, an kachèt, ansanm ak manman l ak nouris li, li kache yo nan yon gwòt, epi l pote pwovizyon pou yo chak mwa.

[36] SENYÈ Etènèl, te avèk Abram nan gwòt la, li grandi, e Abram te nan gwòt la pandan dizan. Epi wa a, ansanm ak chèf li yo, divinò yo, ak saj yo te panse wa te touye Abram.

9- Abram ak konstriksyon gwo kay Babèl la
(Jenèz 11:1-9)

[1] Aran, pitit gason Terak, gran frè Abram, te marye ak yon fi.

[2] Aran te gen trantnèf ane [39] lè li te pran fi a. Madanm Aran vin ansent, li fè yon pitit gason, li rele l Lo.

[3] Li vin ansent ankò, li fè yon pitit fi, li rele l Milka. Aprè, Li ansent ankò, li fè yon pitit fi, li rele l Sarayi.

[4] Aran te gen karanndezan [42] lè li te fè Sarayi, ki te nan dizyèm ane nan lavi Abram. Lè sa a, Abram soti nan gwòt la ansanm ak manman l e nouris la, paske wa ak tout moun pa l yo te bliye zafè Abram lan.

[5] Abram te soti nan gwòt la, li ale jwenn Noye, ak Sèm pitit gason Noye a, li te rete avèk yo pou l te aprann enstriksyon SENYÈ a ak chemen l yo, epi pèsonn pa t konnen ki kote Abram te ye, Abram te sèvi Noye ak Sèm pitit gason l pou yon bon bout tan.

[6] Abram te rete nan kay Noye pandan trantnèf ane. Abram te konnen SENYÈ a depi a twazan. Li swiv chemen SENYÈ a jouk jou lanmò l, jan Noye ak Sèm, pitit gason li an te moutre l. Lè sa a tout pitit gason lèzòm sou latè nan epòk sa yo te peche anpil kont SENYÈ a, yo te revòlte kont Li, yo te sèvi lòt dye, yo te bliye SENYÈ a ki te kreye yo sou tè a; Lè sa a, chak moun ki te rete sou tè a, yo chak te gen dye pa yo; dye an bwa e an wòch ki pa t kapab ni pale, ni tande, oswa ni delivre. Pitit gason lèzòm yo te sèvi yo, zidòl sa yo te tounin dye yo.

[7] Wa ansanm ak tout moun ki t'ap sèvi l yo, Terak ansanm ak tout fanmi l, yo te premye moun ki t'ap sèvi dye an bwa ak wòch.

[8] Terak te gen douz dye men gwosè, fèt an bwa ak wòch, daprè douz mwa nan ane a. Li t'ap sèvi yon dye chak mwa, e chak mwa Terak te pote ofrann grenn jaden ak ofrann bwason pou dye l yo. Se konsa Terak te fè tout jou l yo.

[9] Epi tout jenerasyon sa a te mechan devan SENYÈ a, yo chak t'ap fè dye yo, men SENYÈ a ki te kreye yo a yo abandone l.

[10] Nan epòk sa yo, pa t gen yon moun sou latè ki t'ap chache konnen SENYÈ a (paske yo chak t'ap sèvi dye pa yo) eksepte Noye ak fanmi l, ak tout moun ki te anba konsèy li yo te konnen SENYÈ a nan jou sa yo.

[11] Lè sa a, Abram, pitit gason Terak la, t'ap vin pi gran nan kay Noye a, pèsonn pa t konnen sa, e SENYÈ a te avèk li.

[12] SENYÈ a te bay Abram yon kè ki gen konprann, li te konnen tout travay jenerasyon sa a pa t anyen, tout dye yo pa t anyen e yo pa t sèvi anyen.

[13] Abram te wè solèy la k'ap klere sou tè a, e Abram di nan kè l: Kounyeya, solèy sa a ki klere sou tè a la, se li ki BonDye, e m'ap sèvi l.

[14] Jou sa a Abram t'ap sèvi solèy la, li lapriyè l, e lè aswè rive, solèy la te kouche jan sa te konn fèt la.

[15] Abram redi nan kè l ankò: Ki moun ki fè syèl la ak tè a? ki moun ki te kreye sou tè a? ki kote l ye?

[16] Lannwit te rive sou li, epi l leve je l nan direksyon lwès, nò, sid ak lès, li wè ke solèy la te disparèt sou tè a, e jou a te fè nwa.

[17] Abram te wè zetwal yo ak lalin devan l, epi l di: Se vre wi, sa a se BonDye ki te kreye tout tè a ansanm ak moun. Gade, sèvitè l yo, se dye bò kote l. Abram te sèvi lalin lan, li lapriyè l tout lannwit lan.

[18] Nan denmen maten, lè l te jou solèy la te klere sou tè a kòm dabitid, Abram te wè tout bagay SENYÈ BonDye te fè sou tè a.

[19] Abram di a tèt li: Se vre wi, sa yo se pa dye ki te fè tè a ak tout limanite, men se sèvitè BonDye yo ye. Abram te rete nan kay Noye a, se la li te konnen SENYÈ a ak chemen l yo, li te sèvi SENYÈ pandan tout lavi l, tout jenerasyon sa a [nan tan Abram ak Noye] te bliye SENYÈ a, yo te sèvi lòt dye bwa ak wòch, epi yo te revòlte pandan tout tan yo.

[20] Wa Nimwòd t'ap gouvènen an sekirite, tout tè a te sou kontwòl li, e tout tè a te genyen yon sèl lang ak pawòl inyon.

[21] Aprè sa, tout prens Nimwòd yo ak gwo chèf li yo, yo te reyini ansanm. Pout, Mizrayim, Kouch e Kanaran ak fanmi yo, epi youn di lòt:-Vini non, ann bati yon vil ak yon gwo fò won ladan l, pou tèt li rive nan syèl la, epi n'a fè tèt nou pi popilè, pou n ka gouvènen sou tout lemonn antye, pou mechanste ènmi nou yo ka sispann pami nou, pou n ka gouvènen yo avèk fòs, epi pou n pa gaye sou tout tè a akòz lagè yo.

[22] Aprè sa, yo tout ale devan wa a, yo di wa a pawòl sa yo, epi wa dakò ak yo nan zafè sa a, epi l kòmande yo fè sa.

[23] Tout fanmi yo te rasanble anviwon sisanmil (600.000) moun, epi yo te ale chache yon gwo moso tè pou bati vil la ak gwo fò won an, yo t'ap chache nan tout kalite tè, yo pa t jwenn anyen, eksepte youn ki tankou yon vale nan bò solèy leve a, peyi Chenea. Yo te mache anviwon de jou konsa, epi yo pati yo rete la.

[24] Yo te kòmanse fè brik e kwit yo nan dife pou bati vil la ak gwo fò won, yo te imajine pou fini an.

[25] Konstriksyon gwo fò won an te pou yo yon transgresyon ak yon peche, yo te kòmanse bati l, e pandan yo t'ap bati l kont SENYÈ BonDye ki nan syèl la, yo te imajine nan kè yo pou yo monte nan syèl la epi fè lagè kont Li.

[26] Aprè sa, tout moun sa yo ak tout fanmi yo te divize an twa pati. Premye a te di: Nou pral monte nan syèl la epi goumen kont Li; Dezyèm lan di: N'ap monte nan syèl la, n'a mete dye pa nou yo la, n'a sèvi yo. Twazyèm pati a te di: Nou pral monte nan syèl la, n'ap frape l ak banza ak frenn. BonDye te konnen tout travay yo ak tout move lide yo te fè a, Li wè vil la ak gwo fò won yo t'ap bati a.

[27] Lè yo t'ap bati l, yo te bati yon gwo vil ak yon gwo fò won byen wo. E akoz wotè a, mòtye yo ak brik yo pa t rive jwen bòs mason yo alè, lè yo t'ap monte sou li, jiskaske moun ki t'ap monte yo

te pran yon ane konplè. Se te aprè yon ane ap monte yo te rive jwenn bòs mason yo e yo te ba yo mòtye ak brik; Se konsa li te fèt chak jou.

[28] Epi [kèk] nan yo t'ap monte e lòt moun t'ap desann tout jounen an; Si yon brik ta tonbe nan men yo epi l kase, yo tout t'ap kriye pou li, men si yon moun tonbe epi l mouri, okenn nan yo pa t gade l.

[29] SENYÈ a te konnen panse yo, e se te konsa, lè yo t'ap bati, yo te voye flèch yo nan direksyon syèl la, e tout flèch yo te tonbe sou yo plen ak san, e lè yo wè sa, yo di youn ak lòt: Se vre wi, nou touye tout moun ki nan syèl la.

[30] Sa te soti nan SENYÈ a, pou Li te ka fè yo pèdi wout yo, pou Li te detwi yo sou tè a.

[31] Yo bati gwo fò won an ak vil la, yo te nan konstriksyon bagay sa a chak jou jiskaske anpil jou ak ane te pase.

[32] Aprè sa, BonDye di a swasanndis zanj ki te kanpe devan l yo, ak zanj sa yo ki te toupre l yo, Li di: Vini non, ann nou desann e konfonn lang yo, pou yon sèl moun pa ka konprann lang frè parèy li, epi yo te fè l konsa sou yo.

[33] Depi jou sa a, yo chak te vin bliye lang frè parèy yo, yo pa t kapab konprann pou yo te pale nan yon sèl lang, e lè bòs mason an te pran nan men frè parèy li lacho oswa wòch li pa t kòmande, bòs mason an pousel jete e voye l anba sou frè parèy li pou l mouri.

[34] Yo te fè sa pandan anpil jou, yo touye anpil nan yo nan fason sa a.

[35] SENYÈ a te touye twa gwoup ki te la yo, Li pini yo daprè travay yo ak plan yo. Moun ki t'ap di: N'ap monte nan syèl la, n'ap sèvi dye nou yo, yo te vin tankou senj ak elefan. E moun ki te di: Nou pral frape syèl la ak flèch, SENYÈ a te touye yo, atravè men frè parèy yo, youn t'ap touye lòt; e twazyèm divizyon nan moun ki te di: "Nou pral moute nan syèl la e goumen kont Li, SENYÈ a gaye yo sou tout latè."

[36] Epi rès moun ki te rete nan mitan yo, lè yo te vin konnen ak konprann mal ki t'ap vini sou yo a, yo te vin abandone konstriksyon an, men yo menm tou yo te gaye sou tout sifas tè a.

[37] Yo te sispann bati vil la ak gwo fò won an. Se poutèt sa kote sa te rele Babèl, paske se la SENYÈ a te konfonn lang tout tè a; Men li te sou bò solèy leve nan peyi Chenea.

[38] Konsènan gwo fò won moun yo te bati a, tè a te louvri bouch li, li vale yon tyè ladan l, epi yon dife desann soti nan syèl la, li boule yon lòt tyè. Lòt twazyèm tyè yan rete jouk jounen jòdi a. Se dènye tyè sa, nan pati ki te anlè a, gwosè l te pran twa jou pou mache ladan l.

[39] Aprè sa, anpil nan pitit gason lèzòm yo te mouri nan gwo fò won sa a, san yo pa t ka konte ki [kantite ki mouri].

10- Desandan Noye yo
(Jenèz 10 pwolonje)

[1] Pelèg, pitit gason Ebè a, te mouri nan tan sa yo, nan karann wityèm (48) ane nan lavi Abram, pitit gason Terak la. Tout tan Pelèg se te desantrantnèf ane [239].

[2] Lè SENYÈ a te gaye pitit gason lèzòm yo, poutèt peche yo nan gwo fon won an, yo gaye, e anpil te tonbe nan divizyon, tout pitit gason lèzòm yo te simaye nan kat kwen tè a.

[3] Epi tout fanmi yo, yo chak te vinn [viv] selon lang yo, peyi yo ak vil yo.

[4] Après sa, pitit lèzòm yo bati anpil vil daprè fanmi yo, nan tout kote yo te ale sou tout tè a, kote SENYÈ a te gaye yo.

[5] Kèk nan yo te bati vil kote yo te disparèt après sak te pase yo a, epi yo te rele vil sa yo, daprè non yo, oswa non pitit yo, oswa après yon evènman patikilye.

[6] Pitit gason Jafè yo, pitit Noye, yo te ale yo bati lavil kote yo te gaye, yo rele tout lavil yo selon non yo, pitit Jafè yo te divize sou fas tè a an plizyè divizyon ak lang.

[7] Men non pitit gason Jafè yo, ki te separe selon fanmi pa yo: Gomè, Magòg, Medayi, Javan, Toubal, Mechèk ak Tiras. Se pitit Jafè yo sa daprè jenerasyon yo.

[8] Pitit Gomè daprè vil yo, se te [moun] Francum yo, ki te rete nan peyi Franza, kote larivyè Franza ye a, ki bò larivyè Senah.

[9] Après sa, pitit Refat yo se moun Batonim yo, ki rete nan peyi Bartonia bò larivyè Leda a, ki vide dlo li yo nan gwo lanmè Giyon an, sa vle di Oseyan.

[10] Pitit Tougama yo te gen dis fanmi. Men non yo: Bouza, Parzunak, Balga, Elikanum, Ragbib, Taki, Bid, Zebuc, Ongal ak Tilmaz. Tout moun sa yo te gaye, yo te pran repo nan nò, yo bati lavil pou yo la.

[11] Après sa, yo rele lavil yo daprè non yo, se moun sa yo ki rete bò larivyè Itla ak Italak jouk jounen jòdi a.

[12] Men, fanmi Angoli yo, se te Balga ak Parzunac, yo rete bò gwo larivyè Dubnee a. Epi non lavil yo tou te selon pwòp non pa yo.

[13] Pitit Javan yo se Javanim ki rete nan peyi Makdoni a, pitit Medayare yo se Orelum ki rete nan peyi Kurson, ak pitit Toubal yo se moun ki rete nan peyi Toukana a, bò larivyè Pachiya a.

[14] Men pitit Mechèk yo se te Chibachni, pitit Tiras yo se Rouchach, Kouchni ak Ongolis. Tout moun sa yo ale, yo bati lavil pou yo. Se vil sa yo ki sitiye bò lanmè Jabis la, bò larivyè Cira, ki vide tèt li nan larivyè Tragan la.

[15] Pitit Elicha yo se [moun] Almanim yo. E yo menm tou, yo te ale, yo bati lavil pou yo. Se vil sa yo ki te ant mòn Jòb ak Chibatmo. E pami yo, se te moun Lonbardi ki te rete anfas mòn Jòb ak Chibatmo, e yo te konkeri peyi Itali a epi yo te rete la jouk jounen jòdi a.

[16] Pitit moun Kittim yo se [moun] Romim yo, ki rete nan Fon Kanopya bò larivyè Tibreu a.

[17] Pitit moun Doudonim yo, se moun ki rete nan vil ki bò lanmè Giyon yo, nan peyi Borda.

[18] Sa yo se fanmi pitit Jafè yo daprè vil yo ak lang yo, lè yo te gaye dèyè gwo fò won an, epi yo te rele lavil yo daprè non yo ak evènman yo. Se non sa yo ki non tout lavil yo, daprè fanmi yo, ke yo te bati nan jou sa yo, aprè gwo fò won an.

[19] Pitit Kam yo, se te Kouch, Mizrayim, Pout ak Kanaran, daprè jenerasyon yo ak tout lavil yo.

[20] Tout moun sa yo te ale, yo bati lavil yo jan yo te jwenn kote ki bon pou yo a, epi yo rele lavil yo daprè non zansèt yo; Kouch, Mizrayim, Pout ak Kanaran.

[21] Men, pitit Mizrayim yo se te moun Lidim, Anamim, Leyab, Naftouchim, Patrousim, Kasloukim ak Kaftourim, sèt fanmi.

[22] Tout moun sa yo rete bò larivyè Sikò a, ki se ravin Lejip la. E yo bati [pwòp] lavil yo, epi ba yo non selon non pa yo.

[23] Pitit Patwòs yo ak pitit Kaslòk yo marye ansanm, epi de yo menm, soti [moun] Filisten yo, Azatim yo, Gerarim yo, Gitim yo ak Ekwonim yo, senk fanmi an tou. Moun sa yo te bati lavil pou yo tou, yo rele lavil yo daprè non zansèt yo jouk jounen jòdi a.

[24] Pitit moun Kanaran yo te bati lavil yo tou, epi yo te rele lavil yo daprè non yo, onz lavil ak lòt vil san konte.

[25] Kat gason nan fanmi Kam yo ale nan plenn lan. Sa yo se non kat mesye yo: Sodòm, Gomò, Adma ak Zeboyim.

[26] Mesye sa yo te bati kat vil nan peyi plenn lan, epi yo te bay non vil yo daprè non yo.

[27] Epi yo menm, ansanm ak pitit yo, ak tout moun ki te pou yo te rete nan vil sa yo, yo te fè pitit, yo te vin anpil anpil, epi yo te viv anpè.

[28] Seyi, pitit gason Our, pitit gason Ivi, pitit gason Kanaran, ale, li jwenn yon fon anfas mòn Paran, epi l bati yon vil la. Li menm ansanm ak sèt pitit gason l yo, ansanm ak tout fanmi l yo te rete la, epi l rele lavil li te bati a Seyi daprè non li, se peyi Seyi sa a ki la jouk jòdi a.

[29] Sa yo se fanmi pitit Kam yo, daprè lang yo ak lavil yo, lè yo te gaye nan peyi yo aprè gwo fò won an.

[30] Aprè sa, kèk nan pitit Sèm, pitit gason Noye a, papa tout pitit Ebè yo, yo te ale tou, yo te bati lavil kote yo te gaye, epi yo te rele lavil yo daprè non yo.

[31] Pitit gason Sèm yo se te: Elam, Achou, Apachad, Lidi ak Aram. Yo te bati lavil pou yo, epi yo te rele lavil yo daprè non yo.

[32] Lè sa a, Achou, pitit gason Sèm lan, ak pitit li yo ak fanmi l yo te soti pami frè yo, yon gwo gwoup nan yo. Yo te ale nan yon peyi byen lwen ke yo te jwenn, epi yo te rankontre ak yon fon trè vaste nan peyi yo te ale a, yo bati tèt yo kat vil, yo rele yo daprè pwòp non yo ak evènman [ki te pase] yo.

[33] Men non lavil moun Achou yo te bati: Niniv, Resen, Kalak ak Reobotè. Moun Achou yo rete la jouk jounen jòdi a.

[34] Pitit moun Aram yo te ale, yo bati yon vil pou tèt yo. Yo rele lavil la Ouz, daprè non gran frè yo, epi yo rete la. Se peyi Ouz sa ki la jouk jounen jòdi a.

[35] Dezyèm lane aprè gwo fò won an, yon nonm ki te soti nan kay Achou a, li te rele Bela, li te soti nan peyi Niniv pou l te rete ak fanmi l nenpòt kote l te jwenn yon plas. Yo rive anfas lavil ki nan plenn yo anfas Sodòm, epi yo te rete la.

[36] Nonm lan leve, li bati yon ti vil la, li rele l Bela aprè non l; Se peyi Zoa li ye jouk jounin jòdi a.

[37] Sa yo se fanmi pitit Sèm yo daprè lang yo ak lavil yo lè yo te fin gaye sou tè a aprè gwo fò won an.

[38] Aprè sa, chak wayòm, chak lavil ak chak fanmi nan fanmi pitit Noye yo te bati anpil bann vil.

[39] Epi yo te etabli gouvènman nan tout vil yo, pou gouvène yo te ka kontwole selon lòd yo [ak kòmandman yo]. Se konsa tout fanmi pitit Noye yo te fè pou tout tan.

11- Rejim mechan Nimwòd la

(Jenèz 11, A Left-out Story from the Tower of Babel Story)

[1] Nimwòd, pitit gason Kouch la, te toujou nan peyi Chenea. Li t'ap gouvènen peyi a, li te rete la li bati lavil nan peyi Chenea.

[2] Men non kat vil li te bati yo, li te rele non yo aprè evènman ki te rive yo nan konstriksyon gwo fò won an.

[3] Li te rele premye a Babèl, li di: Se la SENYÈ a te konfonn lang ki sou latè. Li te rele dezyèm lan Erèk, paske se la BonDye te gaye yo.

[4] Twazyèm lan, li te rele Echèd, li di ke te gen yon gwo batay kote sa a; Epi katriyèm lan li te rele l Kalna, paske chèf li yo ak vanyan sòlda li yo te disparèt la, epi yo te vekse SENYÈ a, yo te revòlte e yo te peche kont li.

[5] Lè Nimwòd te [fin] bati lavil sa yo nan peyi Chenea, li te mete rès pèp li a, chèf li yo ak vanyan sòlda l yo ki te rete avèl nan wayòm li an.

[6] Nimwòd te rete Babèl, epi l te renouvle rèy li la sou rès moun li yo, li te gouvènen an sekirite, e chèf Nimwòd yo te rele l Amrafèl, yo te di ke chèf li yo ak mesye l yo te tonbe nan gwo fò won an.

[7] Men, malgre sa Nimwòd pa t retounen vin jwenn SENYÈ a, li te kontinye ap [fè] mechanste, e li te kontinye ap anseye pitit lèzòm yo mechanste; epi Mardon, pitit gason l lan, te pi mal pase l paske Mardon te ajoute sou abominasyon papa li a pirèd.

[8] Se konsa li fè pitit gason lèzòm yo peche, se poutèt sa yo di: Se de mechan yo, soti mechanste.

[9] Nan lè sa a, te gen lagè ant fanmi moun Kam yo, pandan yo t'ap viv nan lavil yo te bati yo.

[10] Kedòlaòmè, wa Elam, te kite fanmi pitit Kam yo, li goumen ak yo, li bat yo, li ale nan senk vil ki nan plenn lan, li goumen ak senk vil sa yo epi l te soumèt yo anba kontwòl li.

[11] Yo te sèvi l [pandan] douzan, yo ba li yon taks chak ane.

[12] Lè sa a, Nakò, pitit gason Sewoug la, te mouri, nan karannèvyèm ane (49) nan lavi Abram pitit gason Terak.

[13] Abram, pitit gason Terak la, te gen senkantan, Abram soti nan kay Noye a, li al [rete] lakay papa l.

[14] Abram te konnen SENYÈ a, li te ale nan chemen SENYÈ a ak lòd Li yo, epi SENYÈ a, BonDye li a, te avèk li.

[15] Lè sa a, Terak, papa l, te toujou kòmandan lame wa Nimwòd la, e li te toujou ap swiv dye lòt nasyon yo.

[16] Abram te rive lakay papa l, li te wè douz dye ki te kanpe la nan tanp yo. Abram te fache lè l te wè zidòl sa yo nan kay papa l.

[17] Abram di: Menm jan SENYÈ a vivan, zidòl sa yo p'ap rete lakay papa m. Se konsa SENYÈ a, ki te kreye m nan ap fè m, si nan twa jou m pa kraze yo tout.

[18] Abram kite [zidòl] yo, li te fache anpil. Aprè sa, Abram prese soti nan chanm lan, li ale deyò a nan lakou papa l, epi li te jwenn papa l chita nan lakou a, ak tout domestik li yo avè l, epi Abram ale, li chita devan l.

[19] Abram mande papa l, li di: Papa, di m ki kote BonDye ki kreye syèl la ak tè a, ak tout pitit gason lèzòm yo sou latè, e ki moun ki kreye ou menm ak mwen. Terak reponn Abram, pitit gason l lan, li di l: Gade, moun ki te kreye nou yo, yo tout avèk nou nan kay la.

[20] Abram di papa l: Mèt, tanpri, fè m konnen yo. Terak mennen Abram anndan kay ki nan lakou a, lè sa Abram wè tout chanm lan te plen ak dye an bwa ak wòch, douz gwo zidòl ak lòt ki pi piti, san yo pa t ka konte.

[21] Terak di pitit gason l lan: Gade, se yo ki fè tout sa ou wè sou tè a, ki kreye m, e ou menm, ak tout moun.

[22] Terak bese tèt li devan dye li yo, li kite yo, epi Abram, pitit gason l lan, ale avè l.

[23] Lè Abram fin kite yo, li al jwenn manman l, li chita devan l, li di manman l:Gade, papa m sot fè m konnen moun ki te fè syèl yo, tè a, ansanm ak tout pitit gason lèzòm yo.

[24] Kounyeya, prese pran yon jenn ti kabrit nan twoupo a, fè yon bon manje, pou m pote l bay dye papa m yo tankou yon ofrann pou yo manje. Petèt, mwen ka vin akseptab pou yo.

[25] Manman l fè sa, li pran yon jenn ti kabrit, li fè yon bon vyann, li pote l bay Abram. Abram pran vyann lan nan men manman l, li pote l devan dye papa l, li pwoche bò kote yo, pou yo te ka manje; Men, Terak, papa l, pa t konnen sa.

[26] Abram wè jou li te chita nan mitan yo, yo pa t gen vwa, yo pa t tande, pa t gen okenn mouvman ni pa t gen yonn nan yo ki te lonje men l pou l manje.

[27] Abram t'ap pase yo nan betiz, li t'ap di yo:-Se vre wi, bon vyann gou mwen te pare a pa t fè yo plezi, oswa petèt li te twò piti pou yo. [Se petèt] pou rezon sa a yo pa t manje l; Se poutèt sa demen m'ap prepare vyann lan byen gou [ak yon] bon pla, ki pi bon, e plis pase sa m te bay la, pou m ka wè rezilta.

[28] Nan denmen, Abram te bay manman l lòd pou l te fè yon ti manje byen gou, e manman l te leve, li pran twa bon jenn ti kabrit nan twoupo a, epi l fè avèk yo yon bon manje byen gou, jan pitit gason l te renmen l lan. Li te bay Abram, pitit gason l lan. Men Terak, papa l, pa t konnen sa.

[29] Abram pran vyann lan nan men manman l, li pote l devan dye papa l yo nan chanm lan. Li pwoche bò kote yo pou yo te ka manje, li mete l devan yo, epi Abram te chita devan yo, tout lajounen an, li panse petèt yo ta ka manje l.

[30] Abram gade yo, li wè yo pa t gen ni vwa, ni tande, ni yo youn pa t lonje men l sou vyann lan pou yo te manje.

[31] Nan aswè nan jou sa a nan kay sa (ki te plen ak zidòl yo), Abram te ranpli ak Lespri BonDye a.

[32] Epi l pouse yon kri, li di:-Malè pou papa m, ak jenerasyon mechan sa a, ki genyen tout kè yo panche sou bagay ki pa itil anyen, k'ap sèvi zidòl sa yo; Swa an bwa ak wòch, ki pa ka ni manje, ni pran sant, ni tande, ni pale, ki genyen bouch men ki pa ka pale, je san wè, zòrèy san tande, men

san yo pa santi anyen, ak janm ki pa ka deplase; Moun ki te fè yo epi ki mete konfyans yo nan yo, sanble parèyman avèk yo.

[33] Lè Abram te wè tout bagay sa yo, li te fache sou papa l, li prese, li pran yon rach mete nan men l, li rive nan chanm dye yo, epi l kraze tout dye papa l yo.

[34] Lè li te fin kraze zidòl yo, li mete rach la nan men gran dye ki te la devan yo a, epi l soti. Lè sa a, Terak, papa l, retounen lakay li, paske l te tande bri [kraze] nan papòt la. Se konsa Terak antre nan kay la pou l te ka konnen ki sa ki t'ap fèt lan la.

[35] Lè Terak te tande bri a nan chanm zidòl yo, li te kouri al nan chanm zidòl yo, li te rankontre ak Abram ki t'ap soti.

[36] Lè Terak antre nan chanm nan, li jwenn tout zidòl yo tonbe atè, yo kraze. Epi rach la te nan men pi gwo a, ki pa t kase, ak bon plat vyann Abram pitit gason l lan te fè a, te toujou devan yo.

[37] Lè Terak wè sa, li te fache anpil, li kouri soti nan chanm nan, li ale kot Abram.

[38] Li jwenn Abram, pitit gason l lan, ki te toujou chita nan kay la. Li di l konsa: Ki travay konsa ou fè dye m yo la?

[39] Abram reponn Terak, papa l, li di l konsa: Se pa konsa, mèt mwen, paske mwen te pote yon bon vyann gou devan yo. Lè m te pwoche bò kote yo ak vyann lan pou yo te ka manje, yo tout lamenm, te lonje men yo pou yo te ka pran manje, anvan pi gran an te lonje men l, pou l te manje.

[40] Epi gwo a wè travay sa yo te fè devan l lan, li te fache anpil sou yo, li ale, li pran rach ki te nan kay la, li pwoche bò kote yo, li kase yo tout. Se sak fè lè w gade, w'ap wè rach la toujou nan men l jan w wè l la.

[41] Tèrak te fache sou Abram, pitit gason l lan, lè li t'ap pale konsa. Lè sa a, Terak di Abram, pitit gason l lan, pandan l fache sou li a:-Ki istwa sa a w'ap rankonte konsa? W'ap vin banm manti la.

[42] Èske gen lespri nan dye sa yo, nanm, oswa pouvwa pou fè tout sa w te di m yo sot fè ya la? Eske se pa bwa ak wòch [yo ye]? Eske se pa mwen menm ki te fè yo? W'ap vinn bay manti konsa, pou w'ap di m: Se gwo dye ki te avèk yo a ki frape yo. Se ou menm ki te mete rach la nan men l, epi answit w'ap vin di li te frape yo tout."

[43] Abram reponn papa l, li di l konsa:-Ki jan w ka sèvi zidòl sa yo ki pa gen pouvwa pou fè anyen? Èske zidòl ou mete konfyans ou nan yo a, ka delivre w? Èske yo ka tande priyè w yo, lè w'ap rèle yo? Èske yo ka delivre w anba men lènmi w yo, oswa èske y'ap goumen pou ou kont lènmi w yo, pou w'ap sèvi bwa ak wòch ki pa ka ni pale ni tande.

[44] Kounyeya, li pa bon pou ou, ni pou moun ki gen rapò ak ou, pou yo fè bagay sa yo. Èske w tèlman sòt, oswa tèlman egare, oswa w manke konprann, ki fè ke w'ap sèvi bwa ak wòch nan fason sa a?

[45] Pou'w bliye SENYÈ a, BonDye ki fè syèl la ak tè a, ki te kreye nou sou tè a, akoz de sa, w'ap rale yon gwo malè sou nanm ou nan zafè sa a, lè [w'ap] sèvi wòch ak bwa.

[46] Eske zansèt nou yo nan tan lontan yo pa t fè peche nan zafè sa a, e SENYÈ, BonDye linivè a, te fè gwo inondasyon an vini sou yo e li te detwi tout tè a?

[47] Kijan ou ka kontinye [ap] fè sa pou w'ap sèvi dye an bwa ak wòch, ki pa ka tande, pale, oswa ki pa ka delivre w anba opresyon, kidonk w'ap fè kòlè BonDye linivè a tonbe sou ou?

[48] Kounyeya, papa m pa fè sa, pa mete malè sou nanm ou ak nanm fanmi w.

[49] Abram prese, li soti devan papa l, li pran rach la nan men pi gwo zidòl papa l la, li kase l epi li kouri.

[50] Lè Terak wè tout sa Abram te fè a, li kouri kite kay li, li ale bò kote wa a, li pwoche devan Nimwòd, li kanpe devan l, li bese tèt li jouk atè devan wa a. Wa di l:-Kisa w vle?

[51] Epi l di l:-Mèt, tanpri! Tande m. Kounyeya, gen senkant ane ki pase, yon timoun te fèt pou mwen. Se konsa li te arive fè [domaj] a dye m yo, e konsa li te pale [dye m yo mal]; Kounyeya, monwa, mèt, voye chache l pou l vin devan w, pou w jije l daprè lalwa, pou nou ka delivre anba malè li a.

[52] Aprè sa, wa voye twa mesye nan sèvitè l yo, yo ale, yo mennen Abram devan wa a. Jou sa a, Nimwòd ansanm ak tout chèf li yo ak tout sèvitè l yo te chita devan l, epi Terak te chita devan yo tou.

[53] Wa a di Abram konsa:-Kisa w fè papa w ak dye li yo? Abram reponn wa a ak pawòl li te di papa l, li di: -Gwo dye ki te avèk yo nan kay la, te fè yo sa ou te tande a.

[54] Wa a di Abram konsa:-Eske yo gen pouvwa pou yo pale, pou yo manje, pou yo fè sa ou te di a? Abram reponn wa a, li di l konsa:-Si pa gen pouvwa nan yo, poukisa w'ap sèvi yo? Epi w'ap fè pitit gason lèzòm yo [tonbe] nan erè, nan fè bagay sòt.

[55] Eske w kwè yo ka delivre w oubyen fè nenpòt ki bagay piti oswa gwo. Pou w ta menm sèvi yo? Poukisa w pa ka rekonèt BonDye tout inivè a, ki te kreye w la, ki gen pouvwa ki pou touye w oswa kenbe w vivan?

[56] O! Wa ki san konprann nan, ki egare, ki ap fè bouki. Malè pou ou pou tout tan!

[57] Mwen te panse w t'ap anseye sèvitè w yo chemen dwat la, men ou pa fè sa, ou ranpli tout tè a ak peche e ak peche pèp ou a ki ap swiv chemen ou yo.

[58] Eske w pa konnen, oswa èske w pa t tande, mal sa a w'ap fè a, zansèt nou yo te peche ladan l, nan tan lontan yo, e BonDye Etènèl la te fè gwo inondasyon an vini sou yo, li te detwi yo tout sou tè a sou kont yo. Èske kounyeya ou menm ak pèp ou a pral leve, epi fè menm travay sa, pou yo fè kòlè SENYÈ BonDye tout linivè a desann, epi pou pote malè sou ou ak sou tout tè a?

[59] Kounyeya, kite move zak sa yo ou ap fè a, epi sèvi BonDye linivè a, menm jan nanm ou nan men l, epi lè sa a, sa pral byen pou ou.

[60] Men, si kè mechan ou a, pa koute pawòl mwen yo, pou [yo] fè ou abandone move chemen ou yo, pou w sèvi BonDye ki p'ap janm fini an, enben lè sa a ou pral mouri nan wont nan dènye jou yo, ou menm, pèp ou a, ak tout moun ki konekte avèk ou, oswa k'ap tande pawòl ou, ni k'ap mache nan move chemen ou.

[61] Lè Abram te sispann pale devan wa a ak chèf yo, Abram leve je l nan syèl la, li di:-SENYÈ a wè tout mechan yo, e Li pral jije yo.

12- Abram kouri kite Nimwòd

(Jenèz 11 kontinyasyon nan gwo kay won nan istwa Babèl la)

[1] Lè wa a te fin tande pawòl Abram yo, li te bay lòd pou yo te mete l nan prizon. Abram te pase dis jou nan prizon.

[2] Epi nan fen jou sa yo, wa a te bay lòd pou tout wa, chèf ak gouvènè nan diferan pwovens yo ak saj yo vin devan l, epi yo te chita devan l, Abram te toujou nan kay la nan prizon an.

[3] Wa a di chèf yo ak nèg save yo:-Nou tande sa Abram, pitit gason Terak la fè papa l? Li te aji konsa anvè l, epi mwen te bay lòd pou yo mennen l devan mwen, se konsa li te pale devan mwen; Kè l pa t sote, ni li pa t enkyete devan m, kounyeya, li nan prizon an la.

[4] Se poutèt sa, deside ki jijman [nou dwe bay] pou nonm sa ki joure wa. Ki te pale, e fè tout sa ou sot tande yo la.

[5] Yo tout reponn wa a, yo di l:-Moun ki joure wa ta dwe pann nan yon pye bwa. Men, lè l te fè tout sa li te di yo, epi l te meprize dye nou yo, li dwe boule jouk li mouri, paske se lalwa sa a ki nan peyi nou.

[6] Si sa fè wa a plezi, se pou l bay sèvitè l lòd pou yo limen yon dife lajounen kou lannwit nan gwo founo brik ou a, epi n'a jete nonm sa a ladan l. Wa te fè sa, li te bay sèvitè l yo lòd pou yo te prepare yon dife pandan twa jou twa nwit nan gwo founo dife wa a, ki nan peyi Kalde an; Wa a bay lòd pou yo retire Abram nan prizon an, pou yo mennen l deyò pou yo boule l.

[7] Aprè sa, tout sèvitè wa a, chèf, mèt yo, gouvènè, jij ak tout moun ki te rete nan peyi a, anviwon nèfsanmil (900.000) gason, te kanpe anfas gwo fou a pou yo te wè Abram.

[8] Tout medam yo ak ti pitit yo te rasanble sou do kay yo, ak gwo fò won yo pou yo te [ka] wè sa k t'ap pase ak Abram. Epi yo tout te kanpe ansanm nan yon distans; Pa t rete yon moun ki pa t vin wè sèn nan jou sa a.

[9] Lè Abram te rive, chèf yo ki t'ap akonpli konplo wa a, ansanm ak save yo te wè Abram, yo te rele byen fò nan pye wa a, yo di l konsa:-Mèt nou an [wa nou], se vre wi:-Sa a se nonm sa a nou te konnen ki te timoun lan ki te fèt la. Lè gran zetwal la te vale kat zetwal yo, ke nou te deklare bay wa a, senkant ane pase.

[10] Gade kounyeya, papa l te dezobeyi kòmandman ou yo, li te pase w nan betiz lè li te pote yon lòt timoun ou te touye.

[11] Lè wa a te tande pawòl sa yo, li te fache anpil, li te bay lòd pou yo mennen Terak devan l.

[12] Wa a di l:-Ou tande sa moun k'ap akonpli konplo m yo ap di? Kounyeya, di m verite a, ki jan ou te fè? Si w di m laverite w'ap libere.

[13] Lè Terak wè jan wa a te tèlman ranpli ak kòlè, Terak di wa a:-Monwa, monwa, ou tande verite a, e sa save yo di a dwat. Wa a di l:-Ki jan ou ta ka fè bagay sa a, pou w dezobeyi lòd mwen yo, pou ou ban m yon pitit ou pa t fè, pou w pran valè [lajan, lò ak richès] pou li?

[14] Terak reponn wa a:-Se paske santiman tandrès mwen yo te eksite m pou pitit gason m nan; Nan epòk sa a. Epi, mwen te pran yon pitit gason nan [men] sèvant mwen an, mwen mennen l bay wa a.

[15] Epi wa di l:-Ki moun ki te ba ou konsèy sa a? Di m, pa kache m anyen, lè sa a ou p'ap mouri.

[16] Terak te pè anpil devan wa, li di wa a:-Se Aran, pi gran pitit gason m nan, ki te ban m konsèy sa a. E nan Lè sa a, Aran te gen tranndezan nan jou Abram te fèt lan.

[17] Men, Aran pa t konseye papa l anyen vre, Terak te di wa sa, pou l te ka sove nanm li anba men wa a, paske li te pè l anpil. Wa di Terak konsa:-Aran, pitit gason ou ki te di w sa, li pral mouri nan dife a ansanm ak Abram. Santans lanmò a sou li, paske li te revòlte kont dezi wa pou l te fè bagay sa a.

[18] Lè sa a, Aran te santi l anvi swiv chemen Abram yo, men li te kenbe l nan kè li.

[19] Aran di nan kè l:-Gade, wa mete men sou Abram poutèt sa Abram te fè a. Lè sa va rive, si Abram genyen pouvwa sou wa, m'ap swiv Abram, men si wa genyen batay la, m'ap swiv wa.

[20] Lè Terak te fin di wa konsènan Aran, pitit gason l lan, wa bay lòd pou yo arete Aran mete ak Abram.

[21] Yo mennen yo tou de, Abram ak Aran, frè li a, pou yo te jete yo nan dife a. Jou sa a, tout moun ki te rete nan peyi a, tout domestik yo, chèf yo, tout medam yo ak tout timoun yo te kanpe la, yo t'ap gade.

[22] Domestik wa a pran Abram ak frè li a, yo wete tout rad ki te sou yo, eksepte rad pa anba yo a.

[23] Yo mare men yo ak pye yo ak kòd twal fin blan, e domestik wa a leve yo, e jete yo tou de nan gwo founo dife a.

[24] SENYÈ a te renmen Abram, Li te gen pitye pou li, SENYÈ a te desann, Li te delivre Abram anba dife a, li pa t boule l.

[25] Men, tout kòd yo te mare l yo te boule, pandan Abram rete ap mache nan dife a.

[26] Aran te mouri lè yo te jete l nan dife a, li boule l tounen sann, paske kè l pa t atache a SENYÈ a, ansanm avèk mesye yo ki te jete l nan dife a, flanm dife a gaye sou yo tout, yo te vin boule, e douz [lòt] gason nan yo te mouri.

[27] Abram pase twa jou twa nwit nan mitan dife a. Tout domestik wa a wè l t'ap mache nan dife a. Yo vin di wa:-Nou wè Abram t'ap mache nan mitan dife a. Menm rad ki te pa anba l yo sou li, yo pa boule, men kòd ki te mare l yo boule.

[28] Lè wa a te tande pawòl yo, kè l te vin febli, li pa t vle kwè yo. Se konsa, li te voye kèk lòt chèf fidèl li yo ale wè bagay sa a, lè yo te ale, yo te wè l, epi yo t'al rakonte menm bagay la bay wa; Wa leve pou l te ale wè sa yo te di l la, li te wè Abram ki t'ap mache pasi pala nan mitan dife a, li wè kò Aran ki te boule, wa a te sezi anpil.

[29] Wa bay lòd pou yo wete Abram nan dife a. Domestik li yo pwoche bò kote l pou yo te metel deyò, men yo pa t kapab, paske dife a te toutotou e flanm dife a t'ap agrandi nan gwo founo a.

[30] Domestik wa kouri kite l, epi wa pale ak yo sevè, li di yo:-Prese fè Abram soti nan dife a pou nou pa mouri.

[31] Domestik wa a te pwoche ankò pou te fè Abram soti, flanm dife a te vin sou yo, li boule figi yo, konsa wit ladan yo te mouri.

[32] Lè wa a wè sèvitè l yo pa t kapab pwoche bò dife a san yo pa boule, wa a rele Abram: O, sèvitè BonDye ki nan syèl la, soti nan mitan dife a, vin devan m lan la! Abram te koute vwa wa, li soti nan dife a, li vin kanpe devan wa.

[33] Lè Abram soti, wa a ansanm ak tout sèvitè l yo wè Abram ki t'ap mache devan wa a, ak rad ki te sou li a, paske yo pa t boule, men kòd li te mare a te boule.

[34] Wa a di Abram konsa:-Ki jan fè ou pa t boule nan dife a?

[35] Abram di wa a:-BonDye syèl la ak tè a, nan Li ke mwen mete konfyans, ki gen tout pouvwa, Li delivre m anba dife ou te jete m nan.

[36] Aran, frè Abram la, te tounen sann. Yo t'ap chache kò l, yo te jwenn li boule nèt.

[37] Aran te gen katrevendezan (82) lè li te mouri nan dife nan Kalde. Lè wa a, chèf yo ak moun ki te rete nan peyi a, yo wè Abram te delivre anba dife a, yo pwoche bò kote Abram, yo bese tèt devan l.

[38] Abram di yo:-Pa bese tèt devan m, men ajenou devan BonDye tout tè a ki fè nou an, sèvi l, ale nan chemen Li, paske se Li menm ki delivre m anba dife sa a. Epi se Li menm ki te kreye nanm ak lespri tout moun, se Li ki te fòme lòm nan vant manman l, se Li ki te fè l antre nan mond lan, e se Li menm ki pral delivre moun ki mete konfyans yo nan Li anba tout doulè.

[39] Epi bagay sa a, te parèt bèl devan wa a ak chèf yo; Bagay Abram te sove anba dife a e Aran te boule a. Wa bay Abram anpil kado, li ba li de chèf domestik li yo ki te nan palè wa a. Yonn te rele Oni e lòt la te rele Elyezè.

[40] Aprè sa, tout wa yo, chèf yo ak tout domestik yo bay Abram anpil kado an ajan, lò ak pèl, epi wa a ak chèf li yo voye l ale, epi li ale ak kè poze.

[41] Abram kite wa ak kè poze, anpil nan sèvitè wa t'ap swiv li, anviwon twasan (300) moun te vin jwenn li.

[42] Jou sa a, Abram retounen lakay papa l ansanm ak mesye ki t'ap swiv li yo. Abram te sèvi SENYÈ a, BonDye li a, pandan tout lavi l, li te mache nan chemen Li, li te swiv lalwa Li a.

[43] E depi jou sa a, Abram te fè kè moun yo panche pou yo te sèvi SENYÈ a.

[44] Lè sa a, Nakò ak Abram te marye ak pitit fi Aran yo, frè yo a. Madanm Nakò se te Milka, madanm Abram te rele Sarayi. Sarayi, madanm Abram, te esteril, li pa t kapab fè pitit. E li pa t gen pitit nan epòk sa yo.

[45] Dezan aprè Abram te soti nan dife a, sa vle di nan senkanndezyèm ane nan lavi li, wa Nimwòd te chita nan lavil Babèl la sou fòtèy li a, epi wa tonbe dòmi, li fè yon rèv. Li te kanpe ansanm ak lame li yo nan yon fon anfas gwo founo wa.

[46] Epi li leve je l, li wè yon nonm ki te sanble ak Abram ki t'ap soti nan gwo founo dife a. Pandan ke li t'ap vini, li kanpe devan wa, ak nepe li rale, aprè sa li kouri dèyè wa ak nepe li, lè sa a wa kouri met deyò pou nonm lan, paske li te pè, li di pye sa m manje m pa ba ou. E pandan li t'ap kouri, nonm lan voye yon ze sou tèt wa a, epi ze a tounen yon gwo rivyè.

[47] Aprè sa, wa a fè rèv tout sòlda li yo te plonje nan larivyè a epi yo te mouri. Wa a pran kouri ak twa mesye ki te devan l yo, li chape.

[48] Epi wa a t'ap gade mesye sa yo, yo te abiye ak rad chèf tankou rad wa yo, yo te gen aparans ak majeste wayal yo.

[49] Pandan yo t'ap kouri, larivyè a retounen yon ze ankò devan wa a, epi yon ti zwazo te soti nan ze a, ki te vin devan wa a, li vole sou tèt li, epi li rache je wa a.

[50] E wa te pran lapenn lè l te wè sa, li te leve soti nan dòmi, lespri l te twouble anpil; Li te santi yon gwo laperèz.

[51] Nan denmen maten, wa leve soti nan kabann li ak laperèz la, epi li bay tout nèg save yo ak majisyen yo lòd pou yo te vin devan l, lè sa wa rakonte yo rèv li te fè a.

[52] Aprè sa, yon sèvitè wa ki te gen bon konprann, ki te rele Anuki, reponn wa, li di l:-Sa a se pa lòt bagay, men se mechanste Abram ak desandan li yo, ki pral pouse sòti sou ou mèt mwen, e wa mwen an, nan dènye jou yo.

[53] Men, yon jou pral rive kote Abram ak pitit pitit li yo, ak tout fanmi l, yo pral fè lagè ak ou menm wa mwen an, y'a pral frape tout lame wa a ak sòlda li yo.

[54] Konsènan sa ou te di de twa mesye ou te wè ki te sanble ak ou a, ki te chape a, sa vle di ke se ou sèlman ki pral chape ak twa wa sa yo sou tè a ki prale avèk ou nan batay.

[55] Epi sa ou te wè konsènan gwo larivyè a ki te retounen yon ze tankou premye fwa a, ak ti zwazo a ki t'ap rache je ou a, sa pa vle di anyen ankò, ke pitit pitit Abram yo ki pral touye ou menm wa a mwen an, nan dènye jou yo.

[56] Sa a se rèv wa mwen an, e sa se esplikasyon li, e rèv la verite, e entèpretasyon sèvitè ou la te ba ou a, se verite.

[57] Kounyeya, wa mwen an, se siman ou konnen sa fè senkanndezan depi lè saj ou yo te wè [rèv] sa lè Abram te fèt. Si wa mwen an pèmèt Abram viv sou tè a, se pral yon malè pou [ou menm] mèt mwen ak wa mwen, paske tout tan Abram ap viv la, ni ou menm ni wayòm ou an p'ap etabli, paske sa te anonse anvan depi lè li te fèt la; Atò la, poukisa wa mwen an pa t touye l, pou malè l la pa t ka rive ou nan dènye jou yo?

[58] Epi Nimwòd koute vwa Anuki, li voye kèk nan sèvitè l yo an kachèt al pran Abram, pou te mennen l devan wa a, pou yo te ka touye l.

[59] Lè sa a, Elyezè, sèvitè Abram ke wa a te ba li a, te devan wa a, e li te tande sa Anuki te bay wa a kòm konsèy, ansanm ak sa wa a te di pou te fè touye Abram.

[60] Elyezè di Abram konsa:-Leve non, sove nanm ou pou w pa mouri anba men wa a, paske se konsa li te wè nan yon rèv ki te konsène ou. Anuki te entèprete pou li, e Anuki te tou konseye wa a konsènan ou menm.

[61] Abram koute vwa Elyezè, li prese kouri pou pwoteksyon, lakay Noye ak Sèm pitit gason Noye a. Li kache kò l la, li te jwenn yon pwoteksyon la. Lè sa sèvitè wa a te vin lakay Abram pou chèche l, men yo pa t ka jwenn li, yo t'ap chèche l nan tout peyi a, yo pa t ka jwenn li, yo t'al chèche l nan tout direksyon, men yo pa t ka jwenn li.

[62] Lè sèvitè wa a pa t kapab jwenn Abram, yo retounen vin jwenn wa a, men kòlè wa sou Abram te [vin] sispann, paske yo pa t ka jwenn li, epi wa a te chase nan tèt li pwoblèm sa a konsènan Abram.

[63] Abram te kache nan kay Noye a pandan yon mwa, jiskaske wa te bliye bagay sa, men Abram te toujou pè wa. Terak te vin wè Abram, pitit gason li an, an kachèt nan kay Noye a. Terak te toujou parèt gran nan je wa a.

[64] Abram di papa l:-Eske ou pa konnen wa ap fè lide touye m, pou l disparèt non m sou latè, daprè konsèy mechan l yo ap konseye l?

[65] Kounyeya, ki moun ou genyen isit la e kisa ou genyen nan peyi sa a? Leve non, ann ale ansanm nan peyi Kanaran an, pou nou ka delivre anba men l, pou ou pa peri tou anba men li nan dènye jou sa yo.

[66] Eske ou pa konnen oswa ou pa tande, se pa gras a lanmou Nimwòd, li ba ou tout onè sa yo, men se sèlman pou benefis li, ki fè li ba ou tout byen sa yo?

[67] Epi, si li ba ou plis byen pase sa, sètènman sa yo pa vo anyen nan mond lan, paske richès ak byen ki gen anpil valè pa ka sèvi ou nan jou kòlè ak vanjans.

[68] Kounyeya, koute vwa mwen, ann leve, pou n'ale nan peyi Kanaran, kote Nimwòd p'ap ka frape nou. Epi sèvi SENYÈ a ki te kreye ou sou tè a, sa prale byen pou ou; Jete tout bagay anven ke w'ap kouri dèyè yo a.

[69] Abram sispann pale, lè Noye ak Sèm pitit gason l lan, reponn Terak, yo di l:-Se vre pawòl [sa yo] Abram te di ou la.

[70] Terak te koute vwa Abram, pitit gason l lan, li fè tout sa Abram te di l, paske se de SENYÈ a sa te soti, pou wa a pa t touye Abram.

13- Abram nan Kanaran

(Jenèz 12, 15)

[1] Terak pran Abram, pitit gason l, ak Lo, pitit pitit gason l, pitit Aran, ak Sarayi, bèlfi li, madanm Abram, pitit gason l, ansanm ak tout fanmi l, pou yo te kite depi Our-Kalde pou yo te ale nan peyi Kanaran. Epi, lè yo te rive jouk nan peyi Aran, yo te rete la, paske se te yon tè ki te trè bon pou patiraj, e ki te laj ase pou moun ki te akonpaye yo.

[2] Epi moun ki te nan peyi Aran, yo te wè Abram te yon bon moun e ki te dwat devan BonDye ak lèzòm, e ke SENYÈ a, BonDye li a, te avèk li, kèk nan moun peyi Aran yo te vin jwenn Abram. Li te anseye yo enstriksyon SENYÈ a ak chemen Li yo; Mesye sa yo te vini rete ansanm ak Abram lakay li, yo te kwè nan li epi swiv pratik li yo.

[3] Abram te rete nan peyi a twazan, e aprè twazan, SENYÈ a parèt devan Abram, li di l:-Se Mwen Menm SENYÈ a ki te fè ou soti nan Our nan peyi Kalde, epi ki te delivre w anba men tout lènmi ou yo.

[4] Kounyeya, si w koute vwa Mwen, si w obeyi kòmandman m yo, lòd Mwen yo, ak lwa m yo, M'ap fè lènmi ou yo tonbe devan ou, M'ap miltipliye pitit pitit ou yo tankou zetwal ki nan syèl la. M'ap voye benediksyon Mwen yo sou tout travay ou fè, ou p'ap manke anyen.

[5] Leve kounyeya, pran madanm ou ak tout sa ki pou ou, ale nan peyi Kanaran epi rete la, M'ap BonDye pou ou la, epi M'ap beni ou! Abram leve, li pran madanm li ansanm ak tout sa ki te pou li yo, li ale nan peyi Kanaran jan SENYÈ a te di l la. Abram te gen senkann senk (55) ane lè li te kite Aran.

[6] Abram te rive nan peyi Kanaran, li te rete nan mitan lavil la, epi li moute tant li la, nan mitan moun Kanaran yo, moun ki te rete nan peyi a.

[7] Lè Abram te rive nan peyi Kanaran, SENYÈ a te parèt, li di l:-Sa a se peyi Mwen te ba ou ak desandan ou yo [ki ap vini] aprè ou pou tout tan, e M'ap fè pitit pitit ou yo tankou zetwal yo nan syèl la, epi M'ap bay desandan ou yo kòm eritaj tout peyi ou wè la.

[8] Abram bati yon lotèl kote BonDye te pale avèl la. Se la li te rele nan Non SENYÈ a.

[9] Lè sa a, nan fen twazan depi lè Abram te rete nan peyi Kanaran, Noye te mouri nan senkantwit ane nan lavi Abram. Noye te gen nèf san senkantan (950 an) lè li mouri.

[10] Abram te rete nan peyi Kanaran an, li menm ansanm ak madanm li, e ak tout moun ki t'ap mache avè l yo ansanm ak tout moun ki te vin akonpanye l nan mitan pèp Kananeyen an. Men, Nakò, frè Abram lan, ak Terak, papa l, ak Lo, pitit gason Aran a, ansanm ak tout rès moun yo [ki te avèl] te rete Aran.

[11] Nan senkyèm lane abitasyon Abram, li te rete nan peyi Kanaran, moun Sodòm ak Gomò yo ak tout lavil ki [te] nan plenn lan te revòlte anba pouvwa Kedòlaòmè, wa Elam. Paske, tout wa lavil ki te nan plenn lan te sèvi Kedòlaòmè pandan douzan, epi yo te ba li yon taks chak ane, men nan jou sa yo nan trèzyèm ane yo a, yo te revòlte kont li.

[12] Nan dizyèm ane Abram te rete nan peyi Kanaran, te gen lagè ant Nimwòd, wa Chenea, ak Kedòlaòmè, wa Elam. Nimwòd te vin goumen ak Kedòlaòmè, e li te soumèt li.

[13] Paske Kedòlaòmè te yonn nan chèf lame Nimwòd nan epòk sa a, e lè tout moun ki te nan gwo fò won an te gaye, e rès moun ki te rete yo, yo te gaye tou sou fàs tè a, Kedòlaòmè te ale nan peyi Elam li te gouvènen li, aprè li revòlte kont mèt li, Nimwòd.

[14] Se te nan jou sa yo, lè Nimwòd wè vil yo nan plenn lan te revòlte, li te fè lagè kont Kedòlaòmè ak lògèy, li te fache. Nimwòd reyini tout chèf li yo ak tout sijè li yo, sètsanmil (700.000) sòlda, li ale kont Kedòlaòmè, epi Kedòlaòmè soti al kontre ak li avèk senkmil (5.000) sòlda. Yo te pare pou fè lagè nan fon Babèl ki ant Elam ak Chenea.

[15] Aprè sa, tout wa sa yo te goumen la, moun Kedòlaòmè yo te bat Nimwòd ak pèp li a, kantite moun Nimwòd yo ki te tonbe, te anviwon sisanmil (600.000) e Mardon, pitit gason wa a, te tonbe nan mitan yo.

[16] Aprè sa, Nimwòd te kouri, li retounen nan peyi l nan wont ak avilisman, epi li te soumèt devan Kedòlaòmè pou yon bon bout tan, Kedòlaòmè te retounen nan peyi l, li voye chèf lame li yo bay wa ki te rete bò kote l yo, Ajòk wa lavil Elazar, ak Tidal, wa lavil Goyim, epi yo te fè yon kontra avèk li, epi yo tout te obeyi kòmandman Kedòlaòmè.

[17] Se te nan kenzyèm ane depi Abram te rete nan peyi Kanaran an, ki se swasanndizyèm ane nan lavi Abram, se nan ane sa a SENYÈ a parèt devan Abram epi Li di l:-Se Mwen Menm ki SENYÈ a. Ki fè ou soti lavil Our peyi Kalde pou m te ba ou peyi sa a pou ou.

[18] Kounyeya, mache devan Mwen, vin pafè e respekte kòmandman mwen yo, paske M'ap bay ou menm ak desandan ou yo peyi sa a kòm eritaj, depi rivyè Mizrayim [ki se peyi Lejip] rive gwo larivyè Lefrat la.

[19] W'ap vin jwenn zansèt ou yo ak kè poze ak bon laj, epi katriyèm jenerasyon an pral retounen isit la nan peyi sa a epi yo pral eritye l pou tout tan! Aprè sa, Abram bati yon lotèl, epi li envoke non SENYÈ a ki te parèt devan l, li ofri bèt pou touye sou lotèl la pou SENYÈ a.

[20] Lè sa a, Abram retounen, li ale nan peyi Aran pou l ta l wè papa l ak manman l, ak fanmi papa l yo. Abram ak madanm li ak tout sa ki te pou li yo retounen Aran, epi Abram te rete nan peyi Aran pandan senkan.

[21] Aprè sa, anpil moun nan pèp Aran, anviwon swasannde moun te swiv Abram, epi Abram anseye yo enstriksyon SENYÈ a ak chemen Li yo, li te anseye yo [kijan pou yo] konnen SENYÈ a.

[22] Lè sa a, SENYÈ a te parèt devan Abram lavil Aran, li di l konsa:-Gade, Mwen te pale avèk ou sou sa deja ven ane de sa.

[23] Mwen te di ou soti nan peyi ou, kote ou te fèt la ak kay papa ou, ale nan peyi Mwen te montre ou pou m ba ou l ak pitit ou yo, paske se la nan peyi sa a M'ap beni w, M'ap fè de ou yon gwo nasyon, e M'ap fè non ou gran, e nan ou tout fanmi sou tè a pral beni.

[24] Kounyeya, leve, soti kote sa a, ou menm, madanm ou, ansanm ak tout moun ou yo, tout moun ki fèt nan kay ou a ak tout nanm moun ou te fòme nan peyi Aran, fè yo soti isit la avèk ou. Leve pou w retounen nan peyi Kanaran.

[25] Abram leve, li pran Sarayi, madanm li, ansanm ak tout sa l te fè lakay li ansanm ak tout nanm li te fòme yo nan peyi Aran, epi yo soti pou yo ale nan peyi Kanaran.

[26] Abram ale, li retounen nan peyi Kanaran, jan SENYÈ a te di l la. Lo, pitit gason Aran, frè li a, te ale avè l. Abram te gen swasannkenz ane (75) lè li te kite peyi Aran pou l te retounen nan peyi Kanaran.

[27] Aprè sa, Abram rive nan peyi Kanaran jan SENYÈ a te di l, li moute tant li, li te rete nan plenn Manmre a, ak Lo, pitit gason frè li a, ansanm ak tout sa ki pou li.

[28] SENYÈ a parèt devan Abram ankò, li di l:–M'ap bay pitit pitit ou yo peyi sa a! Aprè sa, li bati yon lotèl pou SENYÈ a ki te parèt devan l, ki toujou la jodi a nan plenn Manmre yo.

14-Farawon Rikayon (Premye Farawon)

[1] Nan epòk sa a, te gen nan peyi Chenea a yon nonm ki te gen bon konpreyansyon nan tout bon konprann, ak bèl aparans, men li te pòv ak nan bezwen tou tan. Li te rele Rikayon e li te difisil pou sipòte tèt li.

[2] Après sa, li deside ale nan peyi Lejip, kote Oswiris, pitit gason Anom, wa peyi Lejip la, pou l te montre wa a bon konprann li, paske [li te panse] petèt li ta ka jwenn favè nan je l, pou Oswiris te ka leve l e ba l pwovizyon; epi Rikayon te fè sa.

[3] Lè Rikayon rive nan peyi Lejip, li te mande moun yo ki rete nan peyi Lejip la konsènan wa a, epi moun yo ki te rete nan peyi Lejip la esplike l koutim wa Lejip la. Lè sa a, koutim wa Lejip la, se te pou l soti nan palè wayal li a pou yo te wè l de lwen sèlman yon sèl jou nan ane a, après sa wa retounen nan palè li a, e rete la.

[4] Nan jou wa a te soti, li te pase [fè] jijman nan peyi a, tout moun ki te gen yon akizasyon vin devan wa jou sa a pou l te jwenn rekèt sa l'ap mande an.

[5] Lè Rikayon tande pale de koutim sa nan peyi Lejip la, li wè li pa t kapab vin devan wa konsa konsa, li te pran lapenn e li te chagren anpil.

[6] Epi nan aswè Rikayon soti, li jwenn yon kay ki kraze, ki te yon ansyen kay boulanjri nan peyi Lejip la, epi li te pase tout nwit lan la, lapenn te kaye nan nanm li, li te anvayi ak grangou, li pa t gen somèy menm.

[7] Rikayon t'ap panse nan tèt li kisa li ta dwe fè nan vil la jiskaske wa parèt tèt li, epi ki jan l ta ka kenbe tèt li la pou l rete.

[8] Après sa, nan maten, li leve, li mache sou wout li, li rankontre ak moun k'ap vann legim ak divès kalite semans, e ke se ak yo, yo bay tout moun ki rete nan peyi a manje.

[9] Epi Rikayon te vle fè menm jan an pou l te ka jwenn yon ti degaje nan vil la, men li pa t konnen koutim pèp la [twò byen], li te tankou yon avèg nan mitan yo.

[10] Après sa, li ale, li jwenn legim pou vann, ki pou sipòte l. Yon foul moun [pete] deblozay e rasanble sou li, yo pase l nan betiz, epi yo pran legim li yo nan men l, yo pa t kite l ak anyen.

[11] Après sa, li te leve soti ak kè li sere, li ale pouse soupi l nan kay boulanjri a kote li te rete tout nwit lan anvan an, epi li te dòmi la dezyèm nwit lan.

[12] Pandan lannwit sa ankò, li t'ap rezone nan tèt li ki jan li ta kapab wete tèt li anba grangou sa a, li envante yon plan ki jan pou l aji.

[13] Après sa, nan maten, li leve, li aji byen, l'ale, li anplwaye trant moun ki te fè pati foul moun ki te pete deblozay sou li a, e ki te pote enstriman lagè yo nan men yo, li mennen yo sou tèt kavo moun peyi Lejip yo, epi li mete yo la.

[14] Après sa, li bay yo lòd, li di yo:-Men sa wa a di: Pran fòs nou, se vanyan gason nou ye. Pa kite pèsonn antere moun isit la jiskaske yo bay desan (200) pyès ajan, après sa a yo ka antere l; E mesye sa yo te fè sa jan Rikayon te bay yo lòd pou fè sou moun peyi Lejip yo, pandan tout ane a.

[15] Epi nan wit mwa, Rikayon ak mesye l yo te rasanble gwo richès an ajan ak lò, Rikayon te pran anpil gwo kantite chwal ak lòt bèt, epi li anboche plis moun, li ba yo chwal epi yo rete avè l.

[16] Aprè [fen] ane a rive, lè wa a te antre nan vil la, tout moun ki te rete nan peyi Lejip la, te reyini ansanm pou pale avè l sou travay Rikayon ak mesye l yo.

[17] Aprè sa, wa a vin soti nan jou yo fikse a, epi tout moun nan peyi Lejip la pwoche bò kote l, yo kriye nan pye l, yo di l:

[18] Se pou wa a viv pou tout tan! Kisa w'ap fè konsa nan lavil la sou sèvitè ou yo, pou w pa kite yon kadav antere toutotan yo pa bay anpil lajan ak lò? Èske te janm genyen yon bagay konsa sou tout tè a, depi nan tan ansyen wa yo? Wi! Depi nan epòk Adan an jiska jounen jodi a, pou moun ki mouri yo pa ka antere, eksepte sèlman lè yo peye pri fikse a?

[19] Nou konnen se abitid wa yo pou yo pran yon taks chak ane nan men moun ki vivan yo, ou pa sèlman fè sa, men tou, ou egzije yon taks nan men mò yo chak jou.

[20] Kounyeya, monwa, nou p'ap ka sipòte sa ankò, paske tout lavil la ap fin detwi poutèt sa a, èske ou pa konnen sa?

[21] Lè wa a tande tout sa yo te di l la, li te fache anpil sou zafè sa a, paske li pa t konnen anyen sou sa.

[22] Wa a di yo:-Ki moun ki oze fè mechanste sa a nan peyi mwen an, san mwen pa bay lòd sa a? Wi! Anverite, se pou di m.

[23] Epi yo rakonte l tout travay Rikayon ak mesye l yo t'ap fè, wa fache, li bay lòd pou yo mennen Rikayon ak mesye l yo devan l.

[24] Rikayon pran anviwon mil (1000) timoun, pitit gason ak pitit fi, li abiye yo ak rad swa e ak bwode, li mete yo sou chwal, li voye yo bay wa a pa mwayen mesye l yo, li pran yon gwo kantite lajan tou, ak lò e bèl pyè koute chè, ak yon chwal fò e bèl, li pote kòm yon kado pou wa a, li te vini devan wa a epi l te bese atè a devan l; Epi wa, sèvitè l yo ak tout moun ki rete nan peyi Lejip la, yo te sezi wè travay Rikayon an, yo te wè richès li yo ak kado li te pote bay wa a.

[25] Wa a te kontan anpil, men li te sezi wè sa. E lè Rikayon te chita devan l, wa te mande l konsènan tout travay li yo, e Rikayon te di tout pawòl li yo avèk sajès devan wa, sèvitè l yo ak tout moun ki te abite nan peyi Lejip la.

[26] Epi lè wa te tande pawòl Rikayon ak bon konprann li, Rikayon jwenn favè nan je l, e li te rankontre ak bon jan favè e ak jantiyès devan tout sèvitè wa a, ak tout moun ki te abite nan peyi Lejip la, akòz bon konprann li e bèl diskou li, depi lè sa a yo te renmen l anpil.

[27] Epi wa a reponn Rikayon, li di l:-Yo p'ap rele ou Rikayon ankò, men se Farawon ki pral non ou, paske ou te mande mò yo yon taks. Epi li rele l Farawon.

[28] Aprè sa, wa ak moun li yo te renmen Rikayon pou sajès li, epi yo te konsilte tout moun ki te rete nan peyi Lejip la pou te fè l majistra anba pouvwa wa a.

[29] Tout moun ki te rete nan peyi Lejip la ansanm ak tout nèg save yo te fè sa, epi sa te tou vin yon lwa nan peyi Lejip la.

[30] Aprè sa, yo mete Rikayon Farawon, yon majistra anba Oswiris, wa peyi Lejip la, e Rikayon Farawon te gouvènen peyi Lejip, chak jou l t'ap bay jistis nan tout vil la, men wa Oswiris t'ap jije pèp la nan peyi a yon jou nan ane a, lè li soti pou li fè tèt li parèt.

[31] Aprè sa, Rikayon Farawon te sezi pa fòs, gouvènman Lejip la, epi l te enpoze yon taks pa fòs nan men tout moun ki te rete nan peyi Lejip la.

[32] Tout moun ki te rete nan peyi Lejip la te renmen Rikayon Farawon anpil, e yo te bay yon lòd pou yo rele tout wa ki ta dwe gouvènen sou yo ansanm ak desandan yo nan peyi Lejip la, Farawon.

[33] Se poutèt sa, tout wa ki te gouvènen nan peyi Lejip depi lè sa a, yo te rele yo Farawon pou jouk jòdi a.

15- Abram nan peyi Lejip (Gwo grangou a)
(Jenèz 12:10-20; 13)

[1] Epi nan ane sa a, te gen yon gwo grangou nan tout peyi Kanaran, e moun ki te abite nan peyi a pa t kapab rete akòz grangou a paske l te grav anpil.

[2] Abram ak tout moun li yo leve, yo desann nan peyi Lejip akoz grangou a. Lè yo rive bò ravin Mizrayim, yo te rete la yon ti tan, pou yo te ka pran yon ti repo anba fatig wout la.

[3] Abram ak Sarayi t'ap mache sou fwontyè ravin Mizrayim lan. Abram wè Sarayi, madanm li te bèl anpil.

[4] Abram di Sarayi, madanm li:-Piske BonDye kreye ou ak yon bèl figi konsa, mwen pè moun peyi Lejip yo pou yo pa touye m, pou yo pa pran ou, paske yo pa gen krentif pou BonDye nan kote sa yo.

[5] Se vre wi, w'a fè sa, di ou se sè m a tout moun ki ka mande w, pou sa ka ale byen pou mwen, epi pou nou ka viv, e pou yo pa touye nou.

[6] Abram kòmande tout moun ki te ale avè l nan peyi Lejip poutèt grangou a, li bay lòd sa a tou a Lo, neve li, li di l:-Si moun peyi Lejip yo mande w konsènan Sarayi, di li se sè Abram.

[7] Men, ak tout lòd sa yo li bay la, Abram pa t mete konfyans li nan yo, men li pran Sarayi, li mete l nan yon bwat epi li kache l nan mitan veso yo, paske Abram te enkyete anpil pou Sarayi akòz mechanste moun peyi Lejip yo.

[8] Abram ak tout moun li yo leve soti nan ravin Mizrayim nan, yo rive nan peyi Lejip. Men, yo pa t ko menm antre nan pòtay lavil la, gad yo kanpe bò kote yo, yo di: Bay wa a ladim nan sa nou genyen an, aprè n'ap ka antre nan lavil la. Abram ak moun ki te avè l yo te fè sa.

[9] Abram ak moun ki te avè l yo rive nan peyi Lejip. Lè yo rive, yo pote bwat Sarayi te kache andan li an, e moun peyi Lejip yo te wè bwat la.

[10] Domestik wa a pwoche bò kote Abram, yo di l konsa:-Kisa ou genyen isit la nan bwat sa a nou pa janm ka wè a? Kounyeya, louvri bwat la epi bay wa a dim nan tou sa li genyen.

[11] Abram di:-Mwen p'ap louvri bwat sa a, men m'ap bay tout sa w'ap mande m. Chèf Farawon yo reponn Abram, yo di l konsa:-Se yon bwat ki gen bèl pyè koute chè, ban nou dizyèm ladanl.

[12] Abram di:-M'ap ba ou tou sa ou vle, men ou pa dwe louvri bwat la.

[13] Ofisye wa a te peze Abram, yo rive nan bwat la, yo louvri l ak fòs, lè yo gade, yo wè yon bèl fanm te nan bwat lan.

[14] Lè tout chèf wa a te wè Sarayi, yo te sezi anpil pou bèlte l. Tout chèf ak tout domestik Farawon te reyini pou yo wè Sarayi, paske l te bèl anpil. Chèf yo kouri al rakonte Farawon tout sa yo te wè. Yo t'ap fè lwanj Sarayi devan wa a. Farawon bay lòd pou yo te mennen l, epi fanm lan vin devan wa a.

[15] Farawon te wè Sarayi, li te fè l plezi anpil, li te sezi anpil pou bèlte l. Wa a te kontan anpil poutèt li, li bay kado a moun yo ki te pote ba li nouvèl sa konsènan Sarayi.

[16] Aprè sa, yo mennen fi a lakay Farawon. Abram te nan lapenn poutèt madanm li, li lapriyè SENYÈ a pou l delivre l anba men Farawon an.

[17] Lè sa a, Sarayi te lapriyè tou, li di:-SENYÈ BonDye, Ou te di Abram, mèt mwen an, pou l soti nan peyi l ak kay papa l pou l ale nan peyi Kanaran, epi Ou te pwomèt pou Ou te fè byen anvè l si li obeyi kòmandman Ou yo; Kounyeya, gade nou fè sa Ou te kòmande nou, nou te kite peyi nou an ak fanmi nou, epi n te ale nan yon peyi etranje ak nan yon pèp nou pa t konnen anvan.

[18] Nou te vin nan peyi sa a pou nou te evite grangou a, kounyeya move aksidan sa a rive m; SENYÈ, BonDye, delivre nou epi sove nou anba men moun k'ap peze nou an, fè byen anvè m poutèt mizèrikòd Ou.

[19] SENYÈ a te koute vwa Sarayi, Li voye yon zanj pou delivre Sarayi anba pouvwa Farawon.

[20] Wa a rive, li chita devan Sarayi, men yon zanj SENYÈ a te kanpe anlè yo, zanj lan fè Sarayi wèl, li di l:-Ou pa bezwen pè, paske SENYÈ a tande lapriyè w la.

[21] Le sa a, wa pwoche bò kote Sarayi, li di l konsa:-Ki sa nonm ki te mennen ou isit la ye pou ou? Li di l:-Se frè mwen li ye.

[22] Epi wa a di l:-Se obligasyon nou pou nou fè l gran, pou nou fè l tout byen ou ban nou lòd fè. Lè sa a, wa voye bay Abram ajan, lò ak bèl pyè koute chè an abondans, ansanm ak bèf, domestik ak sèvant. Wa a te bay lòd pou yo mennen Abram [ba li], aprè sa, li te chita nan lakou palè wa a, e wa a te egzalte Abram li leve l byen wo ak anpil byen.

[23] Wa a pwoche bò kote Sarayi pou l pale, li lonje men l pou l manyen l, mesajè a te frape l fò, li te pè e li te evite lonje men l rive jwenn li.

[24] Lè wa a pwoche bò kote Sarayi [ankò], zanj lan bat li mete atè, e li te fè l konsa tout nwit lan, e wa a te pè.

[25] Jou lannwit sa a, zanj lan frape tout moun ki t'ap sèvi wa a ansanm ak tout moun kay li, poutèt Sarayi. Nan mitan lannwit sa a, te gen yon gwo plenn nan mitan moun fanmi Farawon an.

[26] Farawon an wè malè ki te rive l, li di:-Se vre wi, se poutèt fi sa a ki fè bagay sa yo rive m, li kite l yon ti distans, li pran di l bèl pawòl.

[27] Wa a di Sarayi konsa:-Tanpri, di m non, konsènan nonm ou te vin isit la avèk li an. Lè sa a, Sarayi di l:-Nonm sa a se mari m, mwen te di ou ke li se frè m, paske mwen te pè, pou ou pat ale touye l nan mechanste.

[28] Aprè sa, wa a te kite Sarayi, epi kalamite zanj SENYÈ a te sispann sou li ak fanmi l; Farawon te vin konnen yo te bat li poutèt Sarayi. E wa a te sezi anpil poutèt sa.

[29] Nan denmen maten, wa a rele Abram, li di l:-Kisa ou fè m konsa? Poukisa ou di: Se sè mwen li ye. Se poutèt sa mwen te pran l pou madanm. Se akoz sa, epidemi grav sa a rive sou mwen menm ak tout moun lakay mwen yo?

[30] Kounyeya, men madanm ou, pran l, ale kite peyi nou an, pou nou tout pa mouri sou kont li. Farawon pran plis bèt, domestik ak sèvant, ajan ak lò li bay Abram, epi li retounen ba li Sarayi, madanm li.

[31] Aprè sa, wa a pran yon jènn fi ke li te fè avèk youn nan konkibin li yo [ki vle di youn nan fanm kay li yo], li bay Sarayi l kòm sèvant.

[32] Aprè sa, wa a di pitit fi li a:-Li pi bon pou ou, pitit fi mwen an, pou ou vin sèvant lakay nonm sa a pase pou ou metrès lakay mwen an, aprè nou fin wè malè ki te rive sou nou poutèt madanm sa a.

[33] Abram leve, li kite peyi Lejip la ansanm ak tout moun li yo. Farawon bay kèk nan mesye l yo lòd pou yo mache avèk Abram, ansanm ak tout moun ki t'ap mache avè l yo [deja].

[34] Abram retounen nan peyi Kanaran, kote li te fè lotèl la, kote li te moute tant li an premye fwa.

[35] Kounyeya Lo, pitit gason Aran, frè Abram lan, te gen anpil bèf, mouton, bann lòt bèt, ak anpil tant; Paske SENYÈ a te fè yo gras akòz Abram.

[36] Epi lè Abram t'ap viv nan peyi a, gadò mouton Lo yo te nan diskisyon ak gadò mouton Abram yo, paske byen yo te twò gwo pou yo te rete ansanm nan peyi a, e peyi a pa t kapab sipòte yo akòz bann bèt yo.

[37] Epi lè gadò mouton Abram yo te ale bay mouton yo manje, yo pa t vle antre nan jaden moun nan peyi a, men bèt gadò mouton Lo yo te fè sa yon lòt jan, yo te kite bèt yo ale manje nan jaden moun peyi a.

[38] Moun nan peyi a te wè evènman sa chak jou, epi moun nan peyi a te rive bò kote Abram, yo pete on kabouya avè l poutèt gadò mouton Lo yo.

[39] Abram di Lo:-Ki bagay konsa w'ap fè m la, pou ou fè m on moun ki parèt meprizab k'ap viv nan peyi a, pou ou bay gadò mouton ou yo lòd pou yo bay bèt ou yo manje nan jaden lòt moun peyi a? Èske w pa konnen mwen se yon etranje nan peyi sa a, nan mitan moun Kanaran yo, poukisa w'ap fè m sa?

[40] Abram t'ap diskite chak jou ak Lo poutèt sa, men Lo pa t vle koute Abram, li te kontinye ap fè menm jan, epi moun ki te rete nan peyi a t'ap vin di Abram sa.

[41] Abram di Lo konsa:-Pou konbyen tan w'ap rete pou mwen kòm yon anpèchman devan moun ki rete nan peyi a? Kounyeya, mwen sipliye ou, pa dwe gen okenn diskisyon ant nou ankò, paske nou se fanmi.

[42] Men, mwen sipliye ou separe avè m, ale chwazi yon kote pou ou ka rete ak bèt ou yo, e ak tout sa ki pou ou, men kenbe tèt ou byen lwen mwen, ou menm ak fanmi w.

[43] Ou pa bezwen pè kite m, paske si yon moun fè ou mal li domaje ou, fè m konnen, epi m'ap tire revanj kòz domaj ou nan men l, sèlman rete lwen mwen.

[44] Lè Abram fin di Lo pawòl sa yo, Lo pran kanpe, li leve je l nan direksyon plenn larivyè Jouden an.

[45] Aprè sa, li wè tout kote sa a te byen wouze, li te bon pou moun, ansanm ak anpil manje pou bèt yo.

[46] Lè sa a, Lo kite Abram, l'ale kote sa a, epi li moute tant li la, li te rete Sodòm, se konsa yo te separe youn ak lòt.

[47] Abram te rete nan plenn Manmre a, ki nan Ebwon. Aprè sa, li moute tant li la, epi Abram te rete nan kote sa a pandan plizyè ane.

16 - Abram kont senk wa yo

(Jenèz 14, 16)

[1] Lè sa a, Kedòlaòmè, wa Elam, voye bay tout wa vwazen yo, bay Nimwòd, wa Chenea ki te anba pouvwa li a, ak Tidal, wa Goyim, ak Ajòk, wa Elaza, li te fè avèk li yon kontra. Li di:-Monte vin jwenn mwen, vin ede m, pou nou ka bat tout vil Sodòm yo ak tout moun ki rete ladanl yo, paske yo te revòlte kont mwen pandan trèzan sa yo.

[2] Aprè sa, kat wa sa yo moute ak tout kan yo, anviwon witsanmil (800.000) gason. Yo te ale jan yo te ye a, yo frape tout moun yo jwenn sou wout yo.

[3] Senk wa Sodòm ak Gomò yo, Chenab, wa Adma, Chemebè, wa Zebòyim, Bera, wa Sodòm, Birscha, wa Gomò, ak Bela, wa Zoa, soti al kontre yo. Yo tout mete tèt yo ansanm nan fon Sidim lan.

[4] Nèf wa sa yo t'al fè lagè nan fon Sidim lan. Epi moun wa Elam yo te byen bat moun Sodòm ak Gomò yo.

[5] Men fon Sidim lan te plen twou lacho, wa Elam yo kouri dèyè wa Sodòm yo, epi wa Sodòm yo ansanm ak kan yo, te kouri met deyò, yo tonbe nan twou sitwon yo; tout sa ki te rete yo ale nan mòn lan pou sekirite, epi senk wa Elam yo vin dèyè yo, yo kouri dèyè moun ki t'al kache yo, pou jouk nan pòtay Sodòm lan, epi yo pran tou sa ki te nan Sodòm.

[6] Yo piye tout vil Sodòm ak Gomò, yo pran Lo, pitit gason frè Abram lan, ansanm ak tout byen li yo, yo sezi tout byen lavil Sodòm yo, epi yo pati. Unik, sèvitè Abram, ki te nan batay la, wè sa, epi li al rakonte Abram tout sa wa yo te fè nan lavil Sodòm yo, e yo te pran Lo.

[7] Abram [fin] tande sa, li leve ansanm ak twasan dizwit (318) gason ki te avè l, e nan lannwit sa a li kouri dèyè wa sa yo, li bat yo, epi yo tout tonbe devan Abram ak mesye l yo, pa t rete lòt moun ankò; Ke kat wa yo ki te kouri a, epi yo chak te pran wout pa yo.

[8] Abram te reprann tout byen Sodòm, li te reprann Lo ak tout byen li yo, madanm li yo ak pitit li yo ak tout sa ki te pou li, konsa Lo pa t manke anyen.

[9] Lè li retounen aprè li te fin bat wa sa yo, li menm ak mesye l yo pase nan fon Sidim kote wa yo te fè lagè ansanm lan.

[10] Bera, wa Sodòm, ansanm ak rès mesye l yo ki te avè l, yo soti nan twou lacho yo te tonbe a, y'al kontre Abram ak mesye l yo.

[11] Adonizedèk, wa Jerizalèm lan, soti ansanm ak mesye l yo al rankontre Abram ak pèp li a pen e ak diven, epi yo rete ansanm nan Fon Melèk la.

[12] Adonizedèk te beni Abram, epi Abram ba li yon dizyèm nan tout sa li te pote nan piye lènmi l yo, paske Adonizedèk te prèt devan BonDye.

[13] Aprè sa, tout wa Sodòm ak Gomò ki te la, ansanm ak sèvitè yo, pwoche bò kote Abram epi yo mande l remèt sèvitè yo ke li te fè prizonye a, epi pou li pran tout byen yo sèlman.

[14] Abram reponn wa Sodòm yo, li di:-Mennm jan SENYÈ a Ki vivan an, Ki kreye syèl la ak tè a, Ki rachte m anba tout mizè, Ki delivre m jòdi a anba men lènmi m yo, Ki te lage yo nan men m.

Mwen p'ap pran anyen ki pou ou, pou w pa ap vante tèt ou demen, pou w di: Abram te vin rich nan byen nou li te sere.

[15] Paske, SENYÈ a, BonDye mwen an, nan li ke mwen mete konfyans mwen, te di m: Ou p'ap manke anyen, paske Mwen pral beni ou nan tout travay men ou.

[16] Kounyeya, gade, men tout sa ki pou ou, pran li epi ale; Menm jan SENYÈ a vivan an, mwen p'ap wete nan men ou menm yon nanm vivan, desann nan yon sandal oswa fil, eksepte depans pou manje moun ki te soti avè m yo pou lagè, ansanm ak pòsyon moun ki te ale avè m yo, Anar, Achkòl ak Manmre, yo menm ansanm ak mesye yo, ansanm ak moun ki te rete pou veye bagaj yo tou, se yo k'ap pran pòsyon pa yo nan piyay la.

[17] Wa Sodòm yo te bay Abram jan li te di yo, epi yo t'ap eseye fòse l pran nan tou sa li te vle, men li pa t vle pran.

[18] Aprè sa, li voye wa Sodòm yo ak rès moun yo ale, li ba yo lòd konsènan Lo, epi yo ale fè wout yo.

[19] Kounyeya Lo, pitit gason frè Abram lan te ale. Abram te voye li ale ak byen l yo, epi Lo retounen lakay li Sodòm, Abram ak moun pa li retounen lakay yo nan plenn Manmre yo, ki nan Ebwon.

[20] Lè sa a, SENYÈ a parèt devan Abram ankò lavil Ebwon, li di l konsa:-Ou pa bezwen pè, rekonpans ou gwo anpil devan Mwen, paske Mwen p'ap kite ou toutotan m pa fè ou genyen anpil pitit pitit, M'ap beni ou. M'ap fè desandan ou yo tankou zetwal ki nan syèl la, yo p'ap ka mezire ni konte.

[21] Epi M'ap bay desandan ou yo tout peyi sa yo ou wè ak je ou, M'ap ba yo li tout kòm eritaj pou tout tan, sèlman mete gason sou ou, pa pè, mache devan Mwen epi vin pafè.

[22] Nan swasanndizwityèm ane (78) nan lavi Abram, nan ane sa a, Reou, pitit gason Pelèg la, te mouri. Pandan tout lavi Reou, li te viv desantrantnèf ane (239), epi li mouri.

[23] Lè sa a, Sarayi, pitit fi Aran, madanm Abram, pa t ka fè pitit toujou nan tan sa yo. Li pa t fè ni pitit gason ni pitit fi pou Abram.

[24] Lè li wè li pa t ka fè pitit, li pran Aga, sèvant li a, Farawon an te ba li a, li bay Abram mari l pou madanm.

[25] Paske, Aga te aprann tout fason Sarayi [renmen] jan Sarayi te moutre l la. Li pa t manke nan okenn fason, nan swiv bon enstriksyon li yo.

[26] Sarayi di Abram konsa:-Men Aga, sèvant mwen an. Ale bò kote l pou l ka fè pitit sou jenou m, pou m ka genyen on pitit atravè li.

[27] Aprè dizan depi lè Abram te rete nan peyi Kanaran an, ki se katrevensenkyèm (85) ane nan lavi Abram, Sarayi te ba li Aga kòm madanm.

[28] Abram koute vwa Sarayi, madanm li, li pran Aga, sèvant li a. Abram pwoche bò kote l, li kouche ak Aga, epi li vin ansent.

[29] Lè Aga wè li te vin ansent, li te kontan anpil, lògèy vire tèt li, li pa gade Sarayi, metrès li, pou anyen ankò. Epi l di nan tèt li: Sa pa vle di anyen ankò, ke sèlman, mwen pi bon pase Sarayi metrès

mwen an devan BonDye, paske pandan tout tan sa a metrès mwen te avèk mèt mwen, li pa t janm ansent, men SENYÈ a fè m ansent nan yon ti tan.

[30] Lè Sarayi wè Aga te vin ansent pou Abram, Sarayi t'ap fè jalouzi pou sèvant li a, e Sarayi di nan tèt li:-Sa pa vle di lòt bagay, ke sèvant mwen yan dwe pi bon pase mwen.

[31] Epi Sarayi di Abram konsa:-Se pou mal mwen an tonbe sou ou, paske nan epòk ou te lapriyè SENYÈ a pou yon timoun, poukisa ou pa t lapriyè pou mwen [tou], pou SENYÈ a te ka ban m desandan [ki sòti] nan ren ou?

[32] Lè m'ap pale ak Aga devan ou, li meprize pawòl mwen yo, paske li vin ansent, epi ou pa di l anyen. Se pou SENYÈ a jije ant mwen menm ak ou pou sa ou te fè m lan.

[33] Abram di Sarayi konsa:-Gade, sèvant ou la nan men ou. Ou gendwa fè sa w vle avè l. Epi Sarayi maltrete l, kounyeya Aga kouri kite l, l'ale nan dezè a.

[34] Aprè sa, yon Zanj SENYÈ a jwenn li kote li te kouri a, bò yon pi, Li di l:-Ou pa bezwen pè, M'ap fè pitit ou fè anpil pitit pitit, paske ou pral fè yon pitit gason epi w'a rele l Izmayèl; Kounyeya, retounen vin jwenn Sarayi, metrès ou a, soumèt ou anba men l.

[35] Aprè sa, Aga rele kote pi sa te ye a, Bè-layi-wòy, li te ant Kadès ak dezè Berèd la.

[36] Lè sa a, Aga retounen lakay mèt li a. Aprè sa, Aga fè yon pitit gason pou Abram. Abram rele li Izmayèl. Abram te gen katrevensizan (86 an) lè li te fè l.

17- Vyòl Saben yo
(Jenèz 17)

[1] Epi nan jou sa yo, nan katreven onzyèm ane (91) nan lavi Abram, moun Kittim yo te ale fè lagè ak pitit Toubal yo, paske lè SENYÈ a te gaye moun yo sou latè, pitit moun Kittim yo te ale, yo mete kò yo nan plenn Kanopi a, yo bati lavil la epi yo rete bò larivyè Tibreu a.

[2] Pitit Toubal yo te rete Touskana, limit yo te rive nan bò larivyè Tibreu a, pitit Toubal yo te bati yon vil nan Touskana, epi yo te rele l Sabinah, daprè non Sabinah, pitit gason Toubal, papa yo. Yo rete la jouk jounen jòdi a.

[3] Lè sa a, moun Kittim yo te fè lagè ak moun Toubal yo, moun Kittim yo te bat moun Toubal yo, e moun Kittim yo te fè twasanswasanndis (370) gason tonbe nan mitan moun pitit Toubal yo.

[4] Lè sa a, pitit Toubal yo te fè sèman bay moun Kittim yo, yo di yo: Nou [pitit Toubal yo] p'ap marye ak nou [moun Kittim yo], pèsonn p'ap ka bay yonn nan pitit fi li yo a pitit gason Kittim yo.

[5] Paske, nan epòk sa a, tout pitit fi Toubal yo te bèl, pa t gen okenn fanm sou tout latè ki te bèl tankou pitit fi Toubal yo.

[6] Epi tout moun ki te pran plezi nan bèlte fanm yo, yo te ale pran pitit fi Toubal yo, yo te pran pou madanm nan men yo, pitit gason lèzòm yo, wa yo, ak chèf yo, ki te pran plezi anpil nan bèlte fanm yo, te pran madanm nan tan sa yo nan men pitit fi Toubal.

[7] Twazan aprè pitit Toubal yo te fè sèman bay moun Kittim yo, pou yo pat bay pitit fi yo pou madanm, anviwon ven gason nan moun Kittim yo te ale pran kèk nan pitit fi Toubal yo, yo pa jwenn anyen.

[8] Paske pitit Toubal yo te kenbe sèman yo te fè ya, pou yo pa't marye ak moun Kittim yo, yo pa t vle kraze sèman yo.

[9] Epi nan jou [epòk] rekòt yo, pitit Toubal yo te antre nan jaden pa yo, pou yo te ka tire rekòt yo, lè jenn gason Kittim yo te reyini, yo te ale nan vil Sabinah a, chak gason te pran yon jènn fi nan pitit fi Toubal yo, epi yo retounen nan vil yo.

[10] Pitit Toubal yo te tande sa, yo te ale fè lagè ak yo, men yo pa t kapab domine sou moun Kittim yo, paske mòn lan te twò wo pou yo, e lè yo wè yo pa t kapab domine sou yo, yo retounen nan peyi yo.

[11] Nan fin lane revolisyon an, moun Toubal yo ale, yo pran anviwon dimil (10.000) moun nan lavil ki toupre yo a, yo al fè lagè ak moun Kittim yo.

[12] Pitit Toubal yo te al fè lagè ak moun Kittim yo, pou yo te detwi peyi yo a, pou yo te mete yo nan gwo lapenn. Nan angajman sa a, pitit Toubal yo te vin pi fò sou moun Kittim yo, kounyeya moun Kittim yo, lè yo te wè yo te nan gwo lapenn anpil, yo te leve anlè pitit yo te fè avèk pitit fi Toubal yo, sou miray yo te bati a, pou yo te ka parèt devan je moun Toubal yo.

[13] Pitit moun Kittim yo di yo:—Eske nou vin fè lagè ak pwòp pitit gason nou yo ak pitit fi nou yo? Èske nou pa t konsidere nou tankou menm kò avèw ak menm zo avèw, fanmi nou depi lè sa a pou jouk jounen jòdi a?

[14] Lè moun Toubal yo te tande sa, yo te sispann fè lagè ak moun Kittim yo, epi yo pati.

[15] Aprè sa, yo retounen nan lavil yo a. Lè sa a, moun Kittim yo reyini, yo bati de lavil bò lanmè a, epi yo te rele youn Purtou e lòt la Ariza.

[16] Nan epòk sa yo, Abram, pitit gason Terak la, te gen katrevendisnevan (99 an).

[17] Lè sa a, SENYÈ a parèt devan l, Li di l konsa:-M'ap pase alyans Mwen an ant ou menm ak Mwen, M'ap fè pitit pitit ou yo fè anpil pitit pitit. Men kontra Mwen pase ant Mwen Menm ak ou a:-Sikonsi tout pitit gason ki nan kay ou, ou menm ak desandan ou yo aprè w.

[18] Lè yo gen wit jou, y'a sikonsi l, e alyans sa a va rete nan kò nou pou yon kontra ki p'ap janm fini.

[19] Epi kounyeya, yo p'ap rele ou Abram ankò, men Abraram, e madanm ou p'ap rele Sarayi ankò, men Sara.

[20] Paske M'ap beni nou tou de a, e M'ap fè pitit pitit nou yo fè anpil pitit aprè ou, konsa w'a vin tounen yon gran nasyon, e wa va soti nan ou.

18- Kòmansman Sikonsizyon
(Jenèz 18)

[1] Abraram leve, li fè tout sa BonDye te ba li lòd fè a, li pran moun lakay li yo ak moun li te achte yo ak lajan l yo, li sikonsi yo jan SENYÈ a te ba li lòd la.

[2] Epi pa t rete yonn li pa t sikonsi. Abraram ak Izmayèl, pitit gason l lan, te sikonsi nan kò yo. Izmayèl te gen trèzan lè yo te sikonsi pati nan kò l.

[3] Twazyèm jou a, Abraram te soti nan tant li a, li chita bò pòt la pou l te jwi chalè solèy la, pandan doulè a te nan kò l.

[4] SENYÈ a te parèt devan l nan plenn Manmre a, Li voye twa nan zanj k'ap sèvi l yo vin vizite l, li te chita devan pòt tant lan, li leve je l, li wè twa mesye yo t'ap vin jwenn li. Yo t'ap soti byen lwen, li leve, li kouri al kontre yo, li bese tèt li devan yo, li mennen yo lakay li.

[5] Li di yo:-Si kounyeya, mwen jwenn favè nan je nou, retounen vin manje yon ti moso pen. Aprè sa, li peze yo, epi yo retounen, li ba yo dlo epi yo lave pye yo, epi li mete yo anba yon pye bwa nan papòt tant lan.

[6] Abraram kouri, li pran yon ti towo bèf tou mou e gou, li prese touye l, li bay Elyezè, sèvitè l la, pou l prepare l.

[7] Abraram al jwenn Sara nan tant lan, li di l konsa:-Fè vit, prepare twa mezi farin fen, mase l, fè gato pou kouvri chodyè ki te gen vyann lan, epi li te fè sa.

[8] Abraram prese, li pote bè ak lèt, vyann bèf ak mouton devan yo, li ba yo l pou yo manje anvan vyann ti towo bèf la te fin kwit, epi yo te manje.

[9] Lè yo fin manje, yonn nan yo di l:-M'ap retounen vin jwenn ou lè konsa lane k'ap vini an, e Sara, madanm ou, va gen yon pitit gason.

[10] Aprè sa, mesye yo ale, yo pati, kote yo te voye yo a.

[11] Nan epòk sa yo, tout moun Sodòm ak Gomò yo ak tout senk vil yo te mechan anpil e yo t'ap fè peche kont SENYÈ a, yo t'ap pwovoke SENYÈ a ak abominasyon yo, epi yo te vin pi fò nan fè plis bagay ki dezonè ak anpil mepri devan SENYÈ a. E mechanste yo ak krim yo te gran nan epòk sa yo devan SENYÈ a.

[12] Aprè sa, yo te gen nan peyi yo a yon gwo vale, apeprè mwatye yon jou mache, e ladan l te gen sous dlo ak anpil zèb ki te antoure dlo a.

[13] Aprè sa, tout moun Sodòm ak Gomò yo te ale la kat fwa nan ane a, ak madanm yo, pitit yo ak tout moun ki te pou yo, epi yo te rejwi la nan bat tanbouren ak dans.

[14] Epi lè yo t'ap rejwi, yo tout te leve, yo te pran madanm frè parèy yo, ak kèk lòt, e jenn pitit fi vwazen yo, yo te pran plezi yo, epi chak moun te wè madanm li ak pitit fi li nan men frè parèy yo, lin pa t di yon mo.

[15] Yo te fè sa depi maten rive nan aswè. Aprè sa, chak gason retounen lakay yo, chak fanm retounen nan tant yo. Se konsa yo te konn toujou fè l kat fwa nan ane a.

[16] Epitou, lè yon etranje te antre nan vil yo epi li te pote machandiz li te achte pou l te depoze yo la, moun ki nan vil sa yo te rasanble, gason, fanm ak timoun, jèn kou granmoun, epi yo te ale bò kote mesye a. Yo pran byen li yo ak fòs, yo bay chak moun yon ti kras, jiskaske tout byen mèt li te pote nan peyi a fini.

[17] Si pwopriyetè a ta pete kabouya ak yo, e di: Ki travay sa ou fè m la, yo t'ap pwoche bò kote l youn pa youn, chak moun t'ap moutre l ti kras li te pran an, yo t'ap pase l nan betiz. Youn t'ap di: Mwen te pran sèlman ti sa ou te ban mwen an; E lè li te tande sa nan men yo tout, li te leve, li te soti nan mitan yo nan lapenn ak nanm li anmè, lè yo tout te leve, yo t'ap mache dèyè l, epi yo te kwape l soti nan vil la ak gwo bri e ak zen .

[18] Te gen yon nonm ki te soti nan peyi Elam ki t'ap mache sou wout la, ki te chita sou bourik li. Li te gen yon bèl rad ki te gen plizyè koulè, epi li te mare manto a ak yon kòd sou bourik la.

[19] Nonm lan t'ap vwayaje nan lari Sodòm nan lè solèy la kouche, nan aswè. Lè sa a, te gen nan lavil Sodòm lan yon nonm ki te mechan e malfezan, yon moun ki te konn fè sa ki mal, yo te rele l, Edad.

[20] Li te leve je l, li te wè vwayajè a nan lari lavil la, li pwoche bò kote l, li di l:-Zanmi, ki kote ou soti ak ki kote ou prale?

[21] Nonm lan di l:-M'ap soti Ebwon pou m al Elam kote m te ye a. Lè m t'ap pase solèy la te kouche, pèsonn pa t kite m antre lakay li, malgre mwen te gen pen, dlo, pay ak manje pou bourik mwen, epi mwen pa manke anyen.

[22] Edad reponn li:-Se mwen menm ki ap ba w tout sa w vle, men ou p'ap rete nan lari a pou tout nwit lan.

[23] Edad mennen l lakay li, li wete manto a sou bourik la ak kòd la, li mennen yo lakay li. Li bay bourik la pay ak fourrage pandan vwayajè a t'ap manje, li bwè lakay Edad. li te rete la lannwit sa a.

[24] Nan denmen maten, vwayajè a leve byen bonè pou l te kontinye vwayaj la, lè Edad di l konsa:-Tann, konsole kè ou ak yon ti moso pen epi w'ale! Nonm lan te fè sa, li te rete avè l, epi yo tou de te manje, yo bwè ansanm pandan lajounen an, lè nonm lan leve pou l te ale.

[25] Edad di li:-Gade, jou ap bese. Pito ou pase nwit lan pou kè w ka konsole. Aprè sa, li te peze l konsa nonm lan te pase tout nwit lan la, epi nan dezyèm jou a, li leve byen bonè pou l te ale, lè Edad te peze l ankò, li di l: Konsole kè ou ak yon ti moso pen epi ale, li rete, konsa li manje ak li tout dezyèm jou a. Aprè sa nonm lan leve pou l te kontinye vwayaj li.

[26] Edad di li:-Gade, jou a ap bese, rete avè m pou konsole kè w. Nan denmen maten, leve byen bonè pou wale.

[27] Nonm lan pa t vle rete, li leve, li sele bourik li, e pandan li t'ap sele bourik li, madanm Edad di mari l:-Gade nonm sa a rete avèk nou pandan de jou, li manje, li bwè, li pa ban nou anyen. Kounyeya, èske l ap kite nou san l pa bay anyen? Edad di l konsa:-Silans!

[28] Nonm lan fin sele bourik li pou l te ale, li mande Edad pou l ba li kòd la ak manto pou mare bourik la.

[29] Edad di l:-Kisa w di? Nonm lan di l konsa:-Mèt mwen, ban m kòd la ak manto m ki fèt ak plizyè koulè a, ke ou te kache avèk ou nan kay la pou w te swen li.

[30] Edad reponn nonm lan, li di l:-Men entèpretasyon rèv ou te fè a, kòd ou te wè a, vle di ke lavi ou pral pwolonje tankou yon kòd, epi lè w te wè manto plizyè koulè ki te genyen tout kalite koulè a. Sa vle di ke w'ap gen yon jaden rezen kote w'ap plante pyebwa ki gen tout kalite fwi.

[31] Vwayajè a reponn, li di l:-Se pa konsa, mèt mwen, paske je m te byen ouvè lè mwen te ba ou kòd la ak tout yon manto trikote ak diferan koulè, ke ou te wete sou bourik la, pou w te mete yo la pou mwen. Edad reponn li:-Se vre wi, mwen te ba w esplikasyon rèv ou te fè a, se yon bon rèv, se entèpretasyon l m ba ou la.

[32] Kounyeya, pitit lèzòm yo ban mwen kat pyès ajan, ki se frè mwen chaje pou entèprete rèv. Men nan men ou sèlman, mwen mande w twa pyès ajan.

[33] Nonm lan te fache poutèt pawòl Edad te di l la; Kounyeya li pran rele byen fò, li mennen Edad bay Serak, jij Sodòm nan.

[34] Nonm lan pote kòz li devan Serak jij la. Lè Edad reponn, li di:-Se pa konsa, men kouman bagay la te rive. Jij la di vwayajè a konsa:-Edad sa a, ap di w laverite wi, paske li renome nan lavil yo akoz li bay entèpretasyon rèv yo byen.

[35] Nonm nan kriye kont pawòl jij la te di a. Li reponn jij la:-Se pa konsa, mèt mwen, paske se nan lajounen mwen te ba li kòd la ak rad ki te sou bourik la, pou l te mete yo nan kay li. Yo tou de t'ap diskite devan jij la. Yonn t'ap di: Se konsa bagay la te ye, lòt la t'ap di otreman.

[36] Edad di nonm lan:-Ban m kat pyès ajan m ke mwen chaje pou entèpretasyon rèv yo. Mwen pa pral fè okenn alokasyon; Ban m depans kat manje ou te manje lakay mwen yo.

[37] Nonm lan di Edad:-Se vre wi, m'ap peye ou pou sa mwen te manje lakay ou, sèlman ban m kòd mwen ak rad ou te kache lakay ou a.

[38] Edad reponn devan jij la li di nonm lan:-Eske se pa mwen ki te ba w entèpretasyon rèv ou te fè a? kòd la vle di lavi w pral pwolonje tankou yon kòd, epi manto a, vle di ke w pral gen yon jaden rezen kote w pral plante tout kalite pye bwa kap bay fwi.

[39] Sa a se bon entèpretasyon rèv ou a. Kounyeya, ban m kat pyès ajan mwen mande yo, kòm konpansasyon, paske mwen p'ap fè w okenn alokasyon.

[40] Lè sa a, nonm lan pran rele byen fò lè Edad te di pawòl sa yo, yo toulède tanmen diskite devan jij la. Kounyeya Jij la bay sèvitè l yo lòd, pou yo te mete yo deyò kay la avèk fòs.

[41] Yo soti devan jij lan tou an diskisyon, lè sa moun Sodòm yo te tande yo, ke yo t'ap fè diskisyon. Yo pati dèyè yo, e yo te vin reyini bò kote de moun ki t'ap diskite yo. Epi yo t'ap rele sou etranje a, yo pouse l mete deyò vil la avèk fòs.

[42] Epi nonm lan te kontinye vwayaj li sou bourik li ak nanm li anmè, li t'ap plenn e ap kriye.

[43] Pandan li t'ap mache, li t'ap kriye pou sa ki te rive l nan lavil Sodòm lan ki te fin pouri.

19-Destriksyon Sodòm

(Jenèz 19)

[1] Lavil Sodòm yo te gen kat jij nan kat vil, men non yo: Serak nan lavil Sodòm, Charkad nan Gomò, Zabnak nan lavil Adma ak Menon nan Zeboyim.

[2] Men, Elyezè, sèvitè Abraram lan, te ba yo diferan non. Li te rele Serak: non Chakra, li te rele Charkad: non Chakrura, li te rele Zabnak: non Kezobim ak Menon: non Matzlodin.

[3] Akòz dezi kat jij yo, moun Sodòm ak Gomò te fè monte kabann nan lari vil yo, epi si yon moun te vini nan kote sa yo, yo te pran l epi yo mennen l sou youn nan kabann yo, e fòse l kouche nan youn ladan.

[4] Epi pandan l te kouche, twa gason te kanpe nan tèt kabann lan ak twa nan pye kabann lan, yo t'ap mezire l sou longè kabann lan, e si nonm lan te pi piti pase kabann lan, sis mesye sa yo t'ap detire l nan chak bout. Lè l rele nan pye yo, yo pa okipe li.

[5] Men, si l te pi long pase kabann lan, yo t'ap rale de bò kabann lan nan chak bout, jiskaske nonm lan te rive nan pòtay lanmò.

[6] Epi si li te kontinye rele nan pye yo, yo t'ap reponn li: Men sa y'a fè yon nonm ki vin nan peyi nou an.

[7] Lè moun tande tout sa moun lavil Sodòm yo t'ap fè, yo pa t vin la ankò.

[8] Epi lè yon pòv te rive nan peyi yo a, yo te ba li ajan ak lò, epi yo te fè yon pwoklamasyon nan tout vil la:-Pa ba li yon ti moso pen pou l manje. Si etranje a ta rete la kèk jou, Lè l mouri grangou, paske li pa t ka jwenn yon ti moso pen, lè sa a, lè l mouri, tout moun nan vil la t'ap vin pran ajan ak lò yo te ba li a.

[9] Epi moun ki te kapab rekonèt ajan oswa lò yo te ba li a, yo reprann li, lè l mouri, yo te retire rad li yo tou, yo t'ap goumen pou yo, e moun ki te genyen batay la sou frè parèy li te pran yo.

[10] Après sa, yo te pote nonm lan yo te antere l anba ti touf bwa ki nan dezè yo. Se konsa yo te fè tout lajounen ak nenpòt moun ki te vin jwenn yo epi ki te mouri nan peyi yo.

[11] Après sa, Sara te voye Elyezè lavil Sodòm pou l t'al wè Lo, pou l te ka konnen byennèt li.

[12] Elyezè te ale Sodòm, li te rankontre ak yon nonm Sodòm ki t'ap goumen ak yon etranje. Nonm Sodòm lan wete tout rad pòv lan sou li, l'al fè wout li.

[13] Pov la rele Elyezè, li mande l favè poutèt sa nonm Sodòm lan te fè l.

[14] Elyezè di a nonm lavil Sodòm lan:-Poukisa w'ap aji konsa ak pòv lan ki te vin nan peyi w la?

[15] Nonm lavil Sodòm lan reponn Elyezè, li di l:-Eske nonm sa a, se frè ou, oswa èske moun Sodòm yo te mete ou kòm jij jodi a pou w'ap pale pou nonm sa a?

[16] Elyezè t'ap fè fòs ak nonm Sodòm lan poutèt pòv la, lè Elyezè pwoche bò kote nonm lan, pou l te reprann rad pòv la nan men nonm Sodòm lan, li kouri prese, li frape Elyezè nan fwon ak yon wòch.

[17] San an koule anpil nan fwon Elyezè, epi lè nonm lan wè san an, li kenbe Elyezè, li di l:-Ban m salè mwen, paske mwen te debarase w de move san sa ki te nan fwon w lan, paske se sa ki koutim ak lalwa nan peyi nou an.

[18] Elyezè di l:-Ou fin blese m, epi w'ap mande m peye w lajan ou. Elyezè pa t koute pawòl nonm Sodòm lan.

[19] Nonm lan kenbe Elyezè, li mennen l bay Chakra, jij Sodòm lan, pou l jije l.

[20] Nonm lan pale ak jij la, li di l konsa:-Mèt, men sa nonm sa a fè, poutèt mwen frape l ak yon wòch, san an koule soti nan fwon li, e kounyeya li pa vle ban m salè mwen.

[21] Jij la di Elyezè konsa:-Nonm sa, ap di w laverite. Epi Elyezè tande pawòl jij la, li leve yon wòch, li frape jij la avèl nan fwon li, san te koule anpil nan fwon jij la. Elyezè di l:-Si se konsa koutim nan peyi ou a ye, bay nonm sa, sa mwen ta dwe ba li a, paske se sa ki te desizyon ou, ou te deside l.

[22] Elyezè kite nonm Sodòm lan ak jij la, li ale.

[23] Lè wa Elam yo te al fè lagè ak wa Sodòm yo, wa Elam yo pran tout byen Sodòm yo, yo te pran Lo ak tout byen li yo. Aprè sa, yo te vin di Abraram sa, li te vin ale li fè lagè ak wa Elam yo, epi li te reprann nan men yo tout byen Lo yo ansanm ak byen Sodom yo.

[24] Lè sa a, madanm Lo te vin fè yon pitit fi pou li, li te rele l Paltit, li di:-Se paske BonDye te delivre l ansanm ak tout fanmi l anba wa Elam yo. Lè sa a, Paltit, pitit fi Lo a, te grandi, e youn nan mesye Sodòm yo te marye ak li.

[25] Aprè sa, yon pòv te antre nan vil la pou l t'al chèche yon ti manje, li te rete nan vil la kèk jou, epi tout moun Sodòm yo te fè konnen koutim yo, pou yo pa t bay nonm sa a yon ti moso pen pou l manje jiskaske li te tonbe mouri sou tè a, epi yo te fè sa.

[26] Aprè sa, Paltit, pitit fi Lo a, te wè nonm sa a kouche nan lari a, grangou, pèsonn pa t vle ba l anyen pou l te rete vivan, e li te prèt pou mouri.

[27] Epi nanm li te gen pitye pou nonm lan, li te ba l manje pen an kachèt pandan plizyè jou, e nanm nonm sa te vin reviv.

[28] Paske, lè li te soti poul te al chache dlo, li te mete pen an nan krich dlo a, lè li rive kote pòv la te ye a, li pran pen an nan krich la, li ba li manje. Se konsa li te fè pou anpil jou.

[29] Epi tout moun Sodòm ak Gomò yo te mande ki jan nonm sa a te kapab sipòte grangou an pandan plizyè jou.

[30] Yonn t'ap di lòt: Se sèlman pou l te ap manje ak bwè, paske pèsonn pa tap ka sipòte grangou sa a pandan anpil jou, ni viv tankou nonm sa a, san menm figi l pa chanje. Twa mesye yo te kache nan yon kote pòv la te kanpe, pou yo te konnen ki moun ki t'ap pote pen pou li manje.

[31] Jou sa a, Paltit, pitit fi Lo a, te soti li te al chache dlo, li te mete pen nan krich dlo a, li ale tire dlo bò kote pòv la kanpe a, li pran pen an nan krich la, li bay pòv la, li manje l.

[32] Twa mesye yo wè sa Paltit te fè pòv la, yo di l konsa:-Anhan! Se ou menm ki t'ap sipòte l, se poutèt sa li pa mouri grangou, ni chanje aparans, e ni mouri tankou lòt moun yo.

[33] Twa mesye yo soti kote yo te kache a, yo pran Paltit ak pen ki te nan men pòv la.

[34] Yo pran Paltit, yo mennen l devan jij yo, yo di yo:-Li te fè si, li te fè sa. Se li menm ki te bay pòv la manje, se poutèt sa li pa t mouri pandan tout tan sa a. Kounyeya, fè nou konnen pinisyon fanm sa a dwe sibi, paske li te dezobeyi lalwa nou an.

[35] Aprè sa, moun Sodòm ak Gomò yo reyini, yo limen yon dife nan lari vil la, yo pran fanm nan, yo jete l nan dife a epi yo boule l tounen sann.

[36] Nan vil Adma, te gen yon fanm yo te fè menm bagay la.

[37] Paske, yon vwayajè te vin nan vil Adma pou l te pase tout nwit lan la, ak entansyon pou l te ale lakay li nan maten, epi l te chita anfas pòt kay papa jènn fi an, pou l te rete la, paske solèy la te kouche lè li te rive kote sa a; Jènn fi an wè l chita bò pòt kay la.

[38] Li mande jènn fi an yon ti dlo pou l bwè, jènn fi an di l:-Ki moun ou ye? Li di l konsa: Jòdi a mwen t'ap mache sou wout la, mwen te rive isit la lè solèy kouche. Se konsa, mwen pral rete isit la tout nwit lan, e nan maten mwen pral leve byen bonè epi kontinye vwayaj mwen.

[39] Jènn fi a te antre nan kay la, li te pran pen ak dlo pou nonm lan te manje ak bwè.

[40] Epi moun Adma yo te vin konnen zafè sa a, yo reyini, yo mennen jènn fi an devan jij yo, pou yo te ka jije l pou zak sa a.

[41] Aprè sa, jij la di:-Se pou jijman lanmò a pase sou fanm sa a paske li te dezobeyi lalwa nou an.

[42] Moun lavil sa yo reyini, yo te fè jènn fi an soti, yo vide sou li siwo myèl depi nan tèt rive jouk nan pye, jan jij la te bay lòd la, yo te mete l devan yon bann myèl ki te nan nich yo. Myèl yo te vole sou li epi yo te pike li, jouk tan ke tout kò li te anfle.

[43] Aprè sa, jènn fi an t'ap rele byen fò pou myèl yo, men pèsonn pa t remake l, ni te genyen pitye pou li, rèl li te moute nan syèl la.

[44] SENYÈ a te fache poutèt sa, ansanm ak tout travay lavil Sodòm yo, paske yo te gen anpil manje, yo te gen trankilite nan mitan yo, epi yo te toujou pa t vle pran swen pòv yo ak malere yo, e nan jou sa yo mechanste ak peche yo te vin pi gran devan SENYÈ a.

[45] Aprè sa, SENYÈ a te voye de nan zanj ki te vin lakay Abraram, pou yo detwi Sodòm ak tout lavil li yo.

[46] Aprè ke zanj yo leve soti nan papòt tant Abraram lan, yo te fin manje, yo te bwè. Epi, yo te rive Sodòm nan aswè, e Lo te chita nan pòtay lavil Sodòm lan, epi lè li te wè yo, li te leve al kontre yo, li te bese tèt li jouk atè.

[47] Aprè sa, li te peze yo anpil, li mennen yo lakay li, li ba yo manje, yo manje, epi yo pase nwit lan lakay li.

[48] Aprè sa, zanj yo di Lo:-Leve non, soti kote sa a, ou menm ansanm ak tout moun ou yo, pou ou pa fini nan inikite lavil sa a, paske SENYÈ a pral detwi kote sa a.

[49] Aprè sa, zanj yo te kenbe men Lo ak men madanm li, ak men pitit li yo ak tout sa ki te pou li yo, yo te mennen l ale, yo mete l deyò lavil yo.

[50] Yo di Lo:-Chape poul ou sove lavi w, epi Lo kouri ale ak tout sa ki te pou li.

[51] Aprè sa, SENYÈ a fè lapli souf ak dife soti nan syèl la sou Sodòm, Gomò ak sou tout lavil sa yo.

[52] Aprè sa, li kraze lavil sa yo, tout plenn lan, tout moun ki te rete nan lavil yo ak tout sa ki te pouse sou tè a. Ado, madanm Lo, te gade dèyè pou l te wè vil yo ki te detwi, paske li te gen pitye pou pitit fi l yo ki te rete Sodòm yo, paske yo pa t ale avè l.

[53] Lè li gade dèyè, li tounen yon poto sèl, li toujou nan kote sa a jouk jounen jòdi a.

[54] Aprè sa, bèf ki te kanpe nan plas sa a chak jou t'ap niche sèl la nan pwent pye yo, epi nan maten li t'ap repouse ankò, epi yo reniche l ankò pou jouk jounen jòdi a.

[55] Lo ansanm ak de nan pitit fi l yo ki te rete avè l yo kouri chape kò yo nan gwòt Adoulam lan, epi yo te rete la pou kèk tan.

[56] Abraram leve granmaten pou l te al wè sa ki te fèt ak lavil Sodòm yo. Li gade, li wè lafimen lavil yo t'ap moute tankou lafimen yon gwo founo dife.

[57] Lo ak de pitit fi li yo te rete nan gwòt la, epi yo te fè papa yo bwè diven, yo kouche avè l, paske yo te di pa gen okenn gason sou tè a ki te kapab fè pitit avèk yo, paske yo te panse ke tout tè a te detwi.

[58] Yo tou de te kouche ak papa yo, yo te vin ansent, yo te fè pitit gason. Premye pitit fi a te bay pitit gason li an non Mowab, li te di, mwen te ansent li pou papa mwen; Li se papa Mowabit yo jiska jounen jodi a.

[59] Pi piti a te rele pitit li a Bennami. Li se papa pitit Amon yo pou jouk jounen jòdi a.

[60] Aprè sa, Lo ak de pitit fi li yo te pati kite la, li te al rete lòt bò larivyè Jouden an ansanm ak de pitit fi li yo, e ak pitit gason yo, pitit gason Lo yo te grandi, yo te pati, yo t'al pran madanm nan peyi Kanaran an, yo te fè pitit. Yo te vin anpil, e yo te miltipliye.

20- Abraram ak Filisten yo

(Jenèz 20)

[1] Lè sa a, Abraram kite plenn Manmre a, li te ale nan peyi moun Filisti yo, li te rete Gera. Abraram te gen ven senk ane depi li te rete nan peyi Kanaran, e santan (100) nan lavi Abraram, lè li te rive lavil Gera, nan peyi Filisti yo.

[2] Lè yo te antre nan peyi a, li di Sara, madanm li:-Di ou se sè mwen, pou nenpòt moun ki mande w, pou nou ka chape anba malè moun ki rete nan peyi a.

[3] Pandan Abraram t'ap viv nan peyi Filisti yo, sèvitè Abimelèk, wa moun Filisti yo, yo wè Sara te bèl anpil, yo mande Abraram konsènan li, epi l di yo: Se sè mwen li ye.

[4] Domestik Abimelèk yo ale bò kote Abimelèk, yo di l:-Yon moun ki soti nan peyi Kanaran vin rete nan peyi a. Li gen yon sè ki bèl anpil.

[5] Abimelèk tande pawòl domestik li yo ki t'ap fè lwanj pou Sara, epi Abimelèk voye gad palè li yo, yo mennen Sara bay wa.

[6] Sara rive lakay Abimelèk, e wa a wè Sara te bèl, li te fè l plezi anpil.

[7] Li pwoche bò kote l, li di l konsa:-Kisa ou ye pou nonm ou te vini nan peyi nou an? E Sara te reponn:-Li se frè m, nou te soti nan peyi Kanaran pou nou rete nenpòt kote nou ta ka jwenn.

[8] Abimelèk di Sara:-Gade, peyi mwen an devan w. Mete frè w la nan nenpòt kote nan peyi sa ki fè w plezi, se devwa nou pou nou leve l pi wo pase tout moun nan peyi a pwiske li se frè w.

[9] Abimelèk voye chache Abraram, li te vin jwenn Abimelèk.

[10] Abimelèk di Abraram konsa:-Gade, mwen bay lòd pou yo onore ou jan ou vle a poutèt Sara, sè w la.

[11] Abraram kite wa a, epi kado wa a te swiv li.

[12] Kòm nan aswè, anvan lèzòm te kouche pou yo repoze, wa a te chita sou fòtèy li a, yon gwo dòmi te tonbe sou li, li te kabicha sou fòtèy la, li dòmi pou jouk denmen maten.

[13] Aprè sa, li te fè rèv ke yon zanj SENYÈ a te vin jwenn li ak yon nepe rale nan men l, zanj lan kanpe sou Abimelèk, li te vle touye l ak yon nepe, wa a te pè nan rèv la, li di zanj lan:-Nan kisa mwen te peche kont ou pou w vin touye m ak nepe w la?

[14] Zanj lan reponn, li di Abimelèk:-Gade, ou deja mouri poutèt fanm ou te mennen lakay ou yèswa, paske li se yon fanm marye, madanm Abraram ki te vin lakay ou. Kounyeya, retounen madanm li bay nonm sa a, paske l se madanm li; Si ou pa retounen l, konnen ke ou pral sètènman mouri, ou menm ak tout sa ki pou ou.

[15] Jou lannwit sa a, te gen yon gwo rèl nan peyi Filisti a, epi moun ki te rete nan peyi a te wè figi yon nonm ki te kanpe ak yon nepe nan men l, epi l te touye [anpil] moun ki [te] rete nan peyi a ak nepe li. Wi, li te kontinye ap frape yo.

[16] Aprè sa, zanj SENYÈ a frape tout peyi moun Filisti yo nan jou lannwit sa a, e te gen yon gwo konfizyon nan jou lannwit sa a ak nan denmen maten.

[17] Epi tout matris yo te fèmen, ak tout pwoblèm yo, paske men SENYÈ a te sou yo poutèt Sara, madanm Abraram, Abimelèk te pran.

[18] Nan denmen maten, Abimelèk leve ak yon pè, konfizyon, e ak yon gwo laperèz, li voye chache domestik li yo, li rakonte yo rèv li te fè a, epi pèp la te pè anpil.

[19] Aprè sa, yon nonm ki te kanpe nan mitan sèvitè wa a reponn wa a, li di:-Monwa, renmèt madanm sa a mari l, paske nonm lan se mari l. Menm bagay la te rive wa peyi Lejip la, lè nonm sa a te vini nan peyi Lejip.

[20] Li di konsènan madanm li:-Se sè m li ye, paske se konsa lap fè lè l vini pou l rete nan yon peyi kote li se etranje.

[21] Farawon an te voye pran madanm sa a pou madanm, e SENYÈ a te fè gwo malè tonbe sou li, jouk li te retounen madanm lan bay mari l.

[22] Kounyeya, O wa souveren an, konnen sa ki te pase yèswa nan tout peyi a, paske te gen yon gwo eskandal ak gwo doulè ak moun ki t'ap plen, nou konnen se poutèt fanm ou te pran an.

[23] Kounyeya, renmèt madanm sa a mari l, pou l pa rive nou menm jan ak Farawon an, wa Lejip la, ak tout moun li yo, pou nou pa mouri nèt. Aprè sa, Abimelèk prese, li fè rele Sara, epi li te vin devan l, li te fè rele Abraram, li te vin devan l.

[24] Abimelèk di yo:-Ki travay sa a n'ap fè lè w'ap di nou se frè ak sè, pou m te pran fanm sa a pou madanm?

[25] Abraram reponn li:-Paske m te panse mwen ka mouri poutèt madanm mwen. Aprè sa, Abimelèk pran mouton ak bèf, domestik ak sèvant, ak mil (1.000) pyès ajan, li bay Abraram yo, epi l renmèt Sara ba li.

[26] Abimelèk di Abraram konsa:-Gade tout peyi a devan ou, rete ladan l kote ou vle.

[27] Abraram ak Sara, madanm li, te soti devan wa ak respè, yo te rete nan peyi a, nan Gera.

[28] Tout moun ki te rete nan peyi Filisti yo ak moun k'ap sèvi wa yo te toujou ap soufri poutèt kalamite zanj lan te fè yo pandan tout nwit lan poutèt Sara.

[29] Abimelèk voye chache Abraram, li di l konsa:-Lapriyè SENYÈ a, BonDye nou an, pou sèvitè w yo, pou l wete lanmò sa nan mitan nou.

[30] Abraram lapriyè poutèt Abimelèk ak moun k'ap sèvi l yo, SENYÈ a te tande lapriyè Abraram lan, Li geri Abimelèk ak tout moun li yo.

21- Izarak fèt

(Jenèz 21:1-7)

[1] Lè sa a, nan fen yon ane ak kat mwa Abraram te rete nan peyi moun Filisti yo, nan Gera, SENYÈ a te vin chonje Sara, BonDye te vin vizite Sara, li vin ansent, li te fè yon pitit gason pou Abraram.

[2] Abraram rele pitit gason Sara te fè pou li a, Izarak.

[3] Abraram te sikonsi Izarak, pitit gason li an, jan BonDye te ba li lòd pou l te fè pitit li aprè l. Abraram te gen santan (100) e Sara te gen katrevendis ane (90) lè Izarak te fèt pou yo.

[4] Ti pitit la te grandi, li te sevre, e Abraram te fè yon gwo fèt jou Izarak te sevre an.

[5] Sèm ak Ebè ansanm ak tout gran moun yo nan peyi a, Abimelèk, wa moun Filisti yo, ak domestik li yo, e Pikòl, kòmandan lame li a, te vin manje, yo bwè, yo te kontan nan fèt Abraram te fè a, nan jou yo te sevre Izarak, pitit li a.

[6] Terak, papa Abraram, ak Nakò, frè li a, te soti Aran, yo menm ansanm ak tout moun ki te avèk yo a, paske yo te rejwi anpil lè yo te tande yon pitit gason te fèt pou Sara.

[7] Aprè sa, yo te rive bò kote Abraram, yo te manje, yo te bwè nan fèt Abraram te fè jou yo te sevre Izarak la.

[8] Terak ak Nakò te rejwi ak Abraram, yo te rete avèk li pou anpil jou nan peyi moun Filisti yo.

[9] Lè sa a, Sewoug, pitit gason Reou a, te mouri nan premye lane Izarak, pitit Abraram lan te fèt.

[10] Sewoug te gen desantrantnèvan (239) epi li mouri.

[11] Izmayèl, pitit gason Abraram lan te grandi nan tan sa yo, li te gen katòzan lè Sara te fè Izarak pou Abraram.

[12] BonDye te avèk Izmayèl, pitit gason Abraram lan, li te grandi, li te aprann tire flèch, li te vin yon moun ki konn sèvi ak banza.

[13] Lè Izarak te gen senkan, li te chita ak Izmayèl devan pòt tant lan.

[14] Izmayèl pwoche bò kote Izarak, li chita anfas li, li pran banza, li rale l, li mete flèch la ladan l, li te fè lide touye Izarak.

[15] Sara wè sa Izmayèl te vle fè Izarak, pitit gason li an, sa te fè l lapenn anpil poutèt pitit gason l lan. Li voye chache Abraram, li di l:-Chase sèvant sa ansanm ak pitit gason li a. Paske pitit gason sèvant lan p'ap eritye ak pitit gason m nan, paske se konsa li t'ap chèche [touyel] jodi a.

[16] Abraram koute vwa Sara, li leve byen bonè nan maten, li pran douz pen ak yon boutèy dlo li bay Aga, li voye l ale ak pitit gason l lan. Aga ale avèk pitit gason an nan dezè a, yo te rete nan dezè Paran ak moun ki te rete nan dezè a, e Izmayèl te yon moun ki te kon tire banza, e li te rete nan dezè a yon bon bout tan.

[17] Aprè sa, li menm ak manmanl te ale nan peyi Lejip la, yo te rete la, e Aga te pran yon madanm pou pitit gason li an nan peyi Lejip, yo te rele li Meriba.

[18] Madanm Izmayèl lan te vin ansent, li te fè kat pitit gason ak de pitit fi. Aprè sa, Izmayèl ak manman l, madanm li ak pitit li yo pati, yo retounen nan dezè a.

[19] Aprè sa, yo te fè tant nan dezè kote yo te rete a, epi yo te kontinye vwayaje e pran repo chak mwa ak chak ane.

[20] BonDye te bay Izmayèl mouton, bèf ak tant akoz Abraram, papa l. E nonm lan te ogmante nan genyen bèt.

[21] Izmayèl te rete nan dezè a, anba tant. Li t'ap vwayaje, li te pran repo pou yon bon bout tan, li pa t wè figi papa l.

[22] Yon tan aprè, Abraram di Sara, madanm li:-Mwen pral wè Izmayèl, pitit gason m nan, mwen anvi wè l, paske depi lontan mwen pa wè l.

[23] Abraram moute sou yonn nan chamo li yo li pran chemen nan dezè a pou l ale chache Izmayèl, pitit gason l lan, paske li te tande li te rete nan yon tant nan dezè a ak tout sa ki pou li.

[24] Abraram ale nan dezè a, li rive nan tant Izmayèl la vè midi, li mande pou Izmayèl, men li jwenn madanm Izmayèl la chita nan tant lan ak pitit li yo, men Izmayèl mari li a ak manman Izmayèl pa t avek yo.

[25] Abraram mande madanm Izmayèl la:-Kote Izmayèl ale? Li di:-Li ale nan jaden an, poul fè lachas. E Abraram te toujou sou chamo a, paske li pa t vle desann atè a jan li te fè sèman bay Sara, madanm li, li p'ap desann chamo a.

[26] Abraram di madanm Izmayèl la:-Pitit fi mwen, banm yon ti dlo poum bwè, paske mwen fatige nan vwayaj la.

[27] Madanm Izmayèl reponn Abraram, li di Abraram konsa:-Nou pa gen ni dlo ni pen. Li rete chita nan tant lan, li pa t konnen Abraram, nonplis li pa t mande l kiyès li te ye.

[28] Men, li t'ap bat pitit li yo nan tant lan, li t'ap ba yo madichon, li t'ap madichonnen mari l Izmayèl tou, e li t'ap joure l, Abraram tande pawòl madanm Izmayèl la t'ap di pitit li yo, li te fache anpil e li pa t kontan menm.

[29] Abraram rele fi a pou l soti anba tant lan vin bò kote l. Fanm lan vini, li kanpe anfas Abraram, paske Abraram te toujou sou chamo a.

[30] Abraram di madanm Izmayèl konsa:-Lè Izmayèl, mari w retounen lakay, di l konsa:

[31] Yon ansyen granmoun gason ki soti nan peyi Filisti a te vin chache ou. Se te konsa aparans li ak figi l te ye. Mwen pa t mande l ki moun li ye, epi l wè ou pa t la, li te pale avè m, li di m:-Lè Izmayèl mari w la retounen di li men sa nonm sa a te di, lè ou retounen lakay ou retire klou sa a nan tant ou te mete a isit la, epi mete yon lòt klou nan plas li.

[32] Abraram fini enstriksyon li te bay fi a, aprè sa li retounen lakay li sou chamo a.

[33] Aprè sa, Izmayèl soti pa dèyè a nan lachas, li menm ak manman l, li retounen nan tant lan, e madanm li di l pawòl sa yo:

[34] Yon ansyen granmoun gason ki te soti nan peyi Filisti a te vin chache ou. Mwen pa t mande l ki moun li te ye, epi li wè ou pa t lakay ou a, li di m:-Lè mari ou retounen lakay li di l, men sa granmoun lan di:-Wete klou sa a nan tant ou te mete a, isit la, epi mete yon lòt klou nan plas li.

[35] Izmayèl tande pawòl madanm li, li te vin konnen se te papa l, e madanm li pa t respekte l.

[36] Izmayèl te konprann pawòl papa l te di madanm li, Izmayèl koute vwa papa l, Izmayèl voye fanm sa ale, epi li ale fè wout li.

[37] Aprè sa, Izmayèl te ale nan peyi Kanaran, li pran yon lòt madanm, li mennen l nan tant li kote li te rete a.

[38] Aprè twazan pase, Abraram di:-Mwen pral retounen wè Izmayèl, pitit gason m nan, paske sa fè lontan mwen pa wè l.

[39] Li moute sou chamo li a, li ale nan dezè a, li rive nan tant Izmayèl la nan aprè midi.

[40] Li mande pou Izmayèl, madanm li soti nan tant lan, li di:-Mèt mwen, li pa isit la, paske li ale lachas nan jaden, li al bay manje a chamo yo, epi fanm lan di Abraram, mèt mwen an, antre nan tant lan, epi manje yon ti moso pen, paske nanm ou kapab fatige poutèt vwayaj la.

[41] Abraram di l konsa:-Mwen p'ap kanpe, paske mwen prese poum kontinye vwayaj la. Men, ban m ti gout dlo pou m bwè, paske mwen swaf. Fi a prese kouri antre nan tant lan, li pote dlo ak pen bay Abraram, li mete yo devan l, li ankouraje l pou l manje, li manje, li bwè, kè l te konsole epi l te beni pitit gason l Izmayèl.

[42] Li fin manje, li beni SENYÈ a, epi l di madanm Izmayèl la konsa:-Lè Izmayèl retounen lakay li, di li pawòl sa yo.

[43] Yon ansyen granmoun gason ki soti nan peyi Filisti a te vin isit la, li mande pou ou, men ou pa t isit la. Mwen pote pen ak dlo pou li, li manje, li bwè, kè l te konsole.

[44] Epi l di m pawòl sa yo:-Lè Izmayèl, mari ou a, retounen lakay li, di l, klou sa a, nan tant ou genyen an bon anpil, pa mete l deyò nan tant lan.

[45] Abraram te fin bay fi a lòd sa, li ale lakay li nan peyi Filisti a. Epi lè Izmayèl rive nan tant li, madanm li soti al kontre l ak jwa e kè kontan.

[46] Epi li di l:-Yon ansyen granmoun gason soti nan peyi Filisti a te vin isit la. Se konsa li te parèt. Li mande pou ou, men ou pa t isit la. Mwen pote pen ak dlo, li manje, li bwè, e kè l te konsole.

[47] Li di m konsa:-Lè Izmayèl, mari ou a, retounen lakay li, di l: Klou tant ou genyen an bon anpil, pa mete l deyò nan tant lan.

[48] Epi Izmayèl te vin konnen se te papa l, e ke madanm li te onore l, e SENYÈ a te beni Izmayèl.

22- Pi dlo Abraram ak lanmò Terak

(Jenèz 21:22-24; 22:20-24;)

[1] Aprè sa, Izmayèl leve, li pran madanm li, pitit li yo, bèf li yo ak tout sa ki te pou li. Li kite la, li ale jwenn papa l nan peyi Filisti.

[2] Abraram rakonte Izmayèl, pitit gason l lan, zafè li te fè ak premye madanm li ya.

[3] Izmayèl ak pitit li yo te rete ansanm ak Abraram pandan plizyè jou nan peyi sa a, e Abraram te rete nan peyi moun Filisti yo anpil tan.

[4] Aprè sa, jou yo te vin ogmante, yo te rive nan vennsizyem ane, Abraram ansanm ak sèvitè l yo ak tout moun ki te pou li yo, te kite peyi moun Filisti yo, yo pati byen lwen, yo rive toupre Ebwon, yo tou rete la. Sèvitè Abraram yo te fouye yon pi, e Abraram ak tout moun ki te pou li yo, te rete bò dlo a, men sèvitè Abimelèk, wa moun Filisti yo, te tande nouvèl, ke sèvitè Abraram yo te fouye yon pi nan fwontyè peyi a.

[5] Aprè sa, yo rive, yo tonbe fè kont ak sèvitè Abraram yo, epi yo vòlè gwo pi yo te fouye a.

[6] Abimelèk, wa moun Filisti yo, vin konnen bagay sa a, li vin jwenn Abraram ansanm ak Pikol, kòmandan lame li a, e ansanm ak ven nan mesye l yo. Abimelèk pale ak Abraram konsènan sèvitè l yo. Abraram repwoche Abimelèk konsènan pi li a sèvitè l yo te vòlè a.

[7] Abimelèk di Abraram konsa:-Menm jan SENYÈ a vivan an, ki kreye tout tè a, mwen pa t tande bagay sa, ke sèvitè m yo te fè sèvitè pa ou yo, pou jouk jòdi a.

[8] Abraram pran sèt ti mouton, li bay Abimelèk, li di yo:-Tanpri, pran yo nan men m, pou l ka yon temwen pou mwen, ke mwen te fouye pi sa a.

[9] Abimelèk pran sèt ti mouton Abraram te ba li yo, e Abraram te ba li bèf ak troupo an kantite, epi Abimelèk te fè sèman devan Abraram konsènan pi a. Se poutèt sa li rele pi sa a Bècheba, paske se la yo tou de te fè sèman konsènan li.

[10] Aprè sa, yo tou de te fè yon alyans lavil Bècheba, epi Abimelèk leve ansanm ak Pikòl, kòmandan lame li a ak tout moun li yo, epi yo retounen nan peyi Filisti a, Abraram ak tout moun li yo te rete Bècheba, e li te rete nan peyi sa a yon bon bout tan.

[11] Abraram te plante yon gwo lakou lavil Bècheba, li te fè kat pòtay sou kat bò tè a, epi li te plante yon jaden rezen ladan l. Konsa, si yon vwayajè te vin jwenn Abraram, li te ka antre nan nenpòt pòtay ki te nan wout li a, li rete la, li manje, li bwè, li satisfè tèt li, epi li ale.

[12] Kay Abraram te toujou ouvri pou moun ki t'ap pase e repase, yo te vin manje e bwè chak jou nan kay Abraram lan.

[13] Epi nenpòt moun ki te grangou e ki te vin lakay Abraram, Abraram te ba li pen pou l manje, pou l bwè, pou l te satisfè, e nenpòt moun ki te vini toutouni lakay li, li t'ap abiye l ak rad, jan l te vle l. Li ba li ajan ak lò, epi li fè l konnen SENYÈ a ki te kreye l sou tè a; Se sa Abraram te fè tout lavi li.

[14] Abraram ak pitit li yo, e ak tout moun li yo te rete Bècheba, li te moute tant li, li fè'l rive jouk Ebwon.

[15] Nakò, frè Abraram lan, ak papa l ansanm ak tout moun ki te avèk yo a, te rete Aran, paske yo pa t vin ansanm ak Abraram nan peyi Kanaran.

[16] Nakò te fè pitit a Milka, pitit fi Aran, ki se sè Sara, madanm Abraram, se Milka ki te fè'l pou li.

[17] Men non pitit yo ki te fèt pou Nakò: Ouz, Bouz, Kemwèl, Kèsèd, Kazò, Pildach, Tidlaf ak Betwèl. Yo te gen wit pitit gason. Se pitit sa yo Milka te fè pou Nakò, frè Abraram lan.

[18] Nakò te gen yon fanm kay ki te rele Reuma. Li menm tou, li te fè kat pitit gason pou Nakò: Zebak, Gakach, Takach ak Maka.

[19] Nakò te fè douz pitit gason an total san konte pitit fi li yo. Pitit Nakò yo te fè pitit tou nan Aran.

[20] Pitit gason Ouz yo, ki se premye pitit Nakò a, se te Abi, Kerèf, Gadin, Melis ak Debora, sè yo.

[21] Men pitit Bouz yo se: Berakèl, Naamat, Cheva ak Madonou.

[22] Men pitit gason Kemwèl yo: Se te Aram ak Rekob.

[23] Pitit gason Kèsèd yo se te: Anamlèk, Mechayi, Benon ak Jifi. Men non pitit gason Kazò yo: Pildach, Meki ak Ofè.

[24] Pitit gason Pildach (pitit Nakò a) yo se te: Awoud, Kamum, Merèd ak Molòk.

[25] Pitit gason Tidlaf yo se te: Mouchan, Kouchan ak Moutzi.

[26] Men, pitit Betwèl yo se te Seka, Laban ak Rebeka, sè yo.

[27] Se tout fanmi sa yo, Nakò te fè lavil Aran. Aram, pitit gason Kemwèl la, ak Rekob, frè li a, te pati kite Aran, e yo te jwenn yon fon nan peyi a bò larivyè Lefrat la.

[28] Aprè sa, yo te bati yon vil la, epi yo te rele lavil la aprè non Petò, pitit gason Aram, ki se Aram Naherayim, pou jouk jòdi a.

[29] Pitit Kèsèd yo te ale tou, pou yo te rete kote yo te ka jwenn, yo te ale, yo jwenn yon fon anfas peyi Chenea, epi yo te rete la.

[30] Aprè sa, yo te bati yon vil, yo te rele vil la Kèsèd aprè non papa yo, ki se peyi Kasdim jiska jounen jodi a, epi moun Kasdim yo te rete nan peyi sa a, yo te fè anpil pitit e yo te miltipliye anpil.

[31] Terak, papa Nakò ak Abraram, te ale, li pran yon lòt madanm lè l te fin vye granmoun, li te rele Pelila. Li vin ansent, li fè yon pitit gason pou li, li rele l Zoba.

[32] Terak te viv vennsenkan aprè li te fè Zoba.

[33] Terak te mouri nan ane sa a, ki se nan trannsenkyèm ane nesans Izarak, pitit gason Abraram lan.

[34] Terak te viv desansenkan (205 an). Epi yo te antere l lavil Aran.

[35] Zoba, pitit gason Terak la, te gen trantan lè li te fè pitit: li fè Aram, Aklis ak Merik.

[36] Aram, pitit gason Zoba, e Zoba ki se pitit gason Terak la, te gen twa madanm, li te fè douz pitit gason ak twa pitit fi. SENYÈ Letènèl la, te bay Aram, pitit gason Zoba a, richès, byen, ak anpil bèf, mouton ak anpil twoupo, e nonm lan te vin rich anpil anpil.

[37] Aram, pitit gason Zoba a, ak frè li a, ansanm ak tout fanmi l te kite Aran, epi yo te al rete kote yo te jwenn, paske byen yo te twò gwo pou yo te rete nan Aran; paske yo pa t kapab rete nan Aran ansanm ak frè yo, pitit Nakò yo.

[38] Aram, pitit gason Zoba a, ale ak frè l yo, yo jwenn yon fon byen lwen nan direksyon lès la epi yo rete la.

[39] Aprè sa, yo bati yon lavil la tou, epi yo relel Aram, daprè non pi gran frè yo a. Ki se Aram-Zoba jouk jòdi a.

[40] Izarak, pitit gason Abraram lan, t'ap grandi nan epòk sa yo, e Abraram, papa l, te moutre l chemen SENYÈ a pou l te konnen SENYÈ a, e SENYÈ a te avèk li.

[41] Lè Izarak te gen trann sètan, Izmayèl, frè li a, t'ap mache avè l nan tant lan.

[42] Izmayèl t'ap vante tèt li devan Izarak, li di l:—Mwen te gen trèzan lè SENYÈ a te di papa m pou l te sikonsi nou. E mwen te fè sa SENYÈ a te di papa m nan, e mwen pa t dezobeyi pawòl li te kòmande papa m nan."

[43] Izarak reponn Izmayèl, li di l konsa:—Poukisa w'ap vante tèt ou devan mwen, pou yon ti moso vyann po w, ou te pran nan kò w, jan SENYÈ a te ba ou lòd la?

[44] Jan SENYÈ a vivan, BonDye Abraram, papa m, si SENYÈ a ta di papa m: "Pran Izarak, pitit gason w la, epi pote l ban mwen, kòm yon ofrann devan m, mwen pa tap refize, men m t'ap aksepte l avèk kè kontan.

[45] SENYÈ a te tande pawòl Izarak te di Izmayèl la, li te sanble bon nan je SENYÈ a, epi Li te panse pou l sonde Abraram nan zafè sa a.

[46] Epi [yon] jou te rive, lè pitit gason BonDye yo te vini, yo te mete tèt yo devan SENYÈ a, Satan te vini ansanm ak zanj BonDye yo, devan SENYÈ a.

[47] SENYÈ a di Satan: Kote ou sòti? Satan reponn SENYÈ a, li di Li:—M sot moute desann toupatou sou latè. Mwen t'ap pwonmennen gade!

[48] SENYÈ a di Satan:—Kisa ou vle di m konsènan tout moun ki sou latè a? Satan reponn SENYÈ a, li di Li:—Mwen wè tout moun ki sou latè k'ap sèvi Ou, ki sonje Ou, lè yo mande Ou nenpòt bagay.

[49] Lè Ou ba yo sa yo mande w la, yo chita alèz, yo abandone Ou, yo pa sonje Ou ankò.

[50] Eske ou wè Abraram, pitit gason Terak la, nan kòmansman an li pa t genyen pitit? Li t'ap sèvi Ou, li te bati lotèl pou Ou tout kote li te vini, li te pote ofrann sou yo, epi li te toujou ap anonse Non Ou bay tout timoun yo sou tè a.

[51] Kounyeya, Izarak, pitit gason l lan, te fèt, li abandone Ou, li te fè yon gwo fèt pou tout moun ki rete nan peyi a, epi li bliye SENYÈ a.

[52] Paske, nan mitan tou sa li te fè yo, li pa pote ofrann pou Ou, ni ofrann boule nèt, ni ofrann pou di BonDye mèsi, ni towo bèf, ni ti mouton, ni bouk kabrit nan tout sa li te touye jou yo te sevre pitit gason li an, Izarak.

[53] Depi nan lè pitit gason li an, pou jouk kounyeya, li gen trannsètan, li pa bati lotèl devan Ou, li pa t pote okenn ofrann pou Ou, paske li te wè Ou te ba li sa li te mande w la, kounyeya li abandone Ou.

[54] SENYÈ a di Satan konsa:—Eske ou konsidere Abraram, sèvitè m nan? Paske pa gen okenn tankou l sou tè a, yon nonm pafè e ki dwat devan m, yon moun ki gen krentif pou BonDye e ki evite sa ki mal; Jan mwen vivan an, si m ta di l:—Mennen Izarak, pitit gason ou lan, devan m, li p'ap

anpeche m sa, e pi plis toujou, si m te di li pou l ofri yon ofrann pou l boule nèt devan m nan twoupo li yo oswa bèf li yo."

[55] Epi Satan reponn SENYÈ a, li di l: Kounyeya, pale ak Abraram jan Ou te di a, epi w'ap wè si jodi a li p'ap dezobeyi pawòl Ou yo.

23- Abraram Ofri Izarak

(Jenèz 22)

[1] Lè sa a, SENYÈ a pale ak Abraram, Li di l: "Abraram!" Li reponn:-Men mwen wi!

[2] Epi Li di l:-Pran sèl pitit gason ou an, Izarak, pitit gason ou renmen an, ale nan peyi Morija, epi ofri l la kòm yon ofrann pou boule nèt sou yonn nan mòn yo Mwen pral montre ou, se la w'ap wè yon nwaj ak glwa SENYÈ a.

[3] Abraram t'ap di nan kè l:-Ki jan pou mwen separe Izarak, pitit gason m lan, ak Sara, manman l, pou mwen ka ofri l kòm yon ofran pou mwen boule l nèt devan SENYÈ a?

[4] Abraram antre nan tant lan, li chita devan Sara, madanm li, epi l di l pawòl sa yo:

[5] Izarak, pitit gason m nan, gran e depi kèk tan li pa t etidye sèvis BonDye li a, kounyeya, demen m pral mennen l bay Sèm ak Ebè, pitit gason li a, epi se la, l'ap aprann chemen SENYÈ a. Paske y'ap anseye l pou l konnen SENYÈ a, ak pou l konnen lè lap priye kontinyèlman devan SENYÈ a, L'ap reponn li. Kidonk se la, l'ap konnen fason pou l sèvi SENYÈ a, BonDye li a.

[6] Epi Sara di l:-Ou pale byen, ale mèt mwen, fè l jan ou te di l la, men pa kite l byen lwen mwen, ni kite l rete la twò lontan, paske nanm mwen mare ak nanm li.

[7] Abraram di Sara:-Pitit fi mwen an, ann lapriyè SENYÈ a, BonDye nou an, Pou l fè sa ki byen anvè nou.

[8] Sara pran Izarak, pitit gason li an, li pase tout nwit lan la avè l, li bo l, li anbrase l, li ba l enstriksyon pou jouk denmen maten.

[9] Li di l konsa:-Pitit mwen, ki jan mwen ka separe ak ou? Aprè sa, li te toujou ap bo l, li anbrase l, epi li bay Abraram enstriksyon konsènan li.

[10] Sara di Abraram konsa:-Mèt mwen, tanpri, fè atansyon ak pitit gason ou lan. Kite je w plase sou li, paske mwen pa gen lòt pitit gason ni pitit fi, ke li.

[11] O! Pa lage l. Si l grangou, ba l pen, si l swaf dlo, ba l dlo pou l bwè. Pa kite l mache a pye, ni pa kite l chita nan solèy la.

[12] Pa kite l ale pou kont li sou wout la, ni pa fòse l soti nan tout sa li vle fè, men fè pou li, sa li di w fè.

[13] Pandan tout nwit lan, Sara t'ap kriye anpil poutèt Izarak, epi l ba li lòd jouk denmen maten.

[14] Nan denmen maten, Sara chwazi yon bèl rad pami rad li te genyen lakay Abimelèk, ke Abimelèk te ba li a.

[15] Aprè sa, li abiye Izarak, pitit gason l lan, epi li mete yon mouchwa nan tèt li, li mete yon bèl pyè koute chè nan tèt mouchwa a, epi li ba yo pwovizyon pou wout la, epi yo pati, e Izarak ale ak Abraram, papa l, ak kèk nan sèvitè l yo te akonpaye yo, pou te kondwi yo sou wout la.

[16] Sara soti ak yo tou, li mache avèk yo sou wout la pou l te ale. Yo di l:-Retounen nan tant lan.

[17] Lè Sara te tande pawòl Izarak, pitit gason l lan, li te kriye anpil, Abraram, mari l, te kriye avè l. Pitit gason yo a te kriye avèk yo anpil. Moun ki t'ap mache avèk li yo te kriye anpil tou.

[18] Sara kenbe Izarak, pitit gason l lan nan bra l, li anbrase l, li kontinye kriye avè l. Sara di:-Ki moun ki konnen si après jòdi a m'ap wè ou ankò?

[19] Epi yo te toujou ap kriye a; Abraram, Sara ak Izarak, ansanm ak tout moun ki te akonpaye yo sou wout la, t'ap kriye avèk yo. Après sa, Sara te vire do bay pitit gason l lan, li t'ap kriye yon kriye desi anmè kou fièl, e tout domestik li yo ak sèvant li yo te retounen ak li, nan tant lan.

[20] Abraram te ale ak Izarak kote BonDye te di l la.

[21] Abraram te pran de nan jenn gason l yo avè l, Izmayèl, pitit gason Aga, ak Elyezè, sèvitè l la, yo pati ansanm ak Abraram e Izarak, pandan yo t'ap mache sou wout la, jenn gason yo t'ap di pawòl sa youn ak lòt.

[22] Izmayèl di Elyezè konsa:-Kounyeya, Abraram, papa m, prale ak Izarak pou mennen l, kòm yon ofran pou li boule l nèt pou SENYÈ a, jan Li te ba li lòd la.

[23] Kounyeya, lè la retounen, la ban mwen tou sa li posede pou mwen eritye après li, paske mwen se premye pitit gason l.

[24] Elyezè reponn Izmayèl, li di l:-Sètènman, Abraram te jete w ansanm ak manman w, li te fè sèman ou p'ap eritye anyen nan tout sa li genyen, e ki moun l'ap bay tout sa l genyen, ansanm ak tout trezò l yo. Men, èske se pa mwen menm, sèvitè li a, ki te fidèl lakay li, ki te sèvi l lajounen kou lannwit, e ki te fè tout sa li te mande m? Lè l mouri, l'ap kite pou mwen tout sa l genyen.

[25] Pandan Abraram t'ap mache sou wout la ansanm ak Izarak, pitit gason l lan, Satan pwoche bò kote Abraram, li parèt devan Abraram nan yon fòm yon vye ti granmoun ki te gen anpil laj, ki te gen imilite e ki te gen yon kè dezole. Li pwoche bò kote Abraram, li di l: "Èske w enbesil oswa sovajman vyolan, pou ou ale jodi a pou fè bagay sa a ak sèl pitit gason w la?

[26] BonDye te ba ou yon pitit gason nan dènye jou w, lè w fin granmoun anpil, èske w pral touye l jòdi a, paske li pa fè vyolans, epi èske w pral fè nanm sèl pitit gason ou a, disparèt sou tè a?

[27] Eske ou pa ni konnen e ni konprann ke bagay sa a, pa ka soti nan SENYÈ a? paske SENYÈ a pa kapab fè lòm bagay ki mal sa a sou tè a, pou l di l: Ale touye pitit ou a.

[28] Abraram te tande sa, men li te konnen se te pawòl Satan, ki t'ap fè efò pou fè l kite chemen SENYÈ a, men Abraram pa t vle koute vwa Satan, e Abraram te reprimande l pou l ale.

[29] Satan retounen, li vin jwenn Izarak. Li parèt devan Izarak sou fòm yon jenn gason, ki bèl e ki byen favorize.

[30] Li pwoche bò kote Izarak, li di l konsa:-Eske ou pa ni konnen e ni konprann; Ke ansyen granmoun sa, papa w, ap mennen ou nan labatwa jòdi a pou anyen?

[31] Kounyeya, pitit mwen, pa koute l, ni pa okipe l, paske li se yon vye granmoun enbesil. Pa kite nanm presye w lan ak bèl figi w pèdi sou tè a."

[32] Izarak tande sa, li di Abraram konsa:-Papa, èske w tande sa nonm sa a t'ap di a? Se konsa menm li t'ap pale

[33] Abraram reponn Izarak, pitit gason l lan, li di l:-Fè atansyon avè l, pa koute pawòl li yo, pa tande l, paske li se Satan. L'ap fè efò pou l retire nou nan kòmandman BonDye yo jodi a."

[34] Abraram te toujou ap rale zòrèy Satan, Satan ale li kite yo, li wè li pa t kapab genyen batay la sou yo, li kache tèt li pou yo pa wèl, epi l ale, li pase devan yo, sou wout la. Li te transfòme tèt li, an yon gwo ravin dlo sou wout la, Abraram ak Izarak ak de jèn gason l yo rive kote sa a, epi yo te wè yon gwo ravin ki te pwisan tankou gwo dlo yo.

[35] Aprè sa, yo antre nan ravin lan, yo travèse l, e dlo a te rive nan pye yo.

[36] Aprè sa, yo antre pi fon nan ravin lan, dlo a rive nan kou yo. Lè sa, yo tout te pè anpil poutèt dlo a. Pandan yo t'ap travèse ravin lan, Abraram te rekonèt kote sa a, e li te konnen pa t gen dlo la anvan.

[37] Abraram di Izarak, pitit gason l lan:-Mwen konnen kote sa a, pa t gen ravin ni dlo. Kounyeya, se Satan ki ap fè tout bagay sa yo sou nou, pou retire nou sou lòd BonDye jodi a."

[38] Abraram reprimande li, li di l:-SENYÈ a va rale zòrèy ou, Satan! Kite nou paske nou ap swiv kòmandman BonDye yo.

[39] Satan te pè vwa Abraram, li ale lwen yo, epi kote a retounen tè sèk ankò, jan li te ye anvan an.

[40] Abraram ale ak Izarak kote BonDye te di l la.

[41] Twazyèm jou a, Abraram leve je l, li wè kote BonDye te di l la nan yon distans.

[42] Aprè sa, yon poto dife parèt devan l lan, ki te soti sou tè a rive jouk nan syèl la, ak yon nwaj ki gen bèl pouvwa sou mòn lan, tout bèl pouvwa SENYÈ a te parèt nan nwaj la.

[43] Abraram di Izarak:-Pitit mwen, èske ou wè sa m wè sou mòn sa a, sa nou wè byen lwen yan?

[44] Izarak reponn, li di papa l:-Mwen wè yon gwo poto dife ak yon nwaj. Epi glwa SENYÈ a parèt nan nwaj la."

[45] Abraram te vin konnen Izarak, pitit gason l lan, te asepte devan SENYÈ a, kòm yon ofrann pou yo boule nèt.

[46] Abraram di Elyezè ak Izmayèl, pitit gason li a:-Eske nou de a wè tout sa mwen ak Izarak wè a, sou mòn ki byen lwen an?

[47] Yo reponn yo: -"Nou pa wè anyen plis pase [sa], se tankou tout lòt mòn yo sou tè a." Epi Abraram te vin konnen ke SENYÈ a pa t aksepte yo, devan Li, pou yo te ale avèk Abraram. Epi Abraram di yo: Rete isit la, ak bourik la pandan mwen menm ak Izarak, pitit gason m nan, nou prale sou mòn sa a, n'ap adore la devan SENYÈ a, aprè sa n'ap retounen vin jwenn nou.

[48] Elyezè ak Izmayèl te rete kote Abraram te bay lòd la.

[49] Abraram pran bwa pou yo boule, li mete l sou Izarak, pitit gason l lan. Li pran dife a, ak kouto a, epi yo tou de ale kote a.

[50] Pandan yo t'ap mache ansanm, Izarak di papa l:-Gade, mwen wè isit la dife ak bwa. E, ki kote ti mouton ki pral boule nèt la, pou SENYÈ a?

[51] Abraram reponn Izarak, pitit gason l lan, li di:-SENYÈ a chwazi w, pitit gason m lan, pou w ka boule nèt kòm yon ofrann pou SENYÈ a nan plas ti mouton an.

[52] Izarak di papa l:-Mwen pral fè tout sa SENYÈ a te di w la, ak yon kè jwaye, e ak kè kontan.

[53] Abraram ankò di Izarak, pitit gason l lan:-Èske w genyen yon lòt lide oswa yon konsèy nan kè w ki pa bon konsènan sa? Tanpri, di m non pitit mwen. Pa kache m sa pitit mwen!

[54] Izarak reponn Abraram, papa l, li di l:-O papa, jan SENYÈ a vivan, ak jan nanm ou vivan an, pa gen anyen nan kè m ki ka fè m devye ni adwat ni agoch nan pawòl la, ke Li te pale avèk ou a.

[55] Ni manm, e ni misk pa deplase oswa boulvèse konsènan sa; Pa gen okenn lide, oswa move konsèy nan kè m konsènan sa a.

[56] Men, mwen gen jwa ak kè kontan nan zafè sa, epi mwen di: Benediksyon pou SENYÈ a, ki te chwazi m jòdi a pou m boule kòm yon ofrann devan l.

[57] Abraram te kontan anpil pou pawòl Izarak te di yo. Epi yo te kontinye, aprè yo te rive kote SENYÈ a te pale yo a.

[58] Abraram pwoche, pou l bati lotèl la nan plas la. Abraram t'ap kriye, Izarak pran wòch ak mòtye, jouk yo fin bati lotèl la.

[59] Abraram pran bwa a, Li mete l nan lòd sou lotèl li te bati a.

[60] Li pran Izarak, pitit gason l lan, li mare l, pou l mete l sou bwa ki te sou lotèl la, pou l te touye l kòm yon ofrann pou yo boule nèt pou SENYÈ a.

[61] Izarak di papa l:-Mare m byen, epi mete m sou lotèl la pou m pa vire, pou m pa deplase, pou m pa kase kouto a sou kò m, pou m pa derespekte ofrann pou boule m nèt la, pou SENYÈ a, e Abraram te fè sa.

[62] Izarak di papa l ankò:-Papa, lè w'a touye m, lè wa boule m tankou yon ofrann, pran sa ki rete nan sann mwen an pou w pote bay Sara, manman m, epi w'a di l:-Sa a se bon sant Izarak la; Men, pa di l sa si l chita toupre yon pi oswa sou nenpòt kote ki wo, pou l pa jete nanm li dèyè m, epi l mouri.

[63] Abraram tande pawòl Izarak yo, li pran leve vwa l, li kriye lè Izarak te di pawòl sa yo. Dlo nan je Abraram t'ap koule sou Izarak, pitit li a, epi Izarak kriye anmè, epi l di papa l: Fè vit, papa mwen, fè avè m volonte SENYÈ a, BonDye nou an, jan Li te kòmande ou.

[64] Kè Abraram ak Izarak te kontan pou sa SENYÈ a te ba yo lòd fè a. Men, je a te ap kriye anpil, pandan kè a te kontan.

[65] Abraram te byen mare Izarak, pitit gason li an, li mete l sou lotèl la sou bwa a. Izarak lonje kou l sou lotèl la devan papa l, Epi Abraram lonje men l pou l pran kouto a, pou l touye pitit gason l lan, kòm yon ofrann pou boule devan SENYÈ a.

[66] Lè sa a, zanj ki gen pitye yo pwoche devan SENYÈ a, yo pale avè l konsènan Izarak, yo Di l:

[67] O SENYÈ, Ou se yon wa ki genyen mizèrikòd ak konpasyon sou tout sa Ou te kreye nan syèl la ak sou tè a, epi Ou sipòte yo tout; Se poutèt sa, bay ransò ak redanmsyon nan plas Izarak, sèvitè w la, epi gen pitye pou Abraram ak Izarak, pitit li a, ki jodi a k'ap akonpli kòmandman w yo.

[68] Ou wè, SENYÈ, ki jan Izarak pitit gason Abraram lan sèvitè Ou la mare, tankou yon bèt? Kounyeya, se pou w gen pitye pou yo, SENYÈ.

[69] Lè sa a, SENYÈ a parèt devan Abraram, Li rele l sot nan syèl la, Li di l:-Pa mete men w sou ti gason an, pa fè l anyen, paske kounyeya mwen konnen Ou gen krentif pou BonDye nan fè aksyon sa a, nan pa kenbe pitit gason w lan, sèl pitit gason ou a, pou Mwen.

[70] Abraram leve je l, li gade, li wè yon belye mouton, kòn li te kwoke nan yon rakbwa. Se belye mouton sa a, SENYÈ BonDye a, te kreye sou tè a nan jou li te fè tè a, ak syèl la.

[71] Depi jou sa a, SENYÈ a te pare belye mouton sa nan jou sa, pou l te yon ofrann yo boule nèt, nan plas Izarak.

[72] Aprè sa, belye mouton sa a t'ap avanse vin jwen Abraram, Satan kenbe l, li mele kòn li yo nan yon rakbwa, pou li pa t ka avanse sou Abraram, pou Abraram te ka touye pitit gason l lan.

[73] Abraram wè belye mouton an t'ap avanse sou li, e Satan te kenbe l, l'al pran l, li mennen l devan lotèl la, li delache Izarak, pitit gason l lan, li mete belye mouton an nan plas li, epi Abraram touye belye mouton an. Sou lotèl la, li leve l anlè tankou yon ofrann nan plas Izarak, pitit gason l lan.

[74] Abraram vide ti gout nan san belye mouton an sou lotèl la, epi l di:-Sa a se nan plas pitit mwen an, e ke se pou sa konsidere jòdi a kòm san pitit gason m nan, devan SENYÈ a.

[75] Epi tout sa Abraram te fè nan okazyon sa a bò lotèl la, li t'ap di:-Sa se nan chanm pitit mwen an, jòdi a se pou SENYÈ a konsidere l nan plas pitit mwen an; epi Abraram te fini tout sèvis la bò lotèl la, sèvis la te aksepte devan SENYÈ a, sa te konsidere l kòmsi se te Izarak; E SENYÈ a te beni Abraram ak pitit pitit li yo nan jou sa a.

[76] Aprè sa, Satan al jwenn Sara, li parèt devan li tankou yon vye granmoun ki enb e dou, e Abraram te toujou angaje nan ofrann lan pou SENYÈ a.

[77] Li di Sara:-Eske w pa konnen tout travay Abraram te fè ak sèl pitit gason ou lan jòdi a? Paske, li pran Izarak, li bati yon lotèl, li touye l, li mennen l sou lotèl la kòm sakrifis. Epi Izarak t'ap kriye, li te kriye devan papa l, men li pa t gade l, ni li pa t gen pitye pou li."

[78] Satan te repete pawòl sa yo, aprè sa li ale fè wout li, e Sara te tande tout pawòl Satan yo, epi li t'ap imajine li se yon vye granmoun, nan pami moun ki te avèk pitit gason li an, ki te vini, epi l vin di l bagay sa yo.

[79] Sara leve vwa l, li kriye, li kriye anpil pou pitit gason l lan. Li lage kò l atè, li voye pousyè sou tèt li, li di:-Pitit mwen, pitit mwen Izarak, si jòdi a mwen te mouri nan plas ou. Epi li kontinye kriye, li di:-Sa fè m lapenn pou ou, pitit mwen, pitit mwen, Izarak, pa pito m te mouri jòdi a nan plas ou.

[80] Li t'ap kriye toujou, li di:-Sa fè m lapenn pou ou aprè mwen fin elve ou, aprè mwen fin fè ou gran. Kounyeya, kè kontan mwen an retounen lapenn pou ou, mwen menm ki te anvi pou ou te fèt, mwen te kriye, epi lapriyè BonDye jouk mwen te fè ou nan katrevendizan; Kounyeya, ou sèvi jòdi a pou kouto a ak dife, pou vin yon ofrann.

[81] Men, mwen konsole tèt mwen nan ou, pitit mwen, paske se pawòl SENYÈ a li te ye, ou akonpli kòmandman BonDye ou a; Paske, ki moun ki ka dezobeyi pawòl BonDye nou an, se pa nan men Li, nanm tout sak vivan yo ye?

[82] Ou jis, SENYÈ, BonDye nou an, paske tout zèv Ou yo bon e jis. Mwen menm tou mwen rejwi ak pawòl Ou a, Ou te kòmande, e pandan je m ap kriye anpil, kè mwen kontan.

[83] Aprè sa, Sara apiye tèt li sou lestomak yonn nan sèvant li yo, epi l vin trankil tankou yon wòch.

[84] Aprè sa, li leve, li t'ap mande enfòmasyon, jouk li te rive lavil Ebwon. Li mande tout moun li te rankontre ki t'ap mache sou wout la. Pèsonn pa t kapab di l sa ki te rive pitit gason l lan.

[85] Aprè sa, li ale ak sèvant li yo, e ak domestik li yo Kireat-Aba, ki se Ebwon, li mande konsènan pitit li a. Aprè sa, li rete la, pandan li te voye kèk nan sèvitè l yo al chèche kote Abraram te ale ak Izarak. Yo te ale chache l nan kay Sèm ak Ebè, men yo pa t jwenn li, epi yo te chache nan tout peyi a, men li pa te la.

[86] Epi Satan te vin jwenn Sara sou fòm yon vye granmoun, li te vin kanpe devan li, epi l te di l:- Mwen te ba w manti, Abraram pa t touye pitit gason li an, e li pa mouri. Lè li tande pawòl la, kè kontan li te tèlman wo e vyolan, poutèt pitit gason li an; Nanm li soti sou li, nan kè kontan; Li te mouri, li al jwenn moun li yo.

[87] Lè Abraram te fini sèvis li a, li retounen ak Izarak, pitit gason l lan, kote jenn gason yo te ye a. Yo leve, yo pati ansanm lavil Bècheba, epi yo retounen lakay yo.

[88] Abraram t'ap chache Sara, li pa t kapab jwenn li, li mande pou li, epi yo di l:-Li te ale jis Ebwon pou l ta chache ou menm ak Izarak, kote nou te ale a, paske se konsa yo te enfòme l.

[89] Abraram ak Izarak ale bò kote l lavil Ebwon. Yo te vin jwenn li mouri, yo leve vwa yo, yo kriye anpil sou li. Izarak lage kò l sou figi manman l, li kriye sou manman l, li di:-O! Manman, manman mwen, ki jan ou fè kite m, ki kote ou ale? O kouman, ki jan ou te kite m!

[90] Abraram ak Izarak t'ap kriye anpil, tout sèvitè yo te kriye ansanm ak yo poutèt Sara.

24 - Izarak ak Rebeka

(Jenèz 23, 24)

[1] Sara te viv sanvenn sètan (127), e Sara te vin mouri. Epi Abraram leve soti bò lanmò li a, l'ale chache yon kote pou l te antere Sara, madanm li; Li ale, li pale ak moun Et yo, ki te rete nan peyi a, li di yo:

[2] Mwen se yon etranje ak yon rezide avèk ou nan peyi ou a; Ban mwen yon plas pou mwen antere nan peyi nou an, mò mwen an devan m.

[3] Epi pitit Et yo di Abraram, men peyi a devan ou, nan kavo nou yo chwazi antere mò ou, paske pèsonn p'ap anpeche ou antere mò ou.

[4] Abraram di yo:-Si nou dakò ak sa, ale sipliye Efwon, pitit gason Zoka a, pou m mande l ban mwen gwòt Makpela a, ki nan bout jaden li a. Mwen pral achte l nan menl, pou nenpòt sa li vle pou li a.

[5] Efwon te rete nan mitan moun Et yo, yo ale, yo rele l, li vin devan Abraram. Efwon di Abraram konsa:-Gade tout sa ou mande sèvitè ou a, m'a pral fè l. Abraram reponn li:-Non, men m'ap achte gwòt la ak jaden ou genyen an, pou valè li, pou l ka retounen yon plas pou antere moun, pou tout tan.

[6] Efwon reponn li:-Men jaden an ak gwòt la devan ou. Bay sa ou vle. Abraram reponn li:-Mwen pral achte l nan men ou ak nan men moun k'ap antre nan pòtay lavil ou a, ak nan men desandan ou yo pou tout tan.

[7] Efwon ak tout frè l yo tande sa, epi Abraram te peze katsan pyès ajan pou Efwon, nan men Efwon ak nan men tout frè l yo. Abraram te ekri tranzaksyon sa a, li te ekri l epi li te temwaye l bay kat temwen.

[8] Men non temwen yo: Amigal, pitit gason Abichna, moun Et, Adikowòm, pitit gason Akounak, moun Evi yo, Abdon, pitit gason Akiram, moun Gomeri yo, Bakdil, pitit gason Abudich, moun peyi Sidon yo.

[9] Abraram te pran Liv Achte a, li mete l nan trezò l yo. Men pawòl Abraram te ekri nan liv la:-

[10] "Gwòt la ak jaden Abraram te achte nan men Efwon, moun Et la, ak nan men desandan li yo, ak nan men moun yo ki soti nan lavil li a, ak nan men desandan li yo, pou tout tan. Abraram achte l, ak desandan pa li yo, e ak moun ki soti nan ren li yo achte l, pou yo ka antere la pou tout tan." Aprè, li mete yon siy sou li epi l temwaye li ak temwen.

[11] Jaden an ak gwòt ki te ladan l lan Abraram ak desandan aprè li yo te asire tout kote sa a, nan men moun Et yo; Reyèlman, li devan Manmre nan Ebwon, ki nan peyi Kanaran an.

[12] Aprè sa, Abraram antere madanm li Sara, la. Epi kote sa a, ak tout fwontyè li yo, te rete pou Abraram ak desandan li yo, yon posesyon kote pou yo antere.

[13] Abraram te antere Sara ak kòtèj li, jan yo te obsève nan antèman wa yo, epi yo antere l nan bèl rad ki bèl anpil.

[14] Sèm, ak pitit gason l yo, Ebè ak Abimelèk, ansanm ak Ana, Achkòl, ak Manmre, te kanpe bò sèkèy li a, Tout chèf nan peyi a t'ap mache dèyè sèkèy la.

[15] Sara te gen Sanvenn Sètan (127), lè li mouri. Abraram te pran yon gwo lapenn pou li, li te fè yon sevis lapenn pandan sèt jou.

[16] Tout moun ki te rete nan peyi a te konsole Abraram ak Izarak, pitit li a, poutèt Sara.

[17] Lè jou yo te nan lapenn yo te pase, Abraram te voye Izarak, pitit li a, ale lakay Sèm ak Ebè, pou l te aprann chemen SENYÈ a, ak enstriksyon li yo. Abraram te rete la pandan twazan.

[18] Aprè sa a, Abraram leve ansanm ak tout sèvitè l yo, yo ale, yo retounen Bècheba. Abraram ak tout sèvitè l yo te rete Bècheba.

[19] Abimelèk, wa peyi Filisti a, te mouri nan lane sa. Li te gen sankatreventrezan (193) lè li te mouri; Aprè sa, Abraram te ale ak pèp li a nan peyi moun Filisti yo, epi yo te konsole tout fanmi an ak tout domestik li yo, aprè sa li retounen lakay li.

[20] Aprè lanmò Abimelèk, moun Gera yo pran Benmalik, pitit gason l lan, li te gen douzan sèlman, yo fè l wa nan plas papa l.

[21] Yo vin rele Benmalik, Abimelèk! Aprè non papa l, paske se konsa yo te konn fè nan Gera. Abimelèk (Benmalik) te gouvènen nan plas Abimelèk papa l, epi l te chita sou fòtèy li a.

[22] Lo, pitit gason Aran, te mouri tou nan jou sa yo, nan trant nevyèm ane (39) nan lavi Izarak, e tout jou Lo te viv, li te gen sankarantan (140), epi li te vin mouri.

[23] Men pitit gason Lo te fè, atravè pitit fi li yo. Premye pitit gason an te rele Mowab, dezyèm lan te rele Ben-Ammi.

[24] De pitit gason Lo yo te ale, yo pran madanm nan peyi Kanaran, yo fè pitit pou yo, pitit Mowab yo; Se te Ed, Mayon, Tas ak Kanvil, kat pitit gason, sa yo se zansèt moun Mowab yo, pou jouk jounen jòdi a.

[25] Aprè sa, tout fanmi moun Lo yo, te ale pou yo abite kote yo te vle ale, paske yo te fè anpil pitit pitit e yo te ogmante anpil.

[26] Aprè sa, yo ale, yo bati pou tèt yo lavil nan peyi kote yo te rete a, epi yo bay non lavil yo te bati yo, non pa yo.

[27] Nakò, pitit gason Terak la, frè Abraram lan, te mouri nan jou sa yo nan karantyèm ane (40) nan lavi Izarak la, e tout tan Nakò te genyen se san swasanndouzan (172), li mouri epi yo antere l nan Aran.

[28] Lè Abraram tande frè l la te mouri, li pran lapenn anpil, li pran kriye pou frè li a pandan plizyè jou.

[29] Abraram rele Elyezè, chèf domestik li a, pou l ba li lòd konsènan kay li a, epi li vin kanpe devan l.

[30] Abraram di l:-Gade, mwen fin vye granmoun, mwen pa konnen ki jou mwen ka mouri, paske mwen ap avanse anpil nan jou yo; Kounyeya, leve, ale! Men pa pran yon madanm pou pitit gason m lan nan kote sa a, ak nan peyi sa a, nan men pitit fi Kanaran yo, pami yo nou abite a.

[31] Men, ale nan peyi mwen an, kote m te fèt la, epi pran yon madanm pou pitit gason m nan la, SENYÈ a, BonDye syèl la ak latè a, ki te pran m nan kay papa m, Li mennen m nan kote sa a, epi Li di m: M'ap bay desandan ou yo peyi sa a, kòm eritaj pou tout tan, L'ap voye zanj Li devan ou, L'ap fè ou reyisi, pou ou ka jwenn yon madanm pou pitit gason m lan nan fanmi mwen ak nan fanmi papa m.

[32] Domestik la reponn, mèt li, Abraram, li di l:-Gade, mwen pral kote ou te fèt la ak kay papa ou la. Men, si fanm nan pa vle swiv mwen nan peyi sa a, Eske se pou m mennen pitit gason ou lan ale nan peyi kote ou te fèt la?

[33] Abraram di l:-Fè atansyon pou ou pa mennen pitit gason m lan la ankò, paske SENYÈ a, devan l mwen te mache a, l'ap voye zanj li devan ou, l'ap fè ou reyisi nan wout ou.

[34] Elyezè fè sa Abraram te ba li lòd fè a, epi Elyezè fè sèman bay Abraram mèt li sou zafè sa a. Elyezè leve, li pran dis chamo nan chamo mèt li a, ak dis gason nan sèvitè mèt li a, mete avèk li. Yo leve, yo ale nan Aran, lavil Abraram ak Nakò, pou yo te ka jwenn yon madanm pou Izarak, pitit gason Abraram lan. Antan yo te ale, Abraram te voye [chache] lakay Sèm ak Ebè, epi yo te mennen Izarak, pitit gason l lan vini.

[35] Izarak retounen lakay papa l lavil Bècheba. Pandan Elyezè ak mesye l yo te ale lavil Aran. Yo te rete nan vil la bò kote [yo konn pran] dlo a, li fè chamo li yo ajenou bò dlo a epi yo rete la.

[36] Elyezè, sèvitè Abraram lan, lapriyè, li di:-O! BonDye Abraram, mèt mwen! Tanpri, voye m ale byen vit jòdi a, epi montre jantiyès anvè mèt mwen, Pou w chwazi jodi a yon madanm pou pitit gason mèt mwen an nan fanmi l.

[37] SENYÈ a te koute vwa Elyezè poutèt Abraram, sèvitè l la, e li te rankontre ak pitit fi Betwèl, pitit gason Milka, madanm Nakò, frè Abraram, epi Elyezè ale lakay li.

[38] Elyezè rakonte yo tou sa l te fè a, li rakonte yo li se sèvitè Abraram. Yo te kontan anpil pou li.

[39] Aprè sa, yo tout beni SENYÈ a ki te fè bagay sa a, epi yo ba li Rebeka, pitit fi Betwèl la, pou madanm Izarak.

[40] Jèn fi a te bèl anpil, li te yon jènn fi vyèj, e Rebeka te gen dizan nan epòk sa a.

[41] Betwèl ak Laban, pitit li yo, te fè yon gwo resepsyon lannwit sa a. Elyezè ak mesye l yo te vini, yo manje, yo bwè, yo te kontan jou lannwit sa a.

[42] Nan denmen maten, Elyezè leve ansanm ak mesye ki te avè l yo, li rele tout fanmi Betwèl la, li di yo:-Kite m ale kote mèt mwen an. Yo leve, yo voye Rebeka ak nouris li a Debora, pitit fi Ouz la, epi yo ba li ajan ak lò, domestik ak sèvant, epi yo beni li.

[43] Yo voye Elyezè ale ak mesye l yo. Domestik yo pran Rebeka, Elyezè ale, li retounen lakay mèt li nan peyi Kanaran.

[44] Izarak pran Rebeka, li vin madanm li, li mennen l nan tant lan.

[45] Izarak te gen karantan (40) lè li te marye ak Rebeka, pitit fi Betwèl tonton li a.

25- Pitit gason Ketoura yo
(Jenèz 25:1-18)

[1] Lè sa a, Abraram te pran yon lòt madanm ankò lè li te fin granmoun anpil. Li te rele Ketoura, moun peyi Kanaran.

[2] Li fè sis pitit gason: Zimran, Joksan, Medan, Madyan, Jisbak ak Swak. Men non pitit Zimran yo: Abiyèn, Molik ak Narim.

[3] Joksan te papa Cheba ak Dedan. Medan te papa Amida, Joab, Goki, Elize ak Notak. Men non pitit Madyan yo: Efa, Efè, Kanòk, Abida ak Elda.

[4] Men non pitit gason Jisbak yo: Makiro, Beyodoua ak Tator.

[5] Men non pitit gason Swak yo: Bildad, Mamdad, Monan ak Meban. Tout moun sa yo se fanmi Ketoura, fanm Kanaran, ke li te fè pou Abraram, Ebre a.

[6] Abraram te voye tout moun sa yo ale, li ba yo kado, epi yo kite Izarak, pitit gason l lan, pou yo te al rete kote yo te jwenn.

[7] Aprè sa, tout moun sa yo te ale sou mòn ki sou bò solèy leve a, epi yo bati sis vil kote yo te rete jouk jounen jòdi a.

[8] Men, pitit Cheba ak Dedan, pitit Joksan, ansanm ak pitit pitit yo, pa t rete ak frè yo nan lavil yo. Yo pati, yo te moute kan yo nan lòt [kote nan] peyi a ak nan dezè yo jouk jòdi a.

[9] Pitit moun Madyan yo, pitit gason Abraram lan, ale nan bò solèy leve nan peyi Kouch, epi yo jwenn yon gwo fon nan peyi lès la. Epi yo rete la, yo bati yon vil, epi yo rete ladan l. Se peyi Madyanit yo sa jouk jounen jòdi a.

[10] Madyan te rete nan vil li te bati a. Li menm ansanm ak senk pitit gason l yo, ansanm ak tout moun li yo te rete nan lavil li te bati a.

[11] Men non pitit Madyan yo nan lavil yo: Efa, Efè, Kanòk, Abida ak Eldaa.

[12] Efa te gen kat pitit gason: Metak, Mecha, Avi ak Tzanoua. Efè te papa Efwon, Zou, Aliwon ak Medin. Men non pitit gason Kanòk: Reouyèl, Rekèm, Azi, Alyochoub ak Alad.

[13] Men non pitit gason Abida: Kou, Melou, Keruri ak Molki. Men non pitit gason Eldaa: Mikè, Reba, Malkiya ak Gabol. Sa yo se non moun Madyanit yo daprè fanmi yo. Aprè sa, fanmi Madyan yo te gaye toupatou nan peyi Madyan an.

[14] Men jenerasyon Izmayèl, pitit gason Abraram lan, Aga, sèvant Sara, te fè pou Abraram.

[15] Izmayèl te pran yon madanm nan peyi Lejip, yo te rele l Riba, yo te rele l tou Meriba.

[16] Riba [Oswa Meriba] te fè pou Izmayèl Nebayòt, Keda, Adbeyèl, Mibsam ak Bosmat, sè yo.

[17] Izmayèl te mete Riba, madanm li deyò, li kite l, li retounen nan peyi Lejip lakay papa l. Li te rete la, paske li te aji mal anpil devan je Izmayèl ak devan je papa l, Abraram.

[18] Aprè sa, Izmayèl te pran yon madanm nan peyi Kanaran. Li te rele Malkit. Li te fè pou li Michma, Douma, Masa, Chadad, Tema, Jetou, Nafis ak Kedma.

[19] Tout sa yo se te pitit Izmayèl, se sa ki te non yo, yo te douz chèf daprè nasyon yo. Aprè sa, fanmi Izmayèl yo te gaye, epi Izmayèl te pran pitit li yo ak tout byen li te genyen, ansanm ak tout fanmi l yo, e ak tout sa ki te pou li, epi yo te ale rete kote yo te ka jwenn.

[20] Aprè sa, yo pati, yo te rete toupre dezè Paran lan, yo te rete depi Avila rive Chour, ki anfas peyi Lejip, lè w'ap antre nan peyi Lasiri.

[21] Izmayèl ak pitit gason l yo te rete nan peyi a, yo te fè anpil pitit pitit pou yo, yo te donnen e yo te grandi anpil.

[22] Men non pitit Nebayòt, premye pitit Izmayèl la. Mend, Send, Mayon; Men non pitit gason Keda:-Alyon, Kezèm, Kamad ak Eli.

[23] Adbeyèl te papa Chamad ak Jabin. Men non pitit gason Mibsam yo: Abdyas, Ebèdmelèk ak Yeuch. Se tout fanmi moun Riba yo, madanm Izmayèl lan.

[24] Men pitit gason Michma yo, pitit gason Izmayèl la, se te Chamoua, Zekaryon ak Obèd. Men non pitit Douma yo: Kèsèd, Eli, Makmad ak Amèd.

[25] Pitit gason Masa se te: Melon, Mula ak Ebidadon. Men non pitit gason Chadad yo: Asou, Minza ak Ebèd-Melèk. Men non pitit gason Tema: Seyi, Sadon ak Yakol.

[26] Jetou te fè pitit: Merit, Yayis, Alyo ak Pakòt. Pitit gason Nafis yo se te: Ebèd-Tamed, Abiyazaf ak Mir; Pitit gason Kedma yo se te: Kalip, Takti ak Omir. Se moun sa yo ki te pitit Malkit, madanm Izmayèl la, daprè fanmi yo.

[27] Tout moun sa yo se fanmi Izmayèl, daprè jenerasyon yo, yo te rete nan peyi kote yo te bati lavil yo, pou jouk jounen jòdi a.

[28] Rebeka, pitit fi Betwèl la, madanm Izarak, pitit gason Abraram lan, pa t kapab fè pitit nan epòk sa a, li pa t gen pitit. Izarak te rete ak papa l nan peyi Kanaran. SENYÈ a te avèk Izarak. Lè sa a, Apachad, pitit Sèm, ki se pitit Noye a, te mouri nan karannwityèm lane, (48) Izarak te genyen nan lavi l.

26- Lanmò Abraram

(Jenèz 25)

[1] Izarak, pitit gason Abraram lan, te gen senkant-nèf ane. Lè sa a, Rebeka, madanm li, pa t ka fè pitit.

[2] Rebeka di Izarak konsa: "Se vre wi, mèt mwen, mwen tande Sara, manman ou, pa t ka fè pitit nan tan li, se jouk lè Abraram, papa w, mèt mwen an, te lapriyè pou li epi li vin ansent.

[3] Kounyeya, leve kanpe, priye BonDye tou, L'a tande lapriyè ou a, L'a sonje nou grasa mizèrikòd Li.

[4] Izarak reponn Rebeka, madanm li, li di l: "Abraram te deja lapriyè BonDye pou mwen pou m gen anpil pitit pitit.

[5] Rebeka di li: "Men kounyeya, ou menm tou, lapriyè pou SENYÈ a ka tande priyè w, pou l ban m pitit." Izarak koute pawòl madanm li. Izarak ak madanm li leve yo te ale nan peyi Morya pou lapriye la, epi chèche SENYÈ a, lè yo te rive kote sa a, Izarak leve, li priye SENYÈ a poutèt madanm li paske l pa t ka fè pitit.

[6] Izarak di: "SENYÈ, BonDye syèl la ak latè a, ki gen bonte ak mizèrikòd ki plen tè a, Ou menm ki te wete papa m nan kay papa l ak kote li te fèt la, Ou menm ki te mennen l nan peyi sa a, epi Ou te di l: 'M'ap bay desandan ou yo peyi sa', Ou te pwomèt li epi Ou te deklare li sa, 'M'ap miltipliye desandan ou yo tankou zetwal ki nan syèl la ak sab ki nan lanmè a', kounyeya ke pawòl Ou kapab akonpli, ke Ou te di papa m.

[7] Paske Ou se SENYÈ a, BonDye nou an, je nou yo sou Ou pou ban nou pitit sòti nan kò nou, jan Ou te pwomèt nou an, paske Ou se SENYÈ a, BonDye nou an, epi je nou yo kole sou Ou sèlman.

[8] SENYÈ a te tande lapriyè Izarak, pitit gason Abraram lan, epi SENYÈ a reponn li, e Rebeka, madanm li, vin ansent.

[9] Aprè sèt mwa, timoun yo t'ap goumen ansanm andan li, sa te ba li gwo doulè sitèlman, li te bouke avèk yo, epi li te mande tout medam yo ki te nan peyi a lè sa a:-"Eske yon bagay konsa konn rive ou, menm jan li rive m nan?" Yo reponn li: Non!

[10] Epi l di yo:-"Poukisa mwen poukont mwen nan bagay sa, nan mitan tout fanm ki te sou tè a?" Epi l te ale nan peyi Morya pou l te chèche SENYÈ a sou sa; Li te al jwenn Sèm ak Ebè, pitit gason l lan, pou l te poze yo kesyon sou zafè sa, epi pou yo te mande SENYÈ a pou li, sou zafè a tou.

[11] Li te mande Abraram tou pou l te chache konnen epi mande SENYÈ a sou tout sa ki te rive l la yo.

[12] Aprè sa, yo tout te ap mande SENYÈ a sou zafè sa a. Epi, yo te vin fè l konnen pawòl SENYÈ a pou li, yo di l:-De pitit gason nan vant ou, de nasyon pral leve soti nan yo. Epi yon nasyon pral pi fò pase lòt, pi gran an pral sèvi pi piti a.

[13] Lè jou pou akouchman an te vini, li mete ajenou, li wè se te marasa ki te nan vant li, jan SENYÈ a te di l la.

[14] Premye a te parèt wouj sou tout kò li, tankou yon rad pwal sou tout kò a, epi tout moun nan peyi a vin rele l Ezaou, yo di: "Sa a te fini nèt, depi nan vant manman an.

[15] Aprè sa, frè l la vin parèt, men li te kenbe talon Ezaou, se poutèt sa yo te rele l Jakòb.

[16] Izarak, pitit gason Abraram lan, te gen swasantan lè li te fè yo.

[17] Aprè sa, ti gason yo te vin grandi jiskaske yo rive nan kenzyèm ane yo, epi yo te vin antre nan mitan sosyete moun. Ezaou te yon nonm rize ak yon nonm ki renmen twonpe, yon chasè ki ekspè nan jaden chan, men Jakòb te yon nonm pafè e saj, li te abite anba tant, bay mouton manje, e li t'ap aprann toujou enstriksyon SENYÈ a ak kòmandman papa l ak manman l.

[18] Izarak ak pitit gason l yo, te rete ansanm ak papa l Abraram nan peyi Kanaran, jan BonDye te ba yo lòd la.

[19] Izmayèl, pitit gason Abraram lan, te ale ak pitit li yo, e ak tout sa ki pou li, yo retounen nan peyi Avila a, yo te rete la.

[20] Aprè sa, tout pitit fanm kay Abraram yo te al rete nan peyi solèy leve a, paske Abraram te voye yo lwen pitit gason l, li te ba yo kado, epi yo ale.

[21] Abraram te bay Izarak, pitit gason l, tout sa l te genyen, li ba li tout trezò li yo tou.

[22] Li ba li lòd sa a, li di: "Eske ou pa ni konnen e ni konprann se SENYÈ a ki BonDye nan syèl la ak sou tè a, epi pa gen lòt apa Li?

[23] Se Li menm ki te pran m nan kay papa m ak kote mwen te fèt la, Li te ban m tout plezi kè Li sou latè; Li te delivre m anba konsèy mechan yo, paske nan Li mwen te mete konfyans mwen.

[24] Li mennen m kote sa a, Li delivre m anba lavil Our Kalde. Li di m konsa: –'M'ap bay desandan ou yo tout peyi sa yo, y'a eritye yo, lè yo va respekte kòmandman m yo, lwa m yo ak jijman Mwen te ba ou yo, e sa M'ap kòmande yo tou.'

[25] Kounyeya, pitit mwen, koute vwa mwen, epi respekte kòmandman SENYÈ a, BonDye ou la, mwen te ba ou yo. Pou sa ka ale byen ak ou menm e ak pitit ou yo aprè ou, pou tout tan.

[26] Epi sonje bèl bagay SENYÈ a te fè, ak bonte li te demontre anvè nou, lè l te delivre nou anba men ènmi nou yo, e SENYÈ a, BonDye nou an, te fè yo tonbe nan men nou. Se poutèt sa, kounyeya, fè tout sa mwen te ban nou lòd fè a, pa vire do bay kòmandman BonDye nou an, pa sèvi lòt dye, pou nou menm ak desandan nou yo aprè nou an kapab byen viv.

[27] Epi moutre pitit ou yo ak desandan ou yo enstriksyon SENYÈ a, ak kòmandman l yo, epi moutre yo chemen dwat yo dwe ale a, pou yo ka byen viv pou tout tan.

[28] Izarak reponn papa l, li di l: "Sa ou menm mèt mwen an te kòmande a, m'ap fè sa, epi mwen p'ap vire do bay lòd SENYÈ a, BonDye mwen an, m'ap fè tout sa Li te ban m lòd fè a. Abraram te beni Izarak, pitit li a, ak pitit li yo tou. Abraram te anseye Jakòb enstriksyon SENYÈ a ak chemen Li yo.

[29] Epi se lè sa a, Abraram te mouri, nan kenzyèm ane nan lavi Jakòb ak Ezaou, pitit gason Izarak yo. Abraram te viv sanswasannkenzan (175), epi li te mouri. Li ale jwenn moun li yo granmoun granmoun. Oui li te granmoun ki te satisfè, epi Izarak ak Izmayèl, pitit gason l yo, te antere l.

[30] Lè moun ki te rete nan peyi Kanaran yo vin konnen Abraram te mouri, yo tout vini ak wa yo, chèf yo, e ak tout mesye yo pou antere Abraram.

[31] Tout moun ki te rete nan peyi Aran, e tout fanmi Abraram yo, tout chèf yo ak tout Fonksyonè yo, e tout pitit gason Abraram yo li te fè ak fanm kay yo, yo tout te vini, lè yo te tande pale de lanmò Abraram. Yo te vin rekonpanse byen, ke Abraram te fè yo, epi yo te konsole Izarak, pitit gason li an, yo antere Abraram nan gwòt li te achte nan men Efwon, moun Et la, ak pitit li yo, pou yo te ka antere moun li yo la.

[32] Tout moun ki te rete nan peyi Kanaran ak tout moun ki te konnen Abraram te kriye pou Abraram pandan yon lane, e gason ak fi te kriye pou li.

[33] Tout timoun yo ak tout moun ki te rete nan peyi a t'ap kriye poutèt Abraram, paske Abraram te bon ak yo tout, e paske li te mache dwat devan BonDye ak lèzòm.

[34] Epi pa t gen yon moun ki te gen krentif pou BonDye tankou Abraram, li te gen krentif pou BonDye li a, depi nan jènès li, li t'ap sèvi SENYÈ nan tout wout Li pandan lavi li, depi nan anfans li jouk jou lanmò li.

[35] SENYÈ a te avèk li, Li te delivre l anba move konsèy Nimwòd ak pèp li a, e lè li te fè lagè ak kat wa Elam yo, Abraram te pran yo.

[36] Epi li te mennen tout pitit lèzòm yo sou latè nan sèvis BonDye, li te moutre yo chemen SENYÈ a, li te fè yo konnen SENYÈ a.

[37] Aprè sa, li te fè yon lakou epi li te plante yon jaden rezen ladan l, li te toujou prepare nan tant li, manje ak bwè pou moun ki t'ap pase nan peyi a, pou yo te ka satisfè tèt yo lakay li.

[38] Aprè sa, SENYÈ, BonDye a, te delivre tout latè a poutèt Abraram.

[39] Aprè lanmò Abraram, BonDye te beni Izarak, pitit li a, ak pitit li yo, e SENYÈ a te avèk Izarak menm jan Li te avèk Abraram, papa l, paske Izarak te obeyi tout kòmandman SENYÈ a menm jan ak Abraram, papa l te kòmande li a; Li pa t vire ni adwat ni agoch, oswa soti nan chemen dwat papa l te ba li a.

27- Lanmò Nimwòd

(Jenèz 25:27-34)

[1] Lè sa a, aprè lanmò Abraram, Ezaou te konn al fè lachas nan jaden.

[2] Nimwòd, wa Babèl la, ki pote non Amrafèl tou, te ale souvan avèk vanyan sòlda l yo, lachas nan jaden, e mache ak mesye l yo nan lajounen an.

[3] Nimwòd t'ap swiv Ezaou tout tan sa yo, paske yon jalouzi te fòme nan kè Nimwòd kont Ezaou pandan tout jou sa yo.

[4] Yon jou Ezaou te ale nan jaden pou lachas, li jwenn Nimwòd t'ap mache nan rak bwa ak de mesye l yo.

[5] Epi tout vanyan sòlda li yo ak pèp li a te avè l nan rak la, men yo te ale byen lwen l, yo te kite l, yo fè yon lòt direksyon diferan, y'ale pou lachas, epi Ezaou te kache tèt li pou Nimwòd, li kouche nan rak la l'ap veye l.

[6] Nimwòd ak mesye ki te avè l yo pa t konnen l te la, men Nimwòd ak mesye l yo t'ap fé ale retou souvan nan jaden an pandan lajounen fre an, e tou pou yo te ka konnen ki kote mesye yo t'ap fé lachas nan jaden an.

[7] Nimwòd ak de nan mesye l yo ki te avèl, te rive nan plas kote lòt moun yo te ye a. Lè sa, Ezaou te leve tou dousman kote l te kache a, li rale nepe l, li kouri al jwenn Nimwòd, li koupe tèt li.

[8] Ezaou fè yon gwo batay ak de mesye ki te avèk Nimwòd yo. Lè yo te rele sou li byen fò, Ezaou retounen vin jwenn yo, li touye yo ak nepe li.

[9] Epi tout vanyan sòlda Nimwòd yo, ki te kite l pou ale nan fon rak la, tande rèl la byen lwen, epi yo te konnen vwa de mesye sa yo, yo kouri pou yo te konnen sa ki kòz sa, se lè sa yo jwenn wa yo a, ansanm ak de mesye ki te avè l yo, mouri nan rak la.

[10] Lè Ezaou te wè vanyan sòlda Nimwòd yo t'ap vini byen lwen, li kouri met deyò. Ezaou te pran rad Nimwòd ki te gen anpil valè a, ke papa Nimwòd te bay Nimwòd lan, e se avèk rad sa Nimwòd te vin gen anpil pouvwa sou tout peyi a. Ezaou kouri kache yo lakay li.

[11] Ezaou te pran rad sa yo, li kouri al nan vil la poutèt moun Nimwòd yo, li retounen lakay papa l fatige, e bouke anpil akoz batay la. E li te pare pou l mouri nan lapenn, lè li pwoche bò kote Jakòb, frè l la, li chita devan l.

[12] Epi l di Jakòb, frè li a:-"Gade! Jòdi a m'ap mouri, e poukisa mwen vle dwa premye pitit lan la?" Jakòb te aji avèk sajès anvè Ezaou nan zafè sa a, epi Ezaou te vann dwa premye pitit li a bay Jakòb, paske sa te sòti nan SENYÈ a.

[13] Pòsyon Ezaou te genyen nan gwòt jaden Makpela, ke Abraram te achte nan men moun Et yo pou yo te ka antere moun la, Ezaou te vann sa tou, bay Jakòb. Jakòb te achte tout bagay sa yo nan men Ezaou, frè li a, pou valè li te bay la.

[14] Jakòb te ekri tout bagay sa yo nan yon Liv, li te temwanye sa ak temwen, li sele l, epi Liv la te rete nan men Jakòb.

[15] Lè Nimwòd, pitit gason Kouch la te mouri, mesye l yo leve l, yo te sezi anpil li te mouri, aprè sa yo antere l nan vil li a. Nimwòd te viv desankenzan (215), epi l mouri.

[16] Tout tan Nimwòd te gouvènen nan peyi a, te san katrevensenkan (185). Nimwòd te mouri anba nepe Ezaou, nan wont ak defyans, se desandan Abraram lan ki te lakòz lanmò li jan l te wè nan rèv li a.

[17] Aprè lanmò Nimwòd, wayòm li an te divize an plizyè pati, tout pati Nimwòd te gouvènen, yo te retounen nan men wa yo, nan peyi a. Yo te reprann yo aprè lanmò Nimwòd la, e tout moun nan fanmi Nimwòd la, te esklav tout lòt wa peyi sa yo, pou yon bon bout tan.

28- Izarak ak Filisten yo
(Jenèz 26)

[1] Epi nan jou sa yo, aprè lanmò Abraram, nan ane sa a, SENYÈ a te fè yon gwo grangou tonbe nan peyi a, e pandan grangou a t'ap ravaje nan peyi Kanaran, Izarak leve pou l te desann nan peyi Lejip poutèt grangou a, jan Abraram, papa l, te fè a.

[2] Men, jou lannwit sa a, SENYÈ a parèt devan Izarak, li di l konsa:-Pa desann nan peyi Lejip, men leve, ale Gera, kote Abimelèk, wa Filisti a, epi rete la jouk grangou a va sispann.

[3] Izarak leve, li ale Gera, jan SENYÈ a te ba li lòd la, li rete la yon ane konplè.

[4] Lè Izarak rive Gera, moun nan peyi a te wè Rebeka, madanm li, te genyen bèl aparans, e moun Gera yo te mande Izarak konsènan madanm li, epi l di:-Se sè mwen li ye, paske l te pè pou l di li se madanm li pou moun nan peyi a pa t touye l poutèt li.

[5] Chèf Abimelèk yo ale, yo t'ap fè lwanj fanm lan bay wa a, men li pa reponn yo, ni li pa t koute sa yo te di yo.

[6] Men, li te tande yo t'ap di Izarak te fè konnen se sè l li ye. Se konsa, wa a te rezève sa a nan tèt li.

[7] Lè Izarak te gen twa mwa nan peyi a, Abimelèk t'ap gade nan fenèt la, li wè Izarak t'ap karese ak Rebeka, madanm li, paske Izarak t'ap viv deyò kay wa, kidonk kay Izarak te anfas kay wa.

[8] Wa a di Izarak:-Kisa ou fè nou la, lè ou di madanm ou, se sè mwen li ye? Ala, fasil yonn nan gran mesye yo la te ka kouche avè l, epi ou t'ap fè nou koupab.

[9] Izarak di Abimelèk:-Mwen te pè pou m pa t mouri akoz madanm mwen, se poutèt sa mwen te di se sè mwen li ye.

[10] Lè sa a, Abimelèk bay tout chèf li yo, ak tout gran nèg li yo lòd, pou yo pran Izarak ak Rebeka, madanm li, yo mennen yo devan wa a.

[11] Aprè sa, wa bay lòd pou yo abiye yo ak rad chèf, epi pou yo fè yo monte nan tout lari a nan vil la, epi yo te fè pwoklamasyon devan tout moun nan peyi a, yo di: Se nonm sa a, e sa se madanm li; Nenpòt moun ki manyen nonm sa a oswa madanm li, li gen pou l mouri. Aprè sa Izarak retounen ak madanm li nan palè wa, SENYÈ a te avèk Izarak e li te kontinye vin pi gran, li pa t manke anyen.

[12] SENYÈ a te fè Izarak jwenn favè devan je Abimelèk ak devan je tout moun Abimelèk yo, epi Abimelèk te aji byen ak Izarak, paske Abimelèk te sonje sèman ak alyans ki te genyen ant papa l ak Abraram.

[13] Abimelèk di Izarak:-Gade tout tè a devan ou. Rete tout kote ou ta renmen wè, jiskaske ou retounen nan peyi w; Aprè sa, Abimelèk te bay Izarak tout kalite jaden, jaden rezen ak pi bon pati nan peyi Gera a, pou l simen, pou l rekòlte, pou l manje fwi ki sòti nan tè a, jouk jou grangou a te fin pase.

[14] Izarak te simen nan peyi a, li te resevwa san fwa nan menm ane a, epi SENYÈ a te beni l.

[15] Aprè sa, nonm lan te vin pi gran toujou, li te genyen anpil mouton ak bèf, e ak anpil domestik.

[16] Lè jou grangou yo te pase, SENYÈ a parèt devan Izarak, Li di l konsa:-Leve non, soti kote sa a, retounen nan peyi w, nan peyi Kanaran. Izarak leve, li retounen Ebwon ki nan peyi Kanaran an, li menm ansanm ak tout moun li yo, jan SENYÈ a te ba li lòd la.

[17] Aprè sa, Chelak, pitit gason Apachad la, te mouri nan ane sa a. Ki se lè Jakòb ak Ezaou te gen dizwityèm lane. Chelak te viv katsantranntwazan (433), aprè sa li mouri.

[18] Lè sa a, Izarak te voye pi piti pitit li a, Jakòb, nan kay Sèm ak Ebè, e li te aprann enstriksyon SENYÈ a la, Jakòb te rete nan kay Sèm ak Ebè pandan tranndezan (32). Ezaou frè li a pa t ale, paske li pa t vle ale, li te rete lakay papa l nan peyi Kanaran.

[19] Ezaou te kontinye ap fè lachas nan jaden yo, pou l te pote sa l te kapab jwenn, lakay li, se konsa Ezaou te fè tout jou l yo.

[20] Ezaou te yon nonm rize e tronpè, yon nonm ki t'ap kouri dèyè kè lèzòm e ki t'ap pran tèt yo nan riz (nan twonpe moun). Ezaou te yon nonm vanyan nan jaden. Chak tan li te ale, kòm dabitid lachas; Li te rive jouk nan jaden Seyi a, ki rele tou Edòm.

[21] Aprè sa, li te rete nan peyi Seyi a, li t'ap fè lachas nan jaden an pandan yon ane ak kat mwa.

[22] Ezaou te wè nan peyi Seyi a, pitit fi yon nonm Kanaran, yo te rele Jeoudit, pitit fi Beeri, pitit gason Efè, nan fanmi Et la, pitit gason Kanaran an.

[23] Ezaou te marye avè l, epi li te kouche avèk li. Ezaou te gen karantan lè li te pran l, li mennen l lavil Ebwon, peyi kote papa l te rete a, epi li te rete la.

[24] Se te konsa, nan jou sa yo, nan sandizyèm ane (110) nan lavi Izarak, ki se nan senkantyèm ane (50) nan lavi Jakòb la, se nan ane sa a Sèm, pitit Noye a, te mouri. Sèm te gen sis san zan (600 an), lè li te mouri.

[25] Aprè Sèm mouri, Jakòb te retounen lakay papa l Ebwon, nan peyi Kanaran.

[26] Nan senkannsizyèm ane nan lavi Jakòb, te gen moun ki te soti Aran. Yo vin di Rebeka konsènan Laban, frè li a, pitit gason Betwèl la.

[27] Madanm Laban pa t ka fè pitit nan epòk sa yo. Ata menm sèvant li yo pa t fè yonn pou li menm.

[28] Aprè sa, SENYÈ a te vin chonje Adina, madanm Laban, li vin ansent, li te vin fè pitit fi jimèl. Laban te rele pi gran Leya, pi piti a Rachèl.

[29] Se moun sa yo ki te vin di Rebeka tout bagay sa yo. Rebeka te kontan anpil paske SENYÈ a te vizite frè l la, e Li te fè l fè pitit.

29- Jakòb Pran Benediksyon Ezaou

(Jenèz 27,28:1-8)

[1] Izarak, pitit gason Abraram lan, te fin granmoun, li te aje anpil, je l te vin lou akoz laj li; Yo te fèb epi yo pa t kapab wè.

[2] Lè sa a, Izarak rele Ezaou, pitit gason l lan, li di l konsa:-Tanpri, pran zam ou yo, flèch ou yo ak banza w yo. Leve non, ale nan jaden, pran vyann sèf pou mwen, fè bon vyann gou pou mwen, pote l ban mwen. Pou m ka manje e beni ou anvan m mouri, kòm mwen kòmanse fin granmoun kounyeya, e cheve m fin blan nèt.

[3] Ezaou te fè sa. Li pran zam li, li ale nan jaden pou l chase yon sèf, jan l te konn fè l, pou l te pote bay papa l jan li te ba li lòd la, pou l te ka beni l.

[4] Rebeka te tande tout pawòl Izarak te di Ezaou yo, li prese rele Jakòb, pitit gason l lan, li di l konsa:-Men sa papa w te di Ezaou, frè w la, epi mwen te tande sa. Kounyeya, prese fè sa m'ap di w fè a.

[5] Leve, ale, tanpri, al nan bann kabrit yo, pran de bon bouk kabrit pou mwen, e m'a pare bon vyann gou a pou papa w, epi w'a pote bon vyann gou a la pou l ka manje, avan frè w soti nan lachas la, pou papa w ka beni w.

[6] Jakòb prese, li fè sa manman l te ba li lòd fè a, manman l te fè bon plat gou a, epi Jakòb te pote l bay papa l anvan Ezaou te vin sòti nan lachas la.

[7] Izarak di Jakòb:-Ki moun ou ye, pitit mwen? Li di l:-Se mwen menm wi Ezaou, premye pitit gason ou an. Mwen te fè sa ou te ban m lòd fè a. Kounyeya, tanpri, leve non, manje nan lachas mwen an, pou nanm ou ka beni m jan ou te di m lan.

[8] Izarak leve, li manje, li bwè, kè l te konsole, li te beni Jakòb. Aprè sa, Jakòb kite papa l. Pandan Izarak te fin beni Jakòb, e li te ale kite papa l, li wè Ezaou ki te fèk soti nan jaden lachas la, epi l te fè yon bon vyann gou tou, li te pote l bay papa l pou l te manje ladan l epi pou li te beni l.

[9] Izarak di Ezaou:-Kilès sa ki te pote ban m manje jibye li sot chase a? E ki moun mwen te beni an? Ezaou te vin konnen Jakòb, frè li a, te fè sa, e Ezaou te fache sou Jakòb, frè li a, paske li te aji konsa anvè li.

[10] Ezaou di:-Eske se pa rezon sa ki fè yo rele l Jakòb? Paske li te pase devan m de fwa, li te pran dwa mwen kòm premye pitit, men kounyeya li pran benediksyon mwen an; Ezaou te kriye anpil. Lè Izarak tande vwa Ezaou, pitit gason li an, ki t'ap kriye, Izarak di Ezaou:-Kisa pou m fè, pitit mwen? Frè w la te vini ak riz, e li te pran benediksyon w la," Ezaou te vin rayi Jakòb, frè l la, poutèt benediksyon papa l te ba li a. Li te fache anpil sou li.

[11] Jakòb te vin pè Ezaou, frè li a, li leve, li kouri al lakay Ebè, pitit gason Sèm la, li te kache la poutèt frè li a. Jakòb te gen swasanntwazan lè li te kite Ebwon nan peyi Kanaran an, Jakòb te al kache nan kay Ebè a pandan katòzan poutèt Ezaou, frè l la, e li te kontinye ap aprann chemen SENYÈ a, ak kòmandman l yo.

[12] Lè Ezaou wè Jakòb te kouri chape kò l anba men l, e Jakòb te pran benediksyon an avèk riz, Ezaou pran lapenn anpil, e li te fache avèk papa l e manman l sou sa. Epi li te leve tou, li pran madanm li, li kite papa l ak manman l pou l al nan peyi Seyi, epi li rete la. Aprè sa, Ezaou te wè yon fanm nan mitan pitit fi Et yo ki te rele Bosmat, pitit fi Elon, moun Et la, li te pran l pou madanm, mete sou premye madanm li genyen an. Li te vin rele l Ada, li di: Benediksyon sa te pase nan men li nan tan sa.

[13] Ezaou te rete nan peyi Seyi simwa (6) san li pa t wè papa l ak manman l. Aprè sa, Ezaou pran madanm li, li leve, li retounen nan peyi Kanaran. Epi Ezaou mete de madanm li yo lakay papa l, Ebwon.

[14] Madanm Ezaou yo te fè Izarak ak Rebeka fache avèk travay yo a, paske yo pa t mache nan chemen SENYÈ a, men yo t'ap sèvi dye papa yo, ki se bwa ak wòch, jan papa yo te anseye yo a, epi yo te pi mechan pase papa yo.

[15] Yo te kontinye ap mache daprè move dezi nan kè yo. Epi yo ofri bèt pou touye ak boule lansan bay Baal, e Izarak ak Rebeka te vin bouke ak yo.

[16] Rebeka di:–Mwen bouke ak lavi m poutèt pitit fi Et yo. Si Jakòb pran yon madanm nan pitit fi Et yo, tankou fi sa yo, ki se pitit fi peyi sa, kisa lavi m ap itil?

[17] Lè sa a, Ada, madanm Ezaou, vin ansent, li te fè yon pitit gason pou li. Ezaou te rele pitit gason ki te fèt pou li a Elifaz. Ezaou te gen swasannsenkan lè li te fè l.

[18] Izmayèl, pitit gason Abraram lan, te mouri nan jou sa yo, ki se nan swasanntwazyèm (63) ane nan lavi Jakòb, tout jou Izmayèl te viv yo te Santrannsètan (137), epi li mouri.

[19] Lè Izarak te tande ke Izmayèl te mouri, li te pran lapenn pou li, e Izarak te plenn sò pou li pandan plizyè jou.

[20] Aprè katòz ane depi Jakòb te rete nan kay Ebè a, Jakòb te vle wè papa l ak manman l, e Jakòb te vini lakay papa l ak manman l Ebwon. Nan epòk sa yo, Ezaou te bliye kisa Jakòb te fè l, ki se li te pran benediksyon an nan men l nan tan pase sa yo.

[21] Men, lè Ezaou te wè Jakòb t'ap vin jwenn papa l ak manman l, li te vin sonje sa Jakòb te fè l, li te fache anpil sou li e li t'ap chache touye l.

[22] Izarak, pitit gason Abraram lan, te fin granmoun aje anpil, li t'ap avanse nan jou. Ezaou di:–Kounyeya, lè papa m ap pwoche pou l mouri, e lè l va mouri, m'ap touye Jakòb, frè m lan.

[23] Yo te vin di Rebeka sa, li prese, li voye rele Jakòb, pitit gason li an, li di l:–Leve, kouri ale Aran, al jwenn Laban, frè m nan, epi rete la pou yon ti tan, jiskaske kòlè frè w la sispann sou ou, aprè sa wa retounen.

[24] Izarak rele Jakòb, li di l:–Pa pran yon madanm nan pitit fi Kanaran yo, paske se konsa Abraram, papa nou, te kòmande nou, jan SENYÈ a te ba li lòd sa a, Li te di:–'Se avèk pitit pitit ou yo, Mwen bay tè sa a; Si pitit ou yo kenbe kontra Mwen te pase avèk ou, M'ap fè pou pitit ou yo tout sa Mwen te di ou la, epi Mwen p'ap lage yo.'

[25] Kounyeya, pitit gason m lan, koute vwa m, tout sa m'ap ba ou lòd:-Pa marye ak pitit fi Kanaran yo. Leve non, ale nan Aran, kay Betwèl, papa manman ou, epi pran yon madanm nan men pitit fi Laban, frè manman ou a.

[26] Se poutèt sa, fè atansyon pou ou pa bliye SENYÈ a, BonDye ou an, ak tout chemen l Yo nan peyi kote ou prale a, pou ou pa konekte nèt ak moun ki nan peyi a, e pou ou pa kouri dèyè vanite, pou ou pa abandone SENYÈ a, BonDye ou an.

[27] Men, lè w'a rive nan peyi a, se la pou sèvi SENYÈ a, pa vire ni adwat ni agoch soti nan chemen mwen te ba ou lòd la, e sa ou te aprann tou.

[28] Se pou BonDye ki gen tout pouvwa a, fè w favè devan tout moun ki sou latè, pou ou ka marye ak yon madanm, jan ou chwazi a, yon moun ki bon e ki dwat nan chemen SENYÈ a.

[29] Epi se pou BonDye ba ou, e desandan ou yo benediksyon papa ou, Abraram, pou l fè ou fè anpil pitit e miltipliye, epi pou ou retounen yon foul moun nan peyi kote ou prale a, pou BonDye fè ou retounen nan peyi sa a, peyi kote papa ou rete a, ak pitit e ak anpil richès, ak kè kontan e avek plezi.

[30] Izarak te fin bay Jakòb lòd, li te beni l, li ba l anpil kado, ansanm ak ajan e ak lò, epi l voye l ale. Jakòb te koute papa l ak manman l; Li bo yo, li leve, li ale Mezopotami. Jakòb te gen Swasanndisetan (77) lè li te soti Bècheba, nan peyi Kanaran.

[31] Lè Jakòb te ale Aran, Ezaou rele Elifaz, pitit gason l lan, li pale avèl an kachèt, li di l:-Kounyeya, prese, pran epe ou mete nan men ou, kouri dèyè Jakòb, pase avan l sou wout la. Rete kache, touye l ak epe w nan yonn nan mòn yo, pran tout sa ki pou li epi retounen.

[32] Elifaz, pitit gason Ezaou a, te yon nonm aktif e li te konn banza byen, jan papa l te moutre l. Li te yon chasè ki te konn byen note nan jaden an, e yon nonm vanyan.

[33] Elifaz te fè sa papa l te ba li lòd fè a. Lè sa a, Elifaz te gen trèzan. Elifaz leve, li pati, li pran dis frè manman l avè l, li kouri dèyè Jakòb.

[34] Aprè sa, li swiv Jakòb byen, epi li kache pou li nan fwontyè peyi Kanaran an anfas lavil Sichèm.

[35] Jakòb te wè Elifaz ak mesye l yo ki t'ap kouri dèyè l. Jakòb te rete kanpe kote li t'ap pase a, pou l te ka konnen kisa sa te ye, paske li pa t konnen sak t'ap pase a; Elifaz rale nepe l, li menm ansanm ak mesye l yo, li pran mache sou Jakòb. Jakòb te di yo:- Kisa nou vin fè isit lan la, e kisa nou vle, pou nou kouri dèyè m ak nepe nou?

[36] Elifaz pwoche bò kote Jakòb, li reponn li:-Men lòd papa m te ban mwen, kounyeya, mwen p'ap devye ak lòd papa m te ban mwen yo." Lè Jakòb wè ke Ezaou te pale ak Elifaz pou l te anplwaye fòs, Jakòb pwoche bò kote Elifaz ak mesye l yo, li di yo:

[37] Gade tout sa mwen genyen ak tout sa papa m ak manman m te ban mwen, pran pou ou epi soti kote mwen, e pa touye m, se pou bagay sa a, konsidere pou ou kòm jistis.

[38] SENYÈ a te fè Jakòb jwenn favè devan je Elifaz, pitit gason Ezaou a, ansanm ak mesye l yo, yo koute vwa Jakòb, yo pa t touye l. Elifaz ak mesye l yo pran tout sa ki te pou Jakòb, ansanm ak ajan e ak lò li te pote avè l soti Bècheba, yo pa kite l ak anyen.

[39] Elifaz ak mesye l yo pati kite l, yo retounen bò kote Ezaou lavil Bècheba. Yo rakonte l tout sa ki te rive yo ak Jakòb, epi yo ba li tout sa yo te pran nan men Jakòb.

[40] Ezaou te fache kont Elifaz, pitit gason l lan, ansanm ak mesye l yo ki te avè l, paske yo pa t touye Jakòb.

[41] Epi yo reponn Ezaou, yo di l konsa:-Se paske Jakòb te sipliye nou nan zafè sa a pou n pa t touye l, epi pitye nou te eksite pou li. Nou pran tout sa ki pou li, nou pote yo ba ou; Ezaou pran tout ajan ak lò Elifaz te pran nan men Jakòb, li mete yo lakay li.

[42] Lè sa a, Ezaou wè Izarak te beni Jakòb, li te ba li lòd sa a: Pinga ou pran yon madanm nan mitan pitit fi Kanaran yo, e ke pitit fi Kanaran yo pa t parèt bon nan je Izarak ak Rebeka.

[43] Aprè sa, li ale lakay Izmayèl tonton li a, li pran Maklat, pitit fi Izmayèl la, sè Nebayòt la, mete sou de madanm li yo.

30- Jakòb ak Rachèl

(Jenèz 28:10-22; 29:1-14)

[1] Jakòb pati, li kontinye wout li pou l al Aran, li rive sou mòn Morya. Li pase nwit la toupre vil Louz la. Jou lannwit sa a, SENYÈ a te parèt devan Jakòb, li di l:-Se Mwen menm SENYÈ a, BonDye Abraram, BonDye Izarak, papa ou; M'ap ba ou menm ak desandan ou yo peyi kote ou kouche a.

[2] Epi gade, Mwen avèk ou, Mwen pral pwoteje ou tout kote ou prale, e Mwen pral miltipliye ras ou tankou zetwal ki nan syèl la, Mwen pral fè tout lènmi w yo tonbe devan ou; Lè yo pral fè lagè ak ou, yo p'ap ka bat ou, epi M'ap fè w retounen nan peyi sa a ak kè kontan, ak timoun, e ak anpil richès.

[3] Jakòb te leve sot nan dòmi li, li te kontan anpil lè l te wè vizyon an. Li te rele kote sa a Betèl.

[4] Jakòb te leve soti kote sa a, li te jwaye anpil, lè li t'ap mache, li te santi pye li lejè pou li ak kè kontan. Aprè sa, li ale nan peyi moun ki te sou bò solèy leve a, epi li retounen Aran. Aprè sa li chita bò pi gadò mouton an.

[5] Se la li vin jwenn kèk moun ki t'ap soti Aran, pou yo te bay mouton yo manje. Jakòb mande yo, epi yo di l:-Nou se moun Aran.

[6] Li di yo:-Eske nou konnen Laban, pitit gason Nakò a? Yo reponn li:-Nou konnen l, men Rachèl, pitit fi li a, ap vin bay mouton papa l yo manje.

[7] Pandan li t'ap pale ak yo toujou, Rachèl, pitit fi Laban, te vin bay mouton papa l yo manje, paske l te yon gadò mouton.

[8] Lè Jakòb te wè Rachèl, pitit fi Laban, frè manman l, li kouri bo l, li leve vwa l, li pran kriye.

[9] Jakòb di Rachèl ke li se pitit gason Rebeka, sè papa l, Rachèl kouri al di papa l sa. Epi Jakòb kontinye kriye paske li pa t gen anyen pou l te pote lakay Laban.

[10] Lè Laban tande Jakòb, pitit sè li a, te vini, li kouri, li bo l, li anbrase l, li mennen l nan kay la, li ba li pen, li manje.

[11] Jakòb rakonte Laban sa Ezaou, frè li a, te fè l ak sa Elifaz, pitit gason l lan, te fè l sou wout la.

[12] Jakòb te rete lakay Laban pandan yon mwa. Jakòb te manje, li bwè nan kay Laban. Aprè sa, Laban di Jakòb:-Di m konbyen pou m peye w? Paske, ki jan pou w sèvi m pou anyen an?

[13] Laban pa t gen pitit gason, men se sèlman pitit fi. Lè sa a, lòt madanm li yo ak sèvant li yo te toujou pa t ka fè pitit. Men non pitit fi Laban yo, ke Adina madanm li, te fè pou li. Pi gran an te rele Leya, pi piti a te rele Rachèl. Leya te gen je dous [je sansib], men Rachèl te bèl nan kò, li te genyen anpil favè, e Jakòb te renmen l.

[14] Jakòb di Laban konsa:-M'ap sèvi w pandan sètan pou Rachèl, ti pitit fi w la. Laban te dakò ak sa e Jakòb te sèvi Laban pandan sètan pou Rachèl, pitit fi li a.

[15] Ebè, pitit Sèm te mouri nan dezyèm lane Jakòb te rete Aran, sètadi nan swasanndinevyèm ane (79) nan lavi Jakòb la, se nan ane sa a, Ebè, pitit gason Sèm lan te mouri. Li te gen katsanswasannkat ane (464) lè li mouri.

[16] Lè Jakòb tande Ebè te mouri, li pran gwo lapenn pou li pandan plizyè jou.

[17] Nan twazan depi Jakòb te rete Aran, Bosmat, pitit fi Izmayèl la, madanm Ezaou, te fè yon pitit gason pou li. Ezaou te rele l Reouyèl.

[18] Epi nan katriyèm ane Jakòb te rezide nan kay Laban an, SENYÈ a te vizite Laban, Li te vin chonje l poutèt Jakòb, e Li te fè pitit gason, premye pitit gason l se te Beyò, dezyèm lan te Alib, ak twazyèm lan te Chorash.

[19] SENYÈ a te bay Laban richès ak onè, pitit gason ak pitit fi, e nonm lan te vin gran anpil, poutèt Jakòb.

[20] Lè sa a, Jakòb te sèvi Laban nan tout kalite travay nan kay la, ak nan jaden an, e SENYÈ a te beni tout sa ki te pou Laban nan kay la ak nan jaden an.

[21] Nan senkyèm ane a, Jeoudit, pitit fi Beeri, madanm Ezaou, te mouri nan peyi Kanaran. E li pa t gen pitit gason, men se sèlman pitit fi.

[22] Men non pitit fi li yo, li te fè pou Ezaou. Pi gran an te rele Marzit, pi piti a te rele Pwit.

[23] Lè Jeoudit te mouri, Ezaou leve, li te ale Seyi pou l t'al fè lachas nan jaden, jan li te konn fè a. Ezaou te tou rete nan peyi Seyi a pou yon bon bout tan.

[24] Nan sizyèm lane a, Ezaou te marye ak Olibama, pitit fi Zebeyon moun Evi a, Ezaou mennen l nan peyi Kanaran.

[25] Olibama vin ansent, li fè twa pitit gason pou Ezaou: Yeouch, Yaalam ak Kore.

[26] Epi nan epòk sa yo, nan peyi Kanaran an, te gen yon diskisyon ant gadò mouton Ezaou yo ak gadò mouton moun ki te rete nan peyi Kanaran an, paske bèt ak byen Ezaou yo te twò abondan pou li te rete pami moun Kanaran yo, nan kay papa li a, e peyi Kanaran an pa t kapab sipòte l poutèt bèt li yo.

[27] Lè Ezaou te wè diskisyon li t'ap ogmante ak moun ki te rete nan peyi Kanaran an, li leve, li pran madanm li yo, pitit gason l yo ak pitit fi li yo, ak tout sa ki te pou li, ak tout bèt li te genyen yo, e ak tout byen li te genyen nan peyi Kanaran an, li te deplase kote moun ki abite nan peyi a, li te ale nan peyi Seyi, epi Ezaou ak tout sa ki te pou li te vin rete nan peyi Seyi a.

[28] Men, tanzantan Ezaou te al wè papa l ak manman l nan peyi Kanaran. Ezaou te marye ak moun Orit yo, epi li bay pitit fi li a pitit gason Seyi a, ki se moun Orit yo.

[29] Li bay Marzit, pi gran pitit fi li a, avèk Ana, pitit gason Zebeyon, frè madanm li. Li bay Pwit, a Aza, pitit gason Bilan, moun peyi Orit la. Ezaou te rete sou mòn lan ansanm ak pitit li yo. Pandan sa a, li menm ak pitit li yo, yo te fè anpil pitit e yo te miltipliye.

31- Maryaj Jakòb yo

(Jenèz 29:15-35; 30:1-24)

[1] Nan Sètyèm ane an, sèvis Jakòb te sèvi Laban te fini. Jakòb di Laban konsa:-Ban m madanm mwen, paske jou sèvis mwen yo fini. Laban te fè sa. Laban ak Jakòb te reyini tout moun ki te nan plas sa a epi yo fè yon gwo resepsyon.

[2] Nan aswè Laban rive nan kay la. Aprè sa, Jakòb rive la ak moun ki t'ap fè fèt la. Laban te etenn tout limyè ki te nan kay la.

[3] Jakòb di Laban:-Poukisa w fè nou bagay konsa? Laban reponn li:-Se konsa nou abitye fè l nan peyi sa a.

[4] Aprè sa, Laban pran Leya, pitit fi li a, li mennen l bay Jakòb. Epi Jakòb te vin kouche avè l, men Jakòb pa t konnen si se te Leya li te ye.

[5] Laban te bay Leya, pitit fi li a, Zilpa, sèvant li a, kòm sèvant.

[6] Tout pèp la te konnen sa Laban te fè Jakòb, men yo pa t di Jakòb sa.

[7] Aprè sa, tout vwazen yo te rive lakay Jakòb, yo manje, yo bwè, yo te kontan, yo t'ap jwe tanbou devan Leya, yo t'ap danse. Yo te reponn devan Jakòb: "Heleya, Heleya!"

[8] Jakòb te tande pawòl yo, men li pa t konprann siyifikasyon yo, paske li te panse se ta ka koutim yo nan peyi a.

[9] Vwazen yo t'ap di pawòl sa yo devan Jakòb pandan lannwit lan, e tout limyè ki te nan kay Laban te etenn pandan lannwit lan.

[10] Nan denmen maten, lè bajou kase, Jakòb vire fas ak madanm li, li gade, li wè se Leya ki te kouche sou lestomak li. Jakòb di: "Gade! Se kounyeya mwen konnen sa vwazen yo t'ap di yè swa. HeLeya, yo t'ap di, men mwen pa t konnen sa."

[11] Jakòb rele Laban, li di l:-Kisa ou fè m la? Se vre wi, mwen te sèvi ou pou Rachèl, e poukisa ou twonpe m, epi ou ban mwen Leya?

[12] Laban reponn Jakòb, li di l:-Se pa konsa sa fèt nan plas nou an, pou nou bay pi piti a anvan pi gran. Kounyeya, si w vle pran sè li a menm jan an tou, ou mèt pran l pou ou, an echanj pou sèvis w'ap fè m pandan sètan ankò.

[13] Jakòb te fè sa, li te pran Rachèl pou madanm, li te sèvi Laban pandan sètan ankò. Jakòb te vin kouche ak Rachèl tou, e li te renmen Rachèl plis pase Leya. Laban te bay Rachel, Bila, sèvant li a, kòm sèvant.

[14] Lè SENYÈ a te wè jan Jakòb pat renmen Leya, SENYÈ a louvri vant li, li vin ansent, li te fè kat pitit gason pou Jakòb nan tan sa yo.

[15] Men non yo: Riben, Simeyon, Levi ak Jida. Aprè sa, li te sispann fè pitit.

[16] Lè sa a, Rachèl pa t ni genyen e ni ka fè pitit. Rachèl te vin gen yon sèl jalouzi kont sè li a Leya. Lè Rachèl wè li pa t ka fè pitit pou Jakòb, li pran Bila, sèvant li a, epi Bila vin fè de pitit gason pou Jakòb, Dann ak Neftali.

[17] Lè Leya wè li te sispann fè pitit, li pran Zilpa, sèvant li a tou, li bay Zilpa a Jakòb pou madanm. Jakòb kouche ak Zilpa. Li fè de pitit gason, Gad ak Asè.

[18] Nan tan sa yo, Leya te vin ansent ankò, li te fè pou Jakòb de pitit gason ak yon sèl pitit fi. Yo te rele Izaka, Zabilon ak Dena, sè yo.

[19] Rachèl pa t kapab fè pitit toujou. Lè sa a, Rachèl te lapriyè SENYÈ a, li di l:-SENYÈ, BonDye, sonje m, tanpri vizite m, paske kounyeya mari m pral jete m. Poutèt mwen pa ka fè pitit pou li.

[20] Kounyeya, SENYÈ, BonDye, koute lapriyè m devan Ou, gade soufrans mwen an, ban m pitit tankou yonn nan sèvant yo, pou m pa pote wont mwen ankò.

[21] BonDye tande l, Li louvri vant li. Rachèl vin ansent, li te fè yon pitit gason. Li di:-SENYÈ a wete wont mwen, li vin rele pitit la, Jozèf. Li di:-Se pou SENYÈ a ajoute yon lòt pitit gason pou mwen. Jakòb te gen katreven onzan (91) lè li te fè l.

[22] Lè sa a, Rebeka, manman Jakòb, te voye nouris li a Debora, pitit fi Ouz la, ak de nan sèvitè Izarak yo bay Jakòb.

[23] Yo vin jwenn Jakòb Aran, yo di l konsa:-Rebeka voye n bò kote w, pou w retounen lakay papa w nan peyi Kanaran. Jakòb te koute yo nan sa manman l te di a.

[24] Lè sa a, sèt lòt lane Jakòb te sèvi Laban pou Rachèl la, yo te fini, e se te nan fen katòz ane li te rete nan Aran, ke Jakòb di Laban, ban m madanm mwen, epi voye m tounin. Pou m ka ale nan peyi m, paske manman m te voye chache m, sòti nan peyi Kanaran pou m retounen lakay papa m.

[25] Laban di l:-Tanpri se pa konsa, si mwen jwenn favè devan ou, pa kite m. Di m sa pou m peye w, m'a ba ou yo li, epi rete avè m.

[26] Jakòb di l:-Men sa w'ap peye m: Jòdi a, m'ap pase nan mitan tout mouton ak kabrit ou yo, m'ap wete tout ti mouton takte osinon trase pami tout ti mouton ki gen koulè nwa nan mitan mouton yo e tou nan mitan kabrit yo, epi si ou fè bagay sa a pou mwen, m'ap retounen, m'ap bay mouton ou yo manje, epi pran swen yo tankou anvan.

[27] Laban te fè sa. Laban wete tout sa Jakòb te di l nan mitan mouton l yo, li ba li yo.

[28] Jakòb mete tout sa li te wete nan twoupo Laban yo nan men pitit gason l yo, e Jakòb t'ap bay manje a rès mouton Laban yo.

[29] Epi lè sèvitè yo Izarak te voye kote Jakòb la, yo wè Jakòb pa t vle retounen avèk yo nan peyi Kanaran kote papa l, yo kite l, yo retounen lakay yo nan peyi Kanaran an.

[30] Debora te rete lavil Aran ak Jakòb, li pa t retounen ak domestik Izarak yo nan peyi Kanaran. Debora te rete Aran ak madanm Jakòb yo, e ak pitit li yo.

[31] Epi Jakòb te sèvi Laban sis ane ankò, e Lè mouton yo te fè pitit, Jakòb te wete tout bèt takte osinon trase pami lòt yo, jan l te deside ak Laban, Jakòb te fè sa lakay Laban pandan sizan, e nonm lan te ogmante. Li te gen anpil bèf, sèvant, domestik, chamo ak bourik.

[32] Jakòb te gen desan (200) bèt, e bèt li yo te gwo nan gwosè e bèl nan aparans e yo te pwodiktif anpil, e tout fanmi pitit gason lèzòm yo te vle pran kèk nan bèt Jakòb yo, paske yo te ekstrèmman pwospere.

[33] Aprè sa, anpil nan pitit gason lèzòm yo te vin kolektè kèk nan mouton Jakòb yo, e Jakòb te ba yo yon mouton an echanj pou yon domestik oswa yon sèvant, oswa pou yon bourik oswa yon chamo, oswa nenpòt sa Jakòb te vle nan men yo, yo ba li l.

[34] Epi Jakòb te jwenn richès, respè ak byen, pa mwayen tranzaksyon sa yo avèk pitit gason lèzòm yo. Men pitit Laban yo t'ap fè jalouzi pou respè sa yo.

[35] Aprè yon tan, li te tande pawòl pitit gason Laban yo t'ap di: Jakòb wete tout sa ki te pou papa nou, li pran tout glwa sa a nan sa ki te pou papa nou an.

[36] Jakòb te vin wè tou Laban ak pitit li yo, pat ba li menm karaktè li te konn ba li anvan.

[37] Aprè sis ane yo, SENYÈ a parèt devan Jakòb, li di l konsa:-Leve non, soti nan peyi sa a, retounen nan peyi kote ou te fèt la, M'a la avèk ou.

[38] Lè sa a, Jakòb leve, li moute pitit li yo, madanm li yo ak tout sa ki pou li yo, sou yon chamo, epi li ale nan peyi Kanaran kote Izarak papa l ye a.

[39] Laban pa t konnen si Jakòb te kite l, paske jou sa a, Laban te ale taye lenn mouton l yo.

[40] Men, Rachèl te vòlè zidòl papa l yo, li pran yo, li kache yo sou chamo li te chita a, epi li ale.

[41] Men fason imaj sa yo fonksyone: Lè w pran yon nonm ki se premye pitit gason, ou touye l, retire cheve nan tèt li, pran sèl, sale tèt la, epi vide lwil sou li, epi pran yon ti tablèt an kwiv oswa yon tablèt lò epi ekri non an sou li e mete ti tablèt la anba lang li. Aprè sa pran tèt la ak tablèt la ki te anba lang lan, mete l nan kay la, limen limyè devan li epi bese tèt devan li.

[42] Epi lè yo bese tèt devan li, li pale ak yo nan tout bagay yo mande l, akoz pouvwa non ki ekri sou li a.

[43] Kèk moun fè yo nan fòm moun, oswa an lò ak ajan, epi yo ale kote zidòl sa yo nan tan fixe yo konnen. Epi fòm zidol yo resevwa enfliyans nan zetwal yo, e di yo bagay k'ap vini nan lavni, se konsa imaj Rachèl te vòlè nan men papa li a te fonksyone.

[44] Rachèl te vòlè zidòl papa l yo, se yon fason pou Laban pa t konnen kote Jakòb te ale.

[45] Laban te retounen lakay li, li mande konsènan Jakòb ak fanmi l, li pa t jwenn li, e Laban t'ap chache zidòl li yo pou l te ka konnen ki kote Jakòb te ale, li pa t kapab jwenn yo, epi li te ale pran kèk lòt zidòl. Li mande yo, e yo di l Jakòb te kouri kite l, li ale lakay papa l, nan peyi Kanaran.

[46] Aprè sa, Laban leve, li pran frè l yo ak tout sèvitè l yo. Li soti, li kouri dèyè Jakòb, epi li rive sènen l sou mòn Galarad la.

[47] Laban di Jakòb:-Kisa ou fè m la a pou ou kouri pou mwen, e twonpe m, pou w'ap mennen pitit fi m yo, ak pitit pitit mwen yo tankou prizonye nan lagè?

[48] Ou pa kite m bo yo e voye yo ale ak kè kontan, epi w te vòlè dye m yo, ou te ale.

[49] Jakòb reponn Laban, li di l konsa:-Mwen te pè pou ou pa t pran pitit fi ou yo nan men m avèk fòs. Kounyeya, nenpòt moun ou jwenn ki avèk dye ou yo, l'ap mouri.

[50] Laban pran chache zidòl yo, li t'ap egzaminen tout kay Jakòb yo ak tout mèb yo, men li pa t kapab jwenn yo.

[51] Laban di Jakòb konsa:-Nou pral fè yon kontra ansanm, e sa pral yon temwayaj ant mwen menm ak ou. Si w maltrete pitit fi m yo, oswa si w pran lòt madanm apa pitit fi m yo, BonDye va sèvi yon temwen ant mwen menm ak ou nan zafè sa a.

[52] Yo pran wòch pou fè yon pil wòch, epi Laban di:-Pil sa a se yon temwen ant mwen menm ak ou, se poutèt sa li rele l Galarad.

[53] Jakòb ak Laban te ofri bèt pou touye sou mòn lan, epi yo manje la bò pil la, epi yo pase nwit lan sou mòn lan, e Laban leve byen bonè nan maten, li kriye ak pitit fi li yo, li bo yo, epi l retounen lakay li.

[54] Aprè sa Laban fè prese, li voye Beyò, pitit gason l lan, ki te gen disètan, ansanm ak Abikowòf, pitit gason Ouz, pitit gason Nakò a, te gen dis gason avèk yo.

[55] Yo te prese ale, yo pase sou wout la devan Jakòb, epi yo rive sou yon lòt wout nan peyi Seyi a.

[56] Yo pwoche bò kote Ezaou, yo di l:-Men sa frè w la ak fanmi w, Laban, frè manman ou, pitit gason Betwèl la, di w:

[57] Eske w pa t tande sa Jakòb, frè w la, te fè m, ki te premye vin jwenn mwen vid e toutouni? Mwen ba li de pitit fi mwen yo pou madanm ak tou de nan sèvant mwen yo.

[58] Aprè sa, BonDye te beni l akoz de mwen, li te vin gran anpil, li te fè pitit gason, pitit fi ak sèvant.

[59] Li genyen tou, yon pakèt mouton ak bèf, chamo ak bourik, ajan ak lò an kantite. Men lè li wè richès li te ogmante, li te kite m pandan mwen t'al taye lenn mouton m yo, epi l leve, li kouri an sekrè.

[60] Aprè sa, li leve li mete madanm li yo ak pitit li yo sou chamo, li mennen tout bèt li yo ak tout byen li te genyen nan peyi mwen an, epi l leve figi l pou l te ale jwenn papa l Izarak, nan peyi Kanaran.

[61] Li pa menm kite m bo pitit fi m yo ak pitit yo, li mennen pitit fi m yo tankou prizonye anba nepe, li vòlè dye m yo tou, li kouri met deyò.

[62] Kounyeya, mwen te kite l sou mòn lan bò ravin Jabòk la ansanm ak tout moun ki pou li yo, li pa manke anyen.

[63] Si w vle al rankontre l, ale! Lè sa a, w'ap jwenn li, epi ou ka fè l sa w vle jan nanm ou vle l; Mesajè Laban yo te vin di Ezaou tout bagay sa yo.

[64] Ezaou te tande tout pawòl mesajè Laban yo te di l:-Li te vin fache anpil sou Jakòb. Li te vin chonje jan l rayi li, e kòlè li t'ap brile anndan l.

[65] Ezaou te prese pran pitit li yo, domestik li yo ak tout nanm fanmi l yo, swasant gason antou, l'ale, li reyini tout pitit Seyi yo, ki se moun Orit yo, ansanm ak tout pèp Orit, yo te twasan karant gason (340), li pran tout moun sa yo. Li te gen katsan (400) moun antou ki te gen nepe, li al jwenn Jakòb pou l te touye l.

[66] Ezaou te divize nimewo sa an plizyè pati, li pran swasant gason nan pitit li yo ak sèvitè l yo ak nanm fanmi l yo, pou fè yon sèl tèt. Epi l ba yo Elifaz kòm chèf yo, pi gran pitit gason l lan.

[67] Aprè sa, li bay rès tèt yo a sis pitit gason Seyi a, moun peyi Orit yo, kòm rès chèf yo. Li mete chak gason chèf sou jenerasyon yo ak pitit yo.

[68] Epi tout kan an te ale jan l te ye a, Ezaou te ale nan mitan yo nan direksyon Jakòb, epi l mennen yo byen vit.

[69] Mesajè Laban yo pati yo kite Ezaou, yo ale nan peyi Kanaran, epi yo rive lakay Rebeka, manman Jakòb, ak Ezaou.

[70] Yo di l konsa:-Gade, Ezaou, pitit gason ou lan, ale kont Jakòb, frè li a, ak katsan (400) gason, paske li te tande l t'ap vini. Li ale pou l fè lagè avè l, pou l frape l, pou l pran tout sa l genyen.

[71] Rebeka te fè prese prese, li voye swasanndouz (72) gason nan sèvitè Izarak yo, pou y'al kontre ak Jakòb sou wout la. Li t'ap di:-Ezaou ka petèt fè lagè sou wout la lè lap rankontre l.

[72] Mesajè sa yo pati y'al kontre Jakòb, yo kontre l sou wout ravin lan, anfas ravin Jabòk la. Lè Jakòb wè yo, li di: "Se BonDye ki te mete kan sa a pou mwen." Jakòb rele kote sa a Manayim.

[73] Jakòb te konnen tout moun lakay papa l, li bo yo, li anbrase yo, li ale avèk yo. Jakòb mande yo konsènan papa l ak manman l. Yo te di li, yo trè byen.

[74] Aprè sa, mesajè sa yo di Jakòb:-Rebeka, manman ou, te voye nou bò kote w, li di:-Mwen tande, pitit mwen, Ezaou, frè w la, t'ap mache sou wout la kont ou, ak moun ki soti nan moun Seyi, moun peyi Orit yo.

[75] Se poutèt sa, pitit gason m, koute vwa mwen epi wè avèk konsèy ou sa w'ap fè lè l va vin jwenn ou, sipliye l, pa pale ak kòlè avèk li, ba li yon kado nan sa w posede, ak nan sa BonDye te ba w favè.

[76] Epi lè li mande w konsènan zafè w, pa kache anyen pou li, petèt li ka vire do bay kòlè li kont ou epi w'ap sove nanm ou, ou menm ak tout sa ki pou ou, paske se devwa w pou onore li, mete sou sa a li se gran frè w.

[77] Lè Jakòb te tande pawòl manman l ke mesajè yo te di l, Jakòb pran kriye anmè, li fè sa manman l te ba li lòd fè a.

32- Jakòb rekonsilye ak Ezaou

(Jenèz 32, 33)

[1] Lè sa a, Jakòb te voye mesajè bay Ezaou, frè l la, nan peyi Seyi a, li te sipliye l anplil avek pawòl siplikasyon.

[2] Aprè sa, li te bay yo lòd sa a, li di yo:-Men sa w'a di Ezaou, mèt mwen, men sa Jakòb, sèvitè w la, di: Pa kite mèt mwen imajine benediksyon papa m te ban mwen an, te beni m ni pwouve l te itil mwen.

[3] Paske mwen pase ventan ak Laban, li twonpe m, li chanje salè m dis fwa, jan sa te deja di a mèt mwen an.

[4] Aprè sa, mwen te sèvi l nan kay li a nan anpil travay, BonDye te wè afliksyon mwen an, tranche mwen ak travay men m yo, epi Li fè m jwenn gras ak favè devan je l.

[5] Aprè sa, grasa mizèrikòd e bonte BonDye, mwen jwenn towo bèf, bourik, bann mouton, sèvitè ak sèvant.

[6] Kounyeya, m'ap vini nan peyi m ak lakay mwen, kote papa m ak manman m, ki rete nan peyi Kanaran. Epi mwen voye fè mèt mwen konnen tout bagay sa yo pou m jwenn favè nan je mèt mwen, pou li pa imajine ke mwen te jwenn richès pou kont mwen, oswa ke benediksyon papa m te beni mwen an te benefisye mwen.

[7] Aprè sa, mesajè sa yo ale bò kote Ezaou, yo jwenn li sou fwontyè peyi Edòm nan ki t'ap vini nan direksyon Jakòb. Katsan (400) gason nan branch fanmi Seyi, moun Orit la, te kanpe ak nepe

[8] Mesajè Jakòb yo rakonte Ezaou tout pawòl Jakòb te di yo konsènan Ezaou.

[9] Ezaou te reponn yo ak lògèy e ak anpil mepri, li di yo: Se vre wi, mwen tande, yo rakonte m sa Jakòb te fè Laban, ki te leve l byen wo lakay li, li ba l pitit fi li pou madanm. E li te fè pitit gason ak pitit fi, aprè sa li te ogmante richès sou richès lakay Laban grasa mwayen Laban.

[10] Lè l wè richès li te genyen an vin anpil, e richès li te gwo richès, li te kouri kite kay Laban ansanm ak tout sa ki pou li yo, epi l te fè pitit fi Laban yo ale lwen papa yo, tankou prizonye yo te pran anba nepe, san l pa di l sa.

[11] Epi Jakòb pa sèlman fè sa kont Laban, men tou, li te fè m sa, li te ranplase m de fwa, èske mwen ta dwe rete an silans?

[12] Kounyeya, jòdi a, mwen vin kontre l ak ekip mwen yo, m'ap fè l jan mwen vle an.

[13] Mesajè yo retounen vin jwenn Jakòb, yo di l konsa:-Nou te vin jwenn Ezaou, frè w la, nou te di l tout pawòl ou yo. E se konsa li te reponn nou, li ap vin jwenn ou ak katsan (400) gason.

[14] Kounyeya, konnen e wè sa w'ap fè. Lapriyè BonDye pou l delivre ou anba men l.

[15] Lè li te tande pawòl frè l lan te di mesajè Jakòb yo, Jakòb te pè anpil, li te pran lapenn.

[16] Jakòb lapriyè SENYÈ a, BonDye li a, li di l:-SENYÈ, BonDye zansèt mwen yo, Abraram ak Izarak, Ou te di m lè m te kite kay papa m.

[17] Se Mwen menm SENYÈ a, BonDye Abraram, granpapa ou a, ak BonDye Izarak la, M'ap ba ou peyi sa a ak desandan ou yo aprè ou, e M'ap fè desandan ou yo tankou zetwal nan syèl la, epi w

pral gaye nan kat kwen syèl la, se nan ou menm ak nan desandan ou yo, tout fanmi ki sou latè a pral beni.

[18] Epi Ou te etabli pawòl Ou yo, Ou te ban m richès, timoun ak bèt, Ou ban m tout sa mwen te mande w, Ou te bay sèvitè w la, jan m te vle l la; pou m pa t manke anyen.

[19] Aprè sa, Ou di m retounen bò kote paran ou yo ak kote ou te fèt la epi M'ap toujou fè byen anvè w.

[20] Kounyeya mwen vini, epi Ou te delivre m anba men Laban, men mwen pral tonbe anba men Ezaou ki pral touye m, wi! Ansanm ak manman pitit mwen yo.

[21] Kounyeya, SENYÈ, BonDye, delivre m anba men Ezaou, frè m lan, paske mwen pè l anpil.

[22] Epi si m pa mache dwat devan Ou; fè li, poutèt Abraram ak Izarak, papa m.

[23] Paske, mwen konnen se gras a bonte e ak mizèrikòd Ou mwen jwenn richès sa a. Kounyeya, se poutèt sa, m'ap mande w Pou w delivre m jòdi a avèk bonte w, e Pou w reponn mwen.

[24] Jakòb sispann lapriyè SENYÈ a, li separe moun ki te avè l yo, mouton l yo ak bèf li yo an de kan, epi l renmèt mwatye a nan men Damèks, pitit gason Elyezè a, sèvitè Abraram lan, pou yon kan ak res pitit li yo, epi l bay lòt mwatye a avèk kan Elyanis, pitit gason Elyezè a, frè Damèks lan, pou l te ka [mennen] kan an ansanm ak pitit li yo.

[25] Li bay yo lòd, li di yo:-Pase yon ti distans devan kan nou yo, pa pwoche yonn ak lòt. Si Ezaou rive nan yon kan, li touye l, lòt kan an ki byen lwen l va chape.

[26] Jakòb te rete la pandan lannwit sa a, e tout lannwit lan li t'ap bay sèvitè l yo enstriksyon konsènan fòs yo ak pitit li yo.

[27] SENYÈ a te tande lapriyè Jakòb la nan jou sa a, epi SENYÈ a te delivre Jakòb anba men Ezaou, frè li a.

[28] SENYÈ a te voye twa zanj sòti nan syèl la, yo mache devan Ezaou, yo vin jwenn li.

[29] Aprè sa, zanj sa yo te parèt devan Ezaou ak pèp Ezaou a, tankou demil (2.000) moun, ki te monte sou chwal ki te gen tout kalite enstriman lagè, epi yo te parèt tou devan je Ezaou ak tout moun li yo tankou yo te divize an kat kan, ak kat chèf sou yo.

[30] Yon kan te ale, yo jwenn Ezaou ki t'ap vini ak katsan (400) gason bò kote Jakòb, frè l la. Kan zanj sa a te kouri al jwenn Ezaou ak pèp li a, li te fè yo pè, e Ezaou te tonbe sou chwal li a ak kè sote, e tout mesye l yo te separe ak li nan kote sa a, paske yo te pè anpil.

[31] Tout kan zanj sa yo t'ap rele byen fò dèyè kan moun Ezaou yo, lè yo t'ap kouri kite Ezaou, epi tout sòlda zanj yo te reponn, yo di:

[32] Nou se sèvitè Jakòb, ki se sèvitè BonDye, e ki moun ki ka kanpe kont nou? Ezaou di yo:-Enben, Jakòb, frè m lan, mèt mwen an, se mèt ou li ye. Mwen pa wè avèk li depi ventan sa yo. Kounyeya mwen vin wè l jodi a, se konsa w'ap trete m?

[33] Zanj yo reponn li:-Jan SENYÈ a ki vivan an, si se pa t poutèt Jakòb, frè w la ou pale de li ya, nou pa tap kite yonn nan moun sa yo rete nan mitan ou, ni pèp ou an, men se sèlman poutèt Jakòb nou p'ap fè yo anyen.

[34] Aprè sa, kan sa a te kite Ezaou ak mesye l yo, li te ale. Epi Ezaou ak mesye l yo te kite yo, anviwon yon ti distans lè dezyèm kan an te vin jwenn li ak tout kalite zam, epi yo te fè a Ezaou e ak moun li yo, menm jan premye kan an te fè yo a.

[35] Lè yo te fin kite l pou yo ale, twazyèm kan an te vin jwenn li, yo tout te pè. Ezaou te tonbe sou chwal li. Epi tout sòlda zanj yo reponn, yo di:-Nou se sèvitè Jakòb, ki se sèvitè BonDye, e ki moun ki ka kanpe kont nou?

[36] Ezaou te reponn yo ankò, li di yo:-Alò! Jakòb, mèt mwen, se mèt ou, se frè m, depi ventan mwen pa wè figi l. Kounyeya, mwen tande l t'ap vini. Mwen te vini jodia pou m te wè avèk li, epi se konsa ou ap trete m?

[37] Epi yo reponn li, yo di l:-Menm jan SENYÈ a vivan an, si Jakòb pa t frè w, jan ou te di a, nou pa tap kite yon ti rès nan ou menm ak moun ou yo, men se poutèt Jakòb, frè w la, ke ou pale a. Ki fè nou p'ap mele ak ou menm e moun ou yo.

[38] Se konsa twazyèm kan an te pase bò kote yo, epi yo te ale; e Ezaou te kontinye wout li ak mesye l yo nan direksyon Jakòb, lè katriyèm kan an te vin jwenn li, epi yo te fè l menm jan lòt yo te fè a ak li menm e mesye l yo anvan.

[39] Lè Ezaou te wè bagay tèrib sa kat zanj yo te fè l ak mesye l yo, li te vin pè Jakòb, frè l la, li te ale kontre l ak kè poze.

[40] Ezaou te sere rayi li te genyen an kont Jakòb, paske l te pè pou lavi l, poutèt Jakòb, frè li a, e akòz li te panse kat kan ki te vini kote l yo, se sèvitè Jakòb la yo te ye.

[41] Jakòb te pase nwit sa a, ak sèvitè l yo nan kan yo, epi l te deside ak sèvitè l yo pou l fè Ezaou yon kado nan tout sa l te genyen avè l, e ak nan tout byen l yo. Nan denmen maten, Jakòb leve ansanm ak mesye l yo, epi yo chwazi yon kado pami bèt yo pou Ezaou.

[42] Men ki kantite kado Jakòb te chwazi nan bann mouton l yo pou l te bay Ezaou, frè l la: Li te chwazi desankarant (240) tèt pami mouton yo, li te chwazi trant chamo ak bourik nan yo chak, nan pil lòt bèt yo, li te chwazi senkant bèf.

[43] Aprè sa, li mete yo tout nan dis gwoup, li mete chak kalite poukont yo, epi l lage yo nan men dis nan sèvitè l yo, yo chak poukont yo.

[44] Aprè sa, li ba yo lòd, li di yo:-Kenbe tèt nou byen lwen youn ak lòt, epi mete yon espas nan mitan foul moun yo. Lè Ezaou ak moun ki avè l yo pral rankontre w, y'a mande w:-Ki moun ou ye, ki kote w prale, ak pou ki moun tout bagay sa yo ki devan ou, w'a di yo:-Nou se sèvitè Jakòb, Nou vin rankontre Ezaou ak kè poze, epi gade, Jakòb ap vin dèyè nou.

[45] Sa ki devan nou an se yon kado Jakòb voye bay Ezaou, frè l!

[46] Epi si yo di nou:-Poukisa li rete dèyè nou pou l pa vin rankontre frè li a pou l wè figi l, lè sa a n'a di yo:-Se vre wi, l'ap vin dèyè nou ak kè kontan pou l vin rankontre frè l la. Men li di: M'ap fè l plezi ak kado sa yo a. Aprè sa, m'a wè figi l, petèt l'a aksepte m.

[47] Se konsa, tout kado yo te pase nan men sèvitè l yo, epi yo te mache devan l nan jou sa a. Li pase nwit sa a ak kan li yo bò fwontyè ravin Jabòk la, li leve nan mitan lannwit lan, li pran madanm li yo, sèvant li yo ak tout sa ki te pou li yo, li fè yo pase lòt bò pas Jabòk lannwit sa a.

[48] Lè li te pase tout sa ki te pou li yo sou ravin lan, Jakòb te rete pou kont li, epi yon Nonm kontre l, Jakòb te lite avè l lannwit sa a jouk bajou ta pral kase, kwen kwis Jakòb la te dekole akoz li t'ap lite avèk Nonm lan.

[49] Lè solèy t'ap leve, Nonm lan kite Jakòb la, li beni l, aprè sa li ale. Jakòb te pase ravin lan lè solèy t'ap leve, li t'ap bwete poutèt ren li.

[50] Lè li fin pase ravin lan, solèy la leve sou li, li moute kote bèt li yo te ye ak pitit li yo.

[51] Yo te ale pou jouk li te fè midi, e pandan yo t'ap ale, kado a t'ap pase devan yo.

[52] Jakòb leve je l, li gade, li wè Ezaou te byen lwen, li t'ap vini ansanm ak anpil moun, anviwon katsan (400) moun. Jakòb te pè frè l la anpil.

[53] Jakòb prese, li separe pitit li yo ak madanm li yo ak sèvant li yo. Aprè sa, li mete Dina, pitit fi li a, nan yon bwat, epi l lage l nan men domestik li yo.

[54] Li te pase devan pitit li yo ak madanm li pou l te al rankontre frè l, epi l te bese tèt atè devan l sèt fwa jiskaske l pwoche bò kote frè l, e BonDye te fè Jakòb jwenn gras ak favè nan je Ezaou ak mesye l yo, paske BonDye te tande lapriyè Jakòb la.

[55] Lè sa a, laperèz Jakòb ak panik li, te tonbe sou Ezaou, frè li a, paske Ezaou te pè Jakòb anpil pou sa zanj BonDye yo te fè Ezaou, e kòlè Ezaou kont Jakòb te retounen an jantiyès.

[56] Lè Ezaou te wè Jakòb k'ap kouri vin jwenn li, li menm tou li te kouri vin jwenn li, li anbrase l, li lage kò l sou kou l, yo bo epi yo kriye.

[57] Aprè sa, BonDye mete krentif pou Jakòb ak jantiyès nan kè moun ki te vin avèk Ezaou yo, yo menm tou yo te bo Jakòb, e yo te anbrase l tou.

[58] Elifaz, pitit gason Ezaou a, ansanm ak kat frè l yo, yo te kriye ansanm ak Jakòb, yo te bo l, yo anbrase l, paske yo tout te pè Jakòb.

[59] Ezaou leve je l, li wè medam yo ak pitit yo, pitit Jakòb yo, ki t'ap mache dèyè Jakòb, yo te bese tèt yo sou wout la yo t'ap vin devan Ezaou.

[60] Ezaou di Jakòb:-Frè m, ki moun sa yo ki avèk ou an? Èske se pitit ou yo ye oswa sèvitè w yo? Jakòb reponn Ezaou, li di l:-Se pitit mwen yo ye, ke BonDye te fè sèvitè w la kado pa gras li.

[61] Pandan Jakòb t'ap pale ak Ezaou e ak mesye l yo, Ezaou gade tout kan an, li di Jakòb:-Ki kote ou te jwenn tout kan mwen te rankontre yè swa a? Jakòb reponn li:-Pou mwen te ka jwenn favè nan je mèt mwen an, se sa BonDye bay sèvitè w la.

[62] Aprè sa, kado a rive devan Ezaou, epi Jakòb peze Ezaou, li di l:-Pran kado mwen te pote bay mèt mwen an. Ezaou di: Poukisa, eske sa se objektif mwen? kenbe sa w genyen pou ou.

[63] Jakòb di l:-Se mwen menm ki gen pou m bay tout bagay sa yo, paske mwen wè figi w, ou toujou viv ak kè poze.

[64] Ezaou te refize pran kado a, e Jakòb te di l:-Mèt, si kounyeya mwen jwenn favè devan ou, resevwa kado mwen an, nan men m. Paske mwen te wè figi w, kòmsi mwen te wè yon figi ki sanble ak BonDye, paske ou te kontan avè m.

[65] Ezaou te pran kado a, e Jakòb te bay Ezaou ajan, lò ak bedelyòm, sitèlman li te peze l, li pran yo.

[66] Ezaou te separe bèt ki te nan kan an, li te bay moun ki te vin avè l yo mwatye a, paske yo te vini sou anboche, epi lòt mwatye a nan men pitit li yo.

[67] Li te bay Elifaz, pi gran pitit gason l lan, ajan, lò ak bedelyòm, epi Ezaou te di Jakòb:-Ann rete la avèk ou, n'ap mache dousman avèk ou jiskaske w rive nan plas mwen avè m pou nou ka rete la ansanm.

[68] Jakòb te reponn frè li a, li di l: -Mwen ta fè sa mèt mwen di m lan, men mèt mwen an konnen timoun yo fèb, e mouton yo ak bèf yo ansanm ak pitit yo ki avè m, yo ale tou dousman, paske si yo ta ale rapid, yo tout ta mouri, paske w konnen fado yo ak fatig yo.

[69] Se poutèt sa, mèt mwen an, pase devan sèvitè l, m'ap mache tou dousman poutèt timoun yo ak mouton yo, jiskaske m rive lavil Seyi kote mèt mwen an rete a.

[70] Ezaou di Jakòb:-M'ap mete kèk nan moun ki avè m yo avèk ou, pou pran swen ou sou wout la, pou yo pote fatig ou ak chay ou yo. Li di l:-Ki bezwen sa a, mèt mwen, si mwen ka jwenn favè nan je w?

[71] Gade, m'ap vin jwenn ou lavil Seyi pou m rete la ansanm jan ou te di li a. Men, ale ak pèp ou a, paske m'ap swiv ou.

[72] Jakòb te di Ezaou sa, pou l te wete Ezaou ak mesye l yo kote li a, pou Jakòb te kapab ale lakay papa l nan peyi Kanaran an.

[73] Ezaou te koute vwa Jakòb, li te retounen ansanm ak katsan (400) mesye ki te avè l yo sou wout Seyi a. Jou sa a, Jakòb ak tout moun ki te avèk li yo te rive jouk nan dènye bout peyi Kanaran nan fwontyè li yo, epi l te rete la kèk tan.

33- Sichèm ak Dina

(Jenèz 34:1-24)

[1] Kèk tan aprè sa, Jakòb te kite fwontyè peyi a, li te rive nan peyi Chalèm, ki se vil Sichèm, ki nan peyi Kanaran an, epi li te repoze devan vil la.

[2] Li te achte yon pòsyon nan jaden ki te la nan men moun Amò yo, moun peyi a, pou senk pyès ajan.

[3] Se la Jakòb te bati yon kay, li moute tant li la, li te fè ti joupa pou bèt li yo, se poutèt sa li te rele kote sa a Soukòt.

[4] Jakòb te rete Soukòt yon ane sis mwa.

[5] Lè sa a, kèk fanm nan moun ki te rete nan peyi a, te ale nan lavil Sichèm pou yo te danse e rejwi ak pitit fi moun ki te nan vil la. Lè yo te soti, Rachèl ak Leya, madanm Jakòb yo, ansanm ak tout fanmi yo, te ale tou pou yo te wè jan pitit fi lavil la te kontan.

[6] Dina, pitit fi Jakòb la, te ale avèk yo tou, li te wè pitit fi vil la, epi yo te rete la devan pitit fi sa yo pandan tout moun nan vil la te kanpe bò kote yo pou yo te wè rejwisans tout pèp vil la.

[7] Sichèm, pitit gason Amò a, chèf peyi a te kanpe la tou pou l te wè yo.

[8] Sichèm te wè Dina, pitit fi Jakòb la, li te chita ansanm ak manman l devan pitit fi lavil la. Jèn fi an te fè l plezi anpil. Li te mande zanmi l yo ak pèp li a, li di yo: Pitit fi ki moun ki chita nan mitan fanm sa yo? Ki moun mwen pa konnen nan vil sa a?

[9] Epi yo di l:-Se vre wi! Sa a se pitit fi Jakòb lan, pitit gason Izarak, Ebre a, ki te rete nan vil sa a depi kèk tan. Jèn fi an te ale avèk manman l e sèvant li yo pou yo te ka chita nan mitan yo jan ou wè an.

[10] Sichèm te wè Dina, pitit fi Jakòb la, je l te rete fikse sou Dina.

[11] Aprè sa, li te voye fè pran l ak fòs, e Dina te rive lakay Sichèm, li te kenbe l ak fòs, li te bese l e kouche avè l. Li te renmen l anpil, li mete l lakay li.

[12] Yo te vin rakonte Jakòb bagay la. Lè Jakòb vin konnen Sichèm te avili Dina, pitit fi li a, Jakòb te voye douz nan domestik li yo al chache Dina nan kay Sichèm. Pou yo te wete Dina la.

[13] Lè yo te rive, Sichèm te soti al jwenn yo ak mesye l yo, li mete yo deyò lakay li, li pa't kite yo vini devan Dina, men Sichèm te chita ak Dina, li bo l, li anbrase l devan je yo.

[14] Domestik Jakòb yo te retounen, yo di l konsa:-Lè nou te rive, li menm ak mesye l yo te mete nou deyò. Epi Sichèm t'ap karese Dina devan je nou.

[15] Jakòb te konnen Sichèm te avili pitit fi li a, men li pa t di anyen, pitit gason l yo t'ap bay bèt li yo manje nan jaden, e Jakòb te rete an silans jiskaske yo retounen.

[16] Avan pitit gason l yo te retounen lakay yo, Jakòb te voye de sèvant pami pitit fi sèvitè l yo, pou yo te ka okipe Dina nan kay Sichèm lan, e rete avè l. E Sichèm te voye twa nan zanmi l yo bò kote papa l Amò, pitit gason Kidèkèm, pitit gason Perèd, pou l te di l: "Pran jènn fi sa a pou madanm pou mwen".

[17] Amò, pitit gason Kidèkèm, moun Evi a, rive lakay Sichèm, pitit gason l lan, li chita devan l. Amò di pitit gason li an:-Sichèm, èske pa gen okenn fanm nan mitan pitit fi pèp ou a, pou w al pran yon fanm Ebre ki pa nan pèp ou?

[18] Sichèm di l konsa:-Se li menn sèlman pou ou pran pou mwen, paske li fè m plezi. Amò te fè sa pitit gason l lan te di an, paske li te renmen l anpil.

[19] Amò te ale bò kote Jakòb pou l te pale avè l sou zafè sa a, epi lè li te kite kay Sichèm, pitit gason l lan, anvan li te vin jwenn Jakòb pou l te pale avè l, pitit gason Jakòb yo te soti nan jaden an, lè yo te tande sa Sichèm, pitit gason Amò a, te fè.

[20] Mesye yo te pran lapenn anpil pou sè yo a, epi yo tout te retounen lakay yo limen ak kòlè, anvan lè yo te rive pou rasanble bèt yo.

[21] Aprè sa, yo rive, yo chita devan papa yo, yo pale avè l, yo te limen ak kòlè, yo di l: Se vre wi nonm sa a ak moun lakay li yo ta dwe mouri, paske SENYÈ a, BonDye tout latè a, te kòmande Noye ak pitit li yo pou lòm pa janm vòlè, ni fè adiltè; Kounyeya, gade Sichèm te ravaje e komèt fònikasyon ak sè nou an, epi pa gen youn nan tout moun lavil la ki te di yon mo avèl.

[22] Se vre wi, ou konnen epi w konprann, ke jijman lanmò a se pou Sichèm, ak papa l, e ak tout lavil la poutèt sa l te fè a.

[23] Pandan yo t'ap pale ak papa yo sou zafè sa a, Amò, papa Sichèm, te vin pale ak Jakòb pawòl pitit gason li an konsènan Dina. Li te chita devan Jakòb ak devan pitit gason l yo.

[24] Amò pale ak yo, li di yo:-Sichèm, pitit gason m nan, renmen pitit fi w lan anpil. Mwen sipliye w, ba l pitit fi ou an pou madanm. Epi marye avèk nou. Ban nou nan pitit fi ou yo, N'ap ba ou nan pitit fi pa nou yo. Epi w'a rete ansanm ak nou nan peyi nou an, n'a vin yon sèl pèp nan peyi a.

[25] Paske peyi nou an vaste anpil, se pou nou rete fè komès ladan l, pran byen ladan l, epi fè sa nou vle ladan l, pèsonn p'ap anpeche nou, nan di nou yon mo.

[26] Amò te sispann pale ak Jakòb e ak pitit gason l yo, lè li te wè Sichèm, pitit gason l lan, te vin dèyè l, li chita devan yo.

[27] Aprè sa, Sichèm pale devan Jakòb ak pitit gason l yo, li di yo:-Ke mwen jwenn favè devan je w, pou w ban mwen pitit fi w, epi tout sa w di m, m'a fè pou li.

[28] Mande m abondans dòt ak kado, epi m'ap bay li, tout sa w di m fè, se sa mwen pral fè, nenpòt moun li ye a, ki va fè rebèl kont lòd ou yo, la pral mouri; Sèlman ban mwen demwazèl la pou yon madanm.

[29] Simeyon ak Levi reponn Amò ak Sichèm, pitit gason li a, ak twonpri, yo di l:-Tout sa ou sot di nou, n'ap fèl pou ou.

[30] Sè nou an rete lakay ou, men rete lwen li jiskaske nou voye kote papa nou Izarak konsènan zafè sa a, paske nou pa kapab fè anyen san konsantman li.

[31] Paske li konnen chemen Abraram, papa nou. Nenpòt sa li di nou, n'a di w, nou p'ap kache nou anyen.

[32] Men Simeyon ak Levi te di Sichèm ak papa l sa, pou yo te ka jwenn yon pretèks, e pou yo te mande konsèy sou kisa yo ta dwe fè Sichèm ak vil li a nan zafè sa a.

[33] Lè Sichèm ak papa l te tande pawòl Simeyon ak Levi yo, sa te sanble bon nan je yo, epi Sichèm ak papa l soti pou yo te ale lakay yo.

[34] Lè yo fin ale, pitit gason Jakòb yo di papa yo:-Gade, nou konnen lanmò pa lwen lakay mechan sa yo ak vil yo, paske yo te dezobeyi sa BonDye te kòmande Noye ak pitit li yo, e desandan li yo aprè l.

[35] Epi tou, paske Sichèm te fè vye bagay sal sa, sou Dina, sè nou an, lè l te avili l, paske nou p'ap janm fè vye bagay konsa nan mitan nou.

[36] Kounyeya, konnen e wè kisa w'ap fè. Chèche konsèy ak pretèks konsènan kisa ki dwe fèt sou yo, pou n touye tout moun ki rete nan vil sa a.

[37] Simeyon di yo:-Men yon bon konsèy pou nou: 'di yo pou yo sikonsi tout gason nan mitan yo menm jan yo sikonsi nou an. Si yo pa vle fè sa, n'a wete pitit fi nou an nan men yo, n'a ale.

[38] Si yo dakò pou yo fè sa, lè sa a lè yo tonbe anba doulè, nou pral atake yo ak nepe nou, tankou yon moun ki trankil e ki nan lapè, n'a pral touye tout gason nan mitan yo.'

[39] Konsèy Simeyon an te fè yo plezi, epi Simeyon ak Levi te deside fè yo sa, jan l te pwopoze a.

[40] Nan denmen maten, Sichèm ak Amò, papa l, te retounen vin jwenn Jakòb ak pitit gason l yo, pou yo te pale sou Dina, e pou yo te tande ki repons pitit Jakòb yo t'ap bay sou pawòl yo a.

[41] Pitit Jakòb yo te twonpe yo, yo di:-Nou te rakonte papa nou Izarak tout pawòl ou yo, e pawòl yo te fè l plezi.

[42] Men, li di nou: Men sa Abraram, papa l, te kòmande l nan men BonDye, SENYÈ Mèt tè a, pou nenpòt moun ki pa soti nan ras li yo, men ki ta vle pran youn nan pitit fi li yo, se pou tout gason l yo sikonsi, menm jan nou sikonsi, epi lè sa a nou ka ba li pitit fi nou yo pou madanm.

[43] Kounyeya, nou fè w konnen tout fason granpapa'n te di nou an, paske nou paka fè sa w te di nou fè a, pou n ta bay pitit fi nou an a yon nonm ki pa sikonsi, l'ap yon wont pou nou.

[44] Men, n'a dakò pou nou, ba ou pitit fi nou an, epi n'a pran pitit fi pa w yo, n'a rete nan mitan nou, n'a fè yon sèl pèp jan w te di a, si w koute nou, e dakò ak sa nou di an pou fè tankou nou, pou sikonsi tout gason ki pou ou yo, menm jan nou sikonsi a.

[45] Men si nou pa koute'n, pou'n sikonsi tout gason nou yo, jan nou te bay lòd la, n'a vin jwenn ou, n'a pran pitit fi nou an, nan men w, n'a ale avel.

[46] Sichèm ak papa l Amò te tande pawòl pitit Jakòb yo, bagay la te fè yo plezi anpil. Sichèm ak papa l Amò te prese pou yo te fè volonte pitit Jakòb yo, paske Sichèm te renmen Dina anpil. E nanm li te tache ak Dina.

[47] Sichèm ak Amò, papa l, kouri al nan pòtay lavil la, yo reyini tout moun ki te rete nan vil yo a, yo di yo sa pitit Jakòb yo te di.

[48] Li di:-Nou te al jwenn mesye sa yo, pitit gason Jakòb yo, epi nou te pale ak yo konsènan pitit fi yo a, e mesye sa yo pral dakò pou yo fè sa nou vle, epi gade! Peyi nou an laj anpil pou yo, yo pral rete ladan l, epi y'ap fè komès ladan li, epi n'ap fè yon sèl pèp; n'a pran pitit fi yo, n'a ba yo pitit fi pa nou yo pou madanm.

[49] Men se sèlman nan kondisyon sa a, mesye sa yo ap dakò pou yo fè bagay sa a:-Pou chak gason nan mitan nou sikonsi jan yo sikonsi an, jan BonDye yo a te kòmande yo, epi lè nou va fè sa yo te mande a, pou nou sikonsi an, se lè sa a y'ap rete nan mitan nou ansanm ak bèt e ak byen yo, epi n'a vin fè yon sèl pèp ansanm ak yo.

[50] Lè tout moun lavil la te tande pawòl Sichèm ak papa l Amò, lè sa a tout moun lavil la te dakò ak pwopozisyon sa a, epi yo te obeyi pou yo te sikonsi akoz Sichèm ak papa l Amò te gen anpil valè devan je yo, paske se yo menm ki te chèf peyi a.

[51] Nan denmen, Sichèm ak Amò, papa l, leve byen bonè nan maten, yo reyini tout moun ki te rete nan vil yo a, nan mitan lavil la, epi yo te fè rele pitit gason Jakòb yo, ki te sikonsi tout gason yo ki te fè pati vil la, nan jou sa a ak nan demen ankò.

[52] Yo sikonsi Sichèm ak Amò, papa l, ak senk frè Sichèm yo. Lè sa a, tout moun leve, yo retounen lakay yo; Paske, bagay sa a te soti nan SENYÈ a kont vil Sichèm lan, konsèy Simeyon an te soti nan SENYÈ a konsènan zafè sa a, pou SENYÈ a te ka lage lavil Sichèm nan men de pitit gason Jakòb yo.

34- Masak nan Sichèm

(Jenèz 34:25-31)

[1] Nan tout gason ki te sikonsi yo, te gen sisankarannsenk (645) gason ak desankarannsis (246) timoun.

[2] Men Kidèkèm, pitit gason Perèd, papa Amò, ak sis frè l yo, yo pa t vle koute Sichèm ak papa l, Amò, e yo pa t vle sikonsi, paske pwopozisyon pitit gason Jakòb yo te repiyan devan je yo. Epi yo te fache anpil lè sa a, jouktan moun ki te nan vil la pa t koute yo.

[3] Nan aswè dezyèm jou a, yo jwenn wit timoun piti ki pa t sikonsi, paske manman yo te kache yo pou Sichèm ak Amò, papa l, ansanm ak moun lavil la.

[4] Sichèm ak Amò, papa l, te voye fè yo mennen timoun yo devan yo pou yo te sikonsi, lè sa Kidèkèm ak sis frè l yo vole sou yo ak nepe yo, yo t'ap chache touye moun sa yo.

[5] Aprè sa, Kidèkèm ak moun ki te avè l yo t'ap chache touye Sichèm ak Amò, papa l, e tou yo t'ap chache touye Dina ansanm ak yo poutèt sa.

[6] Kidèkèm ak frè l yo di yo:-Kisa nou fè konsa? Èske pa gen okenn fanm pami pitit fi frè nou yo, moun Kanaran yo, pou se pitit fi Ebre yo nou ta renmen pran, ke nou pa t konnen anvan, epi ki pral fè aksyon zansèt nou yo pa t janm kòmande nou?

[7] Èske w imajine w'ap reyisi atravè aksyon w te fè a? e kisa w'ap reponn nan zafè sa a bay frè w yo, moun Kanaran yo, ki pral vin mande w konsènan bagay sa a?

[8] Epi si aksyon ou pa parèt jis ak bon nan je yo, kisa n'ap fè pou lavi nou, e mwen menm pou lavi pa m, si nou pa t vle koute vwa pa nou?

[9] Si moun ki rete nan peyi a ansanm ak tout frè nou yo, pitit Kam yo, pou yo tande sa w'ap fè a, epi pou yo di:

[10] Poutèt yon fanm Ebre, Sichèm ak Amò, papa l, ansanm ak tout moun ki te rete nan lavil la, yo te fè sa yo pa t abitye fè e ni sa zansèt yo pa t janm bay lòd pou yo te fè; Lè sa a, ki kote ou pral vole, oswa ki kote w'ap kache wont ou, pandan tout tan ou devan frè ou yo, moun ki rete nan peyi Kanaran an?

[11] Kounyeya, se poutèt sa nou pa ka sipòte bagay sa ou fè a, ni nou pa kapab mete chay sa sou nou ke zansèt nou yo pa t komande nou fèl.

[12] Gade, demen n'ap ale, n'ap rasanble tout frè nou yo, frè Kananeyen yo ki rete nan peyi a, epi n'ap vin frape nou, ansanm ak tout moun ki mete konfyans yo nan nou menm, kote p'ap rete menm yon ti rès nan nou.

[13] Lè Amò ak Sichèm, pitit gason l lan, ansanm ak tout moun ki te rete nan lavil la, te tande pawòl Kidèkèm ak frè l yo, yo te pè anpil pou lavi yo akoz pawòl sa yo, e yo te repanti pou sa yo te fè a.

[14] Sichèm ak papa l Amò reponn, papa yo, Kidèkèm ak frè l yo, yo di yo:-Tout pawòl ou te di nou yo se verite.

[15] Kounyeya, pa di sa, ni imajine nan kè nou se paske nou te renmen Ebre yo, kifè nou te fè sa zansèt nou yo pa t kòmande nou.

[16] Men, se paske nou te wè ke se pa entansyon ak dezi yo, pou yo te aksepte volonte nou konsènan pitit fi yo a kòm nou te pran l, se eksepte nan kondisyon sa a, se konsa nou te koute vwa yo, epi nou te fè aksyon sa a ou te wè a, pou nou te ka rive jwenn sa nou te bezwen nan men yo.

[17] Epi lè nou fin jwenn demann nou an nan men yo, n'ap retounen vin jwenn yo, epi n'ap fè yo sa w di nou an.

[18] Donk, n'ap sipliye w, pou w rete tann jiskaske kò nou geri epi n'ap vin fò ankò, aprè sa n'ap mache ansanm kont yo, pou nou ka fè yo sa ki nan kè w ak sa ki nan kè nou.

[19] Dina, pitit fi Jakòb la, te tande tout sa Kidèkèm ak frè l yo te di, ak sa Amò, pitit gason l lan, Sichèm, ansanm ak moun lavil yo te reponn yo.

[20] Epi li fè prese, li voye yonn nan sèvant li yo, ke papa l te voye al okipe l nan kay Sichèm lan, bay Jakòb, papa l, ak frè l yo:

[21] Se konsa Kidèkèm ak frè l yo te konseye kont ou. Se konsa Amò, Sichèm ak moun lavil la te reponn yo.

[22] Lè Jakòb te tande pawòl sa yo, li p'at kontan menm, li te fache kont yo, e li te ankòlè sou yo anpil.

[23] Epi Simeyon ak Levi te fè sèman, yo di: Jan SENYÈ ki vivan an, BonDye tout latè a, nan lè sa a denmen, p'ap rete yon rès nan tout vil la.

[24] Te gen ven jenn gason ki pa t sikonsi yo te kache, e jenn gason sa yo te goumen ak Simeyon e Levi, Simeyon ak Levi te touye dizwit ladan yo, e de te chape anba yo, yo te al kache nan kèk twou sitwon ki te nan vil la. Simeyon ak Levi t'ap chache yo, men yo pa t jwenn yo.

[25] Aprè sa, Simeyon ak Levi te kontinye ap mache nan vil la, yo touye tout moun ki te rete nan lavil la ak kout nepe, san yo pa kite pèsonn.

[26] Epi te gen yon gwo detounman nan mitan lavil la, rèl moun yo nan lavil la te moute nan syèl la, tout fanm ak timoun yo t'ap rele byen fò.

[27] Simeyon ak Levi te touye tout lavil la. Yo pa t kite menm yon ti gason nan tout vil la.

[28] Yo touye Amò ak Sichèm, pitit gason l lan, epi yo pran Dina nan kay Sichèm lan, yo pati.

[29] Pitit gason Jakòb yo te ale, yo retounen, yo vini kote moun yo te touye yo, yo piye tout byen yo ki te nan vil la ak nan jaden yo.

[30] Pandan yo t'ap piye vil la, twasan (300) moun leve kanpe, yo voye pousyè sou yo, ak kout wòch, lè Simeyon vire vin jwenn yo, li touye yo tout ak kout nepe. Simeyon retounen devan Levi, li antre nan vil la.

[31] Aprè sa, yo pran mouton yo, bèf yo ak bèt yo, ansanm ak rès fanm e ak timoun piti yo, yo mennen yo tout ale, yo louvri yon pòtay, yo soti, yo te rive vin jwenn Jakòb papa yo avèk fòs.

[32] Lè Jakòb wè tout sa yo te fè lavil la, li wè piyay yo te pran nan men yo, Jakòb te fache anpil sou yo, li di yo:-Kisa nou fè m konsa? Gade, mwen te jwenn repo nan mitan abitan Kananeyen yo nan peyi a, e okenn nan yo pa t mele avè m.

[33] Kounyeya, ou fè m yonn degoutans pou moun ki rete nan peyi a, pami moun Kananeyen yo ak moun Ferezi yo, e mwen pa gen anpil moun, yo tout pral rasanble kont mwen, yo pral touye m lè yo tande pale de travay ou ak frè w yo fè, epi mwen menm ak fanmi mwen yo nou pral peri.

[34] Simeyon ak Levi e tout frè yo ki te avèk yo, reponn Jakòb, papa yo, yo di l:-Gade n'ap viv nan peyi a, èske Sichèm ta dwe fè sè nou an sa? Poukisa w fè silans nan tout sa Sichèm fè an? Eske se pou l aji ak sè nou an tankou yon fanm jennès nan lari?

[35] Kantite fanm Simeyon ak Levi te fè prizonye nan lavil Sichèm lan, ke yo pa t touye, te katrevensenk ki pa t ko konnen yon gason.

[36] Pami yo, te gen yon jèn fi ki te gen bèl aparans, ki te genyen anpil favè, ki te rele Buna, e Simeyon te pran l pou madanm, epi kantite gason yo te fè prizonye ke yo pa t touye yo te karannsèt gason. Rès yo, yo te touye.

[37] Epi tout jenn gason ak fi Simeyon ak Levi te fè prizonye nan lavil Sichèm lan, yo te esklav pitit Jakòb yo ak pitit pitit yo aprè yo, jouk jou pitit pitit Jakòb yo te soti kite peyi Lejip lan.

[38] Lè Simeyon ak Levi te soti kite lavil la, de jenn gason ki te rete yo, ki te kache nan lavil la, epi ki pa t mouri nan mitan moun lavil la, leve, epi jenn gason sa yo ale. Yo antre nan vil la, yo t'ap mache ladan l, yo jwenn lavil la te dezole san gason, se fanm yo sèlman te kite rete ki t'ap kriye, e jenn gason sa yo pran rele, yo di:-Men sa ki mal pitit gason Jakòb yo, Ebre a, te fè nan vil sa a. Jòdi a, yo te detwi yonn nan vil Kanaran yo, epi yo pa t pè pou lavi yo nan tout peyi Kanaran an.

[39] Mesye sa yo kite vil la, yo te ale nan lavil Tanak la, yo rive la, yo rakonte moun ki te rete nan lavil Tanak yo tout sa ki te rive yo ak tout sa pitit Jakòb yo te fè nan lavil Sichèm.

[40] Aprè sa, Yachoub, wa Tanak la, te voye kèk mesye nan lavil Sichèm pou yo te wè jenn gason sa yo, paske wa a pa t kwè yo nan istwa sa a, li t'ap di: Ki jan de moun fè detwi yon gwo vil konsa, kòm Sichèm?

[41] Aprè sa, mesajè Yachoub yo retounen, yo di l konsa:-Nou te rive nan lavil la, li te detwi, pa gen yon moun la. Sèlman fanm k'ap kriye; Pa gen ni mouton ni bèf la, paske tout sa ki te nan vil la, pitit Jakòb yo pran tout.

[42] Yachoub te sezi lè sa a, li di:-Ki jan se de moun ki fè bagay sa a, detwi yon gwo vil konsa, epi pa menm yon sèl moun ka kanpe kont yo?

[43] Paske on bagay konsa pa janm fèt, soti depi nan tan Nimwòd la, e menm nan tan avan ki te pi lwen ke sa, bagay konsa pa janm fèt; Yachoub, wa Tanak la, di pèp li an:-Pran kouraj, n'a pral goumen ak Ebre sa yo, n'a fè yo menm jan yo te fè lavil la, epi n'a tire revanj moun lavil la.

[44] Epi Yachoub, wa Tanak la, konsilte ak konseye l yo sou zafè sa a, epi konseye l yo di l: "Ou p'ap ka bat Ebre yo poukont ou, paske yo genlè gen anpil pouvwa pou yo fè travay sa a nan tout vil la."

[45] Si de nan yo te ravaje tout lavil la, epi pèsonn pa t kanpe kont yo, siman si w vle ale kont yo, yo tout ap leve kont nou, yo pral detwi nou menm jan an tou.

[46] Men, si w voye bay tout wa ki antoure nou yo, si w kite yo reyini ansanm, n'a ale avèk yo, n'a goumen ak pitit Jakòb yo. Lè sa a, w'a bat yo.

[47] Yachoub te tande pawòl konseye l yo, e pawòl yo te fè l plezi ansanm ak pèp li a. Yachoub, wa Tanak la, te voye di tout wa moun Amori yo ki te antoure Sichèm ak Tanak.

[48] Li di:-Monte avè m, epi ede m. N'a touye Jakòb, Ebre a, ansanm ak tout pitit gason l yo, n'ap detwi yo sou latè, paske se konsa li te fè lavil Sichèm lan, ta sanble nou genlè pa konnen sa?

[49] Tout wa moun Amori yo te tande malè pitit Jakòb yo te fè nan lavil Sichèm la, e yo te sezi anpil pou yo.

[50] Sèt wa moun Amori yo ansanm ak tout lame yo, anviwon dimil (10.000) gason ak nepe, yo vini pou atake pitit Jakòb yo. Jakòb te vin konnen wa moun Amori yo te reyini pou goumen ak pitit gason l yo. E Jakòb te vin pè anpil, sa te fè l mal.

[51] Jakòb pran rele Simeyon ak Levi, li di yo:-Kisa nou fè konsa? Poukisa ou blese m konsa, pou ou mennen tout moun Kanaran yo kont mwen, pou detwi m ansanm ak tout fanmi m? Paske, mwen menm ansanm ak tout moun lakay mwen yo, mwen te nan repo. Men, ou vin fè m sa a, ou te pwovoke moun ki rete nan peyi a kont mwen akoz aksyon ou yo.

[52] Jida reponn papa l:-Eske frè m yo, Simeyon ak Levi te touye tout moun ki rete Sichèm yo pou anyen? Se paske Sichèm te imilye sè nou an, li te dezobeyi kòmandman BonDye nou an, ke Li te bay Noye ak pitit li yo, paske Sichèm te pran sè nou an ak fòs, li fè adiltè avè l.

[53] Sichèm te fè tout vye bagay sa a. Pa gen yonn nan moun ki te rete nan vil li a, ki te kontrarye l pou di l: Poukisa w'ap fè sa? Se poutèt sa frè m yo te ale, yo te bat vil la, e SENYÈ a te lage l nan men yo, paske moun ki t'ap viv yo te dezobeyi kòmandman BonDye nou an. Lè sa a, eske se pa pou anyen yo te fè tout bagay sa yo?

[54] Kounyeya, poukisa w pè oswa ou pran lapenn, poukisa w fache sou frè m yo? E poukisa w kòlè limen kont yo konsa?

[55] Se vre wi, BonDye nou an ki te lage lavil Sichèm nan ak pèp li a nan men frèm yo, Li pral lage tout wa Kananeyen yo k'ap vin atake nou yo, nan men nou, e n'a fè yo menm jan frè m yo te fè Sichèm.

[56] Kounyeya, rete trankil pou yo, jete laperèz ou yo, men mete konfyans ou nan SENYÈ a, BonDye nou an, epi priye l pou l ede nou, pou l delivre nou, epi pou l lage lènmi nou yo nan men nou.

[57] Aprè sa, Jida rele yonn nan sèvitè papa l yo:-Kounyeya, ale wè ki kote wa sa yo k'ap vin atake nou yo ak lame yo a ye.

[58] Domestik lan t'ale, li gade byen lwen, li moute anfas mòn Siyon an, li wè tout kan wa yo kanpe nan chan yo, epi l retounen kote Jida, li di l:-Gade wa yo kanpe nan chan an ak tout kan yo, yon pèp ki anpil anpil, tankou sab sou bò lanmè a.

[59] Aprè sa, Jida di Simeyon ak Levi, e tout frè l yo:-Pran fòs, se pou nou vanyan, paske SENYÈ a, BonDye nou an, la avèk nou. Nou pa bezwen pè yo.

[60] Chak moun! Leve kanpe, mare zam ou yo, banza yo ak nepe yo, epi nou pral goumen ak moun ki pa sikonsi sa yo. SENYÈ a se BonDye nou, Li pral delivre nou.

[61] Aprè sa, yo leve, yo chak mare zam yo pou y'ale nan lagè, gwo kou piti, onz pitit gason Jakòb yo, ak tout sèvitè Jakòb yo avèk yo.

[62] Epi tout sèvitè Izarak yo ki te avèk Izarak nan lavil Ebwon, yo tout te vin jwenn [moun pa Jakòb yo] avèk tout kalite enstriman lagè, pitit gason Jakòb yo ak sèvitè yo, yo te sandouz gason (112), yo te ale nan direksyon wa sa yo. E Jakòb te ale avèk yo tou.

[63] Pitit Jakòb yo te voye kote Izarak, granpapa yo, pitit gason Abraram nan, nan Ebwon, ki rele tou Kireat-Aba.

[64] Yo voye di l:-Lapriyè SENYÈ a, BonDye nou an, pou nou, pou l pwoteje nou anba men moun Kanaran yo k'ap vin atake nou yo, pou l lage yo nan men nou.

[65] Izarak, pitit gason Abraram lan, te lapriyè SENYÈ a pou pitit pitit gason l yo, li di:-SENYÈ BonDye, Ou te pwomèt papa m, Ou te di:-M'ap fè pitit pitit ou yo fè anpil pitit pitit tankou zetwal yo ki nan syèl la, Ou te pwomèt mwen sa tou. Enben kenbe pawòl Ou, alèkile men wa Kananeyen yo ap reyini ansanm, pou vin fè lagè ak pitit pitit mwen yo, paske yo pa t fè oken vyolans.

[66] Kounyeya, SENYÈ BonDye! BonDye tout latè, defòme konsèy wa sa yo pou yo pa goumen ak pitit gason m yo.

[67] Epi enpresyone kè wa sa yo ak pèp yo a avèk laperèz pitit gason m yo, fè lògèy yo desann, pou yo ka vire do bay pitit gason m yo.

[68] Avèk men fò Ou e ak bra Ou lonje, delivre pitit gason m yo ak sèvitè yo anba men yo, paske Ou gen pouvwa ak fòs nan Men w, Pou w fè tout bagay sa yo.

[69] Pitit gason Jakòb yo ak sèvitè yo te ale bò kote wa sa yo, yo te mete konfyans yo nan SENYÈ a, BonDye yo a, e pandan yo t'ap ale, Jakòb, papa yo, te lapriyè SENYÈ a tou, li di:-SENYÈ BonDye, BonDye Ki gen tout pouvwa e Ki leve byen wo a. Ki ap gouvènen depi nan tan lontan, depi la pou jouk kounyeya ak pou tout tan;

[70] Ou se Li menm Ki fè lagè epi Ki fè yo sispann, nan Men w genyen pouvwa ak fòs pou leve, e pou fè desann; O, se pou lapriyè m aksepte devan Ou pou Ou ka vire tounen kote mwen ak mizèrikòd Ou, se pou enpresyone kè wa sa yo ak pèp yo a, avèk laperèz pitit gason m yo, epi fè yo pè ak kan yo. Avèk gran konpasyon Ou, delivre tout moun sa yo ki mete konfyans yo nan Ou, paske se Ou menm ki ka mete moun anba nou epi redwi nasyon yo anba pouvwa nou.

35- Reyaksyon Amorit yo

[1] Tout wa peyi Amoreyen yo te vini, yo te kanpe nan chan yo pou yo te ka konsilte konseye yo sou sa ki te gen pou fèt kont pitit gason Jakòb yo paske yo te pè yo toujou, yo t'ap di:-Gade, se te de nan yo wi ki te touye tout lavil Sichèm nan.

[2] SENYÈ a te tande priyè Izarak ak Jakòb yo, e Li te ranpli kè tout konseye wa sa yo ak yon gwo lapè e ak laperèz. Jouk ke yo te di asanm ak yon sèl vwa konsa:

[3] Eske ou enbesil jodi a, oswa ou pa konprann menm, pou w'ap goumen ak Ebre yo, e poukisa w'ap pran plezi nan destriksyon w jòdi a?

[4] Gade, se de nan yo ki te rive lavil Sichèm san yo pa't pè ni yo pa't gen kè sote, yo touye tout moun ki te rete nan vil la, pa gen moun ki te kanpe kont yo, e ki jan ou pral kapab goumen ak yo tout?

[5] Ou konnen se vre: BonDye yo a renmen yo anpil, Li te fè gwo bagay pou yo, tankou ki pa t janm fèt depi nan tan lontan. Pami tout dye lòt nasyon yo, pa gen pèsonn ki ka fè tankou gwo mèvèy Li yo.

[6] Se vre wi, Li te delivre Abraram, papa yo, Ebre a, anba men Nimwòd ak nan men tout pèp li a ki anpil fwa t'ap chache touye l.

[7] Li te delivre l tou anba dife wa Nimwòd te jete l la, e BonDye li a te delivre l anba dife a.

[8] E kiyès lòt moun ki ka fè tankou sa? Se vre wi, se Abraram ki te touye senk wa Elam yo, lè yo te manyen pitit gason frè li a ki te rete Sodòm nan epòk sa a.

[9] Li pran domestik li a ki te fidèl nan kay li ak kèk nan mesye l yo, epi yo kouri dèyè wa Elam yo nan yon sèl lannwit, e touye yo, epi yo renmèt pitit gason frè l la tout byen li moun Elam yo te pran nan men li.

[10] Après sa, nou konnen BonDye Ebre sa yo kontan pran plezi avèk yo, epi yo menm tou yo pran plezi nan Li, paske yo konnen Li te delivre yo anba tout ènmi yo.

[11] Epi gade, atravè lanmou li te genyen pou BonDye li a, Abraram te pran sèl pitit gason l ki te gen anpil valè [nan je li] li te gen entansyon leve l kòm yon ofrann yo boule nèt pou BonDye l la, e si se pa BonDye ki te anpeche l fè sa, li t'ap fè sa akòz lanmou l genyen pou BonDye li a.

[12] Après sa, BonDye te wè tout travay li yo, Li te fè sèman ba li, Li pwomèt li L'ap delivre pitit gason l yo ak tout desandan li yo anba tout pwoblèm ki ta rive yo, paske l te fè bagay sa a, e akòz lanmou l pou BonDye li a, sa te vin toufe konpasyon li pou pitit li a.

[13] Eske nou pa t tande kisa BonDye yo a te fè Farawon, wa peyi Lejip la, ak Abimelèk, wa Gera, lè yo te pran madanm Abraram, ki te di sou li: Se sè mwen li ye, pou yo pa t touye l poutèt madanm li? Epi panse pran li pou madanm? E BonDye te fè yo ak pèp yo a, tout sa ou te tande a.

[14] Gade, nou menm nou te wè ak je nou ke Ezaou, frè Jakòb la, te vin jwenn li avèk katsan (400) gason, ak entansyon pou te touye l, paske l te sonje ke l te pran benediksyon papa l nan men li.

[15] Lè li te soti nan peyi Siri, li te al kontre l, pou l te frape manman ak timoun yo. Kiyès ki te delivre l anba men frè l la, eske se pa BonDye li an, ke li te mete konfyans li an? Li te delivre l anba men frè l ak men ènmi l yo, se siman l'ap pwoteje yo ankò.

[16] Ki moun ki pa konnen ke se te BonDye yo a ki te ba yo fòs, pou yo te fè lavil Sichèm nan sa ki mal ke nou te tande a?

[17] Èske se ak fòs pa yo de moun ki ta ka detwi yon gwo vil tankou Sichèm, si se pa BonDye yo a, ke yo te mete konfyans yo nan Li an? Li te di e Li te fè yo tout sa pou l te touye moun ki te rete nan vil yo a.

[18] Epi, èske w ka bat yo tout ki te soti nan vil ou a, pou w goumen ak yo tout, menm si mil fwa plis ta vin ede w ?

[19] Siman ou konnen epi ou konprann ou pa vin goumen ak yo, men ou vin fè lagè ak BonDye yo a ki te chwazi yo. E se poutèt sa, nou tout te vini jodi a la, men se pou destriksyon nou.

[20] Kounyeya, evite malè sa a ke n'ap chache mete sou tèt nou la, la pral pi bon pou nou pa al goumen ak yo, byenke yo pa anpil nan kantite, paske BonDye yo a avèk yo.

[21] Lè wa Amori yo te tande tout pawòl konseye yo te di yo, kè yo te vin pè anpil pitit Jakòb yo, yo pa t vle ale goumen ak yo.

[22] Yo panche zòrèy yo sou pawòl konseye yo a, epi yo te koute tout pawòl konseye yo a, paske l te fè wa yo plezi anpil, yo te obeyi.

[23] Aprè sa, wa yo te vire do bay pitit Jakòb yo, yo pa t vle pran chans pwoche bò kote yo pou fè lagè ak yo, paske yo te pè yo anpil, e kè yo te vin fonn nan yo paske yo te pè yo.

[24] Sa te soti nan SENYÈ a, paske Li te tande lapriyè Izarak ak Jakòb, sèvitè l yo, paske yo te mete konfyans yo nan Li. Jou sa a, tout wa sa yo te retounen ak kan yo, yo chak t'al nan vil pa yo, e yo pa t goumen ak pitit Jakòb yo nan epòk sa a.

[25] Jou sa a, pitit gason Jakòb yo te estasyone yo anfas mòn Siyon an pou jouk aswè. Lè yo wè wa sa yo pa t vin goumen ak yo, pitit Jakòb yo te vin retounen lakay yo.

36- Edòmiten yo pran Pouvwa
(Jenèz 35,36)

[1] Lè sa a, SENYÈ a te parèt devan Jakòb, li di l konsa:-Leve non, ale Betèl, rete la, fè yon lotèl la pou SENYÈ a ki parèt devan ou a, ki te delivre ou ak pitit gason ou yo anba afliksyon.

[2] Jakòb te leve ak pitit gason l yo ansanm ak tout sa ki te pou li yo, yo pati, yo rive Betèl jan SENYÈ a te di l la.

[3] Jakòb te gen katrevendisnevan (99) lè li te moute Betèl. Jakòb ak pitit gason l yo e tout moun ki te avè l yo te rete Betèl nan Louz. Li bati yon lotèl la pou SENYÈ a ki te parèt devan li an, Jakòb ak pitit li yo te rete Betèl simwa.

[4] Lè sa a, Debora, pitit fi Ouz, nouris Rebeka a, ki te avèk Jakòb, li te vin mouri, Jakòb te antere l anba Betèl, anba yon pye bwadchenn ki te la.

[5] Lè sa a tou, Rebeka, pitit fi Betwèl la, manman Jakòb, te vin mouri tou nan Ebwon, ki rele tou Kireat-Aba, epi yo te antere l nan gwòt Makpela Abraram te achte nan men pitit Et yo.

[6] Rebeka te gen santranntwazan (133 an), lè li te mouri. Lè Jakòb vin konnen Rebeka, manman l, te mouri, li te kriye anpil pou manman l, li te fè yon gwo lapenn pou li e pou Debora, nouris li a anba pye bwadchenn lan, li te rele kote sa a Allon-Bachouth.

[7] Lè sa a, Laban, moun lavil Aram lan [ki se Siri], li te mouri tou, BonDye te touye l paske l te dezobeyi alyans ki te genyen ant li ak Jakòb la.

[8] Jakòb te gen san tan (100) lè SENYÈ a te parèt devan l, li beni l, li rele l Izrayèl, e Rachèl, madanm Jakòb la, te vin ansent nan jou sa yo.

[9] Lè sa a, Jakòb ansanm ak tout moun li yo te kite Betèl pou y'al lakay papa l, lavil Ebwon.

[10] Pandan yo t'ap mache sou wout la, te gen yon ti wout pou rive Efrata, Rachèl te fè yon pitit gason, li fè l nan difikilte epi l mouri.

[11] Jakòb antere l sou wout ki mennen lavil Efrata, ki se Bètleyèm, epi l mete yon poto sou tonm li ki la jouk jòdi a. Rachèl te gen karannsenkan lè li te mouri.

[12] Jakòb te rele pitit gason Rachèl te fè pou li a: Benjamen, paske l te fèt nan peyi an adwat li.

[13] Aprè Rachèl te mouri, Jakòb moute tant li nan tant Bila, sèvant li a.

[14] Riben t'ap fè jalouzi pou Leya, manman l, li te fache anpil, li leve l'ale, li antre nan tant Bila li kouche ak madanm papa l.

[15] Lè sa a, yo te retire pòsyon dwa premye pitit gason an ansanm ak ofis yo genyen pou wa ak prèt yo nan men pitit Riben yo, paske li te derespekte kabann papa l. Epi yo te bay Jozèf dwa premye pitit la, e yo te bay Jida ofis wa a. Travay Prèt la te vin bay a Levi, paske Riben te sal kabann papa l.

[16] Sa yo se pitit Jakòb yo ki te fèt nan peyi Mezopotami, pitit gason Jakòb yo te douz.

[17] Pitit gason Leya yo se te, Riben premye pitit, Simeyon, Levi, Jida, Izaka, Zabilon ak Dina, sè yo. Pitit gason Rachèl yo se te Jozèf ak Benjamen.

[18] Pitit gason Zilpa, sèvant Leya a, se te Gad ak Asè, pitit gason Bila, sèvant Rachèl la, se te Dann ak Neftali. Se pitit gason sa yo, Jakòb te fè Mezopotami.

[19] Jakòb ak pitit gason l yo ansanm ak tout moun ki te avèk li yo pati, yo te rive Manmre, ki se Kireat-Aba, ki nan Ebwon, kote Abraram ak Izarak te rete a, Jakòb ansanm ak pitit gason l yo, e ak tout sa ki pou li yo te rete ansanm ak papa l nan Ebwon.

[20] Ezaou, frè Jakòb, ak pitit gason l yo, ansanm ak tout moun ki te pou li yo te ale nan peyi Seyi, yo te rete la. Yo te gen anpil byen nan peyi Seyi, pitit Ezaou yo te fè anpil pitit, e yo te miltipliye anpil nan peyi Seyi a.

[21] Men jenerasyon Ezaou ki te fèt pou li nan peyi Kanaran an Ezaou te gen senk pitit gason.

[22] Ada te fè pou Ezaou premye pitit li a, Elifaz, li te fè Reouyèl pou li tou. Olibama te fè pou li Jeouch, Yalam ak Kore.

[23] Se te pitit sa yo ki te fèt pou Ezaou nan peyi Kanaran. Pitit gason Elifaz yo, ki se pitit gason Ezaou an, se te Teman, Oma, Zefo, Gayetan, Kenaz ak Amalèk. Pitit gason Reouyèl yo se te Nakat, Zerak, Chama ak Miza.

[24] Pitit gason Jeouch yo se te: Timna, Alva, Jetèt. Men non pitit gason Yalam yo: Ala, Finò ak Kenaz.

[25] Pitit gason Kore yo se te: Teman, Mibza, Magdiyèl ak Eram. Sa yo se te fanmi pitit gason Ezaou yo, daprè chèf yo nan peyi Seyi a.

[26] Men non pitit Seyi, moun Ori yo, ki te rete nan peyi Seyi a Lotan, Chobal, Zibeyon, Ana, Dichan, Ezè ak Dichon.

[27] Pitit Lotan yo se te Ori, Eman ak Timna, sè yo, se te Timna sa ki te vin jwenn Jakòb ak pitit gason l yo, men yo pa t vle koute l. Li ale, li vin yon fanm kay pou Elifaz, pitit gason Ezaou a, epi li te fè Amalèk pou li.

[28] Pitit gason Chobal yo se te Alvan, Manakat, Ebal, Chefo ak Onam. Pitit gason Zibeyon yo se te Aja ak Anak. Se Anak sa a ki te jwenn Yemim yo nan dezè a, lè li t'ap bay bourik Zibeyon yo, papa l manje.

[29] Pandan li t'ap bay bourik papa l yo manje, li te mennen bourik yo nan dezè a nan diferan moman pou l te bay yo manje.

[30] Epi, te gen yon jou, li te mennen yo nan youn nan dezè yo, ki te sou bò lanmè a, anfas dezè pèp la, e pandan li t'ap ba yo manje, li gade, li wè yon gwo tanpèt ki te soti lòt bò lanmè a. Tanpèt lan te vin poze sou bourik yo ki t'ap manje laba, e yo tout te kanpe, san yo pa deplase.

[31] Après sa, anviwon sanven (120) bèt terib soti nan savann nan, nan lòt bò lanmè a, e yo tout te rive kote bourik yo te ye a, e yo te vin mete tèt yo la.

[32] Après sa, bèt sa yo, depi nan mitan yo rive desann, yo te gen fòm pitit lèzòm, e soti nan mitan yo rive anlè, genyen kèk ki te genyen pòtre ak lous, e lòt ki te sanble ak resanblans mwatye moun mwatye bèt, ki te genyen ke dèyè yo, soti nan mitan zepòl yo rive desann touche tè a, tankou ke ducheephath la, bèt sa yo te vini, yo monte sou bourik sa yo, e mennen yo ale, epi yo te ale nèt pou jouk jounen jòdi a.

[33] Kounyeya yonn nan bèt sa yo te pwoche bò kote Anak, li te frape l ak ke li, epi li te kouri kite kote sa a.

[34] Lè li te wè travay sa a, li te pè anpil pou lavi l, li kouri chape kò l nan lavil la.

[35] Aprè sa, li rakonte pitit gason l yo ak frè l yo tout sa ki te rive l, e anpil moun te ale chèche bourik yo, men yo pa t ka jwenn yo, e Anak ak frè l yo pa t ale kote sa a ankò depi jou sa a, paske yo te pè anpil pou lavi yo.

[36] Pitit gason Anak yo, ki se pitit gason Seyi a, te fè Dichon ak Olibama, sè li a. Pitit gason Dichon yo se te: Emdan, Echban, Itran ak Keran; pitit gason Ezè yo se te: Bilan, Zaavan ak Akan, Pitit gason Dichan yo se te Ouz ak Aran.

[37] Se sa yo ki te fanmi Seyi, moun Ori an, daprè chèf yo nan peyi Seyi a.

[38] Ezaou ak pitit li yo te rete nan peyi Seyi a moun Ori yo, ki te rete nan peyi a. Yo te gen byen ladan l, yo te fè anpil pitit e yo te miltipliye anpil; e Jakòb, ak pitit li yo, ak tout moun ki te pou li yo, te abite ak papa yo Izarak nan peyi Kanaran jan SENYÈ a te kòmande Abraram, papa yo.

37- Lagè Kananeyen yo kòmanse

(Alizyon nan Jenèz 48:22)

[1] Aprè sa, nan san senkyèm ane (105) nan lavi Jakòb la, ki se nevyèm ane depi Jakòb te rete ak pitit li yo nan peyi Kanaran, lè'l te soti Mezopotami an.

[2] Lè sa a, Jakòb te kite Ebwon ansanm ak pitit li yo, yo te retounen nan lavil Sichèm ansanm ak tout moun ki te pou li yo, yo te abite la. Paske, pitit Jakòb yo te jwenn yon bon patiraj byen gra pou bèt yo nan lavil Sichèm. Lè sa a, lavil Sichèm lan te rebati. Te gen anviwon twasan (300) gason ak fanm.

[3] Jakòb ak pitit li yo ansanm ak tout sa ki te pou li yo, te rete nan jaden Jakòb te achte nan men Amò, papa Sichèm, lè li te soti Mezopotami, anvan Simeyon ak Levi te detwi lavil la.

[4] Tout wa moun Kananeyen yo ak wa Amori yo, ki te antoure lavil Sichèm, yo te vin konnen pitit Jakòb yo te retounen Sichèm ankò pou yo te rete la.

[5] Yo t'ap di:-Eske pitit gason Jakòb yo, Ebre an, vin retounen nan vil la ankò, pou vin rete ladan l, aprè yo fin bat moun ki te rete nan lavil la, e fin mete yo deyò? Èske yo pral retounen kounyeya epi mete moun ki abite nan vil la deyò oswa touye yo?

[6] Tout wa Kanaran yo reyini ankò, yo te reyini ansanm pou fè lagè avèk Jakòb e ak pitit gason l yo.

[7] Yachoub, wa Tanak, te voye rele tout wa vwazen li yo, li rele Elan, wa Gaas, ak Jiwouri, wa Silo, ak Paraton, wa Kazar, ak Souzi, wa Sarton, ak Laban, wa Bètkoran, ak Chabi, wa Otnayma, li di yo:

[8] Monte vin jwenn mwen, vin ede m, ann touye Jakòb, Ebre a, ansanm ak pitit gason l yo ansanm ak tout moun ki pou li yo, paske yo retounen Sichèm ankò pou yo pran l, avèk pou yo touye [rès] moun ki rete ladanl kounyeya menm jan avèk moun ki te abite ladanl avan yo.

[9] Aprè sa, tout wa sa yo te reyini ansanm, yo vini ak tout kan yo, yon pèp ki te anpil tankou sab bò lanmè, e yo tout te anfas Tanak.

[10] Yachoub, wa Tanak la, te soti al jwenn yo ansanm ak tout lame li a, li moute kan l yo anfas Tanak, andeyò lavil la. Yo separe tout wa sa yo nan sèt divizyon, yo te fè sèt kan kont pitit Jakòb yo.

[11] Yo voye yon mesaj bay Jakòb ak pitit gason l yo. Yo di l:-Nou tout, vin jwenn nou pou n'a l fon fas kare ansanm nan plenn lan, pou n'a l tire revanj moun Sichèm yo, ke ou menm ou te touye nan lavil yo a. Kounyeya, ou vin retounen lavil Sichèm lan ankò, w'ap rete ladan l, w'ap [vin] touye moun ki rete ladan l yo tankou anvan.

[12] Pitit gason Jakòb yo te tande sa, yo te fache anpil avèk pawòl wa Kananeyen yo, e dis nan pitit gason Jakòb yo te prese leve, yo chak te mare zam yo pou yo t'al fè lagè. Te gen san de (102) nan sèvitè yo, ki te avèk yo ekipe pou lagè.

[13] Tout mesye sa yo, pitit gason Jakòb yo ansanm ak sèvitè yo, te ale bò kote wa sa yo. Jakòb, papa yo, te avèk yo, e yo tout te kanpe sou pil wòch Sichèm lan.

[14] Jakòb lapriyè SENYÈ a pou pitit gason l yo, li lonje men l bay SENYÈ a, li di:-O BonDye, Ou se BonDye ki gen tout pouvwa a, Ou se Papa nou, Ou te fòme nou e nou se travay men Ou; Mwen priye w, delivre pitit gason m yo, atravè mizèrikòd Ou, anba men ènmi yo, k'ap vin goumen ak yo jodia. Epi sove yo anba men yo, paske se nan Men w ki gen pouvwa ak fòs, pou sove yon ti ponyen moun anba men anpil moun.

[15] Epi, bay pitit gason m yo, sèvitè Ou yo, kouraj nan kè ak fòs pou yo goumen ak ènmi yo, pou yo soumèt yo, epi fè ènmi yo tonbe devan yo, pa kite pitit gason m yo ak sèvitè yo mouri nan men pitit moun peyi Kanaran yo.

[16] Men, si li ta sanble l bon nan zye w Pou w retire lavi pitit gason m yo ak sèvitè yo, pran yo nan gran mizèrikòd Ou atravè men minis Ou yo, pou yo pa peri jodi a anba men wa moun Amori yo.

[17] Lè Jakòb te sispann lapriyè SENYÈ a, tè a pran tranble byen fò, solèy la te fè nwa, tout wa sa yo te pè e yon gwo kè sote te pran yo.

[18] SENYÈ a te koute lapriyè Jakòb la, e SENYÈ a te enpresyone kè tout wa sa yo, ak tout lame yo avèk laperèz e ak krentif pitit Jakòb yo.

[19] Paske SENYÈ a te fè yo tande vwa cha lagè, vwa chwal vanyan sòlda k'ap soti kote pitit gason Jakòb yo, ak vwa yon gwo lame ki t'ap mache avèk yo.

[20] Aprè sa, wa sa yo te pè anpil pitit gason Jakòb yo, e pandan yo te kanpe nan zòn yo, yo gade yo wè pitit Jakòb yo t'ap avanse sou yo, avèk san douz gason, ak yon gwo kokennchenn rèl.

[21] Lè wa yo te wè pitit gason Jakòb yo t'ap avanse nan direksyon yo, yo te panike plis toujou, e yo te gen tandans fè bak devan pitit Jakòb yo tankou anvan, pou yo pa't goumen ak yo.

[22] Men, yo pa t fè bak, yo t'ap di: Se t'ap yon wont pou nou, pou se de fwa nou kite pou Ebre yo.

[23] Pitit gason Jakòb yo pwoche bò kote tout wa sa yo ak tout lame yo, yo wè se te yon pèp ki te gen anpil pouvwa, tankou sab bò lanmè a.

[24] Pitit Jakòb yo rele SENYÈ a, yo di:-Ede nou, SENYÈ, ede nou epi reponn nou, paske nou mete konfyans nou nan Ou, pinga nou mouri nan men moun ki pa sikonsi sa yo, ki te vini kont nou jodia.

[25] Pitit gason Jakòb yo te mare zam yo pou fè lagè, yo chak pran plak pwotèj yo ak frenn yo nan men yo, epi yo pwoche bò kote batay la.

[26] Aprè sa, Jida, pitit gason Jakòb la, te kouri devan frè l yo an premye, ak dis nan sèvitè l yo avèk li al jwenn wa sa yo.

[27] Epi Yachoub, wa Tanak la, te soti tou an premye ak lame li a devan Jida. Jida wè Yachoub ak lame li a t'ap vin jwenn li. Kòlè Jida te monte l, e kòlè li t'ap boule nan li, li te kontinye ap pwoche bò kote batay la, pou jouktan Jida te riske lavi l.

[28] Yachoub ak tout lame li a t'ap avanse nan direksyon Jida, li te monte sou yon chwal ki te gen anpil fòs e ki te gen anpil pouvwa. Yachoub te yon nonm vanyan anpil, li te kouvri [kò l] ak fè e ak kwiv, depi nan tèt rive jouk [nan] pye.

[29] Epi pandan li te sou chwal la, li te ap tire flèch ak tou de men l yo, devan ak dèyè, jan l te konn abitye fè l nan tout batay li yo, epi l pa janm rate kote l te vize flèch li yo.

[30] Lè Yachoub te rive ap goumen ak Jida, li t'ap tire anpil flèch sou Jida, SENYÈ a te mare men Yachoub, e tout flèch li te tire yo, yo te tonbe sou pwòp moun pa l yo.

[31] Malgre sa, Yachoub te kontinye avanse nan direksyon Jida, pou l te konteste l ak flèch yo, men distans ant yo, te apeprè trant pye, e lè Jida wè Yachoub t'ap voye flèch li yo sou li, li kouri al jwenn li ak pouvwa kòlè li [ki te] eksite.

[32] Jida pran yon gwo wòch ki te atè a, ki te peze swasant pyès, epi Jida kouri al jwenn Yachoub, li frape l sou plak pwotèj li a ak wòch la. Se konsa, Yachoub te sezi ak kou a, li te tonbe atè sou chwal li a.

[33] Aprè sa, gwo plak pwotèj la, pete nan men Yachoub, ak yon sèl fòs kou, li vole ale nan yon distans apeprè kenz pye, plak pwotèj li a tonbe devan dezyèm kan an.

[34] Aprè sa, wa ki te vini ak Yachoub yo te wè byen lwen fòs Jida, pitit gason Jakòb la, ak sa l te fè Yachoub, yo te vin pè Jida.

[35] Yo rasanble toupre kan Yachoub la, lè yo te wè jan Yachoub te etone, Jida rale nepe l, li touye karannde (42) gason nan kan Yachoub la. Rès moun nan kan Yachoub la, pran kouri pou Jida, pa t gen moun ki te kanpe kont li, yo te kite Yachoub, yo pran kouri, e Yachoub te toujou pwostène atè a

[36] Lè Yachoub wè tout mesye l yo te kouri kite l nan kan li a, li prese kanpe, li leve ak laperèz pou Jida, li kanpe sou pye l anfas Jida.

[37] Yachoub te fè yon sèl batay ak Jida, li te mete plak pwotèj sou plak pwotèj. Men tout moun Yachoub yo te kouri, paske yo te pè Jida.

[38] Yachoub te pran rale frenn li mete nan men l pou l te frape Jida nan tèt li, men Jida te fè vit li te mete plak pwotèj li sou tèt li kont frenn Yachoub la. Se konsa, plak pwotèj Jida a te resevwa kout frenn Yachoub la, epi plak pwotèj li a te fann an de.

[39] Lè Jida te wè plak pwotèj li a te fann, li prese rale nepe l, li frape Yachoub nan je pye l, li koupe pye l, Yachoub vin tonbe atè, epi frenn lan tonbe nan men l.

[40] Jida prese pran frenn Yachoub la, li koupe tèt li epi li jete l devan pye l.

[41] Lè pitit gason Jakòb yo te wè sa Jida te fè Yachoub, yo tout pran kouri al nan ranje lòt wa yo, epi pitit gason Jakòb yo pran goumen ak lame Yachoub la e ak lame tout wa ki te la yo.

[42] Pitit gason Jakòb yo te fè kenz mil (15,000) moun nan lame yo a tonbe, pitit Jakòb yo ba yo yon sèl kal tankou si yo t'ap frape nan yon ti pye masketi, epi rès yo kouri pou sove lavi yo.

[43] Jida te toujou kanpe bò kadav Yachoub la, li te wete rad ki te sou Yachoub ki fèt an fè sou li a.

[44] Aprè sa, Jida wete fè ak kwiv ki te bò kote Yachoub la, epi nèf gason nan chèf fanmi Yachoub yo t'ap vini pou yo te atake Jida.

[45] Men, Jida te prese pran yon wòch atè a, li te frape youn nan yo nan tèt, epi zo bwa tèt li kase, epi kò a tou tonbe soti sou chwal la atè.

[46] Aprè sa, wit kòmandan ki te rete yo, lè yo te wè fòs Jida, yo te pè anpil, e pran kouri, Jida ak dis mesye l yo te kouri dèyè yo, e pran yo, e yo te touye yo.

[47] Pitit gason Jakòb yo te toujou ap frape lame wa yo, e yo te touye anpil nan yo, men wa sa yo avèk kouraj yo te kenbe pozisyon yo ak kòmandan yo, yo pa t kite kote yo te ye a. Yo t'ap rele byen fò dèyè lame yo ki te kouri devan pitit Jakòb yo, men pèsonn pa t koute yo, paske yo te pè pou lavi yo, pou yo pa t mouri.

[48] Aprè tout pitit gason Jakòb te fin bat lame wa yo, yo retounen vin devan Jida. Jida te kontinye ap touye wit chèf Yachoub yo, li t'ap dezabiye yo

[49] Levi wè Elon, wa peyi Gaach la, ki t'ap mache sou li ansanm ak katòz chèf li yo, pou yo te vin bat li, men Levi pa t konnen si se te sa yo t'ap vin fè.

[50] Elon ak chèf li yo pwoche pi pre, epi Levi gade dèyè, li te wè nèg batay yo te rive sou li pa dèyè, Levi kouri ak douz nan sèvitè l yo, epi yo ale, yo touye Elon ak chèf li yo avèk kout nepe.

38- Lagè Kananeyen yo kontinye

(Alizyon nan Jenèz 48:22)

[1] Iuri, wa peyi Silo a, te moute vin ede Elon, li te pwoche bò kote Jakòb, epi Jakòb te rale banza li ki te nan men l, li frape Iuri ak yon flèch ki vin lakòz lanmò li.

[2] Lè Iuri, wa Silo a, te mouri, kat wa ki te rete yo te kouri kite pozisyon yo ansanm ak rès kòmandan yo, epi yo t'ap fè efò pou yo te fè bak, yo t'ap di: Nou pa gen fòs ankò ak Ebre yo, aprè yo fin touye twa wa yo, ak chèf yo ki te gen plis pouvwa pase nou.

[3] Lè pitit gason Jakòb yo te wè rès wa yo te kite pozisyon yo, yo kouri dèyè yo, Jakòb te soti nan pilye Sichèm nan kote l te kanpe a, yo pati dèyè wa yo epi yo pwoche bò kote wa yo ak sèvitè yo.

[4] Epi wa yo, kòmandan yo ansanm ak rès lame yo, te wè pitit gason Jakòb yo te pwoche bò kote yo, yo te pè pou lavi yo, yo kouri met deyò jouk yo rive lavil Kazar.

[5] Pitit gason Jakòb yo te kouri dèyè yo rive jouk nan pòtay lavil Kazar, jouk yo te fè yon gwo frape nan mitan wa yo ak lame yo, anviwon katmil (4.000) gason, e pandan pitit Jakòb yo t'ap bat lame wa yo, Jakòb te vin okipe nan frape ak banza li, li te ranje kòl on fason pou l te frape wa yo, epi l te vin touye yo tout.

[6] Jakòb te touye Paraton, wa Kazar, bò pòtay lavil Kazar. Aprè sa, li te touye Souzi, wa Saton, ak Laban, wa Bètkorin, ak Chabi, wa Maknayima. Li te touye yo tout ak flèch, yon flèch pou chak nan yo, epi yo te mouri.

[7] Pitit gason Jakòb yo te wè tout wa yo te fin mouri e yo te kraze, e yo t'ap fè bak, yo te kontinye ap goumen ak lame wa yo anfas pòtay Kazar, yo te bat anviwon katsan (400) sòlda.

[8] Twa gason nan sèvitè Jakòb yo te tonbe nan batay sa a. Lè Jida te wè twa nan sèvitè l yo te mouri, sa te fè l lapenn anpil, e li te fache anpil sou moun Amori yo.

[9] Tout rès mesye ki te rete nan lame wa yo te pè anpil pou lavi yo, yo te pran kouri, yo kraze pòtay miray lavil Kazar la, yo tout te antre nan vil la pou sekirite.

[10] Epi yo te kache nan mitan lavil Kazar la, paske vil Kazar te gwo anpil, lè tout lame sa yo te antre nan vil la, pitit gason Jakòb yo te kouri dèyè yo nan vil la.

[11] Aprè sa, kat vanyan sòlda, ki te gen eksperyans nan batay, soti nan vil la, yo kanpe devan papòt lavil la ak nepe e ak frenn nan men yo. Epi yo mete tèt yo anfas pitit gason Jakòb yo, yo pa t vle kite yo antre nan vil la.

[12] Nèftali te pran kouri, li te vini nan mitan yo, li te frape de nan yo ak nepe l, li koupe tèt yo yon sèl kou.

[13] Epi li vire tounen kote de lòt yo, men li te wè yo te kouri, li te kouri dèyè yo, li pran yo, li bat yo byen bat li touye yo.

[14] Pitit gason Jakòb yo te rive nan vil la, yo gade, yo te wè gen yon lòt miray nan lavil la, yo t'ap chache pòtay miray la, yo pa t ka jwenn li, men Jida te vin grenpe monte sou tèt miray la. Simeyon ak Levi te swiv li, epi yo twa te desann soti sou miray la yo t'ale nan lavil la.

[15] Aprè sa, Simeyon ak Levi te touye tout moun ki te kouri pou yo te sove lavi yo nan vil la, ansanm ak anpil moun ki te rete nan vil la, swa madanm yo, timoun piti yo, yo te touye yo ak kout nepe, epi kri rèl lavil la te monte jouk nan syèl la.

[16] Dann ak Neftali te monte sou miray la pou yo te wè kisa ki te koz plenn lan, paske pitit gason Jakòb yo te enkyete pou frè yo, yo te vin tande moun ki t'ap viv nan vil la t'ap kriye, yo t'ap sipliye, yo t'ap di:-Pran tout bagay sa yo ke nou posede nan vil la, epi ale fè rout nou, sèlman pa touye nou.

[17] Lè Jida, Simeyon ak Levi te sispann frape moun ki te rete nan vil la, yo te moute sou miray la ki te [anndan], yo te rele Dann ak Neftali ki te sou miray pa [deyò an] ansanm ak rès frè l yo. Simeyon ak Levi te fè yo konnen antre lavil la, aprè sa tout pitit gason Jakòb yo te vin pran piye lavil la.

[18] Pitit gason Jakòb yo te piyaje lavil Kazar: Mouton yo, bèf yo, ak byen yo, epi yo te pran tout sa yo te kapab pote ale, yo te pati jou sa a kite lavil la.

[19] Nan denmen, pitit gason Jakòb yo te ale nan vil Sarton, paske yo te tande moun Sarton yo ki te rete nan vil la t'ap rasanble, pou yo te vin goumen ak yo, paske pitit gason Jakòb yo te touye wa yo a, e Sarton te yon vil ki te wo e antoure ak miray, anplis te gen yon miray ranpa ki te fon e ki te viwonnen vil la.

[20] Poto ranpa a te anviwon senkant pye ak karant pye lajè, e pa t gen plas pou moun te antre nan vil la poutèt ranpa a, pitit gason Jakòb yo te wè ranpa vil la. Yo t'ap chache yon antre ladan l men yo pa t kapab jwenn li.

[21] Paske antre lavil la te pa dèyè, tout moun ki te vle antre nan lavil la, te vin pase nan wout sa a, se pou yo te fè wonn tout lavil la, se fason sa pou li te antre nan vil la.

[22] Pitit gason Jakòb yo te wè yo pa t kapab jwenn chemen pou antre nan vil la, yo te fache anpil, lè moun ki te rete nan vil la te wè pitit gason Jakòb yo t'ap vin jwenn yo, yo te vin pè anpil. Paske yo te tande pale de fòs yo ak sa yo te fè [lavil] Kazar lan.

[23] Epi moun yo ki te rete nan vil Sarton an, pa t kapab soti al jwenn pitit Jakòb yo, aprè yo te fin rasanble nan vil la pou yo te goumen kont pitit Jakòb yo. Paske moun Sarton yo pa t vle pitit Jakòb yo antre nan vil la. Se sa kifè lè yo te wè pitit Jakòb yo t'ap vin jwenn yo; yo te pè anpil, paske yo te tande pale de fòs pitit gason Jakob yo ak sa yo te fè Kazar.

[24] Se konsa, abitan yo ki te rete nan vil Sarton an, yo te fè vit yo retire pon wan ki te deyò nan wout lavil lan, anvan pitit gason Jakòb yo te vini, epi yo mennen pon wan anndan lavil la.

[25] Pitit gason Jakòb yo te vini, yo t'ap chache chemen ki mennen nan lavil la, yo pa t kapab jwenn li. Abitan yo te moute sou tèt miray la, yo te wè yo, yo t'ap gade pitit gason Jakòb yo ki t'ap chache yon antre nan vil la.

[26] Moun yo nan vil la t'ap joure pitit Jakòb yo depi anwo miray la, yo t'ap ba yo madichon, pitit Jakòb yo te tande jouman yo, yo te fache anpil.

[27] Pitit Jakòb yo te pwovoke kont yo, yo tout leve, yo vole sou ranpa ak fòs yo, epi ak fòs yo, yo te pase karant pye lajè ranpa.

[28] Lè yo te fin pase ranpa, yo te kanpe anba miray lavil la, se la yo te jwenn tout pòtay lavil la te fèmen ak pòt an fè.

[29] Pitit gason Jakòb yo pwoche pou yo te kase pòt yo nan pòtay lavil la. Men, moun ki te rete nan vil la pa t kite yo, paske depi anwo miray la, yo t'ap voye wòch ak flèch sou yo.

[30] Epi kantite moun ki te sou miray la te anviwon katsan (400) moun, e lè pitit gason Jakòb yo te wè moun ki te nan vil la pa t kite yo louvri pòtay lavil la, yo te kouri e pran elan yo monte sou tèt miray la. Jida te moute sou bò solèy leve nan lavil la.

[31] Gad ak Asè moute dèyè l nan kwen lwès lavil la, Simeyon ak Levi nan nò, e Dann ak Riben nan sid.

[32] Mesye yo ki te sou tèt miray la, abitan vil la, lè yo te wè pitit gason Jakòb yo t'ap vin jwenn yo, yo tout te kouri kite miray la, yo te desann nan lavil la, yo t'al kache kò yo nan mitan vil la.

[33] Izaka ak Neftali ki te rete kanpe anba miray la, pwoche e yo kraze pòtay lavil la, yo limen yon dife nan pòtay lavil la, pou jouk tan fè a fonn, epi tout pitit gason Jakòb yo te antre nan lavil la. Tout sèvitè yo ansanm ak pitit gason Jakòb yo, yo pran goumen ak moun ki te rete lavil Sarton yo, yo touye yo ak kout nepe, e pèsonn pa t ka reziste kont yo.

[34] Aprè sa desan (200) moun kouri kite lavil la, epi yo tout te al kache nan yon gwo fò won nan [yon] vil, Jida kouri dèyè yo nan gwo fò won an epi l kraze gwo fò won an, ki te tonbe sou mesye yo, epi yo tout te mouri.

[35] Pitit gason Jakòb yo te moute sou teras ki te mennen sou do fò won sa a, yo wè te gen yon lòt gwo fò won byen wo, men ki te byen lwen nan vil la, epi tèt fò an te wo anpil, kòmsi li te [sanble] rive nan syèl la. Pitit gason Jakòb yo prese desann, yo ale ak tout mesye yo nan gwo fò won sa a, e yo jwenn li te plen ak anviwon twasan gason (300), fanm ak ti moun.

[36] Pitit gason Jakòb yo te pete yon sèl goumen nan mitan moun sa yo ki te nan gwo fò won an, epi yo te pran kouri met deyò pou yo.

[37] Simeyon ak Levi te pran kouri dèyè yo, lè sa douz vanyan sòlda te soti vin jwen yo, kote yo te kache a.

[38] Epi douz mesye sa yo te kenbe yon gwo batay kont Simeyon ak Levi, e Simeyon ak Levi pa t kapab bat yo, e vanyan sòlda sa yo te kraze plak pwotèj Simeyon ak Levi, epi youn nan yo ta pral frape tèt Levi ak nepe li. Men, Levi te prese mete men l nan tèt li, paske li te pè epe a, e nepe a te frape men Levi, epi li te manke sèlman on ti moso pou l te koupe men Levi.

[39] Aprè sa, Levi te pran nepe nonm vanyan an nan men l, li te wete l nan men nonm lan avèk fòs, li frape tèt nonm vanyan an, li koupe tèt li.

[40] Epi onz gason yo pwoche pou yo te goumen ak Levi, paske yo te wè ke youn nan yo te mouri, pitit gason Jakòb yo te goumen, men pitit gason Jakòb yo pa t kapab domine sou yo, paske mesye sa yo te gen anpil fòs.

[41] Lè de pitit Jakòb yo wè yo pa t kapab bat onz vayan sòlda sa yo, Simeyon te fè yon gwo rèl, epi onz sòlda yo te sezi tande vwa Simeyon ki t'ap rele.

[42] Epi, Jida te konnen vwa sa ki t'ap rele byen lwen an se te Simeyon, e Neftali ak Jida te kouri ak plak pwotèj yo, pou yo te al jwenn Simeyon ak Levi. Yo te jwenn yo ap goumen ak mesye pwisan sa yo, men yo pa t kapab genyen batay la, paske gwo plak pwotèj yo a te kraze.

[43] Nèftali te wè gwo plak pwotèj Simeyon ak Levi yo te kraze, li pran de plak pwotèj sèvitè l yo, li lonje yo bay Simeyon ak Levi.

[44] Jou sa a, Simeyon, Levi ak Jida; yo twa te goumen ak tout onz vanyan sòlda yo, pou jouk lè solèy te kouche, men yo pa t kapab bat yo.

[45] Yo te di Jakòb sa, li te pran lapenn anpil, li tanmen lapriyè SENYÈ a, aprè sa li menm ak Neftali, pitit gason l lan, al goumen ak vanyan sòlda sa yo.

[46] Jakòb te avanse, li rale banza l, li te pwoche pi pre kote vanyan sòlda yo, li touye twa nan sòlda yo ak banza li a, e wit rès yo te retounen dèyè, yo te wè lagè a t'ap mennen mal pou yo devan ak dèyè. Yo te pè anpil pou lavi yo, yo pa t kapab kanpe devan pitit Jakòb yo, yo te pran kouri pou yo.

[47] Pandan yo t'ap kouri, yo rankontre Dann ak Asè ki t'ap vin jwenn yo. Yo kwaze bab pou bab avèk yo, yo goumen ak yo, pitit Jakòb yo touye de nan yo. Jida ak frè l yo kouri dèyè yo, epi yo touye rès yo.

[48] Tout pitit gason Jakòb yo te retounen, yo t'ap mache nan tout vil la, yo t'ap chache konnen si yo p'ap jwenn nenpòt moun ankò. Yo jwenn anviwon ven jenn gason nan yon gwòt nan vil la. Gad ak Asè te bat yo tout, e Dann ak Neftali te desann sou rès mesye ki te kouri met deyò a, ki te chape anba dezyèm gwo fò won an, epi yo bat yo tout.

[49] Pitit gason Jakòb yo te touye tout vayan sòlda ki te rete nan vil Sarton an, men yo te kite medam yo ak timoun piti yo nan vil la, yo pa t touye yo.

[50] Epi tout moun ki te rete nan vil Sarton yo se te moun ki te pwisan, youn nan yo t'ap ka kouri dèyè mil, e dimil nan rès moun sa yo pa t'ap ka chape anba men de nan yo.

[51] Men, pitit gason Jakòb yo te touye tout moun [pwisan sa yo] ki te rete nan lavil Sarton an ak kout nepe, san pèsonn pa t ka [kontinye] kanpe kont yo, epi yo te kite medam yo nan lavil la.

[52] Pitit gason Jakòb yo te pran tout piye vil la, yo pran sa yo te vle, yo te pran mouton, bèf ak byen nan vil la, pitit gason Jakòb yo te fè Sarton ak moun ki te rete ladan l yo menm jan yo te fè l Kazar ak moun ki te rete ladan yo, epi yo vire, yo pati.

39- Lagè Kananeyen yo kontinye

(Alizyon nan Jenèz 48:22)

[1] Lè pitit gason Jakòb yo te kite lavil Sarton, yo te desan anviwon (200) koude lè yo te rankontre ak moun Tanak yo ki t'ap vin jwenn yo, paske yo te soti pou yo t'al goumen ak yo, akoz pitit Jakòb yo te bat wa Tanak ak tout mesye l yo.

[2] Se konsa, tout moun ki te rete nan lavil Tanak yo, te soti al goumen ak pitit Jakòb yo, moun lavil Tanak yo te fè panse pou piye pitit Jakòb yo menm jan yo te piye Kazar ak Sarton.

[3] Rès mesye Tanak yo te goumen ak pitit Jakòb yo nan kote sa a, pitit gason Jakòb yo te bat yo, moun yo te pran kouri devan yo, pitit Jakòb yo pran kouri dèyè yo rive jouk lavil Abèlan, epi tout mesye Tanak yo te tonbe devan pitit gason Jakòb yo.

[4] Pitit Jakòb yo te retounen, yo te rive Tanak pou yo te pran tout sa ki te nan lavil Tanak la, e lè yo te rive Tanak, yo te tande moun lavil Abèlan yo te soti pou yo t'al rankontre yo pou yo te sove piye frè yo. Pitit gason Jakòb yo te kite dis nan moun pa yo lavil Tanak pou yo te piye lavil la, epi yo pati al jwenn moun lavil Abèlan yo.

[5] Mesye Abèlan yo te soti ansanm ak madanm yo pou yo t'al goumen ak pitit Jakòb yo, paske madanm yo te gen eksperyans nan batay, anviwon katsan gason ak fanm

[6] Aprè sa, tout pitit gason Jakòb yo te pran rele byen fò, yo tout te kouri al jwenn moun ki te rete lavil Abèlan yo, ak yon gwo vwa fò.

[7] Moun ki te rete lavil Abèlan yo te tande bri pitit Jakòb yo, t'ap rele byen fò, yo gwonde tankou bri lyon, tankou gwo bri lanmè a ak vag li yo.

[8] Epi, laperèz te pran kè yo, yo te vin pè pitit Jakòb yo anpil, yo te pran retounen, yo te kouri devan yo nan vil la, epi pitit gason Jakòb yo te kouri dèyè yo, pou rive jouk nan pòtay lavil la, se konsa yo te rive sou yo nan vil la.

[9] Pitit gason Jakòb yo te goumen ak yo nan vil la, e tout medam yo te angaje nan tire fistibal sou pitit gason Jakòb yo, e batay la te di anpil, li te dire tout jounen an rive jouk aswè.

[10] Pitit gason Jakòb yo pa t kapab domine sou yo, pitit Jakòb yo te prèske peri nan batay sa a, lè sa a pitit Jakòb yo te rele nan pye SENYÈ a, e yo te pran fòs nan aswè, epi yo te bat tout moun ki te rete nan Abèlan ak nepe, gason kou fanm ak timoun piti

[11] Epi tou rès pèp la ki te kouri kite Sarton, pitit gason Jakòb yo bat yo nan lavil Abèlan, pitit gason Jakòb yo te fè Abèlan ak Tanak menm jan yo te fè Kazar ak Sarton, lè medam yo te wè tout mesye yo te mouri, yo moute sou tèt kay yo nan vil la, yo voye wòch sou pitit gason Jakòb yo tankou lapli.

[12] Pitit gason Jakòb yo te prese antre nan vil la, yo mete men sou tout medam yo, yo touye yo ak kout nepe. Pitit gason Jakòb yo pran tout piyay yo ak byen yo, mouton, bèf ak ban lòt bèt.

[13] Pitit Jakòb yo te fè Maknayima menm jan yo te fè Tanak, Kazar ak Silo. Yo te vire soti la, epi yo ale.

[14] Nan senkyèm jou a, pitit gason Jakòb yo te vin konnen moun Gaach yo te rasanble pou te fè lagè ak yo, akoz pitit Jakòb yo te touye wa yo a ansanm ak tout lòt chèf yo, paske te gen katòz chèf nan vil Gaach la, epi pitit gason Jakòb yo te touye yo tout nan premye batay la.

[15] Jou sa a, pitit Jakòb yo te mare zam yo pou yo te ale fè lagè, yo te mache al goumen ak moun ki te rete lavil Gaach yo. Lavil Gaach te gen yon pèp ki te gen anpil fòs nan mitan moun Amori yo. Li te pi bon vil nan tout vil moun Amori yo e li te pi an sekirite. Li te gen twa miray.

[16] Pitit gason Jakòb yo te rive Gaach, yo te jwenn pòtay lavil la fèmen a kle. Te genyen anviwon senksan (500) moun ki te kanpe sou tèt miray ki te pa deyò lavil la, e yon pèp ki te anpil tankou sab bò lanmè, yo te vin fè yon anbiskad sou pitit Jakòb yo pa dèyè miray ki te andeyò lavil la.

[17] Pitit gason Jakòb yo te pwoche pou yo te louvri pòtay lavil la, e pandan yo t'ap pwoche, lè yo gade moun ki te nan anbiskad dèyè vil la te soti, yo antoure pitit Jakòb yo.

[18] Pitit gason Jakòb yo te fèmen nan mitan moun Gaach yo, e batay la te [rèd] ni devan e ni dèyè yo, e tout moun ki te sou miray la, yo t'ap voye flèch ak wòch sou pitit Jakòb yo.

[19] Lè Jida te wè mesye Gaach yo te vin twò fò pou yo, li te fè yon gwo rèl ki te pike e sonnen sou yo, tout moun Gaach yo te pè lè Jida te fè rèl sa a, epi [kèk] moun ki te sou miray la te tonbe, anba rèl pwisan li a, tout moun ki te soti deyò vil la ak andedan lavil la te pè anpil pou lavi yo.

[20] Pitit Jakòb yo te kontinye pwoche pou yo te ka kase pòtay lavil la, lè sa a mesye Gaach yo te kanpe sou tèt miray la, yo t'ap voye wòch ak kèk flèch sou tèt pitit gason Jakòb yo, jouk tan yo te kouri kite pòtay la.

[21] Pitit gason Jakòb yo te vin retounen kont moun Gaach yo ki te avèk yo deyò lavil la, yo bat yo byen bat, tankou ou t'ap frape kont yon ti pye masketi, moun Gaach yo vin pa t kapab kanpe kont pitit Jakòb yo, paske yo te pè epi sezisman te pran yo, lè yo te tande Jida [t'ap] rele byen fò.

[22] Pitit gason Jakòb yo te touye tout moun ki te andeyò vil la, yo te toujou ap eseye pwoche pou yo te antre nan vil la, e pou yo te goumen anba miray lavil la, men yo pa t kapab. Paske moun Gaach yo ki te rete nan lavil la te antoure miray lavil la nan tout direksyon, konsa pitit gason Jakòb yo pa t kapab pwoche bò kote lavil la pou yo te goumen ak moun Gaach yo ki te sou miray la.

[23] Pitit Jakòb yo te pwoche bò yon kwen pou yo te ka goumen anba miray la, men moun Gaach yo t'ap voye flèch ak wòch sou pitit Jakòb yo tankou gwo lapli kap tonbe, epi yo te vin kouri soti anba miray la.

[24] Moun Gaach yo ki te sou miray la, lè yo te wè pitit gason Jakòb yo pat kapab bat yo, yo t'ap joure pitit Jakòb yo ak pawòl sa yo, yo di:

[25] "Ki pwoblèm ou genyen nan batay la, ki fè w pa ka genyen? Èske w paka fè pou gwo vil Gaach la ak pou moun ki abite ladan yo, menm jan ou te fè avèk vil moun Amori yo ki pa t tèlman pwisan? Se vre wi, ou te fè bagay sa yo ak moun ki te fèb nan mitan nou yo, epi ou te touye yo nan papòt lavil la, paske yo pa t gen fòs akoz bri ou te fè a, yo te pè.

[26] Kounyeya, èske n'ap kapab goumen kote sa? Se vre wi, nou tout [pitit Jakòb yo] nou pral mouri isit la, epi nou [menm moun Gaach yo] nou pral tire revanj kòz vil sa yo ke w te detwi a.

[27] Se konsa moun ki te rete nan Gaach, yo t'ap joure pitit Jakòb yo, yo t'ap madichonnen yo nan non dye yo, e yo te kontinye ap voye flèch ak wòch sou pitit Jakòb yo soti sou miray la.

[28] Jida ak frè l yo te tande pawòl moun ki te rete lavil Gaach yo t'ap di, yo te fache anpil. Jida te jalou anpil pou non BonDye li a yo t'ap pale mal la, li rele byen fò, li di: O SENYÈ, sekou, voye sekou ban nou ak frè nou yo.

[29] Aprè sa, li pran kouri soti byen lwen ak tout fòs li, ansanm ak nepe l nan men l, li pran elan, li vole sote sou tè a ak fòs li, li monte sou miray la, men nepe li te tonbe.

[30] Aprè sa, Jida pran rele byen fò sou miray la, tout moun ki te sou miray la te pè. Gen ladan yo ki te sot tonbe sou miray la anba, yo te tou mouri. Aprè sa rès moun ki te toujou sou miray la, lè yo te wè fòs Jida a, yo te pè anpil e yo te kouri y'ale kache nan vil la pou yo te sove lavi yo.

[31] Genyen kèk moun ki te pran kouraj pou yo te goumen ak Jida sou miray la, yo pwoche pou yo te touye l lè yo te wè Jida pa t gen epe nan men li, yo te panse pou yo te jete l sou miray la bay frè l yo [anba], epi ven mesye ki te soti nan lavil la te vin ede yo, yo te antoure Jida. Yo tout yo t'ap rele byen fò sou li, yo te pwoche bò kote l ak nepe, yo te fè Jida pè, epi Jida te rele byen fò bay frè l yo ki te deyò anba miray la.

[32] Jakòb ak pitit gason l yo te rale flèch yo anba miray la, yo te frape twa nan moun ki te sou tèt miray la, Jida te kontinye ap rele, li di: SENYÈ, ede nou, SENYÈ, delivre nou. Epi l pouse yon rèl byen fò sou miray la, moun yo te tande rèl la rive byen lwen [li te fè eko].

[33] Aprè rèl sa a, li te repete rèl yo ankò, epi tout mesye ki te antoure Jida sou tèt miray la te pè, epi yo chak te voye nepe ki te nan men yo an jete, akoz bri Jida ak rèl li yo, e rèl tranbleman li yo, e moun yo te pran kouri.

[34] Aprè sa, Jida te pran nepe ki te tonbe nan men yo, li te goumen ak yo, li te touye ven nan mitan yo sou miray la.

[35] Aprè sa, [yon lòt] katreven (80) gason ak fanm te toujou sou miray lavil la, yo tout te antoure Jida, e SENYÈ a te fè yo pè Jida, yo pa t kapab pwoche bò kote l.

[36] Jakòb ak tout moun ki te avè l, yo te rale flèch yo anba miray la, yo te touye dis gason ki te vin tonbe anba miray la, devan Jakòb ak pitit gason l yo.

[37] Lè pèp la ki te sou miray la te wè [plis ke] ven nan mesye yo te tonbe, yo te toujou ap eseye kouri sou Jida ak nepe yo, men yo pa t kapab pwoche bò kote l, paske yo te pè Jida anpil, li te gen anpil fòs

[38] Yonn nan vanyan sòlda yo, ki te rele Awoud pwoche pou l te frape Jida nan tèt ak nepe l. Lè sa, Jida prese mete plak pwotèj li a nan tèt li, e nepe a frape plak pwotèj li a, epi li fann an de.

[39] Aprè li te fin frape Jida, vanyan sòlda sa a te kouri pou l sove lavi l, paske li te pè Jida. Pye li te vin glise sou miray la, li te tonbe nan mitan pitit gason Jakòb yo ki te anba miray la, epi pitit gason Jakòb yo frape l, yo touye l.

[40] Tèt Jida te fè l mal aprè gwo kou a nonm vanyan te ba li a, li te prèske mouri.

[41] Jida t'ap rele sou miray la akòz doulè li te santi aprè move kou a, lè Dann te tande l, kòlè li te boule nan li, li menm tou li te leve, li ale byen lwen, li kouri, li pran elan, li vole soti sou tè a, li monte sou miray la ak fòs kòlè li ki te eksite.

[42] Lè Dann te rive sou miray la kot Jida, tout mesye ki te sou miray la te pran kouri, yo te moute sou dezyèm miray la, epi yo t'ap voye flèch ak wòch sou Dann ak Jida ki te sou premye miray la. Yo t'ap eseye fè yo sot tonbe sou miray la.

[43] Flèch yo ak wòch yo t'ap frape Dann ak Jida, yo te prèske mouri sou miray la, e nenpòt kote Dann ak Jida te kouri sou miray la, yo te pran kout flèch ak wòch sou premye miray la.

[44] Epi Jakòb ak pitit gason l yo te toujou nan pòt lavil la anba premye miray la, Yo pa t kapab tire banza yo sou moun yo ki te rete nan vil la, paske yo pa t ka wè yo, yo te sou dezyèm miray la.

[45] Dann ak Jida, pa t kapab sipòte wòch ak flèch ki t'ap tonbe sou yo soti sou dezyèm miray la, yo tou de te vin monte sou dezyèm miray la toupre moun lavil la, lè moun lavil la ki te sou dezyèm miray la wè Dann ak Jida te vin jwenn yo, yo tout pran rele, yo desann anba nan mitan miray yo.

[46] Jakòb ak pitit gason l yo te tande bri moun ki t'ap rele nan mitan lavil la, yo te toujou nan papòt lavil la, yo te enkyete pou Dann ak Jida yo pa t wè, paske yo te sou dezyèm miray la.

[47] Aprè sa, Neftali te vin monte ak fòs kouraj li, li te vin monte sou premye miray la pou l te ka wè kisa ki te lakòz rèl yo te tande nan vil la. Epi Izaka ak Zabilon te pwoche pou yo te ka kase pòtay lavil la. Yo louvri pòtay lavil la, yo antre nan lavil la.

[48] Nèftali vole soti nan premye miray la rive sou dezyèm miray la, li te vin ede frèl yo, epi moun yo ki te rete nan lavil Gaach la ki te sou miray la. Lè yo te vin wè Neftali se te twazyèm moun ki te monte pou l te ede frè l yo, yo tout te pran kouri, yo te desann nan vil la, e Jakòb, ak tout pitit gason l yo e ak tout jenn gason ki te avèk yo a te vin nan vil la.

[49] Epi Jida, Dann ak Neftali desann sot sou miray la nan lavil la, yo te kouri dèyè moun ki te rete nan lavil la. Simeyon ak Levi te andeyò lavil la, yo pa t konnen pòtay lavil la te louvri, epi yo te soti la, yo moute sou miray la, yo te vin desann bò kote frè yo nan lavil la.

[50] Epi tout moun ki te rete nan vil la te desann nan vil la, epi pitit gason Jakòb yo te vin jwenn yo nan diferan direksyon, men batay la te mare pou moun vil yo devan ak dèyè, epi pitit gason Jakòb yo te bat yo grav. Yo te touye venmil (20.000) gason ak fanm, youn nan yo pa t kapab kanpe devan pitit Jakòb yo.

[51] Aprè sa, san te koule anpil nan vil la, li te tankou yon ravin dlo san ki t'ap koule deyò lavil la, li te rive nan dezè Bètkorin.

[52] Moun Bètkorin yo te wè byen lwen san an t'ap koule soti nan lavil Gaach la, swasanndis (70) gason nan mitan yo te kouri pou yo te ale wè, epi yo rive kote san an te ye a.

[53] Yo te swiv tras san an, yo te rive sou miray lavil Gaach la, yo te wè san an t'ap soti nan vil la, epi yo te tande rèl moun ki te rete nan lavil Gaach la, paske rèl la te monte jouk nan syèl la. Epi san an te kontinye koule anpil tankou yon ravin dlo.

[54] Tout pitit gason Jakòb yo te kontinye ap bat moun ki te rete nan lavil Gaach la, yo te touye venmil (20.000) gason ak fanm rive jouk aswè. Moun Korin yo di:-Se vre wi, sa se travay Ebre yo, paske yo kontinye ap batay nan lagè nan tout lavil moun Amori yo.

[55] Aprè sa, moun sa yo te kouri al Betkorin, yo chak pran zam yo pou yo te fè lagè, yo te pran rele tout moun ki rete Bètkorin yo, epi yo pran mare zam yo pou yo te al goumen ak pitit Jakòb yo.

[56] Lè pitit gason Jakòb yo te fin bat moun ki te rete Gaach yo, yo t'ap mache nan tout vil la pou yo te retire rad sou tout moun ki te mouri yo, epi yo te rive nan mitan lavil la, yo rankontre ak twa mesye ki te gen anpil pouvwa. Yo pat gen nepe nan men yo.

[57] Pitit gason Jakòb yo te rive kote mesye yo te kanpe a, mesye yo ki te gen pouvwa te pran kouri. Men, youn nan yo te pran Zabilon, paske li wè li te yon jenn ti gason, li lage l atè ak fòs li.

[58] Jakòb te kouri al jwenn li ak nepe l nan men li, li frape l anba ren li ak nepe a, li koupel an de, epi kò a tonbe sou Zabilon.

[59] Aprè sa, dezyèm nan te pwoche bò kote Jakòb, li pran Jakòb pou l te lage l atè. Jakòb vire sou li, li te rele byen fò sou li, pandan Simeyon ak Levi pran kouri, yo frape l nan ren ak nepe, yo lage l atè.

[60] Epi nonm lan te kanpe ak yon kòlè, li te move, Jida vin jwenn li avan l te reprann fòs li, Jida frape l nan tèt ak nepe l, tèt li te fann, aprè li te vin mouri.

[61] Twazyèm nonm lan wè jan yo te touye zanmi l yo, li kouri pou pitit Jakòb yo, epi pitit gason Jakòb yo pran kouri dèyè l nan vil la. Pandan nonm pwisan t'ap kouri, li te jwenn youn nan epe moun ki te rete nan vil la, li pran l, epi li retounen vin jwenn pitit Jakòb yo, li pran goumen avèk yo ak nepe li te jwenn nan.

[62] Nonm pwisan sa te al sou Jida pou l te frape l nan tèt li ak nepe li. E pa t genyen plak pwotèj nan men Jida; e pandan li t'ap vize frape l, Neftali prese pran plak pwotèj li a, li mete l sou tèt Jida, epi epe nonm pwisan an frape plak pwotèj Neftali a, e Jida chape anba epe a.

[63] Aprè sa, Simeyon ak Levi kouri sou nonm lan ak nepe yo, yo frape l avèk fòs, epi de nepe yo antre nan kò nonm pwisan an, epi yo koupe l an de, soti anwo pou rive anba.

[64] Se konsa, pitit gason Jakòb yo te touye twa vanyan sòlda yo, ansanm ak tout moun ki te rete lavil Gaach la. Solèy la te kòmanse ap desann.

[65] Epi pitit gason Jakòb yo te fè wonn Gaach, yo te pran tout bagay ki te nan vil la. Yo pa t menm kite timoun yo ak fanm yo viv, pitit gason Jakòb yo te fè Gaach menm jan yo te fè Sarton ak Silo.

40- Kananeyen yo chache lapè

[1] Pitit gason Jakòb yo te pran tout sa yo te jwen nan vil Gaach la, yo te kite lavil la nan mitan lannwit.

[2] Yo t'ap mache nan direksyon gwo fò Bètkorin nan, moun ki t'ap viv Bètkorin yo t'ap mache kontre ak yo, e jou lannwit sa a, pitit gason Jakòb yo t'ap goumen nan gwo fò a ak moun ki te rete Bètkorin yo.

[3] Epi tout moun ki te rete lavil Bètkorin yo te gro sòlda, yonn nan yo pat pè menm mil moun, e yo te goumen nan mitan lannwit la sou gwo fò a, pandan yo t'ap goumen an, yo t'ap fè gwo rèl ki te fò anpil, tè a te tranble pandan yo t'ap fè rèl sa yo.

[4] Tout pitit gason Jakòb yo te pè mesye sa yo, paske yo pa t abitye goumen nan fènwa, yo te boulvèse anpil, pitit gason Jakòb yo te kriye nan pye SENYÈ a, yo di: pote nou sekou SENYÈ, delivre n pou n pa mouri anba men mesye sa yo ki pa menm sikonsi.

[5] Epi SENYÈ a te koute vwa pitit Jakòb yo, e SENYÈ a te fè gwo laperèz ak konfizyon pran moun Bètkorin yo. Yo te goumen youn ak lòt nan fènwa nan mitan lannwit lan, epi youn bat lòt an gwo kantite.

[6] Epi pitit Jakòb yo, te vin konnen ke SENYÈ a te pote yon lespri mechan pami mesye sa yo, e ke chak moun t'ap goumen ak vwazen li, yo te soti nan mitan gwoup moun Bètkorin yo, e yo te ale jis anba nèt nan gwo fò Bètkorin, byen lwen, e yo te rete la an sekirite ak jenn gason yo nan nwit sa a.

[7] Moun Bètkorin yo menm t'ap goumen tout nwit la, youn ak lòt, epi yo t'ap rele nan tout direksyon sou tèt fò wan, yo te tande bri yo byen lwen, vwa yo te tranble. Paske yo te gen fòs pase tout moun ki te sou tè a.

[8] Tout moun ki te rete nan vil Kanaran yo, moun Et yo, moun Amori yo, moun Evi yo ak tout wa Kananeyen yo, ansanm ak tout moun ki te lòtbò larivyè Jouden an te tande bri yo nan nwit la.

[9] Yo t'ap di: Sa se batay Ebre yo ki t'ap goumen ak sèt vil yo, ki te pwoche bò kote yo a. Ki moun ki ka kanpe kont Ebre sa yo?

[10] Epi tout moun ki t'ap viv nan lavil moun Kanaran yo ak tout moun ki te sou lòt bò larivyè Jouden an te pran yon gwo kè sote, paske yo t'ap di: "Gade! Menm bagay la pral rive nou menm jan ak sa ki te rive nan lavil sa yo, paske kilès ki ka kanpe devan fòs kouraj [Ebre] yo?"

[11] Epi rèl moun Korinit yo te vin trè fò nan lannwit sa a, bri sa yo t'ap ogmante san rete; yo te bat youn lòt jouk maten, se konsa [anpil] ladan yo te mouri.

[12] Lè maten te rive, tout pitit Jakòb yo te leve nan douvanjou, yo monte nan fò a, epi yo bat rès moun ki te rete nan moun Korinit yo nan yon fason terib, yo tout te mouri nan fò a.

[13] Nan lè sizyèm jou a te rive, tout moun ki t'ap viv nan Kanaran yo te wè nan yon distans tout moun Bètkorin yo ki te mouri nan fò Bètkorin nan, ak kò yo gaye toupatou tankou kadav mouton ak kabrit.

[14] Epi pitit Jakòb yo te pote tout byen yo te pran nan vil Gaach la, se konsa lè yo te ale Bètkorin, e yo te jwenn vil la te plen moun tankou sab bò lanmè, e yo te goumen ak yo, epi pitit Jakòb yo te bat yo byen bat rive jouk lè sware a.

[15] Pitit gason Jakòb yo te fè moun Bètkorin menm jan yo te fè Gaach ak Tanak, e menm jan yo te fè Kazar, Sarton ak Silo.

[16] Pitit gason Jakòb yo te pran tout sa ki te nan lavil Bètkorin ak tout bagay ki te nan lòt vil yo. Epi yo te retounen lakay yo Sichèm.

[17] Lè pitit gason Jakòb yo te retounen lakay yo nan vil Sichèm, yo te rete andeyò vil la, pou yo te pran yon ti repo aprè gè yo sot fè yo, yo te pase nwit lan la.

[18] Epi tout sèvitè yo, ansanm ak tout byen yo te pran nan vil yo, yo te kite yo deyò vil la, yo pa t antre nan vil la, paske yo te di, "Petèt gen plis batay kont nou ankò, yo ka vin fè syèj sou nou nan Sichèm."

[19] Jakòb, pitit li yo, ak sèvitè yo te rete nan nwit sa ak nan lòt jou aprè a, yo te vini rete nan pòsyon tè Jakòb te achte nan men Amò pou senk shekèl la, tout sa yo te pran te rete avèk yo.

[20] Epi tout piyay pitit Jakòb yo te pran te nan pòsyon tè a—yo te anpil tankou sab bò lanmè.

[21] Epi moun ki te rete nan peyi a te obsève yo de lwen, tout moun ki te rete nan peyi a te pè pitit Jakòb yo ki te fè bagay sa a, paske okenn wa depi nan tan lontan pat janm fè [bagay] konsa.

[22] Epi sèt wa Kananeyen yo te deside fè lapè ak pitit Jakòb yo, paske yo te pè anpil pou lavi yo, akoz pitit Jakòb yo.

[23] Nan jou sa a, ki te sètyèm jou a, Jafiya wa Ebwon te voye an kachèt bay wa Ayi, wa Gibeyon, wa Shalem, wa Adoulam, wa Lakis, wa Kazar, epi bay tout wa Kananeyen yo ki te anba dominasyon yo, li di:

[24] "Monte kote mwen, vin jwenn mwen pou nou ka ale jwenn pitit Jakòb yo, mwen pral fè lapè ak yo, fòme yon trete avèk yo, pou tout tè nou yo pa detwi anba nepe pitit Jakòb yo, jan yo te fè nan Sichèm ak vil ki te ozalantou li, jan nou te tande ak wè a.

[25] Epi lè nou vin jwenn mwen, pa vin ak anpil moun, men kite chak wa mennen twa chèf kaptenn li yo, epi chak kaptenn mennen twa nan ofisye li yo.

[26] Epi nou tout vin Ebwon, nou prale ansanm al jwenn pitit Jakòb yo pou nou mande yo fè yon trete lapè avèk nou."

[27] Tout wa sa yo te fè sa wa Ebwon te voye di yo, paske yo tout te anba konsèy ak kòmandman l, epi tout wa Kananeyen yo rasanble pou yo te ale jwenn pitit Jakòb yo, pou yo te fè lapè avèk yo; Aprè sa pitit Jakòb yo te retounen yo t'ale nan pòsyon tè ki te nan Sichèm, paske yo pa t fè konfyans avèk wa sa yo nan peyi a.

[28] Epi pitit Jakòb yo retounen rete nan pòsyon tè a pandan dis jou, pèsonn pa t vin fè lagè ak yo.

[29] Epi lè pitit Jakòb yo wè pa t gen aparans lagè, yo tout te rasanble yo ale nan vil Sichèm, pitit Jakòb yo te rete nan Sichèm.

[30] Aprè karant jou, tout wa Amorit yo te rasanble soti nan tout kote yo a, epi yo te vin Ebwon, kay Jafiya, wa Ebwon an.

[31] Epi kantite wa ki te vin Ebwon pou te fè lapè ak pitit Jakòb yo te venteyen wa, e kantite kapitèn ki te vin avèk yo te swasantnèf, epi mesye ki te avèk kapitèn yo te san katrevennèf (189), e tout wa sa yo ak mesye yo te repoze bò mòn Ebwon an.

[32] Epi wa Ebwon an te soti ak twa kapitèn li yo e ak nèf mesye kapitèn yo, e wa sa yo te deside ale jwenn pitit Jakòb yo, pou yo te fè lapè.

[33] Epi mesye yo di wa Ebwon an, "Ale devan nou ak mesye w yo, epi pale pou nou ak pitit Jakòb yo, nou menm n'ap vini dèyè w pou nou konfime pawòl ou yo," e wa Ebwon an te fè sa.

[34] Aprè sa, pitit Jakòb yo te tande ke tout wa peyi Kanaran yo te rasanble ansanm e al repoze nan Ebwon, pitit Jakòb yo te voye kat nan sèvitè yo kòm espyon, yo di, "Ale espyone wa sa yo, epi chèche konnen mesye yo, si yo se kèk oubyen anpil, si yo pa anpil nan kantite, konte yo tout epi retounen."

[35] Epi sèvitè Jakòb yo te ale an kachèt bò kote wa sa yo, e yo te fè jan pitit Jakòb yo te ba yo lòd la, epi jou sa a yo te retounen bò kote pitit Jakòb yo, epi yo di yo, "Nou t'ale jwenn wa sa yo, e yo pa t anpil nan kantite, nou te konte yo tout, epi gade, yo te desan katreven wit (288), wa ak mesye yo."

[36] Pitit Jakòb yo te di: "Yo pa anpil nan kantite, kidonk nou tout pap soti al kontre yo"; e nan maten, pitit Jakòb yo te leve epi chwazi swasannde nan mesye yo, epi dis nan pitit Jakòb yo te ale avèk yo; epi yo te mare zam lagè yo, paske yo te di: "Yo pral vin fè lagè ak nou," paske pitit Jakòb yo pa t konnen moun Ebwon yo ta pral vin fè lapè avèk yo.

[37] Pitit Jakòb yo te ale ak sèvitè yo nan pòtay Sichèm, nan direksyon wa sa yo, papa yo Jakòb te avèk yo.

[38] Lè yo te soti, yo gade, epi wa Ebwon an ak twa kapitèn li yo ak nèf mesye ki te avèk li, yo te ap vini sou wout kont pitit Jakòb yo, epi pitit Jakòb yo te leve je yo, epi yo te wè nan yon distans Jafiya, wa Ebwon an, ak kapitèn li yo, k'ap vini bò kote yo, pitit Jakòb yo te pran pozisyon yo nan kote pòtay Sichèm nan, yo pa t avanse.

[39] Wa Ebwon an te kontinye ap avanse, li menm ak kapitèn li yo, jiskaske l te rive pre pitit Jakòb yo, epi li menm ak kapitèn li yo te bese tèt yo jouk atè, wa Ebwon an te chita ak kapitèn li yo devan Jakòb ak pitit li yo.

[40] Epi pitit Jakòb yo te di l: "Kisa ki te rive w, O wa Ebwon? Poukisa ou vin jwenn nou jodi a? Kisa w bezwen nan men nou?" epi wa Ebwon an te di Jakòb, "M'ap sipliye w, mèt mwen: Tout wa Kanaran yo te vin fè lapè avèk ou jodi a."

[41] Pitit Jakòb yo te tande pawòl wa Ebwon an, men yo pa t dakò ak pwopozisyon li yo, paske pitit Jakòb yo pa t gen konfyans nan li, paske yo te imajine ke wa Ebwon an te [vin] pale ak yo ak twonpri.

[42] Wa Ebwon te vin konnen daprè pawòl pitit Jakòb yo, ke yo pa t kwè pawòl li yo, epi wa Ebwon te vin pi pre Jakòb, li di l: "M'ap sipliye w, mèt mwen, pou asire w ke tout wa sa yo vin jwenn ou nan tèm lapè, paske yo pa t vini ak tout mesye yo, yo pa t menm pote zam lagè yo avèk yo, paske yo vin chèche lapè nan men mèt mwen ak pitit gason l yo."

[43] Epi pitit Jakòb yo te reponn wa Ebwon, yo di: "Voye kote tout wa sa yo, e si w'ap pale verite avèk nou, kite yo chak vin devan nou endividyèlman, e si yo vin devan nou san zam, nou pral konnen yo vini chèche lapè nan men nou."

[44] Epi Jafiya, wa Ebwon, te voye yon nan mesye l yo bay wa yo, e yo tout te vin devan pitit Jakòb yo, yo enkline devan yo atè, e wa sa yo te vin chita devan Jakòb ak pitit gason l yo, yo te pale avèk yo, yo di:

[45] "Nou te tande tout sa w te fè ak wa Amoreyen yo, avèk nepe w e ak ponyèt pwisan ou, konsa pa t gen moun ki te ka kanpe devan ou, e nou te pè w pou lavi nou, pou sa pa t rive nou menm jan ak yo.

[46] Se poutèt sa nou te vin jwenn ou pou nou fòme yon trete lapè ant nou, kounyeya se poutèt sa, [fè] kontra yon alyans lapè ak verite avèk nou ke w pa pral deranje nou, menm jan nou pa t deranje w."

[47] Epi pitit Jakòb yo te vin konnen ke se te tout bon yo te vin chèche lapè nan men yo, pitit Jakòb yo te koute yo, e yo te fòme yon alyans avèk yo.

[48] Pitit Jakòb yo te sèmante avèk yo, ke yo pa pral deranje yo, e tout wa peyi Kanaran yo te sèmante avèk yo tou, pitit Jakòb yo te fè yo peye taks depi jou sa a.

[49] Aprè sa, tout kaptenn wa sa yo te vin devan Jakòb ak mesye yo, avèk kado nan men yo pou Jakòb ak pitit gason l yo, e yo te enkline devan li atè.

[50] Wa sa yo te egzòte pitit Jakòb yo e mande yo pou yo te retounen tout sa yo te pran nan sèt vil Amoreyen yo, pitit Jakòb yo te fè sa, yo te retounen tout sa yo te pran, fanm yo, timoun yo, bèt yo. Se konsa tout sa yo te pran yo te voye yo ale, e chak nan yo te ale nan vil pa yo.

[51] Epi tout wa sa yo te enkline ankò devan pitit Jakòb yo, yo te voye oswa pote anpil kado pou yo nan jou sa yo, pitit Jakòb yo te voye wa sa yo ak mesye yo ale, e yo te ale nan lapè nan vil yo, pitit Jakòb yo tou te retounen lakay yo, nan Sichèm.

[52] Epi te gen lapè depi jou sa ant pitit Jakòb yo ak wa Kanaran yo, jiskaske pitit Izrayèl yo te vin eritye tè Kanaran an.

41- Rèv Jozèf la
(Jenèz 37)

[1] Nan revolisyon ane a, pitit gason Jakòb yo te kite Sichèm, yo te rive Ebwon, kot papa yo Izarak, e yo te rete la. Men, yo t'ap bay bèt yo ak twoupo yo manje chak jou nan Sichèm, paske nan tan sa yo, te gen bon jaden zèb ak patiraj vèt. Jakòb, pitit gason l yo ak tout fanmi yo te rete nan fon Ebwon.

[2] Nan tan sa yo, nan ane sa, ki te san sizyèm ane (106) nan lavi Jakòb, nan dizyèm ane depi Jakòb te soti Mezopotami, Leya, madanm Jakòb la, te mouri. Li te gen senkanteyenan (51) lè li te mouri nan Ebwon.

[3] Jakòb ak pitit gason l yo te antere l nan gwòt nan jaden Makpela, ki nan Ebwon, ke Abraram te achte nan men pitit Èt yo pou yon kote pou antèman.

[4] Pitit gason Jakòb yo te rete ak papa yo nan fon Ebwon, e tout moun nan peyi a te konnen fòs yo, epi renome yo te gaye nan tout peyi a.

[5] Jozèf, pitit Jakòb, ak frè l Benjamen, pitit Rachèl, madanm Jakòb, te toujou jèn nan tan sa yo, yo pa t ale avèk frè yo nan batay nan tout vil Amorit yo.

[6] Lè Jozèf te wè fòs ak grandè frè l yo, li t'ap fè lwanj yo, men l te kwè l te pi gran pase yo, li te mete tèt li pi wo pase yo. Jakòb, papa l, te renmen l plis pase tout lòt pitit gason l yo, paske li te yon pitit nan vyeyès li, e akòz lanmou sa a, li te fè l yon rad ak anpil koulè.

[7] Lè Jozèf te wè papa l te renmen l plis pase frè l yo, li te kontinye moute tèt li pi wo pase yo, epi l te pote move rapò sou yo bay papa l.

[8] Lè pitit gason Jakòb yo te wè konpòtman Jozèf anvè yo, e ke papa yo te renmen l plis pase yo, yo te rayi l e yo pa t kapab pale ak li an pè tout tan.

[9] Jozèf te gen disetan, li te toujou ap mete tèt li pi bon pase frè l yo, e li te panse pou l [toujou] mete tèt li pi wo pase yo.

[10] Nan epòk sa a, li te fè yon rèv, li te ale jwenn frè l yo e li te rakonte yo rèv la, li te di yo, mwen te reve yon rèv, mwen gade nou tout t'ap mare jèb nan jaden, epi jèb mwen an te kanpe e kanpe tèt li sou tè a, epi jèb nou yo te antoure li epi yo te bese devan li.

[11] Frè l yo te reponn li, yo di l: Kisa rèv sa a vle di ke w te reve a? èske w imajine nan kè w pou w gouvènen oswa dirije nou?

[12] Li te kontinye vin rakonte bagay sa a bay papa l Jakòb, Jakòb te bo Jozèf lè li te tande pawòl sa yo nan bouch li, Jakòb te beni Jozèf.

[13] Lè pitit gason Jakòb yo te wè papa yo te beni Jozèf e te bo li, e ke li te renmen l anpil, yo te vin jalou e yo te rayi l plis toujou.

[14] Aprè sa, Jozèf te fè yon lòt rèv epi l te rakonte rèv la bay papa l devan frè l yo, e Jozèf te di papa l ak frè l yo, gade mwen te fè yon lòt rèv ankò, mwen te wé solèy la ak lalin nan ak onz zetwal yo te bese devan mwen.

[15] Lè papa l te tande pawòl Jozèf yo ak rèv li an, epi l te wè ke frè l yo te rayi Jozèf akoz bagay sa a, Jakòb te repwoche Jozèf devan frè l yo akoz bagay sa a, li di l: Kisa rèv sa w reve a vle di, ak jan ou ap mete tèt ou pi wo pase frè w yo ki pi gran pase w?

[16] Èske w imajine nan kè w ke mwen ak manman ou ak onz frè w yo pral vin bese devan ou ki fè w'ap di bagay sa yo?

[17] Epi frè l yo te vin pi jalou de li akoz pawòl li yo ak rèv li yo, e yo te kontinye rayi l, e Jakòb te kenbe rèv yo nan kè li.

[18] Epi pitit gason Jakòb yo te ale yon jou pou yo te bay twoupo papa yo manje nan Sichèm, paske yo te toujou bèje nan tan sa yo; e pandan pitit gason Jakòb yo te ap bay bèt yo manje nan Sichèm jou sa a, yo te mize, epi lè pou yo te rasanble bèt yo te pase, epi yo pa t ko rive.

[19] Jakòb te wè pitit gason l yo te mize nan Sichèm, Jakòb te di nan tèt li, petèt moun Sichèm yo leve pou goumen kont yo, se poutèt sa yo mize retounen jodi a.

[20] Jakòb rele pitit gason l Jozèf, li ba l lòd, li di l: Gade! frè w yo ap bay bèt yo manje nan Sichèm jodi a, gade yo poko retounen; ale kounyeya pou w wè kote yo ye, epi rapòte mwen sou byennèt frè w yo ak byennèt twoupo a.

[21] Jakòb te voye pitit gason l Jozèf nan fon Ebwon, Jozèf te ale chèche frè l yo nan Sichèm, li pa t jwenn yo, epi Jozèf te mache nan jaden ki tou pre Sichèm, pou l te wè kote frè l yo te ale, li te vin pèdi chemen li nan dezè a, li pa t konnen ki direksyon pou l te pran.

[22] Epi yon zanj SENYÈ a te jwenn li k'ap vire tounen nan chemen ki mennen nan jaden an, Jozèf di zanj SENYÈ a, mwen ap chèche frè m yo; èske w pa tande ki kote yo di y'ap bay bèt yo manje? Zanj SENYÈ a di Jozèf, mwen te wè frè w yo ap bay bèt yo manje isit la, epi mwen te tande yo di yo pral bay bèt yo manje nan Dotan.

[23] Jozèf koute vwa zanj SENYÈ a, epi l ale jwenn frè l yo nan Dotan, li jwenn yo ap bay bèt yo manje la.

[24] Lè Jozèf pwoche frè l yo, anvan li te rive pre yo, yo te deja deside touye l.

[25] Simeyon di frè l yo, gade nonm rèv la ap vin jwenn nou la jodia, kounyeya, vini! Annou touye l epi jete l nan youn nan sitèn ki nan dezè a. E lè papa l va chèche l nan men nou, n'a di yon bèt sovaj te devore l.

[26] Lè Riben te tande pawòl frè l yo konsènan Jozèf, li di yo: Nou pa dwe fè bagay sa a, kouman n'ap leve je n gade papa nou Jakòb? Jete l nan sitèn sa a pou l mouri la, men pa lonje men sou li pou n vide san li; Men, Riben te di yo sa pou l te ka sove l anba men yo, pou l te ka mennen l retounen bay papa yo.

[27] Lè Jozèf te rive kot frè l yo, li te chita devan yo, yo leve sou li, yo kenbe l, yo frape l jiskaske li te tonbe atè, epi yo retire rad ki te gen anpil koulè a li te genyen sou li.

[28] Yo pran l, yo jete l nan yon sitèn, e sitèn lan pa t gen dlo, men te gen sèpan ak eskòpyon. Jozèf te pè sèpan ak eskòpyon ki te nan sitèn lan. Jozèf te rele byen fò, e SENYÈ a te kache sèpan ak eskòpyon yo nan miray sitèn lan, yo pa t fè Jozèf okenn mal.

[29] Epi Jozèf rele byen fò nan sitèn lan bay frè l yo, li di yo: Kisa mwen fè nou, nan kisa mwen peche? Poukisa nou pa gen krentif pou SENYÈ a anvè mwen? Èske mwen pa fèt ak menm zo e ak nan menm chè ak nou, èske Jakòb papa n, pa papa mwen? Poukisa nou ap fè bagay sa kont mwen jodi a, epi kouman nou pral kapab leve tèt nou devan papa n Jakòb?

[30] Epi l kontinye rele bay frè l yo nan sitèn lan, li di: O Jida, Simeyon, ak Levi, frè mwen yo, retire mwen nan kote fènwa sa a kote nou mete mwen an, vin gen pitye pou mwen jodi a, nou menm pitit SENYÈ a, ak pitit Jakòb, papa mwen. Epi si mwen peche kont nou, èske nou pa pitit Abraram, Izarak, ak Jakòb? Si yo te wè yon òfelen, yo te gen pitye pou li, oswa yon moun ki grangou, yo te ba li pen pou l manje, oswa yon moun ki swaf dlo, yo te ba li dlo pou l bwè, oswa yon moun ki te toutouni, yo te kouvri l ak rad!

[31] Sak fè kounyeya nou kenbe pitye nou pou mwen menm, frè w, èske mwen pa fèt menm zo ak chè ak nou? Si mwen peche kont nou, asireman nou pral fè sa sou kont papa mwen!

[32] Jozèf te pale pawòl sa yo nan sitèn lan, frè l yo pa t kapab koute l, ni yo pa t vle prete zòrèy yo a pawòl Jozèf, epi Jozèf t'ap kriye, li t'ap plenn nan sitèn lan.

[33] Jozèf t'ap di: O, si papa m te konnen, jodi a, sa frè m yo fè m, ak pawòl yo te di m jodi a.

[34] Tout frè l yo te tande kriye l yo ak plenn li yo nan sitèn lan, epi frè l yo te ale, yo retire tèt yo bò sitèn lan, pou yo pa t tande kriye Jozèf yo ak plenn li yo nan sitèn lan.

42 – Jozèf Vann Kòm Esklav

(Jenèz 37:36; 39:1)

[1] Yo ale epi yo chita sou lòtbò a, apeprè distans yon tire ak banza, epi yo chita la pou manje pen, epi pandan y'ap manje, yo t'ap konsilte ansanm sou sa pou yo fè ak Jozèf, si pou yo touye l oswa pou yo mennen li retounen bay papa l.

[2] Pandan yo t'ap konsilte, yo leve je yo, yo wè te gen yon konpayi Izmayelit k'ap vini nan distans sou wout Galarad, desann nan peyi Lejip.

[3] Epi Jida di yo: Ki benefis sa ap pote nou si nou touye frè nou an? Petèt BonDye ap mande l nan men nou; men konsèy n'ap pwopoze sou li, se sa pou nou fè avè l: Gade konpayi Izmayelit yo k'ap desann nan peyi Lejip.

[4] Kounyeya, annou vann li ba yo, pa leve men nou sou li, yo pral mennen li ale ak yo, la pral pèdi nan mitan moun peyi a, lè sa nou p'ap touye l ak pwòp men nou. Pwopozisyon an te fè frè l yo plezi e yo te fè daprè pawòl Jida.

[5] Pandan yo t'ap pale sou sa, anvan konpayi Izmayelit yo te rive jwenn yo, sèt machann Madyanit te pase bò kote yo, pandan y'ap pase yo te swaf dlo, yo te leve je yo epi yo wè sitèn kote Jozèf te fèmen an, yo gade, yo wè tout kalite zwazo te sou li.

[6] Epi Madyanit yo te kouri al nan sitèn lan pou yo te bwè dlo, paske yo te panse gen dlo ladan l, epi lè yo te rive devan sitèn lan, yo te tande vwa Jozèf ki t'ap kriye epi ki t'ap plenn nan sitèn lan, lè yo gade nan sitèn lan, yo wè te gen yon jèn gason bèl aparans ak byen fòme.

[7] Epi yo rele l, yo di l: Ki moun ou ye e ki moun ki mennen ou isit la, ki moun ki mete w nan sitèn sa a, nan dezè a? Epi yo tout ede pou leve Jozèf epi yo rale l soti, yo fèl moute soti nan sitèn lan, yo pran l epi yo ale sou chemen yo. E yo pase bò kote frè l yo.

[8] Aprè sa frè l yo di: Poukisa nou fè sa, pou nou pran sèvitè nou an nan men nou epi ale? Asireman nou mete jèn gason sa a nan sitèn lan paske l te rebelye kont nou, epi nou vin leve l pou nou mennen l ale; Kounyeya, retounen ban nou sèvitè nou an.

[9] Madyanit yo reponn, yo di pitit Jakòb yo: Èske sa a se sèvitè w lan, oswa èske nonm sa ap asiste nou? Petèt nou tout se sèvitè li, paske li pi bèl e pi byen kanpe pase nenpòt nan nou, poukisa nou tout ap bay manti ak nou la?

[10] Kounyeya, nou pap koute pawòl ou yo, ni nou pap atann nou avèk ou, paske nou te jwenn jèn gason an nan sitèn nan dezè a, epi nou pran li; nou pral kontinye sou chemen nou.

[11] Tout pitit Jakòb yo te pwoche bò kote yo, yo leve kanpe devan yo, e di yo, retounen sèvitè nou an ban nou, poukisa pou nou tout la pral mouri anba kout nepe? Madyanit yo rele sou yo, Madyanit yo rale epe yo, yo te pwoche pou goumen ak pitit Jakòb yo.

[12] Simeyon leve soti nan plas li kont yo, epi l pran kouri sou yo, li rale epe l epi l avanse sou Madyanit yo, li bay yon rèl tèrib devan yo. E, konsa rèl li te tande nan yon distans, epi tè a te tranble ak rèl Simeyon an.

[13] Madyanit yo te pè Simeyon ak bri rèl li a, e yo te vin tonbe sou figi yo, epi yo te pè anpil.

[14] Simeyon di yo: An verite mwen se Simeyon, pitit Jakòb Ebre a, ki te detwi vil Sichèm ak vil Amoreyen yo sèlman ak frè mwen; se konsa [kounyeya] BonDye ap fè avè m, kote menm ke si tout frè w yo, moun Madyanit yo, ak tout wa peyi Kanaran yo, ta vin avèk ou, yo pa t'ap kapab goumen kont mwen.

[15] Kounyeya, retounen ban nou jèn gason nou te pran an, pou mwen pa bay vyann ou yo a zwazo nan syèl la ak bèt nan tè a.

[16] Epi Madyanit yo te vin pi pè Simeyon, yo te pwoche bò kote pitit Jakòb yo ak terè e pè, ak pawòl touchan, yo di:

[17] An verite, ou te di ke jèn gason an se sèvitè w, epi l te rebelye kont nou, e se poutèt sa nou te mete l nan sitèn lan; Bon! Mezanmi, kisa ou pral fè ak yon sèvitè ki rebelye kont mèt li? Kounyeya la, vann li ban nou, epi nou pral ba w tout sa w mande pou li; Kou yo fin di sa a, SENYÈ a te kontan pou l te fè sa, pou pitit Jakòb yo pa t touye frè yo a.

[18] Madyanit yo te wè Jozèf te gen yon bèl aparans ak yon bèl fòm; Nan kè yo, yo te vle l e yo te ensiste pou yo te achte l nan men frè l yo.

[19] Epi pitit Jakòb yo te koute Madyanit yo, yo vann frè yo Jozèf ba yo, pou ven pyès moso ajan. Men, Riben, frè yo a, pa t avèk yo, Madyanit yo pran Jozèf epi yo te kontinye vwayaj yo pou te ale Galarad.

[20] Pandan yo t'ap mache sou wout la, Madyanit yo te regrèt sa yo te fè a, paske yo te achte jèn gason an. Epi yonn di lòt: Ki sa nou fè la a, nou pran jèn gason sa a nan men Ebre yo, ki gen yon bèl aparans ak byen fòme.

[21] Petèt jèn gason sa a, yo te vòlè li nan peyi Ebre an, poukisa nou fè sa? Si yo ta chèche l epi yo jwenn li nan men nou, nou ka mouri poutèt li.

[22] Kounyeya, siman se moun ki fò e pwisan ki te vann li ban nou, fòs youn nan yo ou te wè jodi a; petèt yo te vòlè l nan peyi l ak pwisans yo, ak fòs ponyèt yo, e se poutèt sa, yo te vann li ban nou pou ti valè nou te ba yo a."

[23] Pandan y'ap pale konsa ansanm, yo leve je yo gade, epi konpayi Izmayelit yo ki t'ap vini an premye, ke pitit Jakòb yo te wè a, t'ap avanse bò kote Madyanit yo. Epi Madyanit yo di antre yo: Ann al vann jèn gason sa a bay konpayi Izmayelit yo ki ap vini bò kote nou, nou pral pran pou li ti kras lajan nou te bay pou li a, n'ap delivre tèt nou anba malè li.

[24] Epi yo te fè sa, yo te rive bò kote Izmayelit yo, Madyanit yo te vann Jozèf bay Izmayelit yo, pou ven pyès moso ajan yo te bay frè l yo pou li a.

[25] Madyanit yo kontinye sou wout yo pou yo ale Galarad, epi Izmayelit yo pran Jozèf, yo fè l monte sou yonn nan chamo yo, yo t'ap mennen l nan peyi Lejip.

[26] Jozèf tande ke Izmayelit yo pral nan peyi Lejip, li kòmanse plenn epi kriye paske l ta pral lwen peyi Kanaran, lwen papa l, epi l t'ap kriye anpil pandan l te sou chamo a. Yonn nan mesye yo te wè l, li te fè l desann soti sou chamo a, e fè l mache a pye, men Jozèf te kontinye kriye e t'ap plenn, li di: O papa m, papa m!

[27] Yonn nan Izmayelit yo te leve, li te bay Jozèf yon souflèt, men li te kontinye ap kriye; Jozèf te fatige anpil sou wout la, li pa t kapab kontinye akoz gwo lapenn ki te nan kè l, yo tout frape l yo t'ap maltrete l sou wout la, yo te fè l pè pou l te sispann kriye.

[28] SENYÈ a te wè anbisyon Jozèf ak soufrans li, SENYÈ a te voye fènwa ak konfizyon sou mesye sa yo, epi men chak moun ki te frape l te vin seche.

[29] Yo te di antre yo: Ki bagay sa a BonDye fè nou sou wout la? Men, yo pa t konnen ke sa te rive yo akoz Jozèf. Mesye yo kontinye sou wout la, yo pase sou wout Efrat la kote Rachèl te antere a.

[30] Epi Jozèf te rive bò tonm manman l lan, li kouri ale bò tonm manman l, li tonbe sou tonm lan epi l pran kriye.

[31] Jozèf t'ap kriye byen fò sou tonm manman l e li te di:-O manman m! manman m! O ou menm ki te fè m, leve kounyeya, e gade pitit ou a, ki jan yo te vann mwen kòm esklav, epi pa gen moun ki te gen pitye pou mwen.

[32] Leve epi gade pitit ou, kriye avè m akoz malè mwen, epi wè kè frè m yo.

[33] Leve manman m, leve, soti nan dòmi w pou mwen, epi mennen batay ou kont frè m yo. O kouman yo te wete rad mwen sou mwen, epi vann mwen de fwa kòm esklav, e separe m ak papa m, epi pa gen moun ki te gen pitye pou mwen.

[34] Leve epi pote kòz ou devan BonDye, epi gade wè ki moun BonDye pral jistifye nan jijman, ak ki moun li pral kondane.

[35] Leve, O manman m, leve, soti nan dòmi ou, epi gade papa m kouman nanm li avèk mwen jodi a, konsole l epi soulaje kè l.

[36] Jozèf te kontinye ap pale pawòl sa yo, Jozèf t'ap kriye byen fò, li te kriye anpil sou tonm manman l; Aprè sa li te sispann pale, akoz lapenn kè l, li te vin tankou yon wòch sou tonm lan.

[37] Aprè sa Jozèf te tande yon vwa ki pale avè l ki te soti anba tè a, ki te reponn li ak yon lapenn nan kè, e ak yon vwa ki t'ap kriye e ki te gen lapriyè nan mo sa yo:

[38] Pitit mwen, pitit mwen Jozèf, mwen te tande vwa w k'ap kriye la ak vwa w k'ap fè lamentasyon la; mwen wè dlo nan je w; mwen konnen malè w, pitit mwen, epi mwen pran lapenn pou ou, gen anpil lapenn ki ajoute sou lapenn mwen.

[39] Kounyeya, pitit mwen, Jozèf pitit mwen, espere nan SENYÈ a, tann Li, pa pè, paske SENYÈ a avèk ou, Li pral delivre w nan tout traka.

[40] Leve pitit mwen, desann nan peyi Lejip ak mèt ou yo, epi pa pè, paske SENYÈ a avèk ou, pitit mwen. Li te kontinye pale mo sa yo bay Jozèf, epi l te rete trankil.

[41] Jozèf te tande sa, li te etone anpil, li te kontinye kriye; Aprè sa yonn nan Izmayelit yo te wè l ap kriye epi ap plenn sou tonm lan, kòlè l te limen kont li, li pouse l soti la, li frape l epi madichonnen l.

[42] Jozèf di mesye yo: Eske m ka jwenn favè devan je nou pou nou mennen m retounen lakay papa m, la pral ba nou anpil richès.

[43] Yo reponn li, yo di l: Èske se pa esklav ou ye, e ki kote papa ou ye? Epi si w te gen yon papa ou pa t'ap ka vann de fwa deja kòm esklav pou ti valè sa a; kòlè yo te toujou cho kont li, e yo te kontinye ap frape l e pini l, epi Jozèf t'ap kriye anpil.

[44] SENYÈ a te wè soufrans Jozèf, SENYÈ a te frape mesye sa yo ankò, Li te pini yo, SENYÈ a te fè fènwa kouvri yo sou tè a, zèklè te klere epi loraj t'ap gwonde, tè a te tranble akoz vwa loraj la ak van fò, epi mesye yo te pè, yo pa t konnen ki kote pou yo te ale.

[45] Epi bèt yo ak chamo yo te kanpe fèm, yo t'ap eseye mennen yo, men yo pa t vle ale, yo te frape yo, men yo te kouche atè a; epi mesye yo di antre yo. Kisa BonDye fè nou la? Ki peche nou te fè, ak ki dezobeyisans nou te fè pou bagay sa a rive nou konsa?

[46] Yonn nan yo te reponn e di yo: Petèt akoz peche nou te fè a nan ap maltrete esklav sa a, ke bagay sa a rive nou jodi a; Kounyeya, sipliye l anpil pou l padonnen nou, epi lè sa a nou pral konnen akoz ki moun malè sa a te rive nou, epi si BonDye gen pitye pou nou, lè sa a nou pral konnen ke tout sa te rive nou akoz peche sa, ke nou te fè kont esklav sa a.

[47] Epi mesye yo te fè sa, yo te sipliye Jozèf epi yo te priye l pou l te padonnen yo; yo di: Nou peche kont SENYÈ a, ak kont ou, kounyeya tanpri mande BonDye ou a pou l retire lanmò sa nan mitan nou, paske nou te peche kont li.

[48] Jozèf te fè daprè pawòl yo, e SENYÈ a te koute Jozèf, SENYÈ a te retire malè Li te voye sou mesye sa yo akoz Jozèf, bèt yo te leve kanpe epi yo mennen yo, après sa yo te kontinye sou wout yo pou yo te desann nan peyi Lejip, mesye yo te vin konnen ke malè sa a te rive yo akoz Jozèf.

[49] Yo te di antre yo: Gade nou konnen ke se akoz soufrans li, malè sa a te rive nou; Kounyeya, poukisa nou pral pote lanmò sa sou nanm nou? Annou konsilte sou sa pou nou fè ak esklav sa a.

[50] Epi yonn reponn e di: Asireman li te di nou pou nou mennen l retounen bay papa l; Kounyeya, annou mennen l tounen epi n'ap ale nan plas li pral di nou an, epi n'ap pran nan men fanmi l pri nou te bay pou li, après sa n'a ale.

[51] Epi yon lòt te reponn ankò li di: Gade, konsèy sa a trè bon, men nou pa ka fè sa paske chemen an trè lwen pou nou, e nou pa ka soti sou wout nou.

[52] Epi yon lòt ankò reponn li di yo: Men konsèy pou nou swiv, nou pap chanje lide; gade, jodi a nou prale nan peyi Lejip, epi lè nou rive nan peyi Lejip, nou pral vann li a yon pri ki wo, konsa n'ap delivre tèt nou anba malè l.

[53] Epi bagay sa a te fè mesye yo plezi, yo te fè sa, yo te kontinye vwayaj yo nan peyi Lejip ak Jozèf.

43- Frè Jozèf Yo Nan Lapenn

[1] Lè pitit gason Jakòb yo te fin vann frè yo Jozèf bay Madyanit yo, kè yo te vin kase pou li, yo te regrèt zak yo, yo t'ap chache l pou yo te mennen l retounen, men yo pa t ka jwenn li.

[2] Riben te retounen nan twou kote yo te mete Jozèf la, pou l te ka retire l epi renmèt li bay papa l, Riben te kanpe bò twou a, li pa t tande yon mo, li te rele l, li di l: Jozèf! Jozèf! Pèsonn pa reponn ni di yon mo.

[3] Riben di: Jozèf mouri ak kè kase, oswa yon sèpan touye l; Riben desann nan twou a, pou l te chache Jozèf men, li pa jwenn li nan twou a, li soti ankò.

[4] Riben chire rad sou li, li di: Timoun nan pa la, kijan m'pral eksplike sa bay papa m, si li mouri? Li al jwenn frè l yo, li jwenn yo ap kriye pou Jozèf, epi yo t'ap konsilte ansanm kijan pou yo eksplike papa yo, Riben di frè l yo konsa: Mwen te ale nan twou a epi mwen pa wè Jozèf, kisa nou pral di papa nou, paske papa m pral mande m kont pou ti gason an nan menm.

[5] Frè l yo reponn li, yo di l: Men sa nou te vin fè, men aprè sa kè nou te vin kase pou sa, kounyeya nou chita ap chache yon pretèks pou nou ka eksplike papa nou.

[6] Riben di yo: Kisa nou fè konsa pou nou al fè cheve gri papa nou yo al nan simityè a ak lapenn? Sa nou te fè a pa t bon.

[7] Riben chita avèk yo, e yo tout te leve epi yo te fè sèman youn ak lòt pou yo pa di Jakòb bagay sa a, yo tout te di: Nenpòt moun ki di sa a papa nou, oswa nan kay li, oswa ki rapòte sa a nenpòt timoun nan peyi a, nou tout pral leve kont li epi touye l ak nepe.

[8] Pitit gason Jakòb yo te pè youn lòt nan zafè sa a, soti nan pi piti an rive nan pi gran, epi pèsonn pa t pale yon mo, yo te kache bagay la nan kè yo.

[9] Aprè sa, yo te chita ankò pou yo te deside epi envante yon bagay pou yo di papa yo Jakòb sou tout bagay sa yo.

[10] Izaka di yo: Men yon konsèy pou nou, si nou wè l bon pou nou, fè sa, pran rad Jozèf la epi chire l, touye yon kabrit epi tranpe l nan san li.

[11] Voye l bay papa nou, lè li va wè l, l'ap di yon bèt sovaj te devore l, kidonk chire rad li, pase l nan san [bèt] pou l ka sou rad li, lè nou va fè sa nou pral libere de plenyen papa nou.

[12] Konsèy Izaka a te fè yo plezi, yo te koute l, yo te fè selon pawòl Izaka te ba yo kòm konsèy la.

[13] Yo te prese pran rad Jozèf la, yo chire l, yo touye yon kabrit epi tranpe rad la nan san kabrit la, aprè sa yo pilonnen l nan pousyè, yo voye rad la bay papa yo Jakòb nan men Neftali, yo ba l lòd pou l di mo sa yo:

[14] Nou te rasanble bèt yo epi nou te rive jis nan wout pou ale nan Sichèm, epi pi lwen, lè nou jwenn rad sa a sou wout la nan dezè a, tranpe nan san ak pousyè; Kounyeya, konnen eske sa se rad pitit ou a ou pa.

[15] Neftali te ale, li rive kot papa l, li ba l rad la, li di l tout pawòl frè l yo te ba l lòd di a.

[16] Jakòb te wè rad Jozèf la, li te rekonèt li, li tonbe fas atè, li vin imobil tankou wòch, aprè sa li leve, li pran kriye li rele byen fò ak vwa l, li di l: Sa se rad pitit mwen Jozèf!

[17] Jakòb te prese, li voye yonn nan sèvitè l yo al jwenn pitit gason l yo, sèvitè a ale jwenn yo, li wè yo k'ap vini ak bann bèt yo sou wout la.

[18] Pitit gason Jakòb yo te rive kot papa yo an aswè, rad yo te chire, tèt yo kouvri ak pousyè, yo jwenn papa yo ap rele ak kriye ak yon vwa fò.

[19] Jakòb di pitit gason l yo: Di m verite, ki move bagay nou pote sou mwen jodi a? Yo reponn papa yo Jakòb: Nou t'ap vini jodi a aprè nou te fin rasanble bann bèt yo, nou te rive jiska vil Sichèm sou wout nan dezè a, nou te jwenn rad sa a plen san atè a, nou te rekonèt li epi nou voye l ba ou pou w wè si se pa rad pitit ou a.

[20] Jakòb te tande pawòl pitit gason l yo, li pran rele byen fò, li di yo: Se rad pitit mwen an, yon bèt sovaj devore l; Jozèf chire an moso, mwen te voye l jodi a, pou l te al wè si nou byen ak bann bèt yo epi pou l te rapòte m nouvèl nou, li te ale jan mwen te ba l lòd la, epi sa rive l jodi a, pandan mwen panse l te avèk nou.

[21] Pitit gason Jakòb yo reponn: Li pa t vin jwenn nou, nou pa t wel depi lè nou te soti a pou jiska kounyeya.

[22] Lè Jakòb te tande pawòl yo, li te rele byen fò ankò, li leve, li chire rad li, li mete twal sak sou ren li, li kriye anpil, li pran lapenn, li leve vwa l ap kriye, li te di pawòl sa yo:

[23] Jozèf pitit mwen, O pitit mwen Jozèf, mwen te voye w jodi a pou w te ale wè kòman frè w yo ye, epi gade w chire an moso; se nan mwen menm sa soti pitit mwen.

[24] Mwen nan lapenn pou ou Jozèf pitit mwen, mwen nan lapenn pou ou; jan ou te dous pou mwen pandan ou te vivan, kounyeya [gade] jan lanmò w anmè pou mwen.

[25] O, papito se te mwen ki te mouri nan plas ou Jozèf pitit mwen, mwen nan gwo lapenn pou ou pitit mwen, O pitit mwen, pitit mwen. Jozèf pitit mwen, kote w ye, kote yo mennen ou? Leve, leve soti kote w ye a, vini wè lapenn mwen pou ou, O pitit mwen Jozèf.

[26] Vini kounyeya, vin konte dlo k'ap koule nan je m desann bò figi m, pote yo devan SENYÈ a, pou kòlè Li ka vire lwen mwen.

[27] O Jozèf pitit mwen, kijan ou fè tonbe, nan men yon ki pa t janm fè pèsonn tonbe [konsa] depi nan kòmansman mond lan jiska jodi a; yo touye w ak kou yon lènmi, ak mechanste, men mwen sèten ke sa te rive w, akoz pil peche mwen yo.

[28] Leve kounyeya, gade jan lapenn mwen anmè pou ou, malgre ke mwen pa t leve w, ni mwen pa t fòme w, ni te ba w souf ak nanm, men se BonDye ki te fòme w, Li te bati zo ou yo, Li te kouvri yo ak vyann, epi Li te soufle nan nen ou souf lavi a, epi answit Li te vin ban mwen ou.

[29] Kounyeya, se vre wi, BonDye ki te ban mwen ou, te wete w nan men mwen, se sa ki te rive w."

[30] Jakòb te kontinye ap pale menm jan ak pawòl sa yo konsènan Jozèf, e li te kriye anmè; li lage kò l atè, li vin pa bouje.

[31] Epi tout pitit gason Jakòb yo, lè yo te wè lapenn papa yo, yo te regrèt sa yo te fè a, yo tout t'ap kriye anpil.

[32] Jida te leve, li soulve tèt papa l soti atè a, li mete l sou janm li, li siye dlo nan je papa l, epi Jida t'ap kriye anpil, pandan tèt papa l te repoze sou janm li, imobil tankou yon wòch.

[33] Pitit gason Jakòb yo te wè lapenn papa yo, yo te leve vwa yo, yo te kontinye ap kriye, epi Jakòb te toujou kouche atè a, rèd tankou yon wòch.

[34] Tout pitit gason l, ak sèvitè l, ak timoun sèvitè l yo te leve, yo te kanpe bò kote l pou konsole l, men li te refize konsole.

[35] Tout fanmi Jakòb yo te leve, yo pran gwo lapenn pou Jozèf ak lapenn papa yo, nouvèl la te rive jwenn Izarak, pitit Abraram, papa Jakòb, li menm ak tout fanmi l te kriye anpil pou Jozèf. Li te kite kote li te rete a nan Ebwon an, li menm ak moun pa l yo, li te ale konsole Jakòb, pitit li a, men Jakòb te refize konsole.

[36] Aprè sa, Jakòb te leve soti atè a, dlo t'ap koule sou figi l, li di pitit gason l yo: Leve, pran nepe nou ak banza nou, ale nan chan yo, chache si nou ka jwenn kadav pitit mwen an, pou mwen ka antere l.

[37] Chache tou, tanpri, nan mitan bèt yo, chase yo, epi sa ki vini devan nou an premye an, kenbe l, epi pote l ban mwen, petèt SENYÈ a ap gen pitye pou mizè mwen jodi a, epi prepare devan nou sa ki te chire pitit mwen an moso a, pote l ban mwen, epi mwen pral vanje kòz pitit mwen an.

[38] Pitit gason l yo te fè jan papa yo te ba yo lòd la, yo leve bonè nan maten, chak moun te pran nepe l ak banza l nan men l, epi yo te ale nan chan yo pou yo te chase bèt yo.

[39] Jakòb te toujou ap kriye byen fò, li t'ap mache ale vini nan kay la, li t'ap bat men l ansanm, li di: Jozèf, pitit mwen, Jozèf, pitit mwen.

[40] Pitit gason Jakòb yo te ale nan raje a pou yo te kenbe bèt yo, epi yo gade yon lou te vin jwenn yo, yo kenbe l, yo pote l bay papa yo, yo di l: Men premye nou jwenn nan, nou pote l ba ou jan ou te ba nou lòd la, men nou pa t jwenn kadav pitit ou a.

[41] Jakòb te pran bèt la nan men pitit gason l yo, li t'ap kriye e rele byen fò, li kenbe bèt la nan men l, li pale ak yonn kè anmè ak bèt la, li di l: Poukisa w te devore pitit mwen Jozèf, epi w pa t pè BonDye ki te kreye tè a, ni pran lapenn mwen pou pitit mwen Jozèf?

[42] Ou devore pitit mwen an pou granmesi, paske l pa t fè okenn mal, epi w fè m koupab pou sa, kidonk BonDye pral mande jistis pou moun ki pèsekite a.

[43] SENYÈ a louvri bouch bèt la pou l te konsole Jakòb ak pawòl li, li te reponn Jakòb, li pale pawòl sa yo avè l:

[44] Jan BonDye vivan ki kreye nou sou tè a, e jan nanm ou vivan, mèt mwen, mwen pa t wè pitit ou an, ni mwen pa t kraze l an miyèt moso, men m te soti nan yon peyi byen lwen mwen te vin chèche pitit mwen yan ki te kite m jodi a, e m pa konnen si l vivan oswa si l mouri.

[45] Mwen te vin nan jaden jodi an pou mwen te chache pitit mwen an, pitit gason ou yo te jwenn mwen, yo kenbe m, yo ogmante lapenn mwen, epi yo mennen m devan ou jodi a, se tout pawòl mwen sa yo pou ou.

[46] Kounyeya, O pitit lòm, mwen nan men ou, fè avè m jodi a sa w panse ki bon nan je w, men m fè sèman sou lavi BonDye ki kreye m, mwen pa t wè pitit ou, mwen pat chire l an moso, vyann moun pa janm antre nan bouch mwen pandan tout lavi m.

[47] Lè Jakòb te tande pawòl bèt la, li te trè etone, li lage bèt la, [se te yon femèl] li kite l ale.

[48] Jakòb te toujou ap kriye byen fò, li t'ap kriye pou Jozèf chak jou, li te pran lapenn pou pitit li pandan anpil jou.

44- Jozèf Te Vann Bay Potifa

(Jenèz 37,39)

[1] Epi pitit gason Izmayèl yo ki te achte Jozèf nan men moun Madyanit yo, ki te achte li nan men frè l yo, te ale nan peyi Lejip ak Jozèf, epi yo te rive nan fwontyè peyi Lejip la. Lè yo te prèske rive nan peyi Lejip, yo te kontre ak kat gason nan pitit Medan, pitit gason Abraram, ki te soti nan peyi Lejip nan vwayaj yo.

[2] Izmayelit yo di yo: Èske nou ta renmen achte esklav sa a nan men nou? Yo reponn, lonje l ban nou, epi yo remèt Jozèf ba yo. Yo wè li te yon jèn gason ki te trè bèl, epi yo te achte l pou ven pyès ajan chekèl.

[3] Izmayelit yo te kontinye vwayaj yo nan peyi Lejip la, epi Medanim yo tou te retounen menm jou a nan peyi Lejip. Medanim yo te di youn ak lòt: Tande! Nou te aprann Potifa, yon ofisye Farawon, kaptenn gad yo, ap chèche yon bon sèvitè ki pral kanpe devan li pou sèvi l, epi pou fè l siveyan sou kay li ak tout sa ki pou li.

[4] Kounyeya, vini, ann vann Jozèf pou sa nou ta renmen, si li ap ban nou sa n'ap mande pou li."

[5] Moun Medan yo te ale, yo rive lakay Potifa, epi yo di l: Nou tande w'ap chèche yon bon sèvitè pou sèvi w, gade, nou gen yon sèvitè ki pral fè w plezi, si w ka ban nou sa nou vle, n'ap vann li ba ou.

[6] Potifa di: Mennen l ban mwen, mwen pral wè l, epi si l fè m plezi, m'ap ba w sa w mande m pou li.

[7] Moun Medanim yo ale, yo mennen Jozèf, epi yo mete l devan Potifa. Li wè l, epi l te fè l anpil plezi. Potifa di yo: Di m non, kisa w mande pou jèn gason sa a?

[8] Yo di l: Nou vle kat san moso ajan pou li. Potifa di yo:-M'ap ba ou li si w pote m dosye vann li a ban mwen, epi w'a rakonte m istwa l, petèt yo te vòlè li, paske jèn gason sa a pa ni yon esklav, ni pitit esklav, men mwen wè nan li aparans yon moun ki bon epi ki gen bèl figi.

[9] Medanim yo ale, yo pote Izmayelit yo ki te vann li ba yo, epi yo di l:-Li se yon esklav, se nou ki te vann li ba yo.

[10] Potifa t'ap tande pawòl Izmayelit yo pandan li t'ap bay Medanim yo ajan. Medanim yo te pran ajan yo, epi yo te kontinye vwayaj yo, Izmayelit yo tou te retounen lakay yo.

[11] Potifa te pran Jozèf, li mennen l lakay li pou sèvi l. Jozèf te jwenn favè nan je Potifa, ki te mete konfyans nan li, li te fè l siveyan sou kay li, epi Potifa remèt tout sa ki te pou li nan men Jozèf.

[12] SENYÈ a te avèk Jozèf, epi l te vin yon nonm pwospere. SENYÈ a te beni kay Potifa akoz Jozèf.

[13] Potifa te kite tout sa l te genyen nan men Jozèf. Jozèf se yon moun ki te fè bagay yo antre byen epi soti byen, e tout bagay nan kay Potifa te byen regle daprè volonte l.

[14] Jozèf te gen dizwitan, se te yon jèn gason ak bèl je, epi bèl aparans, pa t gen moun tankou li nan tout peyi Lejip.

[15] Pandan li te nan kay mèt li, li t'ap sèvi mèt li e antre soti nan kay la, Zelika, madanm mèt li a, leve je l sou Jozèf epi l gade l. Li wè l te yon jèn gason ki te byen kanpe epi ki te gen favè.

[16] Zelika te konvwate bote Jozèf nan kè l, nanm li te fikse sou Jozèf, li t'ap tante l chak jou, Zelika t'ap [eseye] konvenk Jozèf chak jou, men Jozèf pa t leve je l pou l te gade madanm mèt li a.

[17] Zelika di l, jan ou bèl sa a, e ki gen bèl fòm ou genyen la, an reyalite mwen te gade tout esklav yo, mwen pa t wè yon esklav ki te bèl tankou w; Jozèf di l: Asireman, moun ki te kreye m nan vant manman m lan, te kreye tout limanite.

[18] Zelika reponn li: Jan je w bèl sa, avèk yo ou te avegle tout moun nan peyi Lejip, gason ak fanm; epi Jozèf di l: Jan yo bèl pandan nou vivan, si w ta wè yo nan tonm nan, asireman ou t'ap deplase ale lwen yo.

[19] Li di l: Jan tout pawòl ou yo bèl epi agreyab; Tanpri pran kounyeya, pran bandjo a ki nan kay la, epi jwe avèk men ou, kite nou tande pawòl ou yo.

[20] Jozèf di l:–Pawòl mwen yo pi bèl e agreyab lè m'ap pale lwanj BonDye mwen an ak glwa Li; epi Zelika di l: Jan cheve nan tèt ou bèl anpil, gade peny an lò a ki nan kay la, pran l tanpri, epi boukle cheve tèt ou.

[21] Jozèf di l: Pou konbyen tan ou pral kontinye pale pawòl sa yo? Sispann di m pawòl sa yo, leve ale okipe w de travay kay ou.

[22] Zelika di l: Pa gen pèsonn nan kay mwen, pa gen anyen pou m okipe eksepte pawòl ou yo ak volonte w. Menm avèk tout pawol sa yo, Zelika pa t ka mennen Jozèf kote li, epi Jozèf pa t mete je l sou li, men li te dirije je l atè.

[23] Zelika te anvi Jozèf nan kè l, pou li te ka kouche avèk li, epi nan moman Jozèf te chita nan kay la ap fè travay li, Zelika te vini li chita devan l, epi Zelika t'ap tante l chak jou ak pawòl li pou l te kouche avèk Jozèf, oswa menm gade l, men Jozèf pa t vle koute l.

[24] Epi l di l: Si w pa fè daprè pawòl mwen, mwen pral pini w ak pinisyon lanmò, e mete yon jouk fè sou ou.

[25] Jozèf di l: Asireman BonDye ki te kreye moun, libere prizonye yo, epi se Li ki pral delivre m nan prizon ou ak nan jijman ou.

[26] E lè li te wè li pa t ka genyen l, pou l te konvenk li, nanm li te toujou [rete] fikse sou Jozèf, dezi l te fè l tonbe anba yon maladi grav.

[27] Epi tout fanm peyi Lejip yo te vini vizite l, yo di l:–Poukisa w nan eta sa a? Ou menm ki pa manke anyen; asireman mari w se yon gwo prens e li plen respè nan je wa a, èske w ta dwe manke anyen nan sa kè w dezire?

[28] Zelika reponn yo, li di: Jodi a mwen pral fè nou konnen ki kote dezòd sa a soti ke ou wè m ladan nan, epi l te bay sèvant li yo lòd, pou yo te prepare manje pou tout fanm yo, li te òganize yon fèt pou yo, e tout fanm yo te manje nan kay Zelika.

[29] Epi l ba yo kouto pou yo te kale sitwon yo, pou yo te manje yo, e li te bay lòd pou yo te abiye Jozèf nan rad chè, epi pou l te parèt devan yo, Jozèf te vin devan je yo epi tout fanm yo t'ap gade Jozèf, yo pa t kapab retire je yo sou li, yo tout te koupe men yo ak kouto yo te gen nan men yo, epi tout sitwon yo te gen nan men yo te ranpli ak san.

[30] Men, yo pa t konnen sa yo t'ap fè a, yo te kontinye ap gade bèlte Jozèf la, epi yo pa t retire je yo sou li.

[31] Zelika wè sa yo te fè, epi l di yo: Kisa w fè la a? Gade! Mwen te ban nou sitwon an pou n manje, epi nou tout koupe men nou.

[32] Lè sa a, tout fanm yo te gade men yo, yo wè li te plen ak san, epi san an t'ap koule sou rad yo, epi yo di l, esklav sa nan kay ou a, simonte nou, nou pa t kapab retire je nou sou li akoz bote l.

[33] Epi l di yo: Asireman sa te rive nou nan moman nou t'ap gade l, nou pa t kapab kenbe tèt nou lwen li; kouman mwen menm m'ap ka kenbe tèt mwen, lè l toujou nan kay mwen, lè mwen wè l chak jou ap antre soti nan kay mwen? Kouman mwen ka anpeche tèt mwen tonbe oswa menm peri akoz sa?

[34] Epi yo di l: pawòl ou yo laverite, ki moun ki ka wè bèl fòm sa a nan kay la, pou yo ta kenbe tèt yo lwen li. Men, èske li pa esklav ou ak sèvitè nan kay ou, poukisa ou pa di l sa ki nan kè w? Poukisa pou w kite nanm ou soufri akoz sa?

[35] Li repon yo: Se chak jou m'ap eseye konvenk li wi, li pa vle dakò ak volonte m. Mwen te pwomèt li tout sa ki bon, men mwen pa t ka jwenn okenn repons nan men li; se poutèt sa mwen nan eta sa a, jan ou wè a.

[36] Zelika te vin malad grav akoz anvi l te genyen pou Jozèf, epi se konsa teribman li vin gen maladi damou akoz li, epi tout moun nan kay Zelika ak mari l pa t konnen anyen sou sa, ke Zelika te malad akoz lanmou l pou Jozèf.

[37] Tout moun nan kay li te mande l: - Poukisa w malad ou ap deperi konsa, e ou pa manke anyen? Li di yo: - Mwen pa konnen bagay sa a ki ap ogmante sou mwen chak jou a.

[38] Epi tout fanm yo ak zanmi l yo te vin wè l chak jou, yo te pale avèk li, epi l di yo: Sa rive sèlman akoz lanmou [mwen] pou Jozèf; epi yo di l]: Tante l epi sezi l an sekrè, petèt li ka koute w, e retire lanmò sa a sou ou.

[39] Zelika te vin pi mal akoz lanmou l pou Jozèf, li te kontinye ap deperi, jiskaske l te apenn pa genyen fòs pou l te kanpe.

[40] Nan yon sèten jou, pandan Jozèf t'ap fè travay mèt li nan kay la, Zelika te vin an sekrè li tonbe sou li toudenkou. Men, Jozèf leve kont li, Jozèf te pi fò pase l, epi Jozèf te fè l tonbe atè.

[41] Zelika te kriye akoz dezi kè l pou Jozèf, li sipliye l ak dlo nan je l, jouk tan dlo nan je l te koule desann sou figi l, epi l pale avèk li nan yon vwa siplikasyon ak amè nan nanm, li di l:

[42] Èske w janm tande, wè, oswa konnen yon fanm osi bèl tankou mwen, oswa pi bon pase m, k'ap pale avèk ou chak jou, tonbe nan yon dekadans akoz lanmou pou ou, ba w tout onè sa yo, malgre sa ou toujou pa vle koute vwa mwen?

[43] Eske se pè ou pè mèt ou pou l pa pini w, enben mwen asire w menm jan wa a vivan, okenn mal pa pral rive w nan men mèt ou pou bagay sa a; Kounyeya, tanpri koute m, epi dakò pou onè mwen te ba ou a, retire lanmò sa a sou mwen, poukisa mwen ta dwe mouri pou ou? Aprè sa li te sispann pale.

[44] Jozèf reponn li, li di l: Retire kò w sou mwen, kite zafè sa a pou mèt mwen; Gade! Mèt mwen pa konnen kisa ki avèk mwen nan kay la, paske tout sa ki pou li, li te remèt yo nan men mwen, kounyeya kouman mwen ta ka fè bagay sa yo nan kay mèt mwen an?

[45] Paske l te onore m anpil nan kay li, li te fè m siveyan sou kay li, epi l te leve m pi wo, pa gen moun ki pi gran nan kay sa a pase mwen, epi mèt mwen pa t refize m anyen, eksepte ou menm ki madanm li, kouman ou ka pale m pawòl sa yo, kouman mwen ka fè sa ki mal sa a, e peche kont BonDye ak mari w?

[46] Kounyeya, tanpri, retire kò w sou mwen, pa pale m pawòl sa yo ankò, paske mwen p'ap koute pawòl ou yo. E, Zelika pa t vle koute Jozèf lè l te pale pawòl sa yo avèk li, men li te chak jou ap tante l pou l te koute li.

[47] Aprè sa te fin rive, larivyè peyi Lejip la te plen rive wo sou tout bò l yo, e tout abitan peyi Lejip yo te soti, wa a ak prens yo te soti ak tanbouren ak dans, paske te gen gwo rejwisans nan peyi Lejip, e te gen yon jou fèt nan moman inondasyon lanmè Sihor, yo te ale la pou yo te rejwi tout lajounen an.

[48] Epi, lè moun peyi Lejip yo te soti al bò rivyè a pou yo te rejwi, jan sa te abitye fèt lan, tout moun kay Potifa yo te ale avèk yo, men Zelika pa t vle ale avèk yo, paske l te di li pa santi l byen, epi l te rete pou kont li nan kay la, pa t gen lòt moun avèk li nan kay la.

[49] Li leve li monte nan tanp li nan kay la, li abiye tèt li ak rad prensès, li mete sou tèt li pyè presye oniks yo ki bwode ak ajan ak lò, li te fè figi l ak po l byen bèl, avèk tout kalite likid pirifikasyon pou fanm, li te vide pafen nan tanp lan avèk kay la ak kasya e lansan, epi l gaye lami ak lalwa, aprè sa li te chita nan antre tanp lan, nan pasaj kay la, kote Jozèf te pase pou l ta fè travay li, lè l gade, li wè Jozèf k'ap soti nan jaden an, pou l te antre nan kay la pou fè travay mèt li.

[50] Jozèf rive nan kote l te dwe pase a, epi l wè tout travay Zelika a, li kase tèt retounen dèyè.

[51] Zelika te wè Jozèf t'ap kase tèt retounen dèyè pou soti kite l, kounyeya li rele l, li di l: Kisa w genyen Jozèf? Vini fè travay ou, Gade! Mwen pral fè plas pou ou jiskaske w pase nan plas ou.

[52] Jozèf retounen, li vini nan kay la, li pase nan espas pòt la, li rive nan plas kote l te chita. Jozèf t'al chita pou l te fè travay mèt li kòm dabitid, le l gade, li wè Zelika vin jwenn li, epi kanpe devan li ak rad prensès, sant rad li yo te gaye tout kote.

[53] Epi l prese kenbe Jozèf ak rad li yo, li di l: Menm jan wa a vivan si w pa akonpli demann mwen yo, ou pral mouri jodi a, epi l prese lonje lòt men li, li rale yon epe anba rad li, li mete l sou kou Jozèf, li di l: Leve epi akonpli demann mwen, sinon ou pral mouri jodi a.

[54] Jozèf te pè l, lè l te fè bagay sa a, li leve pou l te kouri soti kite l, Zelika kenbe devan rad li, nan kè kase Jozèf pou l te kouri ale, ke rad la Zelika te kenbe a chire, epi Jozèf te kite rad la nan men Zelika, li te kouri soti, paske l te pè.

[55] Lè Zelika te wè ke rad Jozèf te chire, epi l te kite l nan men l, li te kouri, Zelika te pè pou lavi l, pou moun pa t'al gaye nouvèl la sou li, Zelika te leve, li te aji ak riz, li retire rad li te genyen sou li a, epi l mete lòt rad sou li.

[56] Li pran rad Jozèf la, li mete l kote l, epi l'al chita nan plas kote l te chita nan maladi li a, anvan moun lakay li te ale nan larivyè a. Aprè sa, li rele yon jèn gason ki te nan kay la, Zelika ba li lòd pou l te rele rès moun ki te nan kay la pou yo te vin kote li.

[57] Lè Zelika te wè yo, li di yo ak yon vwa fò ki t'ap plenn, Gade sa yon Ebre, mèt nou an te mennen ban mwen nan kay la, li te vin pou l te kouche avè m jodi a.

[58] Lè nou te soti, li te vin nan kay la, li wè pa t gen pèsonn nan kay la, li te vin jwenn mwen, epi l te kenbe m, ak entansyon pou l te kouche avè m.

[59] Mwen te kenbe rad li yo, e mwen te chire yo, mwen te rele kont li ak yon vwa fò, lè mwen te leve vwa m, li te pè pou lavi l, epi l kite rad li devan mwen, se konsa li chape poul li.

[60] Moun lakay li yo pa t di anyen, men kòlè yo te trè cho kont Jozèf, epi yo ale jwenn mèt li, yo di l pawòl madanm li.

[61] Potifa retounen lakay li an kòlè, madanm li rele sou li, li di l:-Kisa w fè m konsa pou w mennen yon sèvitè Ebre nan kay mwen, li te vini pou l te kouche avè m, se konsa li te fè m jodi a.

[62] Potifa tande pawòl madanm li, li bay lòd pou yo te bat Jozèf ak gwo kou, epi yo te fè sa.

[63] Pandan yo t'ap bat li, Jozèf te rele ak yon vwa fò, li te leve je l nan syèl la, li te di:-O SENYÈ BonDye, Ou konnen mwen inosan de tout bagay sa yo, poukisa mwen ta mouri jodi a nan manti, nan men mesye sa yo ki pa sikonsi e ki mechan, ke Ou konnen?

[64] Pandan mesye Potifa yo t'ap bat Jozèf, li te kontinye ap kriye anpil. Men, te gen yon timoun la ki te gen onz mwa, SENYÈ a louvri bouch timoun nan, li te pale pawòl sa yo devan mesye Potifa yo, ki t'ap bat Jozèf, li di:

[65] Kisa nou vle ak nonm sa a, poukisa n'ap fè l mal sa a? manman m ap bay manti e l'ap di pawòl ki pa verite; men kouman aksyon an te fèt.

[66] Timoun nan di yo egzakteman tout sa ki te pase, epi tout pawòl Zelika te bay Jozèf chak jou, li deklare yo devan yo.

[67] Tout mesye yo te tande pawòl timoun nan epi yo te sezi anpil a pawòl timoun nan. Aprè tou pawòl sa yo, timoun nan te sispann pale epi l te vin trankil.

[68] Potifa te trè wont nan pawòl pitit gason li an, aprè sa li te vin bay lòd pou mesye l yo pa bat Jozèf ankò, epi mesye l yo te sispann bat Jozèf.

[69] Potifa te pran Jozèf li bay lòd pou yo te mennen l nan jijman devan prèt yo, ki te jij pou wa a, pou jije l sou zafè sa a.

[70] Potifa ak Jozèf te vin devan prèt yo ki te jij wa a, epi l di yo: Tanpri deside, ki jijman ki dwe bay yon sèvitè, paske l te fè aksyon sa yo.

[71] Prèt yo di Jozèf: Poukisa w te fè bagay sa a ak mèt ou? Jozèf reponn yo, li di yo: Se pa konsa, mèt mwen yo, men kòman bagay la te ye; Potifa di Jozèf, asireman mwen te konfye w ak tout sa ki te pou mwen, mwen pa t kenbe anyen nan men ou, eksepte madanm mwen, kouman ou te ka fè bagay mal sa a?

[72] Jozèf reponn li di l: Se pa konsa, mèt mwen, jan SENYÈ a vivan, jan nanm ou vivan, mèt mwen, pawòl ou te tande nan bouch madanm ou a pa verite. Paske, se konsa zafè a te ye jodi a.

[73] Yon ane te pase depi mwen te nan kay ou; Èske w te wè nenpòt inikite nan mwen, oswa anyen ki ta ka fè w mande lavi m?

[74] Prèt yo di Potifa: Nou sipliye w, voye kèk moun epi kite yo pote rad Jozèf ki te chire a, devan nou, epi ann wè chire a sou li. Kounyeya si chire a se devan rad la, enben lè sa a figi Jozèf ta dwe opoze ak pa Zelika. Sa ap vle di Zelika ta dwe te kenbe l pou l te vin jwenn li, lè sa se va ak twonpri madanm ou te fè tout sa li te di a.

[75] Yo mennen rad Jozèf la, devan prèt yo ki te jij yo, epi yo gade, yo wè chire a te devan [rad] Jozèf la, epi tout prèt yo ki t'ap jije, yo te [vin] konnen ke se Zelika ki te ap fòse l, epi yo di l: Jijman lanmò pa dwe pou esklav sa a paske l pat fè anyen. Men, jijman li se pou ou mete l nan prizon akoz rapò a, ki soti nan bouch li kont madanm ou.

[76] Potifa te tande pawòl yo, epi l mete Jozèf nan prizon, kote yo kenbe prizonye wa yo, Jozèf te nan kay prizon an pandan douz ane.

[77] Malgre sa, madanm mèt li a pa t vire do ba li, epi l pa t sispann ap pale avèk li chak jou pou l te koute l, nan fen twa mwa, Zelika te kontinye ale wè Jozèf nan kay prizon an chak jou, e li te tante l pou l te koute l, Zelika te di Jozèf: Konbyen tan ou pral rete nan kay sa a? Men koute vwa mwen kounyeya, epi m'ap fè w soti nan kay sa a.

[78] Jozèf te reponn li, li di l: Li pi bon pou mwen rete nan kay sa a pase pou mwen koute pawòl ou yo, pou mwen peche kont BonDye; Zelika di l, Si w pa fè sa mwen vle an, m'ap rache je w, m'ap mete chenn nan pye w, epi m'ap lage w nan men moun ou pa t janm konnen avan.

[79] Jozèf reponn li di l: Gade, BonDye tout latè a kapab delivre m nan tout sa ou ta kapab fè mwen, paske Li louvri je avèg yo, Li delivre moun ki mare yo, epi Li pwoteje tout etranje ki pa konnen peyi a.

[80] Lè Zelika pa t kapab konvenk Jozèf pou l te koute l, li te sispann ale tante l; Men, Jozèf te toujou rete fèmen nan kay prizon an. Epi Jakòb, papa Jozèf, ak tout frè l yo ki te nan peyi Kanaran te toujou ap plenn epi kriye nan jou sa yo poutèt Jozèf, paske Jakòb te refize pou yo konsole l pou pitit gason l Jozèf, epi Jakòb t'ap rele byen fò, li t'ap kriye, li te nan dèy tout jou sa yo.

45- Fanmi Pitit Gason Jakòb yo

(Jenèz 38; 46:8-25)

[1] E nan tan sa, nan ane sa a, ki se ane Jozèf te desann nan peyi Lejip aprè frè l yo te vann li, Riben, pitit Jakòb la, te ale Timna epi l te pran Eliuram, pitit fi Avi Kananeyen an, kòm madanm, epi l te kouche l.

[2] Eliuram, madanm Riben, te ansent epi l te fè pou li kat pitit gason: Hanok, Palu, Chetzron ak Carmi; epi Simeyon, frè l, te pran sè l, Dina, kòm madanm, epi l te fè pou li senk pitit gason: Jemouyèl, Yamin, Ohad, Yachin ak Zochar.

[3] Aprè sa, li te ale jwenn Bunah, fanm Kananeyen an, menm Bunah sa ke Simeyon te pran kòm prizonye nan vil Sichèm, epi Bunah te konn okipe Dina, Simeyon te kouche ak li, epi l te fè pou li yon pitit gason, Sayil.

[4] Jida, nan menm epòk la, te ale Adoulam, epi l te rankontre ak yon nonm Adoulam, ki te rele Ira, Jida te wè la yon fi ki te soti Kanaran, ki te rele Aliyat, pitit fi Chwa, epi l te pran li, li te marye avèk li, li kouche l, epi Aliyat te fè pou Jida twa pitit gason: Er, Onan ak Chilo.

[5] Levi ak Izaka te ale nan peyi lès, epi yo te pran kòm madanm yo pitit fi Jòbab, pitit Yoktan, pitit Ebè; Jòbab, pitit Yoktan, te gen de pitit fi: non pi gran an se te Adina, epi non pi piti a se te Arida.

[6] Levi te pran Adina, epi Izaka te pran Arida, epi yo te retounen nan peyi Kanaran, lakay papa yo, epi Adina te fè pou Levi twa pitit gason: Gèchon, Keyat ak Merari.

[7] Epi Arida te fè pou Izaka kat pitit gason: Tola, Puvah, Jòb ak Chomron; epi Dan te ale nan peyi Mowab, li te pran kòm madanm Aflalet, pitit fi Chamoudan moun Mowab la, epi l te mennen li nan peyi Kanaran.

[8] Aflalet pa t gen pitit, li te esteril, epi BonDye te vin sonje Aflalet, madanm Dan, epi l te vin ansent, li te fè yon pitit gason, epi Aflalet te rele l Chouchim.

[9] Gad ak Neftali te ale Aran epi yo te pran kòm madanm yo pitit fi Amouram, pitit Ouz, pitit Nakò.

[10] Epi non pitit fi Amouram yo se te; Merima non pi gran an, epi non pi piti a se te Uzit; Neftali te pran Merima, epi Gad te pran Uzit; yo te mennen yo nan peyi Kanaran, lakay papa yo.

[11] Epi Merima te fè pou Neftali kat pitit gason: Yachzeèl, Gouni, Jaze ak Chalem; epi Uzit te fè pou Gad sèt pitit gason: Zefyon, Chagi, Chouni, Ezbon, Eri, Arodi ak Arali.

[12] Asè te ale epi l te pran Adon, pitit fi Afal, pitit fi Adad, pitit fi Izmaèl, kòm madanm, epi l te mennen li nan peyi Kanaran.

[13] Adon, madanm Asè, te mouri nan jou sa yo: li pa t gen pitit; se te aprè lanmò Adon, Asè te ale lòt bò larivyè a epi l te pran Hadoura, pitit fi Abimaèl, pitit Ebè, pitit Sèm, kòm madanm.

[14] Jèn fanm lan te bèl, li te gen sans. Men, li te madanm Malkiyèl deja, pitit Elam, pitit Sèm.

[15] Epi Hadoura te fè pou Malkiyèl yon pitit fi, epi li te rele l Sarak, men Malkiyèl te vin mouri aprè sa, epi Hadoura te ale rete lakay papa l.

[16] Kounyeya, aprè lanmò madanm Asè a, li te ale epi li te pran Hadoura kòm madanm, li te mennen l nan peyi Kanaran, ansanm ak Sarak, pitit fi li, ki te gen twa zan, epi jènn fi an te leve nan kay Jakòb.

[17] Jènn fi an te bèl, li te mache nan chemen sakre pitit Jakòb yo; li pa t manke anyen, SENYÈ a te ba l sajès ak konpreyansyon.

[18] Hadoura, madanm Asè, te vin ansent epi l te fè pou li kat pitit gason: Yimna, Yichva, Yichvi ak Beria.

[19] Zabilon te ale Madyan, epi li te pran kòm madanm Mericha, pitit fi Molad, pitit Abida, pitit Madyan, epi li te mennen l nan peyi Kanaran.

[20] Epi Mericha te fè pou Zabilon twa pitit gason: Serèd, Elon ak Yacleèl.

[21] Jakòb te voye kote Aram, pitit Zoba, pitit Terak, epi l te pran Mechalia, pitit fi Aram, kòm madanm pou pitit gason l, Benjamen, epi l te vini nan peyi Kanaran, nan kay Jakòb; Benjamen te gen dizan lè li te pran Mechalia, pitit fi Aram, kòm madanm.

[22] Mechalia te ansent epi l te vin fè pou Benjamen senk pitit gason: Bela, Beker, Achbèl, Gera ak Naaman; Aprè sa Benjamen te pran kòm madanm Aribat, pitit fi Chomwon, pitit Abraram, anplis premye madanm li, lè sa a li te gen dizwitan; epi Aribat te fè pou Benjamen senk pitit gason: Achi, Voch, Moupim, Choupim, ak Òd.

[23] Nan jou sa yo, Jida te ale lakay Sèm epi l te pran Tama, pitit fi Elam, pitit Sèm, kòm madanm pou premye pitit gason l, Èr.

[24] Èr te vin kouche ak Tama, epi li te vin madanm li, lè li te vin kouche avèk li, li te voye deyò e detwi pitit li yo, men aksyon sa l te fè a te move [aksyon] nan je SENYÈ a, epi SENYÈ a te touye l.

[25] Aprè lanmò Èr, premye pitit gason Jida a, Jida te di Onan, ale jwenn madanm frè w la epi marye avè l kòm fanmi ki pi pre, epi fè pitit pou frè w.

[26] Onan te pran Tama kòm madanm epi l te kouche avèk li, men Onan tou te fè menm jan ak frè l, aksyon l pa t bon nan je SENYÈ a, e Li te vin touye l tou.

[27] Epi lè Onan te mouri, Jida te di Tama, rete lakay papa w jiskaske pitit mwen Chilo grandi. Aprè sa, Jida vin pa t enterese ankò nan Tama pou l te ba l Chilo, paske l te di: Petèt li ka mouri tankou frè l yo.

[28] Tama leve li te ale e li te rete lakay papa l, Tama te rete lakay papa l pou yon bon bout tan.

[29] Epi lè ane a te chanje, Aliyat, madanm Jida a, te mouri; epi Jida te jwenn konsolasyon pou madanm li, aprè lanmò Aliyat, Jida te monte ak zanmi li Ira nan Timna pou yo te al koupe lenn mouton yo ansanm

[30] Epi Tama te tande ke Jida te monte Timna pou l ta l koupe lenn mouton l yo, e ke Chilo te fin grandi, men Jida pa t enterese nan li ankò.

[31] Tama te leve li te wete rad vèv li a, epi l te mete yon vwal sou li, epi l te kouvri tèt li nèt. Li te ale li chita nan kalfou piblik la, ki sou wout pou ale Timna.

[32] Jida te pase epi l te wè l, e li te pran li, li te vin kouche avèk li, li te vin ansent pou li, e lè l te prè pou l te akouche, lè l gade, li te gen jimo nan vant li, epi li te rele non premye a Perèz, epi non dezyèm lan Zerak.

46- Jozèf Entèprete De Rèv
(Jenèz 40)

[1] Nan jou sa yo, Jozèf te toujou ret fèmen nan prizon nan peyi Lejip la.

[2] Nan tan sa a, domestik Farawon yo te kanpe devan l, chèf kanbiz la ak chèf boulanje ki te pou wa Lejip la.

[3] E chèf kanbiz la te pran diven an, li te mete l devan wa a pou l te bwè, e chèf boulanje a te mete pen devan wa a pou l te manje, e wa a te bwè nan diven an e li te manje nan pen an, li menm ak sèvitè l yo ak minis ki te manje sou tab wa a.

[4] Pandan yo t'ap manje ak bwè, chèf kanbiz la ak chèf boulanje a te kanpe la, e minis Farawon yo te jwenn anpil mouch nan diven an, ke chèf kanbiz la te pote, e yo te jwenn wòch nitrat nan pen chèf boulanje a.

[5] Kapitèn gad yo te mete Jozèf kòm sèvitè pou ofisye Farawon yo, e ofisye Farawon yo te nan prizon pandan yon ane.

[6] Nan fen ane a, toude te fè yon rèv nan menm nwit la, nan plas kote yo te fèmen an, e nan maten Jozèf te vin jwenn yo pou l te sèvi yo kòm dabitid, li gade yo, li te wè figi yo tris e abati.

[7] Jozèf te mande yo: Poukisa figi nou tris e abati jodi a? e yo te di l: Nou te fè yon rèv, pa t gen moun pou te entèprete l; e Jozèf te di yo: Tanpri, rakonte m rèv nou an, e BonDye ap ba nou yon repons kè poze jan nou vle l.

[8] Domestik la te rakonte rèv li a Jozèf, e li te di l:-Mwen te wè nan rèv mwen, yon gwo pye rezen devan m, e sou pye rezen sa a mwen te wè twa branch, e pye rezen an te fleri rapidman li te rive nan yon gwo wotè, e grap li yo te vin mi e te pwodwi rezen.

[9] Mwen te pran rezen yo e mwen te peze yo nan yon gwo gode, e mwen te mete l nan men Farawon e li te bwè l; Jozèf te di l:-Twa branch ki te sou pye rezen an se twa jou.

[10] Men, nan twa jou, wa ap bay lòd pou yo mennen ou deyò e li ap retabli w nan pozisyon ou, e w'ap bay wa a diven l pou l bwè tankou nan kòmansman lè w te chèf kanbiz li; Men, kite m jwenn favè nan je w, pou w sonje m devan Farawon lè l ap fè byen avèk ou, fè byen avèk mwen, fè yo retire m nan prizon sa, paske yo te vòlè m nan peyi Kanaran, yo te vann mwen kòm esklav nan plas sa a.

[11] E tou sa yo te di w konsènan madanm mèt mwen an se fo, paske yo mete m nan kacho sa a pou anyen; E chèf kanbiz la te reponn Jozèf, li di l konsa: Si wa a trete m byen tankou nan kòmansman, jan ou te entèprete pou mwen an, m'ap fè tout sa ou vle, epi m'ap fè yo retire w nan kacho sa a.

[12] Chèf boulanje a, te wè ke Jozèf te entèprete rèv chèf kanbiz la ak presizyon, li te vin pi pre, li te pran rakonte tout rèv li a Jozèf.

[13] Li di l:-Nan rèv mwen an mwen gade, epi mwen wè twa panyen blan sou tèt mwen, e mwen gade, te gen nan panyen ki pi wo a tout kalite vyann boukanen pou Farawon, epi mwen te gade zwazo yo t'ap manje yo sou tèt mwen.

[14] Jozèf di l: Twa panyen ou te wè yo se twa jou, men nan twa jou Farawon ap koupe tèt ou, e li pral pandye w sou yon pyebwa, e zwazo yo pral manje vyann kò w, jan ou te wè nan rèv ou a.

[15] Nan jou sa yo, larenn lan te prèt pou akouche, e nan jou sa a li te fè yon pitit gason pou wa peyi Lejip la, e yo te anonse ke wa a te fè premye pitit gason l, e tout pèp Lejip la ansanm ak ofisye yo, ak domestik Farawon yo te kontan anpil.

[16] Nan twazyèm jou nesans li, Farawon te fè yon fèt pou ofisye l yo ak domestik li yo, pou lame peyi Zoar ak peyi Lejip.

[17] Tout pèp Lejip ak domestik Farawon yo te vin manje e bwè ak wa a nan fèt pitit gason li an, epi pou rejwi nan kè kontan wa.

[18] Tout ofisye wa ak domestik li yo te kontan nan moman sa pou wit jou nan fèt la, e yo te fè fèt ak tout kalite enstriman mizikal, ak tanbouren e danse nan kay wa pou wit jou.

[19] Domestik la, ke Jozèf te entèprete rèv li a, te vin bliye Jozèf, e li pa t mansyone l bay wa jan li te pwomèt li an, paske bagay sa a te soti nan SENYÈ a pou l te pini Jozèf paske l te mete konfyans li nan lòm.

[20] Jozèf te rete aprè sa nan prizon an de zan, jiskaske li te konplete douz ane.

47- Jakòb ak Ezaou Fè Lapè

(Jenèz 35)

[1] Izarak, pitit gason Abraram lan, t'ap viv toujou nan peyi Kanaran an. Li te gen sankatreven ane (180). Ezaou, pitit gason li an, frè Jakòb la, te nan peyi Edòm nan.

[2] Ezaou te vin konnen lè papa l te pwoche pou l te mouri, li menm ansanm ak pitit gason l yo ansanm ak tout fanmi l yo te ale nan peyi Kanaran, nan kay papa l, e Jakòb ak pitit gason l yo te soti nan kote yo te abite nan Ebwon, e yo tout te rive kot papa yo Izarak, e yo te jwenn Ezaou ak pitit gason l yo nan tant lan.

[3] Jakòb ak pitit gason l yo te chita devan Izarak, papa l, e Jakòb te toujou nan lapenn pou Jozèf, pitit gason l lan.

[4] Izarak di Jakòb:-Mennen pitit gason ou yo pou mwen, m'a beni yo. Jakòb mennen onz pitit li yo devan Izarak, papa l.

[5] Izarak mete men l sou tout pitit gason Jakòb yo, li kenbe yo, li anbrase yo, epi li bo yo youn aprè lòt. Aprè sa Izarak te beni yo nan jou sa a, li di yo: Se pou BonDye zansèt nou yo beni nou e fè nou fè anpil pitit pitit tankou zetwal nan syèl la.

[6] Izarak te beni pitit Ezaou yo tou, li di yo:-Se pou BonDye fè w tounen yon laperèz ak yon terè pou tout moun ki pral wè w, ansanm ak tout lènmi w yo.

[7] Izarak te rele Jakòb ak pitit gason l yo, yo tout te vini, yo te chita devan Izarak, e Izarak te di Jakòb: "SENYÈ a, BonDye tout latè, te di m:-M'ap bay desandan ou yo peyi sa a kòm eritaj si pitit ou yo obsève lwa Mwen yo ak chemen Mwen yo, m'ap fè pou yo sèman mwen te fè Abraram, papa w la.

[8] Kounyeya, pitit mwen, ansenye pitit ou yo ak pitit pitit ou yo pou yo gen krentif pou SENYÈ a, pou yo mache nan bon chemen ki fè SENYÈ a plezi, BonDye nou an, paske si nou kenbe chemen SENYÈ a ak lòd Li yo, SENYÈ a ap kenbe ak ou alyans Li te fè ak Abraram, L'ap fè byen ak ou menm e ak pitit pitit ou yo pandan tout tan.

[9] Lè Izarak te fin bay Jakòb ak pitit li yo lòd sa, li te rann dènye soupi l, li mouri, e li te rasanble ak pèp li a.

[10] Jakòb ak Ezaou te tonbe fas atè sou Izarak, papa yo, epi yo t'ap kriye. Izarak te gen sankatreven ane (180) lè l te mouri nan peyi Kanaran, lavil Ebwon. Pitit li yo te mennen l nan gwòt Makpela a, ke Abraram te achte nan men pitit Et yo pou yon posesyon pou fè antèman.

[11] Aprè sa, tout wa peyi Kanaran yo te ale ak Jakòb e Ezaou pou yo te al antere Izarak. E tout wa yo nan Kanaran te montre Izarak yon gran onè nan lanmò li.

[12] Pitit gason Jakòb yo ak pitit gason Ezaou yo t'ap mache pye atè, yo t'ap kriye jouk yo rive Kireyat-Arba.

[13] Jakòb ak Ezaou te antere Izarak, papa yo, nan gwòt Makpela, ki nan lavil Kireyat-Arba, nan peyi Ebwon. Yo te antere l ak yon gwo onè, tankou nan antèman wa yo.

[14] Jakòb ak pitit gason l yo, e Ezaou ak pitit gason l yo ansanm ak tout wa Kanaran yo te fè yon gwo dèy lou, e yo te antere l epi yo plenn pou li pandan anpil jou.

[15] Lè Izarak te mouri, li te kite bèt li yo, byen li yo ak tout sa ki te pou li pou pitit gason l yo. Ezaou te di a Jakòb:-Tanpri, men tout sa papa nou te kite, n'ap separe l an de moso, e m'a chwazi. Jakòb reponn:-Nou pral fè sa.

[16] Jakòb te pran tout sa Izarak te kite nan peyi Kanaran an, bèt yo ak byen yo, li te mete yo an de moso devan Ezaou ak pitit gason l yo, epi l di Ezaou:-Gade tout bagay sa yo devan ou, chwazi ou menm mwatye w'ap pran an pou ou a.

[17] Aprè sa, Jakòb di Ezaou:-Tanpri, koute sa m pral di w la, li di l: SENYÈ a, BonDye syèl la ak tè a, te pale ak zansèt nou yo Abraram ak Izarak, li di yo:-M'ap bay desandan ou yo peyi sa a pou yon eritaj pou tout tan.

[18] Kounyeya, tout sa papa nou te kite la, yo devan ou, gade tout peyi a devan ou, chwazi nan mitan yo sa w vle.

[19] Si w vle tout peyi a pran l pou ou ak pitit ou yo pou tout tan, e m'ap pran richès sa yo, men si w vle richès sa yo, pran l pou ou, e m'ap pran tè sa a pou mwen ak pou pitit mwen yo pou tout tan.

[20] Nan moman sa a, Nebayòt, pitit gason Izmayèl la, te nan peyi a ak pitit li yo. Jou sa a, Ezaou pati, li al pale avè l, nan menm jou a li te al konsilte avè l, li di l.

[21] Men sa Jakòb te di m, se konsa li te reponn mwen, kounyeya ban m konsèy ou e nou pral tande.

[22] Nebayòt di l:-Kisa Jakòb di w la? Gade! Tout pitit Kanaran yo rete an sekirite nan peyi yo a, e Jakòb di li pral eritye l ak desandan li yo pou tout tan.

[23] Kounyeya, ale pran tout richès papa w, epi kite Jakòb, frè w la, nan peyi a, jan li te di l la.

[24] Ezaou leve, li retounen bò kote Jakòb. Li fè tout sa Nebayòt, pitit Izmayèl la, te di l la. Ezaou te pran tout richès Izarak te kite yo, domestik yo, bèt yo, bèf yo, byen yo ak tout richès yo. li pa t bay Jakòb, frè li a, anyen. Jakòb te pran tout peyi Kanaran an, depi rivyè Lejip rive jouk larivyè Lefrat la, li te pran l pou tout tan, pou pitit li yo ak pou pitit pitit li yo pou tout tan.

[25] Jakòb te pran nan men Ezaou, frè li a, gwòt Makpela, ki te lavil Ebwon. Ke Abraram te achte nan men Efwon pou yon posesyon kòm yon kote antèman pou li ak pitit li yo pou tout tan.

[26] Jakòb te ekri tout bagay sa yo nan Liv Achte a, li te siyen li, epi l te temwaye tout bagay sa yo bay kat temwen fidèl.

[27] Men pawòl Jakòb te ekri nan Liv Achte a, li te di: Peyi Kanaran ak tout vil moun Et yo, moun Evi yo, moun Jebis yo, moun Amori yo, moun Ferezi yo ak moun Gergas yo, tout sèt nasyon sa yo soti larivyè Lejip la rive jouk larivyè Lefrat la.

[28] Jakòb te achte lavil Ebwon Kireyat-Arba ansanm ak gwòt ki ladan l lan nan men Ezaou, frè l la, pou tout valè l, kòm byen ak eritaj pou tout pitit pitit li yo aprè li.

[29] Aprè sa, Jakòb te pran Liv Achte a ak siyati a, kòmandman an, Lwa yo ak Liv Revele a, li te mete yo nan yon veso an tè pou yo te ka dire yon bon bout tan, epi l remèt yo nan men pitit li yo.

[30] Ezaou te pran tout sa papa l te kite pou li aprè lanmò l, nan men Jakòb, frè l la, li te pran tout byen yo, komanse nan domestik yo, bèt yo, chamo ak bourik yo, bèf ak ti mouton yo, ajan ak lò,

wòch presye ak bedelyòm, ak tout kalite richès ki te pou Izarak, pitit gason Abraram lan; pa t gen anyen ke Ezaou pa t pran pou tèt li, nan tout sa Izarak te kite aprè lanmò l.

[31] Ezaou te pran tout bagay sa yo, epi li menm ak pitit li yo te retounen lakay yo nan peyi Seyi, moun peyi Ori a, lwen Jakòb, frè l, ak pitit li yo.

[32] Ezaou te gen byen nan mitan moun Seyi yo, Ezaou pa t retounen nan peyi Kanaran ankò depi jou sa a.

[33] Tout peyi Kanaran an te vin retounen yon eritaj tè pou pèp Izrayèl la pou tout tan. Ezaou ak tout pitit li yo te pran kòm eritaj, mòn Seyi a pou yo.

48- Jozèf Entèprete Rèv Farawon an

(Jenèz 41:1-40)

[1] Nan jou sa yo, aprè lanmò Izarak, SENYÈ a te bay lòd epi Li te fè yon grangou [tonbe] sou tout latè.

[2] Nan epòk sa a, Farawon, wa peyi Lejip la, ki te chita sou twòn li nan peyi Lejip, li te kouche nan kabann li epi l te reve yon rèv, Farawon te wè nan rèv li, ke li te kanpe bò kote larivyè Lejip la.

[3] Pandan li te kanpe, li gade, li te wè, sèt bèf gra ak bèl aparans soti nan larivyè a.

[4] Epi sèt lòt bèf, mèg ak move aparans, te soti dèyè yo, epi sèt bèf ki te gen move aparans yo te vale sa ki te gen bèl aparans yo, e aparans yo te toujou lèd tankou nan kòmansman an.

[5] Li te vin reveye, aprè sa, li te al dòmi ankò epi l te reve yon dezyèm fwa, li te gade, li te wè sèt zepi mayi te soti sou yon sèl tij, yo te gwo epi bon, aprè sa sèt zepi mens ki te boule ak van lès la ki te leve dèyè yo, zepi mens yo te vale sa ki te plen yo, epi Farawon te vin reveye soti nan rèv li a.

[6] Nan maten, wa a te sonje rèv li yo, epi lespri l t'ap boulvèse akoz rèv li yo, wa a te prese voye chèche tout majisyen Lejip yo, ak saj yo, epi yo te vini e kanpe devan Farawon.

[7] Epi wa a di yo: Mwen te fè rèv, e pa gen moun ki pou te entèprete yo. Yo di wa:-Rakonte rèv ou yo bay sèvitè ou yo pou nou tande yo.

[8] Epi wa a te rakonte rèv li yo ba yo, e yo tout te reponn ak yon sèl vwa, yo te di wa: Ke wa viv pou tout tan; e men entèpretasyon rèv ou yo.

[9] Sèt bèf bon ou te wè yo sinifi sèt pitit fi ki pral fèt pou ou nan dènye jou yo, e sèt lòt bèf, mèg ak move aparans ou te wè yo, ki te vini aprè yo epi ki te vale yo an, se yon siy ke pitit fi yo ki pral fèt pou ou, yo tout pral mouri pandan lavi wa a.

[10] Sa w te wè nan dezyèm rèv la, de sèt bon zepi mayi ki te soti sou yon sèl tij, sa a se entèpretasyon yo; se ke w'ap bati pou tèt ou nan dènye jou yo sèt vil nan tout peyi Lejip; e sa ou te wè de sèt zepi mayi ki te boule yo ki te parèt aprè yo epi vale yo pandan ou te gade yo ak je ou, se yon siy ke vil yo ou pral bati yo, tout pral detwi nan dènye jou yo, pandan lavi wa.

[11] Lè yo te fin pale pawòl sa yo, wa pa t koute pawòl yo, ni li pa t mete kè l sou yo, paske wa te konnen nan sajès li ke yo pa t bay yon entèpretasyon kòrèk nan rèv yo; e lè yo te fin pale devan wa, wa a reponn yo, li di yo: Kisa sa vle di ke nou te pale ban mwen an? Asireman nou ap banm move entèpretasyon, epi n'ap pale pawòl san sans; Kounyeya bay entèpretasyon kòrèk nan rèv mwen yo, pou nou pa mouri.

[12] Aprè sa, wa a te bay lòd ankò, li voye rele lòt saj yo, epi yo vini, yo te kanpe devan wa a, e wa a te rakonte rèv li yo ba yo, epi yo tout reponn li selon premye entèpretasyon an, kòlè wa a te limen, li te fache anpil, epi wa a te di yo: Asireman nou ap bay manti, e di fo bagay nan sa nou t'ap di a.

[13] Kounyeya, wa a te bay lòd pou yo pibliye yon pwoklamasyon nan tout peyi Lejip. Ki di:- Pwoklamasyon sa a, li deside pa wa ak gwo mesye l yo, ke nenpòt saj ki konnen e ki konprann entèpretasyon rèv yo, epi ki pa vini jodi a devan wa ap mouri.

[14] Epi tout saj peyi Lejip yo te vini devan wa, ansanm ak tout majisyen yo ak sòsye ki te nan Lejip ak nan Goshen, nan Ramsès, nan Tapanès, nan Zoa, ak nan tout rès kote yo sou fwontyè peyi Lejip, yo tout te kanpe devan wa.

[15] Epi tout nòb yo ak prens yo, e sèvitè ki te nan sèvis wa, yo te soti nan tout vil Lejip yo, yo tout te chita devan wa, epi wa tanmen rakonte rèv li yo devan saj yo, ak prens yo. E tout moun ki te chita devan wa a te sezi poutèt vizyon an.

[16] Epi tout saj yo ki te devan wa te gen youn gran divizyon nan entèpretasyon yo te bay rèv wa; kèk nan yo te entèprete rèv yo bay wa, yo te di ke sèt bèf gra yo se sèt wa, ki pral leve sou Lejip depi nan pitit wa.

[17] Epi sèt move bèf yo se sèt prens, ki pral kanpe kont yo nan dènye jou yo, e k'ap detwi yo; epi sèt zepi mayi yo se sèt gwo prens peyi Lejip yo, ki pral tonbe nan men sèt prens mwens pwisan nan lènmi yo, nan lagè mèt nou, wa a.

[18] Epi kèk nan yo entèprete bay wa nan fason sa, yo di: Sèt bèf gra yo, se gwo vil yo nan Lejip, epi sèt bèf mèg yo se sèt nasyon peyi Kanaran, ki pral vini kont sèt vil Lejip yo nan dènye jou yo epi ki pral detwi yo.

[19] Epi sa ou te wè nan dezyèm rèv la, de sèt bon ak move zepi mayi, se yon siy ke gouvènman Lejip la pral retounen nan men pitit ou yo tankou nan kòmansman.

[20] Epi nan rèy li, pèp vil Lejip yo pral vire kont sèt vil Kanaran yo ki pi fò pase yo, e yo pral detwi yo, epi gouvènman Lejip la pral retounen nan men pitit ou yo.

[21] Kèk nan yo di wa: Men entèpretasyon rèv ou yo; sèt bèf bon yo se sèt rèn, ke ou pral pran pou madanm nan dènye jou yo, sèt move bèf yo siyifi ke fanm sa yo pral tou mouri nan lavi wa a.

[22] Epi sèt bon ak move zepi mayi ke ou te wè nan dezyèm rèv la se katòz timoun, epi sa pral rive nan dènye jou yo ke yo pral leve epi goumen ant yo menm, epi sèt nan yo pral frape sèt ki pi pwisan yo.

[23] Epi kèk nan yo ankò te di pawòl sa yo bay wa a: Yo di ke sèt bèf bon yo siyifi ke sèt timoun pral fèt pou ou, epi yo pral touye sèt nan pitit pitit ou yo nan dènye jou yo; epi sèt bon zepi mayi ke w te wè nan dezyèm rèv la, se prens sa yo, ke sèt lòt prens mwens pwisan pral kont yo, e pral goumen epi detwi yo nan dènye jou yo, epi yo pral vanje kòz pitit ou yo, gouvènman an pral retounen nan men pitit ou yo ankò.

[24] Epi wa te tande tout pawòl saj Lejip yo ak entèpretasyon rèv li yo, e okenn nan yo pa t fè wa plezi.

[25] Epi wa te konnen nan sajès li ke yo pa t pale kòrèkteman nan tout pawòl sa yo, paske sa te soti nan SENYÈ a Pou l te fristre pawòl saj yo nan Lejip, pou Jozèf te ka soti nan kay kote yo te fèmen l la, e pou li te ka vin gran nan Lejip.

[26] Epi wa te wè ke pami tout saj yo ak majisyen yo nan Lejip, pa t te gen menm yon sèl ki te pale kòrèkteman ba li, kòlè wa te limen, epi kòlè l te debòde anndan l.

[27] Epi wa te bay lòd pou tout saj yo ak majisyen yo te soti devan l, yo tout te soti devan wa ak wont e ak dezonè.

[28] Epi wa te bay lòd pou yo te voye yon pwoklamasyon nan tout Lejip pou te touye tout majisyen ki te nan Lejip, pou yo pa t kite yonn nan yo vivan.

[29] Epi kaptenn gad yo ki te pou wa a leve, e chak gason te rale epe l, e yo te kòmanse ap frape majisyen Lejip yo, ak saj yo.

[30] Aprè sa Merod, chèf kanbiz wa, te vini epi li te bese tèt devan wa epi l te chita devan l.

[31] Chèf kanbiz la te di wa: Ke wa viv pou tout tan, e ke gouvènman l leve wo nan peyi a.

[32] Ou te fache ak sèvitè ou a nan jou sa yo, kounyeya dezan de sa, e ou te mete m nan prizon, e mwen te pase kèk tan nan prizon, mwen menm ak chèf boulanje yo.

[33] Epi te gen avèk nou yon sèvitè Ebre ki te pou kaptenn gad la, non l se Jozèf, paske mèt li te fache avè l e li te mete l nan kay kote yo te fèmen l, epi li te sèvi nou la.

[34] Kèk tan aprè, pandan nou te nan prizon, nou te reve rèv nan yon sèl nwit, mwen menm ak chèf boulanje a; nou te reve, chak moun selon entèpretasyon rèv li.

[35] Epi nan maten nou te vin di yo bay sèvitè sa a, epi li te entèprete nou rèv nou yo, chak moun selon rèv li, li te entèprete l kòrèkteman.

[36] Sa te rive jan li te entèprete pou nou an, konsa evènman an te ye; pa t gen yon sèl nan pawòl li yo ki te tonbe atè.

[37] Kidonk, kounyeya monwa ak mèt mwen, pa touye pèp Lejip la pou anyen; gade esklav sa a toujou rete fèmen nan kay la nan men kaptenn gad la, mèt li, nan kay kote yo te fèmen l la.

[38] Si sa fè wa a plezi, kite l voye chèche l pou li ka vin devan ou epi l pral fè w konnen entèpretasyon kòrèk rèv ke w te reve a.

[39] Epi wa te tande pawòl chèf kanbiz la, wa te bay lòd pou yo te sispann touye saj yo nan Lejip.

[40] Epi wa te bay sèvitè l yo lòd pou yo te mennen Jozèf devan li, wa te di yo: Ale jwenn li epi pa fè l pè pou li pa konfonn, pou li pa konnen kijan pou li pale kòrèkteman.

[41] Epi sèvitè wa te ale jwenn Jozèf, yo te pran li, yo prese fè l soti nan prizon an, sèvitè wa yo te raze l, li te chanje rad prizon li epi l te vini devan wa.

[42] Epi wa te chita sou twòn wayal li a nan yon rad prensipal, mare ak yon efòd an lò, epi lò fen ki te sou li a te klere; kristal li e sadwan li, ak emwòd li, ansanm ak tout pyè presye ki te sou tèt wa a, te eblouyi je a, epi Jozèf te sezi anpil devan wa a.

[43] Men, twòn kote wa a te chita a, te kouvri ak lò ak ajan, ak pyè oniks, epi l te gen swasanndis mach eskalye.

[44] Se te koutim yo nan tout peyi Lejip, ke chak moun ki te vin pale ak wa, si li te yon prens oswa yon moun ki te gen valè nan je wa, li te monte nan twòn wa jiska tranteyenyèm (31) mach la, epi wa te desann nan trannsizyèm mach la, epi pale ak li.

[45] Si li te yon moun pami pèp la, li te monte nan twazyèm mach la, epi wa ta desann nan katriyèm mach la epi pale avèk li, se te koutim yo nan peyi a, anplis de sa a, nenpòt moun ki te konprann pou pale nan tout swasanndis lang yo, li te monte swasanndis mach yo, epi pale jiskaske l te rive jwenn wa.

[46] Epi nenpòt moun ki pa t kapab konplete swasanndis la, li te monte otan mach ke lang li te konn pale yo.

[47] Se te koutim yo nan jou sa yo nan Lejip, ke pèsonn pa t dwe gouvènen sou yo, eksepte moun ki te ka pale nan swasanndis lang yo.

[48] Lè Jozèf te vin devan wa li te bese tèt li atè devan wa, li te monte nan twazyèm mach la, wa te chita sou katriyèm mach la epi l pale ak Jozèf.

[49] Wa di Jozèf, mwen te reve yon rèv, e pa gen entèprèt pou entèprete l kòrèkteman, mwen te bay lòd jodi a ke tout majisyen Lejip yo ak saj yo, dwe vin devan mwen, e mwen te rakonte yo rèv mwen yo, pèsonn pa t entèprete yo kòrèkteman pou mwen.

[50] Aprè sa, mwen te vin tande pale de ou jodi a, ke ou se yon nonm saj, epi w ka entèprete kòrèkteman chak rèv ke w tande.

[51] Jozèf te reponn Farawon, li di l: Kite Farawon rakonte rèv li te reve yo; asireman entèpretasyon yo se pou BonDye; epi Farawon rakonte Jozèf rèv li yo, rèv sou bèf yo ak rèv sou zepi mayi yo, epi wa a te sispann pale.

[52] Lè sa a, Jozèf te ranpli ak Lespri BonDye devan wa a, epi l te vin konnen tout sa ki ta pral rive wa a depi jou sa a e ale, li te vin konnen entèpretasyon kòrèk rèv wa a, epi l te pale devan wa.

[53] Jozèf te jwenn favè nan je wa, epi wa te panche zòrèy li ak kè l, pou l te tande tout pawòl Jozèf yo. Jozèf te di wa konsa: Pa imajine ke se de rèv, se yon sèl rèv, paske sa BonDye te chwazi fè nan tout peyi a, Li te montre wa nan rèv li, sa se entèpretasyon kòrèk rèv ou a:

[54] Sèt bèf gra ak bon zepi mayi yo se sèt ane, epi sèt bèf mèg ak move zepi mayi yo, tou de sèt ane; se yon sèl rèv.

[55] Gade, sèt ane ki pral vini yo, pral gen anpil abondans nan tout peyi a, aprè sa, sèt ane grangou pral swiv yo, yon grangou ki pral grav anpil; tout abondans lan yo pral bliye l nan peyi a, paske grangou a pral detwi abitan peyi a.

[56] Wa te reve yon sèl rèv, epi rèv la te repete bay Farawon paske bagay la etabli pa BonDye, epi BonDye pral fè l rive byento.

[57] Kounyeya mwen pral ba ou konsèy epi sove nanm ou ak nanm abitan peyi a nan malè grangou a, ke ou chèche nan tout wayòm ou a yon nonm ki atantif e saj, ki konnen tout zafè gouvènman an, epi nonmen li pou sipèvize sou peyi Lejip la.

[58] Epi kite nonm ou mete sou Lejip la nonmen ofisye anba li, pou yo ranmase tout manje nan bon ane yo ki pral vini, epi kite yo estoke mayi e depoze li nan depo w te chwazi yo.

[59] Kite yo kenbe manje sa a pou sèt ane grangou yo, pou w ka jwenn pou ou menm ak pèp ou a, e ak tout peyi ou a, kounyeya pou ou menm ak peyi ou a pa disparèt akòz grangou a.

[60] Lòd dwe bay tout abitan peyi a, pou yo ranmase, chak moun rekòlt jaden li, tout kalite manje, pandan sèt bon ane yo, epi pou yo mete l nan depo yo, pou yo ka jwenn pou yo nan jou grangou yo epi pou yo ka viv sou li.

[61] Sa a se entèpretasyon kòrèk rèv ou a, epi sa a se konsèy ki bay pou sove nanm ou ak nanm tout sijè w yo.

[62] Wa a reponn epi l di Jozèf: Ki moun ki ka di e ki konnen ke pawòl ou yo kòrèk? Li di wa, Sa pral yon siy pou ou konsènan tout pawòl mwen yo, ke yo verite e ke konsèy mwen bon pou ou.

[63] Gade, madanm ou chita jodi a sou ban akouchman an, epi l pral ba ou yon pitit gason e ou pral rejwi avè l; Lè pitit ou a fin soti nan vant manman l, premye pitit gason ou an ki te fèt dezan de sa, li pral mouri, epi w pral jwenn konsolasyon nan timoun ki pral fèt pou ou jodi a.

[64] Jozèf te fin pale pawòl sa yo bay wa a, li te bese tèt li devan wa a epi l soti, lè Jozèf te soti devan prezans wa, siy yo ke Jozèf te pale wa te rive jou sa a.

[65] Epi larenn nan te fè yon pitit gason jou sa epi wa te tande bon nouvèl sou pitit li a, li te rejwi, lè mesajè a te soti devan prezans wa, sèvitè wa yo te jwenn premye pitit gason wa te tonbe atè a, mouri.

[66] Epi te gen gwo plenyen ak bri nan kay wa. Wa tande l, li di: Kisa k'ap fè bri a e k'ap plenyen, ke mwen tande nan kay la? E yo te di wa ke premye pitit gason l an te mouri; Lè sa a, wa te vin konnen ke tout pawòl Jozèf te pale yo te kòrèk, wa te vin jwenn konsolasyon pou pitit gason l lan nan timoun ki te fèt pou li jou sa a, jan Jozèf te pale a.

49- Jozèf Chèf Tout Peyi Lejip

(Jenèz 41:41-56)

[1] Aprè bagay sa yo, wa te voye chache tout ofisye ak sèvitè l yo, ansanm ak tout prens ak nòb ki te anba men wa, epi yo tout vini devan wa.

[2] Epi wa di yo: Gade, nou wè e tande tout pawòl nonm Ebre sa a, ak tout siy li te deklare ki t'ap pase, e pa gen okenn nan pawòl li yo ki te tonbe atè.

[3] Nou konnen li te bay yon entèpretasyon kòrèk nan rèv la, e sa pral sètènman rive vre, kounyeya pran konsèy, konnen sa nou pral fè epi kijan peyi a pral sove anba grangou an.

[4] Chache kounyeya epi wè si gen moun menm jan nou ka jwenn, ki gen sajès ak konesans nan kè yo konsa, e m'ap nonmen l sou peyi a.

[5] Paske nou tande sa nonm Ebre a konseye konsènan sa poun fè poun sove peyi a anba grangou sa, e mwen konnen peyi a p'ap sove anba grangou a, si se pa ak konsèy nonm Ebre a, li ki te konseye mwen.

[6] E yo tout te reponn wa a, yo di l: Konsèy nonm Ebre a bay sou sa bon; Kounyeya, mèt nou ak wa nou, gade, tout peyi a nan men ou, fè sa ki sanble bon nan je w.

[7] Moun ou chwazi a, e ke ou menm nan sajès ou konnen, ki moun ki gen sajès e ki kapab delivre peyi a ak sajès li, wa a pral nonmen l pou li anba wa, sou peyi a.

[8] E wa a di tout ofisye yo: Mwen panse ke depi BonDye te fè nonm Ebre a konnen tout sa l te pale a, pa gen moun ki gen diskresyon e sajès nan tout peyi a tankou l; si l sanble bon nan je nou, m'ap mete l sou peyi a, paske li pral sove peyi a ak sajès li.

[9] E tout ofisye yo reponn wa a, e di l: Men, se vre wi li ekri nan lalwa Lejip la, e li pa dwe vyole, ke pa gen moun ki dwe gouvène sou Lejip, ni dwe dezyèm aprè wa, eksepte moun ki gen konesans nan tout lang pitit gason lèzòm yo.

[10] Kounyeya, mèt ak wa nou, gade, nonm Ebre sa a ka pale sèlman lang Ebre, e kijan li kapab ap gouvène sou nou kòm dezyèm anba gouvènman, yon moun ki pa menm konnen lang nou an?

[11] Nou sipliye w , voye chache l, epi kite l vini devan ou, teste l nan tout bagay, epi fè sa ou wè ki bon.

[12] E wa a di yo: Sa pral fèt demen, e sa nou te pale a bon; e tout ofisye yo vini jou sa a devan wa a.

[13] Men, nan nwit anvan jou sa a, SENYÈ a te voye yon nan sèvitè zanj Li yo, e li te vini nan peyi Lejip la kot Jozèf, e zanj SENYÈ a te kanpe anwo tèt Jozèf, epi Jozèf te kouche sou kabann li nan nwit lan nan kay mèt li a nan prizon an, paske mèt li te fè l retounen nan prizon an akoz madanm li.

[14] zanj lan te reveye l soti nan dòmi, Jozèf te leve kanpe sou pye l, epi l gade, li wè zanj SENYÈ a te kanpe anfas li; e zanj SENYÈ a te pale ak Jozèf, li te anseye l tout lang lèzòm sou tè sa a nan nwit sa a, e li te rele l Yehoseph.

[15] Zanj SENYÈ a te kite l, Jozèf te retounen kouche sou kabann li, e Jozèf te sezi nan vizyon li te wè a.

[16] Nan maten, wa voye chache tout ofisye ak sèvitè l yo, e yo tout te vini e chita devan wa, e wa te bay lòd pou yo mennen Jozèf devan li, e sèvitè wa t'ale e mennen Jozèf devan Farawon.

[17] Wa te soti e monte eskalye twòn lan, Jozèf te pale ak wa nan tout lang yo, e Jozèf te monte bò kote l e pale ak wa jiskaske l rive devan wa nan swasanndizyèm eskalye a, epi l chita devan wa.

[18] E wa te kontan anpil akoz Jozèf, e tout ofisye wa te kontan anpil ak wa lè yo te tande tout pawòl Jozèf yo.

[19] E bagay la te sanble bon nan je wa ak ofisye yo, pou yo te nonmen Jozèf kòm dezyèm aprè wa sou tout peyi Lejip, e wa te pale ak Jozèf, li di l:

[20] Tande non, ou te ban m konsèy pou m nonmen yon nonm saj sou peyi Lejip, pou l sove peyi a anba grangou ak sajès li; Kounyeya, piske BonDye te fè w konnen tout sa, tout pawòl ou te pale yo, pa gen nan tout peyi a yon nonm diskrè e saj tankou w.

[21] E non ou pa pral rele Jozèf ankò, men Zafnat-Paneah pral non ou; Ou pral dezyèm aprè mwen, e daprè pawòl ou tout zafè gouvènman mwen an pral regle, e sou pawòl ou pèp mwen an pral soti e rantre.

[22] Epi tou, anba men ou, sèvitè m yo ak ofisye yo pral resevwa salè yo, ke yo konn abitye resevwa chak mwa, e devan ou tout pèp peyi a pral enkline; sèlman sou twòn mwen an m'ap pi gran pase w.

[23] E wa retire bag li nan men l, epi l mete l nan men Jozèf, e wa a te abiye Jozèf ak yon rad prens, epi l te mete yon kouwòn an lò sou tèt li, e li mete yon chenn an lò nan kou l.

[24] E wa a te bay sèvitè l yo lòd, e yo fè l monte nan dezyèm cha ki pou wa, ki t'ap ale anfas cha wa, e yo fè l monte sou yon gwo cheval fò nan cheval wa yo, e yo te fè l pase nan lari peyi Lejip.

[25] Epi wa te bay lòd pou tout moun ki t'ap jwe tanbouren, bandjo ak lòt enstriman mizikal yo, pou te ale devan Jozèf; mil tanbouren, mil mekolòt, ak mil nebalim t'ap swiv li.

[26] E senkmil gason, ak nepe trase ki klere nan men yo, yo te mache e jwe devan Jozèf, e venmil nan gwo mesye wa yo, te mare ak senti po kouvri ak lò, te mache a dwat Jozèf, e venmil a goch li, e tout fanm yo ak jèn fi yo te monte sou twati yo, oubyen yo te kanpe nan lari yo t'ap jwe e rejwi devan Jozèf, e yo te fikse sou aparans Jozèf ak bote li.

[27] E pèp wa a te ale devan l ak dèyè l, yo te pafime wout la ak lansan e kasya, e ak tout kalite bon pafen, e yo te gaye lami ak lalwa sou wout la, e ven gason t'ap pwoklame pawòl sa yo devan li nan tout peyi a ak yon vwa fò:

[28] Èske w wè nonm sa a ke wa a chwazi pou li dezyèm li? Tout zafè gouvènman an pral regle pa li, e moun ki dezobeyi lòd li yo, oubyen ki pa enkline devan li jouk atè, ap mouri, paske l ap rebelye kont wa a e ak dezyèm li.

[29] Lè mesajè yo te fin pwoklame, tout pèp Lejip la te enkline devan Jozèf jouk atè e yo t'ap di: Viv wa a; e viv tou dezyèm li a; e tout abitan Lejip la te enkline sou wout la, e lè mesajè yo te pwoche bò kote yo, yo te enkline, e yo te rejwi ak tout kalite tanbouren, mekol ak nebal devan Jozèf.

[30] Jozèf te sou chwal li, li te leve je l anlè nan syèl la, li te rele e di: Li leve malere a soti nan pousyè, Li leve pòv la soti nan fatra. O SENYÈ ki gen tout pouvwa, ere moun ki mete konfyans li nan Ou.

[31] Jozèf te pase nan tout peyi Lejip ak sèvitè e ak ofisye Farawon yo, e yo te montre l tout peyi Lejip ak tout trezò wa yo.

[32] Jozèf te retounen e vini jou sa a devan Farawon, e wa a te bay Jozèf yon posesyon nan peyi Lejip, yon posesyon nan jaden ak pye rezen, e wa a te bay Jozèf twa mil (3.000) talan ajan ak yon mil (1.000) talan lò, ak pyè oniks ak bedelyòm ak anpil kado.

[33] Epi nan demen, wa te bay lòd pou tout pèp Lejip la pote ofrann ak kado bay Jozèf, e moun ki te vyole kòmandman wa a, dwe mouri; e yo te fè yon otèl nan lari vil la, e yo te gaye rad la, e nenpòt moun ki te pote kichòy bay Jozèf mete l sou otèl la.

[34] Tout pèp Lejip la te jete kichòy sou otèl la, yon moun yon zanno an lò, e lòt la bag ak zanno, ak diferan veso an lò ak an ajan, ak pyè oniks ak bedelyòm li te jete sou otèl la; chak moun te bay kichòy nan sa li te genyen.

[35] Jozèf te pran tout sa yo e mete yo nan trezò l yo, e tout ofisye yo ak nòb ki te anba men wa te leve Jozèf wo, e yo te ba l anpil kado, yo wè ke wa a te chwazi l pou li dezyèm.

[36] Epi wa te voye chache Potifera, pitit gason Akiram prèt On, epi l te pran jèn pitit fi li Osnat e li te bay Jozèf li kòm madanm.

[37] E jèn fi a te bèl anpil, yon vyèj, yon moun ke gason pa t konnen, Jozèf te pran li kòm madanm; e wa a te di Jozèf: Mwen se Farawon, e apa ou, pèsonn pa oze leve men li osinon pye li pou regle pèp mwen an nan tout peyi Lejip.

[38] Jozèf te gen trant lane lè l te kanpe devan Farawon, e Jozèf te soti devan wa a, e li te vin dezyèm aprè wa a, nan Lejip.

[39] E wa a te bay Jozèf san (100) sèvitè pou sèvi l nan kay li, e Jozèf tou te voye achte anpil sèvitè e yo te rete nan kay Jozèf.

[40] Lè sa a, Jozèf te bati pou tèt li yon kay trè manyifik tankou kay wa yo, devan lakou palè wa a, e li te fè nan kay la yon gwo tanp, trè elegan nan aparans e alèz pou rezidans li; twa zan te pase pandan Jozèf t'ap konstwi kay li.

[41] Jozèf te fè pou tèt li yon twòn trè elegan ak anpil lò ak ajan, e li te kouvri l ak pyè oniks ak bedelyòm, e li te fè sou li pòtrè tout peyi Lejip la, ak pòtre larivyè Lejip ki wouze tout peyi Lejip la; e Jozèf te chita an sekirite sou twòn li nan kay li, e SENYÈ a te ogmante sajès Jozèf.

[42] E tout abitan Lejip yo ak sèvitè Farawon yo ak prens li yo, yo te renmen Jozèf anpil, paske bagay sa a te soti nan men SENYÈ pou Jozèf.

[43] Jozèf te gen yon lame ki te konn fè lagè, ki te soti an gwoup ak twoup rive nan kantite karant mil sis san (40,600) gason, ki kapab pote zam pou ede wa ak Jozèf kont lènmi, anplis de ofisye wa yo ak sèvitè l yo ak abitan Lejip yo san konte.

[44] Jozèf te bay gason vanyan li yo, ak tout lame li a, boukliye ak lans, ak kas ak rad an fè e ak wòch pou voye.

50- Ejipsyen Yo Prepare Pou Grangou a
(Jenèz 41:46-52)

[1] Nan epòk sa a, pitit Tasis yo te atake pitit Izmayèl yo, yo te fè lagè ak yo, pitit Tasis yo piye pitit Izmayèl yo pandan yon bon bout tan.

[2] Pitit Izmayèl yo te piti an kantite nan jou sa yo, yo pa t kapab genyen batay la sou pitit Tasis yo, yo te anba anpil toupizi.

[3] E granmoun yo pami pitit Izmayèl yo te voye yon mesaj bay wa Lejip la, yo di l: Tanpri voye kèk nan ofisye w yo ak lame w yo pou ede nou goumen kont pitit Tasis yo, paske nou ap pèdi fòs depi yon bon bout tan.

[4] Farawon te voye Jozèf ak gason vanyan yo, e ak lame ki te avè l la, ansanm ak gason vanyan li yo ki soti nan kay wa a.

[5] Yo te ale nan peyi Avila, yo te al jwenn pitit Izmayèl yo, pou ede yo kont pitit Tasis yo, pitit Izmayèl yo te goumen ak pitit Tasis yo, e Jozèf te bat moun Tasis yo, li te soumèt tout tè yo, pitit Izmayèl yo abite ladan l jiska prèzan.

[6] Lè tè moun Tasis yo te soumèt, tout moun Tasis yo te kouri ale, yo te rive nan fwontyè frè yo, pitit Javan yo, Jozèf ak tout gason vanyan l yo ak lame l te retounen Lejip, pa t gen yon ki te manke.

[7] Lè ane a te fini, nan dezyèm ane Jozèf t'ap gouvènen Lejip, SENYÈ a te bay anpil abondans nan tout peyi a pandan sèt ane jan Jozèf te di a, paske SENYÈ a te beni tout rekòt tè a nan jou sa yo pandan sèt ane, yo te manje e yo te satisfè anpil.

[8] E nan epòk sa a, Jozèf te gen ofisye anba lòd li, yo te ranmase tout bon manje nan ane yo, yo anpile mayi ane pa ane, yo mete l nan trezò Jozèf yo.

[9] E a chak fwa yo te ranmase manje, Jozèf te bay lòd pou yo te pote mayi ak zepi yo, epi pote tou yon ti tè jaden an, pou sa pa t gate.

[10] Jozèf te fè sa chak ane, li te anpile mayi tankou sab bò lanmè pou abondans, paske depo l yo te gwo anpil e yo pa t kapab konte pou kantite.

[11] Epi tout abitan Lejip yo te ranmase tout kalite manje mete nan depo yo an gwo kantite pandan sèt bon ane yo, men yo pa t fè menm jan ak Jozèf.

[12] E tout manje ke Jozèf ak Lejipsyen yo te ranmase pandan sèt ane abondans yo, yo te sekirize l pou peyi a nan depo pou sèt ane grangou yo, pou te soutni tout peyi a.

[13] E chak moun nan abitan Lejip yo te ranpli depo yo ak kachèt yo ak mayi, pou sipò pandan grangou a.

[14] Jozèf te mete tout manje l te ranmase nan tout vil Lejip yo, li te fèmen tout depo yo e mete gadyen sou yo.

[15] Madanm Jozèf, Osnat, pitit fi Potifera, te ba li de pitit gason, Manase ak Efrayim, e Jozèf te gen trann-kat lane lè li te fè yo.

[16] E ti gason yo te grandi, yo te swiv chemen l ak enstriksyon li yo, yo pa t devye soti nan chemen papa yo te moutre yo, ni adwat ni agoch.

[17] SENYÈ a te avèk jèn gason yo, yo te grandi e yo te gen konpreyansyon ak ladrès nan tout sajès ak nan tout zafè gouvènman, e tout ofisye wa yo ak gran nèg pami abitan Lejip yo te leve jèn gason sa yo wo, yo te grandi pami timoun wa yo.

[18] Epi sèt ane abondans ki te nan tout peyi a te fini, e sèt ane grangou yo te vini aprè yo, jan Jozèf te di a, e grangou a te nan tout peyi a.

[19] E tout pèp Lejip la te wè ke grangou a te kòmanse nan peyi Lejip, e tout pèp Lejip la te louvri depo mayi yo paske grangou a te twòp pou yo.

[20] E yo te jwenn tout manje ki te nan depo yo plen ak vèmin e yo pa t bon pou manje, e grangou a te gaye nan tout peyi a, e tout abitan Lejip yo te vini e kriye devan Farawon, paske grangou a te lou sou yo.

[21] Yo te di Farawon: Bay sèvitè w yo manje, poukisa nou dwe mouri ak grangou devan je w, nou menm ak ti moun nou yo?

[22] Farawon reponn yo, li di yo: Poukisa n'ap kriye devan mwen? Eske Jozèf pa t bay lòd pou yo te sere mayi pandan sèt ane abondans yo pou ane grangou yo? E poukisa nou pa t koute vwa li?

[23] E pèp Lejip la te reponn wa a, yo di l: Jan nanm ou vivan, mèt nou. Sèvitè w yo te fè tout sa Jozèf te bay lòd fè a, paske sèvitè w yo te ranmase tout rekòt nan jaden yo pandan sèt ane abondans yo e nou te mete yo nan depo jiska prèzan.

[24] E lè grangou a te vin pi mal sou sèvitè w yo nou louvri depo nou yo, epi nou gade, tout rekòt nou yo te plen ak vèmin e yo pa t bon pou manje.

[25] E lè wa a te tande tout sa ki te rive abitan Lejip yo, wa te pè anpil akoz grangou a, li te boulvèse anpil; e wa a reponn pèp Lejip la, li di yo: Piske tout bagay sa yo te rive nou, ale kot Jozèf, fè tou sa li di nou fè, pa dezobeyi kòmandman l yo.

[26] E tout pèp Lejip la te soti e vini kot Jozèf, yo di l: Ban nou manje, poukisa nou ta dwe mouri devan ou ak grangou? Paske nou te ranmase rekòt nou pandan sèt ane jan ou te bay lòd la, e nou te mete yo nan depo. Men, men kisa ki te rive nou.

[27] Lè Jozèf te tande tout pawòl pèp Lejip la ak sa ki te rive yo, li te louvri tout depo rekòt li yo, e li te vann li bay pèp Lejip la.

[28] E grangou a te gaye nan tout peyi a, e te gen grangou nan tout peyi yo, men nan peyi Lejip te gen rekòt pou vann.

[29] E tout abitan Lejip yo vin kot Jozèf pou achte mayi, paske grangou a t'ap domine yo, e tout mayi yo te gate, e Jozèf te vann li chak jou bay tout pèp Lejip la.

[30] E tout abitan peyi Kanaran, Filistin yo, moun ki lòt bò larivyè Jouden an, pitit tout moun lès yo ak tout vil nan peyi yo byen lwen kou pre te tande te gen mayi nan Lejip, e yo tout te vin nan Lejip pou achte mayi, paske grangou a te domine yo.

[31] Jozèf louvri depo mayi yo e mete ofisye sou yo, e yo te kanpe chak jou ap vann bay tout moun ki te vini.

[32] Jozèf te konnen ke frè l yo te gen pou vini tou nan peyi Lejip pou achte mayi, paske grangou a te gaye nan tout tè a. Jozèf te bay lòd ak tout pèp li a, pou yo te fè konnen nan tout peyi Lejip, li di:

[33] Se plezi wa a, ak dezyèm li a, e ak gran nèg yo, ke nenpòt moun ki vle achte mayi nan Lejip pa dwe voye sèvitè l yo nan Lejip pou achte, men pitit gason li yo, epi tou nenpòt Lejipsyen osinon Kananeyen, ki soti nan nenpòt depo aprè yo fin achte mayi nan Lejip, e ki ale e vann li nan tout peyi a, li pral mouri, paske pèsonn pa dwe achte eksepte pou sipòte kay li.

[34] E nenpòt moun ki ap mennen de ou twa bèt pral mouri, paske yon moun dwe sèlman mennen pwòp bèt li.

[35] Jozèf te mete gad nan pòtay Lejip yo, li te ba yo lòd, li di yo: Nenpòt moun ki ta vini pou achte mayi, pa kite l antre jiskaske non l, non papa l, ak non papa papa l ekri, epi tout sa ki ekri nan lajounen, voye non yo ban mwen nan aswè pou mwen ka konnen non yo.

[36] Jozèf te mete ofisye nan tout peyi Lejip, e li te bay yo lòd pou yo te fè tout bagay sa yo.

[37] Jozèf te fè tout bagay sa yo, e li te etabli règleman sa yo, pou l te ka konnen lè frè l yo t'ap vin nan Lejip pou achte mayi; e pèp Jozèf la te fè l konnen chak jou nan Lejip daprè mo sa yo ak règleman Jozèf te bay lòd la.

[38] E tout abitan peyi lès ak lwès, ak tout latè, te tande sou règleman ak règ Jozèf te mete an plas nan Lejip, e abitan nan pati ki te pi lwen sou latè yo te vini e yo te vin achte mayi nan Lejip jou aprè jou, epi yo te ale.

[39] E tout ofisye Lejip yo te fè jan Jozèf te bay lòd la, e tout moun ki te vin nan Lejip pou achte mayi, gad pòtay yo te ekri non yo, ak non papa yo, e chak jou yo te pote yo nan aswè devan Jozèf.

51– Izrayelit Yo Ale Lejip Pou Manje
(Jenèz 42)

[1] Aprè sa, Jakòb vin konnen te gen ble nan peyi Lejip, li rele pitit gason l yo pou yo te ale nan peyi Lejip pou yo te achte ble, paske grangou a te vin pi fò sou yo tou, li rele pitit gason l yo, li di yo:

[2] Gade, mwen tande gen ble nan peyi Lejip la, epi tout moun sou latè ale pou yo achte. Kounyeya, poukisa nou vle rete satisfè devan tout latè? Nou menm tou, desann nan peyi Lejip, achte yon ti ble nan mitan moun k'ap vini yo, pou nou pa mouri.

[3] Pitit Jakòb yo koute vwa papa yo, yo leve pou yo desann nan peyi Lejip pou yo te ale achte ble pami rès moun ki te vin la yo.

[4] Jakòb, papa yo, te ba yo lòd sa a, li di yo: Lè nou antre nan lavil la, pa antre ansanm nan yon sèl pòtay, poutèt moun ki rete nan peyi a.

[5] Pitit gason Jakòb yo te soti, yo te ale nan peyi Lejip, pitit gason Jakòb yo te fè tout sa papa yo te ba yo lòd la, e Jakòb pa t voye Benjamen, paske l te di: Pou yon aksidan pa rive l sou wout la. Tankou frè li a; Se konsa se te dis nan pitit gason Jakòb yo ki te soti.

[6] Pandan pitit Jakòb yo t'ap mache sou wout la, yo te règrèt anpil pou sa yo te fè Jozèf. E yo t'ap pale antre yo, yo di: Nou konnen frè n Jozèf te desann nan Lejip, kounyeya nou pral chèche l kote n prale an, e si n jwenn li nou pral pran l nan men mèt li pou yon ranson, si se pa sa, ak fòs, nou pral mouri pou li.

[7] Pitit gason Jakòb yo te dakò sou bagay sa a e yo te ranfòse tèt yo akoz Jozèf, pou te delivre l nan men mèt li, pitit gason Jakòb yo te ale nan Lejip; e lè yo te prèske rive nan Lejip yo separe youn ak lòt, e yo te antre nan vil la nan dis pòtay nan Lejip, e gad pòtay yo te ekri non yo nan jou sa a, e yo te mennen yo bay Jozèf nan aswè.

[8] Jozèf li non yo nan men gad pòtay yo nan vil la, li te jwenn ke frè l yo te antre nan dis pòtay vil la, e Jozèf nan moman sa a te bay lòd pou yo te anonse nan tout peyi Lejip, li di:

[9] Ale, tout gad magazen yo, fèmen tout magazen mayi yo e kite sèlman yon sèl louvri, pou moun ki vini yo ka achte ladan l.

[10] E tout ofisye Jozèf yo te fè sa nan moman sa a, e yo te fèmen tout magazen yo e kite sèlman yon sèl louvri.

[11] Jozèf te bay non frè l yo ki te ekri a, bay gad ke yo te mete sou magazen ki te louvri a, li di yo: Nenpòt moun ki vini pou achte mayi, mande l non l, e lè moun ak non sa yo vin devan ou, sezi yo e voye yo [banm], e yo te fè sa.

[12] E lè pitit gason Jakòb yo te antre nan vil la, yo te reyini ansanm nan vil la pou yo te chèche Jozèf anvan yo te achte mayi pou tèt yo.

[13] Yo te ale nan miray kay jennès yo, epi yo te chache Jozèf nan miray kay jennès yo pandan twa jou, paske yo te panse ke Jozèf ta antre nan miray kay jennès yo, paske Jozèf te bèl san parèy epi l te gen bon aparans, pitit Jakòb yo te chache Jozèf pandan twa jou, men yo pa t jwenn li.

[14] Epi nonm ki te responsab depo a t'ap chache non moun ke Jozèf te ba li yo, epi l pa t jwenn yo.

[15] Li voye di Jozèf: Twa jou sa yo fin pase, epi moun sa yo a non ou te ban mwen yo, pa vini; epi Jozèf voye sèvitè l chache moun yo nan tout Lejip, pou mennen yo devan Jozèf.

[16] Sèvitè Jozèf yo ale, e antre nan Lejip yo pa t jwenn yo, yo ale Goshen yo pa t la, yo t'ale nan vil Rameses yo pa t jwenn yo.

[17] Jozèf kontinye voye sèz sèvitè al chache frè l yo, epi yo ale yo gaye tèt yo nan kat kwen vil la, epi kat nan sèvitè yo antre nan kay jennès yo, epi yo jwenn dis gason yo la t'ap chache frè yo.

[18] Kat gason sa yo pran yo epi mennen yo devan li, epi yo enkline devan li atè a, Jozèf te chita sou twòn li nan tanp li, li te abiye ak rad prensipal, sou tèt li te gen yon gwo kouwòn an lò, epi tout gason vanyan yo te chita bò kote l.

[19] Pitit Jakòb yo te wè Jozèf, figi li ak bèlte li ak diyite figi li te sanble mèveye nan je yo, epi yo enkline ankò devan li atè a.

[20] Jozèf te wè frè l yo, li te rekonèt yo, men yo pa t rekonèt li, paske Jozèf te trè gran nan je yo, se poutèt sa yo pa t rekonèt li.

[21] Jozèf te pale ak yo, li di yo:-Ki kote nou soti? Yo tout reponn:-Sèvitè w yo soti nan peyi Kanaran pou nou te vin achte mayi, paske grangou a gaye toupatou sou latè, epi sèvitè w yo te tande ke te gen mayi nan Lejip, se konsa nou te vin pami lòt moun ki vin achte mayi pou sipò yo.

[22] Jozèf te reponn yo, li di yo:-Si nou te vin achte jan nou te di a, poukisa nou te pase nan dis pòtay vil la? Sa ka sèlman vle di ke nou vin espyone peyi a.

[23] Yo tout ansanm te reponn Jozèf, epi di l: Se pa konsa, monwa, nou kòrèk, sèvitè w yo pa espyon, men nou te vin achte mayi, paske sèvitè w, nou tout se frè, pitit gason yon sèl papa nan peyi Kanaran, epi papa nou te kòmande nou, li di: Lè nou rive nan vil la pa antre ansanm nan yon sèl pòtay akoz abitan peyi a.

[24] Jozèf ankò reponn yo epi l di: Se bagay sa a mwen te di nou la, nou vin espyone nan peyi a, se poutèt sa nou tout pase nan dis pòtay vil la; nou te vin wè devèyman peyi a.

[25] Asireman, chak moun ki vin achte mayi ale nan wout li, nou menm, nou deja genyen twa jou nan peyi a, kisa nou t'ap fè nan miray kay jennès kote nou te rete pandan twa jou sa yo? Asireman espyon renmen fè bagay konsa.

[26] Epi yo di Jozèf: Sa ou kwè a se pa sa, pou ou pale konsa, nou se douz frè, pitit gason papa nou Jakòb, nan peyi Kanaran, pitit gason Izarak, pitit gason Abraram, Ebre a. Gade, pi piti a avèk papa nou jodi a nan peyi Kanaran, epi yon nan yo pa la, paske l te pèdi nan mitan nou, epi nou te panse petèt li ta ka nan peyi sa a, se konsa nou t'ap chache l nan tout peyi a, nou menm vini nan kay jennès yo pou chache l la.

[27] Jozèf di yo: Èske nou te chache l tout kote nan tè a, se sèlman peyi Lejip la nou rete pou nou chache l? Epi kisa frè nou an ta ap fè nan kay jennès yo, menm si l te nan peyi Lejip? Èske nou pa t di:-Ke nou se pitit gason Izarak, pitit gason Abraram, kisa pitit gason Jakòb yo ap fè lè sa a nan kay jennès yo?

[28] Epi yo di l: Paske nou te tande ke Izmayelit yo te vòlè l nan mitan nou, yo te di nou ke yo te vann li nan peyi Lejip, nou menm sèvitè ou a, konnen frè nou an, li bèl anpil epi l gen bon aparans,

se konsa nou te panse li te ka sètènman nan kay jennès yo, se poutèt sa sèvitè w yo te ale la pou chache l epi bay ranson pou li.

[29] Jozèf reponn yo toujou, li di: Asireman nou ap bay manti epi di fo bagay, pou di de tèt nou ke nou se pitit gason Abraram; Jan Farawon vivan nou se espyon, se poutèt sa nou vini nan kay jennès yo pou moun pa t ka rekonèt nou.

[30] Jozèf di yo: Kounyeya si nou jwenn li, epi mèt li mande yon gwo pri pou li, èske nou pral bay li? Yo di l: Nou ap bay li.

[31] Epi l di yo: Si mèt li pa dakò pou l kite l ale pou yon gwo pri, kisa nou pral fè pou li sou kont li? Yo reponn li: Si l pa vle ba nou li, nou pral touye l, pran frè nou an, epi nou ale.

[32] Jozèf di yo: Se bagay sa a mwen te di nou an; Nou se espyon, nou vini pou touye abitan peyi a, paske nou tande ke de nan frè nou yo te touye tout abitan Sichèm, nan peyi Kanaran, akoz sè nou an, kounyeya nou vini pou fè menm bagay la nan Lejip akoz frè nou an.

[33] Se sèlman konsa m'ap konnen ke nou se mesye serye vre; si nou voye yon moun nan mitan nou lakay pou al chèche pi piti frè nou an nan men papa nou, epi mennen li isit la ban mwen, lè nou fè bagay sa a m'ap konnen ke nou kòrèk.

[34] Jozèf rele swasanndis nan gason vanyan li yo, epi l di yo: Pran mesye sa yo epi mete yo nan prizon.

[35] Aprè sa, vanyan sòlda yo pran dis mesye yo, yo kenbe yo, yo mete yo nan prizon, epi yo te nan prizon la pandan twa jou.

[36] Twazyèm jou a, Jozèf fè yo mennen yo soti nan prizon wan, li di yo:–Fè sa pou tèt nou si nou se moun kòrèk vre, pou nou ka viv, youn nan frè nou yo pral fèmen nan prizon, pandan nou prale epi pote ble a lakay ou pou moun ou yo nan peyi Kanaran, epi pran pi piti frè w la, epi mennen l isit la ban mwen, pou m ka konnen se moun kòrèk vre nou ye lè w'ap fè bagay sa a.

[37] Jozèf soti nan mitan yo, li antre nan chanm lan, li te kriye anpil, paske l te gen pitye pou yo, aprè sa li te lave figi l, li retounen vin jwenn yo ankò, li te pran Simeyon nan men yo, li bay lòd pou yo te mare li, men Simeyon pa t vle yo fè l sa, paske l te yon nonm ki te gen anpil fòs e yo pa t kapab mare l.

[38] Jozèf rele vanyan sòlda li yo e swasanndis vanyan sòlda pwoche bò kote l ak nepe nan men yo. Pitit Jakòb yo te pè yo.

[39] Jozèf di yo: Sezi nonm sa e mennen nonm sa a nan prizon jiskaske frè l yo vin jwenn li. Vanyan sòlda Jozèf yo te fè prese, yo tout pran Simeyon pou yo mare l, Simeyon fè yon gwo rèl. E rèl li te tande byen lwen.

[40] Tout vanyan sòlda Jozèf yo te pè lè yo te tande rèl la, yo te tonbe fas atè, yo te pè anpil, yo kouri met deyò.

[41] Epi tout mesye ki te avèk Jozèf yo pran kouri, paske yo te pè anpil pou lavi yo, e se sèlman Jozèf ak Manase, pitit gason l lan, ki te rete la, epi Manase, pitit gason Jozèf la, te wè fòs Simeyon an, e li te fache anpil.

[42] Manase pitit Jozèf la te leve kanpe devan Simeyon, epi Manase frape Simeyon ak yon gwo kout pwen avèk menl sou kou li, epi Simeyon te kalme nan raj li.

[43] Manase kenbe Simeyon avèk vyolans epi l mare l, li mennen l nan kay kote yo te fèmen l, epi tout pitit Jakòb yo te sezi devan aksyon jèn gason an.

[44] Simeyon di frè l yo: Okenn nan nou pa dwe di ke se yon Lejipsyen ki frape m, men se yon frape moun kay papa m.

[45] Aprè sa, Jozèf te bay lòd pou yo rele moun ki te responsab depo a, pou ranpli sak yo ak mayi otank yo kapab pote, epi pou yo te retounen lajan chak moun nan sak li, e pou te ba yo pwovizyon pou wout la, se konsa l te fè pou yo.

[46] Jozèf kòmande yo, li di yo: Pran prekosyon pou nou pa dezobeyi lòd mwen yo pou nou pote frè nou, jan mwen te di nou an, epi sa pral rive lè nou pote frè nou isit la ban mwen, lè sa a m'ap konnen ke nou se moun kòrèk vre, epi nou kapab fè komès nan peyi a, e mwen va renmèt nou frè nou, e na pral retounen anpè nan kay papa nou.

[47] Epi yo tout reponn epi di l: Jan mèt nou an pale a se konsa nou pral fè l, yo enkline devan li atè.

[48] Se konsa, chak moun te leve mayi yo mete sou bourik yo, epi yo soti pou yo te ale nan peyi Kanaran kote papa yo. Aprè sa, yo rive bò yon lotèl, Levi te demare sak li a pou l te bay bourik li manje, lè l gade, li wè ti sak lajan li an te plen pwa toujou.

[49] Nonm lan te pè anpil, li di frè l yo:-Yo renmèt mwen lajan mwen an, e gade, men li nan sak mwen an, mesye yo te pè anpil, epi yo di:-Kisa BonDye fè nou la?

[50] Epi yo tout t'ap di:-Kote bonte SENYÈ a te fè ak zansèt nou yo, ak Abraram, Izarak, ak Jakòb? Jòdi a, SENYÈ a genlè lage nou nan men wa Lejip la pou l te fè konplo sou nou?

[51] Aprè sa, Jida di yo:-Se vre wi, nou se yon moun ki te fè peche devan SENYÈ a, BonDye nou an, paske nou te vann frè nou an, pwòp kò nou, e poukisa nou di: Kote bonte SENYÈ a te fè ak zansèt nou yo?

[52] Riben di yo:-Mwen pa t di nou pa fè peche sa kont ti gason an, epi nou pa t vle koute m? Kounyeya, BonDye ap mande l nan men nou, epi ki jan ou oze di: Kote bonte SENYÈ a ak zansèt nou yo, pandan w'ap fè peche devan SENYÈ a?

[53] Aprè sa, yo pase nwit lan la nan kote sa a, epi yo leve byen bonè nan maten, yo te chaje bourik yo ak ble yo, epi yo mennen yo ale nan kay papa yo nan peyi Kanaran.

[54] Jakòb ak fanmi l te soti al kontre pitit gason l yo. Jakòb te wè, lè l gade, Simeyon, frè yo a pa t la avèk yo. Jakòb di pitit gason l yo:-Kote Simeyon, frè nou an mwen pa wè l? Pitit gason l yo rakonte l tou sa ki te rive yo nan peyi Lejip.

52- Izrayelit yo retounen Lejip

(Jenèz 43)

[1] Epi yo antre lakay yo, chak moun te louvri sak yo pou yo gade, yo wè pake lajan chak moun te la, lè sa kè yo menm ak papa yo te kase nèt, yo te vin pè anpil.

[2] Jakòb di yo: Kisa nou fè mwen konsa? Mwen te voye frè nou Jozèf pou li te al pran nouvèl nou epi nou di mwen. Yon bèt sovaj te devore l.

[3] Simeyon ale avèk nou pou achte manje epi nou di wa Lejip la te fèmen li nan prizon, nou vle pran Benjamen tou pou lakòz lanmò li, epi fè cheve gri mwen yo desann ak lapenn nan tonm pou Benjamen ak frè l Jozèf.

[4] Kounyeya, poutèt sa, pitit mwen an pap desann avèk nou, paske frè li a mouri e li rete pou kont li, e malè ka rive l nan chemen kote nou prale a, menm jan li te rive frè li an.

[5] Riben di papa l: Ou ka touye de pitit gason m yo si mwen pa pote pitit ou la epi mete l devan ou; Jakòb di pitit gason l yo: Rete isit la e pa desann peyi Lejip, paske pitit mwen an pap desann avèk nou nan Lejip, ni pou li pa al mouri tankou frè l.

[6] Jida di yo: Kite li jouk mayi a fini, epi l'ap di n: Pran frè w desann avèl, lè l'ap jwenn lavi li menm ak lavi kay li an danje akoz grangou a.

[7] E nan jou sa yo, grangou a te sovaj atravè tout peyi a, e tout pèp sou latè a te ale e vini nan Lejip pou yo te achte manje, paske grangou a te vin pi rèd nan mitan yo, pitit Jakòb yo te rete nan Kanaran yon ane e de mwa jiskaske mayi yo te fini.

[8] Aprè mayi yo te fini, tout kay Jakòb te santi grangou a, e tout timoun pitit gason Jakòb yo te rasanble e yo te pwoche bò kote Jakòb, e yo tout te antoure l, e yo di l: Ban nou pen, e poukisa nou tout ta peri nan grangou devan je w?

[9] Jakòb tande pawòl pitit pitit gason l yo, Jakòb te kriye anpil, e li te gen pitye pou yo, e Jakòb te rele pitit gason l yo, yo tout te vini e chita devan li.

[10] Jakòb di yo: Eske nou pa wè ki jan pitit nou yo te ap kriye sou mwen jodi a, y'ap di: Ban nou pen, e pa genyen? Kounyeya, retounen e ale achte pou nou yon ti manje.

[11] Jida reponn e di papa l: Si w voye frè nou avèk nou, nou pral desann e achte mayi pou ou, e si w pa voye l, nou p'ap desann, paske sètènman wa Lejip la te di nou espesyalman: Nou p'ap wè figi m sof si frè w la avèk nou, paske wa Lejip la se yon wa fò e pwisan, e gade si nou pral kot li san frè nou, nou tout pral mouri.

[12] Èske w pa konnen e ou pa t tande ke wa sa a, li trè pwisan e saj, pa gen tankou l sou tout latè? Gade nou te wè tout wa latè yo e nou pa t wè yon sèl tankou wa sa a, wa Lejip la; sètènman pami tout wa yo sou latè, pa gen pi gran pase Abimelèk wa Filistin yo. Men, wa Lejip la pi gran e pi pwisan pase l, e Abimelèk ka sèlman konpare ak yon nan ofisye l yo.

[13] Papa, ou pa t wè palè li ak twòn li, epi tout sèvitè l yo te kanpe devan li; ou pa t wè wa sa a sou twòn li nan tout bèl pouvwa ak aparans wayal li, li te abiye nan rad wayal li ak yon gwo kouwòn an lò sou tèt li; ou pa t wè lonè ak glwa ke BonDye ba li, paske pa gen tankou l sou tout latè.

[14] Papa, ou pa t wè sajès, konpreyansyon ak konesans ke BonDye mete nan kè l, ni ou pa t tande vwa dous li lè l t'ap pale avèk nou.

[15] Nou pa konnen, papa, ki moun ki te fè l konnen non nou yo ak tout sa ki te rive nou, men li te mande tou pou ou, li mande nou: Èske papa w toujou vivan? Èske tout bagay byen avèk li?

[16] Ou pa t wè zafè gouvènman peyi Lejip la t'ap kontwole pa li, san li pa bezwen mande Farawon, mèt li; ou pa t wè laperèz ak krent ke li enpoze sou tout Lejipsyen yo.

[17] Epi tou, lè nou t'ap soti kite l, nou te menase pou nou te fè ak Lejip, menm jan ak rès vil Amoreyen yo, e nou te trè ankòlè kont tout pawòl li yo ke li te di konsènan nou kòm espyon, e kounyeya lè nou pral ankò devan li, terè li pral tonbe sou nou tout, e pa gen yonn nan nou ki pral kapab pale avèk li, ni ti kras ni anpil.

[18] Kounyeya, papa, voye tibway la avèk nou, tanpri, e nou pral desann e achte manje pou nou pou nou ka viv e pa mouri ak grangou. Jakòb di: Poukisa nou te aji mal avèk mwen pou di wa a ke nou te gen yon frè? Poukisa nou te fè mwen sa?

[19] Jida di Jakòb, papa l: Kite tibway la anba swen mwen e nou pral leve e desann nan Lejip e achte mayi, epi n'ap retounen, e lè nou pral retounen, si ti gason an pa avèk nou, kite mwen pote repwòch ou pou tout tan.

[20] Èske w pa t wè tout ti moun nou yo t'ap kriye sou ou akòz grangou e ou pa gen pouvwa nan men w pou satisfè yo? Kounyeya, kite pitye w leve pou yo e voye frè nou avèk nou e nou pral ale.

[21] Paske, kijan bonte SENYÈ a anvè zansèt nou yo pral manifeste pou ou lè w di ke wa Lejip la pral pran pitit ou a? Menm jan SENYÈ a vivan, mwen pap kite l jiskaske mwen pote l retounen e mete l devan ou; men lapriyè SENYÈ a pou nou, pou l ka aji byen avèk nou, pou l ka fè nou resevwa favorabman e ak bonte devan wa Lejip la ak mesye l yo, si nou pa t retade asire kounyeya nou t'ap retounen yon dezyèm fwa ak pitit ou a.

[22] Jakòb te di pitit gason li yo: Mwen gen konfyans nan SENYÈ BonDye ke Li ka delivre nou e ba w favè nan je wa Lejip la, ak nan je tout mesye l yo.

[23] Kounyeya, leve e ale kot nonm lan, pran pou li yon kado nan sa nou ka jwenn nan peyi a e pote l devan li, ke EL SHADDAI ba w mizèrikòd devan li pou li ka voye Benjamen ak Simeyon, frè w yo, retounen avèk ou.

[24] Epi tout mesye yo leve, yo pran frè yo Benjamen, e yo pran nan men yo yon gwo kado ak pi bon bagay nan peyi a, epi yo pran tou yon pòsyon doub an ajan.

[25] Jakòb te bay pitit gason l yo lòd sevè konsènan Benjamen, li di: Fè atansyon avè l sou wout la nou prale a, epi pa separe tèt nou de li ni sou wout la, ni nan peyi Lejip.

[26] Jakòb leve soti pami pitit gason l yo li ouvè men li yo, epi l priye SENYÈ a pou pitit gason l yo, li di: O YAHWEH-ELOHIM syèl la ak tè a, sonje alyans ou avèk zansèt nou Abraram, sonje l avèk papa mwen Izarak epi aji avèk bon kè anvè pitit gason m yo epi pa livre yo nan men wa Lejip la; fè sa mwen priye w O BonDye pou lanmou mizèrikòd Ou epi delivre tout pitit mwen yo, epi sove yo anba pouvwa Lejip la, voye de frè yo retounen ba yo.

[27] Epi tout madanm pitit gason Jakòb yo ak timoun yo te leve je yo nan syèl la e yo tout te kriye devan SENYÈ a, epi yo rele l pou l delivre papa yo anba men wa Lejip la.

[28] Jakòb ekri yon mesaj pou wa Lejip la epi l bay li nan men Jida ak nan men pitit gason l yo pou wa Lejip la, li voye di l:

[29] De sèvitè w Jakòb, pitit Izarak, pitit Abraram Ebre a, prens BonDye, bay wa pwisan ak saj la, revelatè sekrè yo, wa Lejip la, bonjou.

[30] Ke ou konnen pou mèt mwen wa Lejip la, grangou a te di sou nou nan peyi Kanaran, e mwen te voye pitit gason m yo ba ou pou achte yon ti manje nan men ou pou soutni nou.

[31] Paske pitit pitit gason m yo te antoure m epi mwen ki fin granmoun m pa ka wè byen ak je m, paske je m yo te vin lou anpil akòz laj, ansanm ak kriye m chak jou pou pitit mwen, pou Jozèf ki te pèdi devan m, e mwen te bay pitit gason m yo lòd pou yo pa t antre nan pòtay vil la lè yo te rive nan peyi Lejip, akoz moun peyi a.

[32] E mwen te ba yo lòd tou pou yo te fè wonn Lejip pou chèche pitit mwen Jozèf, petèt yo ta jwenn li la, e yo te fè sa, e ou te konsidere yo kòm espyon peyi a.

[33] Èske nou pa t tande pale de ou ke ou te entèprete rèv Farawon an epi ou te pale verite ba li? Kijan donk ou pa konnen nan sajès ou, si pitit gason m yo se espyon oswa pa espyon?

[34] Kounyeya, mèt mwen ak wa, gade mwen te voye pitit gason m devan ou, jan ou te pale ak pitit gason m yo; mwen sipliye w kite je w kole sou li jiskaske l retounen ba mwen anpè ak frè l yo.

[35] Paske, èske ou pa konnen, oswa èske ou pa t tande sa BonDye nou an te fè Farawon lè l te pran manman mwen Sara, e sa Li te fè Abimelèk wa Filistin yo poutèt li, epi tou sa zansèt nou Abraram te fè nèf wa Elam yo, kijan li te bat yo tout ak kèk gason ki te avèk li?

[36] Avèk sa de pitit gason m yo, Simeyon ak Levi, te fè wit (8) vil Amoreyen yo, kijan yo te detwi yo poutèt sè yo Dina?

[37] Epi, poutèt frè yo Benjamen, yo te pran lapenn pou li, pou frè yo Jozèf ki te pèdi; kisa yo pral fè pou li lè yo wè men nenpòt pèp ap domine sou yo poutèt li?

[38] Èske w pa konnen, O wa Lejip, ke pouvwa BonDye avèk nou, e ke BonDye toujou tande lapriyè nou yo epi l pa janm lage nou tout jou sa yo?

[39] Lè pitit gason m yo te di m kijan ou te aji avèk yo, mwen pa t rele SENYÈ a poutèt ou, paske lè sa ou te ka peri ak mesye ou yo anvan pitit gason m Benjamen te parèt devan ou, men mwen te panse ke piske Simeyon, pitit gason m, te nan kay ou, petèt ou ta ka aji avèk bon kè anvè l, se poutèt sa mwen pa t fè bagay sa a kont ou.

[40] Kounyeya, gade, Benjamen, pitit gason m, ap vini jwen ou ansanm ak pitit gason m yo, pran swen l epi kite je w sou li, epi BonDye va mete je Li sou ou ak sou tout wayòm ou.

[41] Kounyeya, mwen te di w tout sa ki nan kè m, gade, pitit gason m yo ap vini kote w ak frè yo, egzamine figi tout tè a poutèt yo epi voye yo retounen an pè ak frè yo.

[42] Jakòb te bay dosye a, a pitit gason l yo, avèk siveyans Jida pou l te bay wa Lejip la.

53- Benjamen Nan Lejip

(Jenèz 43-44)

[1] Pitit gason Jakòb yo te leve, yo te pran Benjamen ak tout kado yo, yo ale, yo rive nan peyi Lejip epi yo te kanpe devan Jozèf.

[2] Jozèf te wè Benjamen, frè li a, avèk yo, li di yo bonjou. Epi mesye sa yo te antre lakay Jozèf.

[3] Jozèf te bay chèf lakay li lòd pou l bay frè l yo manje, epi li te fè sa pou yo.

[4] Vè midi, Jozèf te voye chache mesye yo pou te vin devan l ansanm ak Benjamen, epi mesye yo t'al di chèf lakay Jozèf la konsènan ajan ki te retounen nan sak yo. Epi chèf la te di yo: pa pè, epi l mennen Simeyon, frè yo a, ba yo.

[5] Simeyon di frè l yo:-Mèt moun peyi Lejip yo te aji byen avè m, li pa t kenbe m mare, jan nou te wè a ak je nou, paske lè nou t'ap soti lavil la, li te lage m. Li te aji ak jantiyès avè m lakay li.

[6] Jida pran men Benjamen, yo pwoche bò kote Jozèf, yo bese tèt yo jouk atè devan li.

[7] Mesye yo te bay Jozèf kado a, yo tout te chita devan l, epi Jozèf di yo: Eske w byen, èske pitit ou yo byen, èske papa w byen? Yo reponn li:-Tout byen. Jida pran lèt Jakòb te voye a, li depoze l nan men Jozèf.

[8] Epi Jozèf te li lèt la, li te konnen se papa l ki te ekri l, li te vle kriye, li antre nan yon chanm anndan an epi l te kriye anpil anpil, aprè sa li soti.

[9] Li leve je l, li te wè Benjamen, frè li a, li di:-Eske se frè w la ou te pale avè m lan? Benjamen pwoche bò kote Jozèf, li mete men l sou tèt li epi l di l:-Se pou BonDye gen pitye pou ou, pitit mwen.

[10] Lè Jozèf te wè frè l, pitit manman l, li te vle kriye ankò, li antre nan chanm lan, l'al kriye la. Aprè sa li lave figi l, li soti, li te eseye pa kriye ankò, li di; Sèvi manje a.

[11] Aprè sa, Jozèf te gen yon gode ke l te bwè, li te an ajan bèl dekore ak wòch oniks ak bdelyòm, epi Jozèf frape gwo gode li a devan je frè l yo pandan yo te chita pou manje avè l.

[12] Jozèf di mesye yo:-Mwen konnen pa gwo gode sa a, premye pitit lan: Riben, Simeyon, Levi, Jida, Izaka ak Zabilon se pitit yon sèl manman.

[13] Aprè sa, li mete lòt yo daprè nesans yo, epi l di: Mwen konnen pi piti frè sa a pa gen frè. E mwen menm jan ak li, mwen pa gen frè, se poutèt sa li pral chita manje avè m.

[14] Benjamen moute devan Jozèf, li chita sou fòtèy la. Mesye yo te wè sa Jozèf te fè a, yo te sezi wè aksyon sa yo. Lè sa a, mesye yo te manje, yo te bwè ak Jozèf, epi l te ba yo kado, e Jozèf te bay Benjamen yon sèl kado, men Manase ak Efrayim te wè sa papa yo Jozéf te fè a, epi yo te bay Benjamin kado tou, epi Osnat te ba li yon kado, te gen senk kado nan men Benjamen.

[15] Aprè sa, Jozèf te pote diven pou yo te bwè, men yo pa t vle bwè, epi yo di l: Depi jou Jozèf te pèdi a, nou pa t bwè diven, ni manje okenn bon ti manje.

[16] Aprè sa, Jozèf te fè sèman ba yo, li te fòse yo, epi yo te vin bwè anpil ak li nan jou sa a, aprè sa Jozèf vire tounen anfas Benjamen, frè li a, Benjamen te toujou chita sou fòtèy la devan Jozèf.

[17] Jozèf mande l: Èske ou fè pitit? Li di l:-Sèvitè w gen dis pitit gason, e men non yo: Bela, Becher, Ashbal, Gera, Naaman, Achi, Rosh, Mupim, Chupim, ak Ord, e mwen te rele yo non [sa yo] daprè frè mwen, ke mwen pa janm wè a.

[18] Li te mande yo pote devan li kat zetwal li a, kote Jozèf te konnen tout epòk yo, e Jozèf di Benjamen, Mwen tande ke Ebre yo konnen tout sajès, èske ou konnen kichòy nan sa?

[19] Epi Benjamen di l: Sèvitè w la konnen nan tout sajès ke papa m te anseye m, e Jozèf te di a Benjamen, kounyeya gade enstriman sa a e konprann ki kote frè w Jozèf ye nan peyi Lejip, ke w di ki te desann nan peyi Lejip.

[20] Benjamen te gade enstriman sa ak kat zetwal syèl la ki te pou Jozéf lan, li te genyen sajès e li te gade ladan l pou l te konnen kote frè l la te ye. Epi Benjamen divize tout peyi Lejip la nan kat divizyon, e li te jwenn ke moun ki te chita sou twòn nan devan li an se te frè l Jozèf, e Benjamen te etone anpil, lè Jozèf wè ke frè l Benjamen te tèlman etone, li di Benjamen: Kisa w wè, e poukisa w etone?

[21] Epi Benjamen di Jozèf: Mwen wè nan sa a, ke Jozèf frè m nan chita isit la avèk mwen sou twòn nan, Jozèf di l: Mwen se Jozèf frè w, pako revele bagay sa a bay frè w yo; gade mwen pral voye w avèk yo lè yo pral ale, e mwen pral kòmande pou yo mennen yo retounen nan vil la ankò, e mwen pral pran ou nan men yo.

[22] E si yo mete lavi yo an danje e yo goumen pou ou, lè sa a mwen pral konnen ke yo te repanti de sa yo te fè m nan, e mwen pral revele tèt mwen ba yo. Men, si yo abandone w lè m pran ou, lè sa wa va rete avèk mwen, e mwen pral diskite avèk yo, yo va ale, e mwen p'ap revele tèt mwen ba yo.

[23] Nan moman sa a Jozèf te kòmande ofisye l, pou l te ranpli sak yo ak manje, e pou l te mete lajan chak moun nan sak li, e pou l te mete koup la nan sak Benjamen, e pou l te ba yo pwovizyon pou wout la, yo te fè sa pou yo.

[24] Epi nan denmen maten, mesye yo te leve byen bonè, yo chaje bourik yo ak mayi yo, e yo te soti ak Benjamen, e yo t'ale nan wout pou peyi Kanaran ak frè yo Benjamen.

[25] Yo pa t ale two lwen peyi Lejip lè Jozèf te kòmande moun li te mete chèf sou kay li a, li di l: Leve, kouri dèyè mesye sa yo anvan yo ale twò lwen soti nan peyi Lejip, epi di yo: Poukisa nou vòlè koup mèt mwen an?

[26] Epi ofisye Jozèf la te leve, li rive jwenn yo, e li te pale avèk yo tout pawòl Jozèf yo; e lè yo te tande bagay sa a yo te vin fache anpil, e yo di l: Moun ou jwenn ki gen koup mèt ou a avèk li, va mouri, e nou menm tou nou pral tounen esklav li.

[27] Epi yo te fè prese, chak moun desann sak yo sou bourik yo, yo te gade nan sak yo, yo te jwenn gode a nan sak Benjamen an, yo tout te chire rad sou yo epi yo retounen nan vil la, men yo t'ap bat Benjamen nan wout la, pou jouk li te rive nan lavil la yo te kontinye ap ba l kou, après sa yo te vin kanpe devan Jozèf.

[28] Epi kòlè Jida te limen, e li di: Nonm sa a te mennen m retounen sèlman pou m detwi peyi Lejip la jodi a.

178

[29] Mesye yo te antre lakay Jozèf, e yo te jwenn Jozèf chita sou twòn li, e tout mesye vanyan yo te kanpe adwat li ak agoch li.

[30] Jozèf di yo: Ki aksyon sa a nou te fè a, ke nou te pran koup an ajan mwen an epi nou ale? Men mwen konnen ke nou te pran koup mwen an poun te konnen nan ki pati peyi a, frè nou an ye.

[31] Jida reponn: Kisa nou pral di a mèt nou, kisa nou pral pale e kouman nou pral jistifye tèt nou, BonDye jwenn inikite tout sèvitè w yo jodi a, se poutèt sa Li fè nou bagay sa jodi a.

[32] Jozèf te leve, li kenbe Benjamen e li te pran l nan men frè l yo ak vyolans, e li te antre nan kay la epi l fèmen pòt la sou yo, e Jozèf kòmande moun ki te chèf nan kay li a pou l di yo: Men sa wa a di, ale anpè kay papa nou, gade mwen pran nonm lan, nan men l mwen te jwen koup mwen an.

54- Jozèf Revele Tèt Li
(Jenèz 45)

[1] Lè Jida te wè jan Jozèf t'ap aji avèk yo, Jida pwoche bò kote li, epi l kraze pòt la, li antre ak frè li yo devan Jozèf.

[2] Epi Jida di Jozèf: Pa kite sa parèt grav nan je w, mèt, èske sèvitè w ka pale yon mo devan ou? Jozèf di l, Pale.

[3] Jida pale devan Jozèf, epi frè li yo te kanpe avèk li; Jida di Jozèf: Sètènman lè nou te premye vini kote ou pou nou te achte manje, ou te konsidere nou kòm espyon peyi a, e nou te mennen Benjamen devan ou, men ou toujou ap fè jwèt ak nou jodi a.

[4] Kounyeya, kite wa a tande pawòl mwen yo, epi tanpri, voye frè nou an pou l ka ale ak nou kot papa nou, pou nanm ou pa peri jodi a ansanm ak tout nanm moun ki abite nan peyi Lejip.

[5] Èske w pa konnen sa de nan frè mwen yo, Simeyon ak Levi, te fè nan vil Sichèm, ak nan sèt vil Amoreyen yo, akoz sè nou Dina, epi tou sa yo ta ka fè pou frè yo Benjamen?

[6] E mwen, ak fòs mwen, ki pi gran e pi pwisan pase yo tou de, mwen vini jodi a sou ou menm ak peyi w si w pa vle voye frè nou an ale.

[7] Èske w pa t tande sa BonDye nou an ki te chwazi nou an te fè Farawon an akoz Sara manman nou, ke li te pran nan men papa nou, ke Li te frape li ak kay li avèk yon gwo move maladi, ke menm jouk jounen jodi a, moun Lejip yo ap rakonte sa kòm yon mèvèy youn ak lòt? Konsa BonDye nou an ap fè w pou Benjamen ke w pran jodi a nan men papa l, e pou malè ou anpile sou nou jodi a nan peyi w; paske BonDye nou an ap sonje alyans li ak papa nou Abraram epi L'ap voye malè sou ou, paske w te fè nanm papa nou soufri jodi a.

[8] Kounyeya, tande pawòl mwen yo ke mwen te pale avèk ou jodi a, voye frè nou an pou l ka ale pou ou menm ak pèp peyi ou a pa mouri anba epe, paske nou tout pa ka genyen kont mwen.

[9] Jozèf reponn Jida, li di l:-Poukisa w'ap louvri bouch ou laj konsa, w'ap fè grandizè sou ou menm ak frè w yo, w'ap di w genyen fòs? Menm jan Farawon vivan, si mwen bay tout mesye vanyan mwen yo lòd pou yo goumen avèw, sètènman ou menm ak frè w yo t'ap nwaye nan labou.

[10] Jida di Jozèf:-Ou menm ak pèp ou a, nou ta dwe gen krentif pou mwen; Jan SENYÈ a vivan, si mwen ta retire epe mwen menm yon fwa, mwen p'ap mete l nan fouwo jiskaske mwen ta fin touye tout Lejipsyen jodi a, e mwen pral kòmanse avèk ou epi fini ak Farawon mèt ou.

[11] Jozèf reponn li epi l di l:-Sètènman fòs pa avèk ou sèlman; mwen pi fò e pi pwisan pase w. Se vre wi, si w retire epe w mwen pral mete l nan kou w ak kou tout frè w yo.

[12] Jida di l: Sètènman si mwen ouvri bouch mwen kont ou jodi a mwen ka vale w, pou ou ta detwi kite tè a epi peri jodi a ak wayòm ou. Jozèf di: Sètènman si w ouvri bouch ou mwen gen pouvwa ak fòs pou m fèmen bouch ou ak yon wòch jiskaske w pa kapab pale yon mo; gade konbyen wòch ki genyen devan nou, vreman vre mwen ka pran yon wòch, epi fòse li nan bouch ou epi kraze machwè w.

[13] Jida di l: BonDye se temwen antre nou, ke nou pa vle goumen ak ou, sèlman ban nou frè nou epi nou pral ale kite w; Jozèf reponn li di l:-M'ap fè sèman sou tèt Farawon an, menm si tout wa Kananeyen yo ta vin ansanm avèk ou, ou pa t'ap ka pran li nan men m.

[14] Kounyeya, ale retounen kot papa w, frè w lan pral vin esklav mwen, paske li te vòlè nan kay wa a. Jida di l: Kisa sa sèvi w, oswa karaktè wa, sètènman wa voye soti nan kay li, nan tout peyi a, ajan ak lò swa nan kado oswa depans, epi w toujou ap pale sou gode w ke ou te mete nan sak frè nou an epi w di ke li te vòlè li nan men ou?

[15] BonDye entèdi ke frè nou Benjamen oswa nenpòt nan pitit Abraram ta fè bagay sa a pou vòlè nan men ou, oswa nan men nenpòt lòt moun, kit se wa, prens, oswa nenpòt ki moun.

[16] Kounyeya, sispann akizasyon sa a pou tout tè a pa tande pawòl ou yo, e di: Pou yon ti ajan, wa Lejip la t'ap diskite ak mesye yo, li te akize yo epi l te pran frè yo kòm esklav.

[17] Jozèf reponn: Pran gode sa a epi ale kite m, kite frè w kòm esklav, paske jijman yon vòlè se pou li vin esklav.

[18] Jida di l: Poukisa w pa wont pawòl ou yo, pou nou kite frè nou epi pran gode w? Sètènman si w ban nou gode w, oswa mil fwa plis, nou pap kite frè nou pou ajan ke ou ka jwen lakay nenpòt moun anpil, nou pa pral mouri pou ajan sa yo, epi poun kite frè nou dèyè.

[19] Jozèf reponn: Poukisa w te abandone frè w epi vann li pou ven moso ajan pou jouk jounen jodi a, poukisa kounyeya ou pa ta ka fè menm bagay la pou frè sa a?

[20] Jida di l: SENYÈ a se temwen ant mwen ak ou ke nou pa vle goumen ak ou; Kounyeya, ban nou frè nou epi nou pral ale kite w san diskisyon.

[21] Jozèf reponn e di l: Si tout wa peyi yo ta rasanble yo pa tap kapab pran frè w la nan men mwen; Jida di l: Kisa nou pral di papa nou, lè li wè frè nou an pa retounen ak nou, eske l pa pral nan lapenn pou li?

[22] Jozèf reponn e di l: Men sa w pral di papa w, ou pral di l: Kòd la swiv bokit la.

[23] Jida reponn li: Sètènman ou se yon wa, e poukisa w'ap di bagay sa yo w'ap bay yon fo jijman? Malè pou wa ki tankou w.

[24] Jozèf reponn e di: Pa gen okenn jijman ki fo nan pawòl mwen te di konsènan frè w Jozèf, paske nou tout te vann li bay Madyanit yo pou ven moso ajan, epi nou tout te nye l devan papa nou epi nou te di l: '-Yon bèt sovaj te devore l, Jozèf te chire an moso'.

[25] Jida di: Gade! Dife Sèm ap boule nan kè m, kounyeya mwen pral boule tout peyi ou a ak dife; Jozèf reponn e di: Sètènman bèlfi w Tama, ki te touye pitit gason ou yo, te etenn dife Sichèm lan.

[26] Jida di l: Si mwen rache yon sèl cheve nan kò m, mwen pral ranpli tout Lejip ak san li.

[27] Jozèf reponn e di:-Se abitid ou konsa pou w fè jan ou te fè ak frè w ke w te vann nan, epi w te tranpe rad li nan san epi pote li bay papa w pou li te kapab di yon bèt sovaj te devore l, epi men san li.

[28] Lè Jida te tande bagay sa a li te ankòlè anpil, kòlè li t'ap boule andedan li, te gen devan li nan plas sa a yon wòch, pwa li te anviwon kat san chekèl, kòlè Jida te limen anpil, epi l te pran wòch la ak yon men li voye l anlè nan syèl la epi l kenbe l ak men goch li.

[29] Aprè sa li mete l anba pye l, epi l chita sou li ak tout fòs li epi wòch la te retounen pousyè akòz fòs Jida.

[30] Jozèf te wè aksyon Jida epi l te pè anpil, men li te bay pitit gason l Manase lòd epi l te fè menm bagay la ak yon lòt wòch menm jan ak aksyon Jida, epi Jida di frè l yo: Pa kite okenn nan nou di, nonm sa a se yon Lejipsyen, men nan fè bagay sa a li soti nan fanmi papa nou.

[31] Jozèf di:-Se pa sèlman nou ki gen fòs, nou menm tou nou se gason ki pwisan, e poukisa w'ap fè grandizè sou nou tout? Epi Jida di Jozèf: Tanpri, pa detwi peyi w jodi a, voye frè nou an ale.

[32] Jozèf reponn e di yo: Ale di papa nou, yon bèt sovaj devore l jan nou te di konsènan frè nou Jozèf.

[33] Jida pale ak frè l Neftali, li di l: Prese, ale kounyeya epi konte tout lari Lejip yo, vin di mwen; Simeyon di l: Pa kite bagay sa a trakase w; Kounyeya mwen pral ale nan mòn nan m'ap pran yon gwo wòch sou mòn nan epi m'ap voye l sou chak moun nan peyi Lejip la, epi touye tout sa ki ladan l.

[34] Jozèf te tande tout pawòl frè l yo te pale devan li, e yo pa t konnen ke Jozèf te konprann yo, paske yo te imajine li pa t konn pale Ebre.

[35] Jozèf te pè anpil ak pawòl frè l yo, pou yo pa t detwi Lejip, epi l bay pitit gason l Manase lòd, li di l: Ale kounyeya, prese epi rasanble tout abitan Lejip yo, tout gason vanyan yo ansanm, epi kite yo vini kote mwen kounyeya sou chwal e apye, e ak tout kalite enstriman mizikal, epi Manase te ale, li te fè sa.

[36] Neftali ale jan Jida te bay lòd la, paske Neftali te lejè nan pye tankou youn nan sèf yo ki rapid, e li t'ap mache sou zòrèy tèt mayi yo e yo pa t kraze anba pye l.

[37] Epi l ale: Li konte tout lari Lejip yo, epi l jwenn yo te douz, li retounen byen prese epi l rakonte sa a Jida, epi Jida di frè l yo, fè prese, chak gason mete epe l nan ren li, nou pral pase sou Lejip, epi frape yo tout, pa kite okenn rete.

[38] Epi Jida di: Gade, mwen pral detwi twa nan lari yo ak fòs mwen, epi chak nan nou pral detwi yon lari; e pandan Jida t'ap pale bagay sa a, lè l gade, abitan Lejip yo ak tout gason vanyan yo te vini anvè yo ak tout kalite enstriman mizikal ak gwo kri.

[39] Epi kantite yo se te senksan (500) kavalye e dimil (10,000) pyeton, ak kat san (400) gason ki te kapab goumen san epe oswa lans, se sèlman ak men yo e ak fòs yo.

[40] Epi tout gason vanyan yo te vini ak gwo tanpèt e ak bri, e yo tout te antoure pitit Jakòb yo e yo tout t'ap fè yo pè, tè a te tranble ak son kri yo.

[41] Lè pitit Jakòb yo te wè twoup sa yo, yo te pè anpil pou lavi yo. Men, Jozèf te fè sa pou l te fè pitit Jakòb yo pè, pou yo te ka vin trankil.

[42] Epi Jida, lè li te wè kèk nan frè l yo te pè, li te di yo: Poukisa nou pè pandan favè BonDye an avèk nou? Lè Jida te wè tout pèp Lejip la ki te antoure yo, te sou lòd Jozèf pou fè yo pè, sèlman Jozèf ki te ba yo lòd la, li di yo: Pa manyen okenn nan yo.

[43] Lè sa a, Jida prese rale epe l, epi l pouse yon rèl fò e pike, epi l frape ak epe l, epi l sote sou tè a epi l kontinye rele kont tout pèp la.

182

[44] E lè l te fè bagay sa a, SENYÈ a te fè terè Jida ak frè l yo tonbe sou vanyan sòlda yo ak sou tout pèp ki te antoure yo.

[45] E yo tout te pran kouri akoz bri rèl la, yo te pè e yo te tonbe youn sou lòt, e anpil nan yo te mouri pandan yo te tonbe an, e yo tout te pran kouri kite pou Jida ak frè l yo epi yo te kite Jozèf.

[46] Pandan yo t'ap kouri, Jida ak frè l yo te pouswiv yo jiska kay Farawon, e yo tout te chape, Jida te vin chita anko devan Jozèf epi l te gwonde sou li tankou yon lyon, epi l bay yon gwo rèl ki te tèrib sou Jozèf.

[47] E rèl la te fè eko byen lwen, e tout abitan Siko te tande l, tout Lejip te tranble nan son rèl la, epi mi Lejip ak mi peyi Gochenn te tonbe akòz tranbleman tè a, Farawon tou te tonbe soti sou twòn li atè a, epi tout fanm ansent nan Lejip ak Gochenn te fè foskouch lè yo te tande bri tranbleman tè an, paske yo te pè teribleman anpil.

[48] Farawon te voye mande, li di: Kisa sa ye ki te pase jodi a nan peyi Lejip lan la? E yo te vini epi yo di l tout bagay depi nan kòmansman jiska nan fen an, e Farawon te genyen laperèz, li te etone epi l te pè anpil.

[49] Li te vin pi pè lè l te tande tout bagay sa yo, li te voye kote Jozèf, li di l:-Ou te mennen Ebre yo ban mwen pou yo detwi tout Lejip; kisa w'ap fè ak esklav vòlè sa a? Fè l pran wout li, epi kite l ale ak frè l yo, pou nou pa peri akòz mal yo, menm nou menm, ak ou menm, e ak tout Lejip.

[50] E si w pa vle fè bagay sa a, retire tout bagay ki gen valè mwen yo sou ou epi ale ak yo nan peyi yo, si w jwenn plezi ladan l, paske jodi a yo pral detwi peyi mwen nèt epi touye tout pèp mwen an; Ata tout fanm Lejip yo fè foskouch akòz rèl yo; Gade sa yo fè jis ak rèl e ak pawòl yo, anplis ankò si yo goumen ak nepe, yo pral detwi peyi a nèt; Kounyeya chwazi sa w vle, swa mwen oswa Ebre yo, swa Lejip oswa peyi Ebre yo.

[51] Epi yo vini, yo di Jozèf tout pawòl Farawon te di konsènan li, Jozèf te pè anpil pou pawòl Farawon yo, Jida ak frè l yo te toujou kanpe devan Jozèf ak endiyasyon ak kòlè, epi tout pitit Jakòb yo t'ap gwonde sou Jozèf, tankou bri lanmè a ak vag li yo.

[52] Jozèf te pè anpil pou frè l yo akoz Farawon, epi Jozèf t'ap chache yon pretèks pou l te devwale tèt li bay frè l yo, pou yo pa t detwi tout Lejip.

[53] Jozèf te bay pitit gason l Manase lòd, Manase ale li pwoche bò kote Jida, epi l mete men l sou zepòl li, kòlè Jida a te kalme.

[54] Jida di frè l yo: Pa kite okenn nan nou di ke, sa se aksyon yon jèn Lejipsyen paske sa se travay youn moun kay papa m.

[55] Epi Jozèf, lè l te wè e konnen ke kòlè Jida a te kalme, li te pwoche pou pale ak Jida nan langaj dousè.

[56] Jozèf di Jida: Sètènman ou te pale verite epi w te pwouve deklarasyon ou yo konsènan fòs ou jodi a, ke BonDye ou a ki pran plezi nan ou, ogmante byenèt ou; Men, di m verite poukisa pami tout frè w yo se avèm ou gen kont sou koze ti gason an, kòm okenn ladan yo pa t pale yon mo ban mwen konsènan li.

[57] Jida reponn Jozèf, li di l: Sètènman ou dwe konnen ke mwen se yon garanti pou ti gason an, pou papa l. Li di: Si mwen pa mennen l retounen ba li mwen ap pote repwòch la pou toutan.

[58] Se poutèt sa mwen te pwoche bò kote w pami tout frè m yo, paske mwen te wè w pa t vle kite l ale; Kounyeya, kite m jwenn favè nan je w pou w voye l ale avèk nou, epi gade m'ap rete kòm ranplasan pou li, pou sèvi w nan tout sa w vle, kote w voye m mwen pral ale pou sèvi w ak anpil enèji.

[59] Voye m kounyeya bay yon wa pwisan ki te fè rebèl kont ou, epi w pral konnen sa m pral fè li ak peyi li; menm si li gen kavalye ak enfantri oswa yon pèp ekstrèmman pwisan, mwen pral touye yo tout epi pote tèt wa a devan ou.

[60] Èske w pa konnen oswa w pa tande ke papa nou Abraram ak sèvitè l Eliezer te bat tout wa Elam yo ak lame yo nan yon sèl nwit, yo pa kite yon sèl vivan? E depi jou sa a, fòs papa nou te bay a nou kòm eritaj, pou nou menm ak pitit nou yo pou tout tan.

[61] Jozèf reponn e di: Ou pale verite, pa gen manti nan bouch ou, paske yo te di nou tou, ke Ebre yo gen pouvwa epi SENYÈ BonDye yo a pran anpil plezi nan yo, ki moun ki ka kanpe devan yo?

[62] Sepandan, sou kondisyon sa a m'ap voye frè w la, si w'ap mennen devan m frè l ki se pitit manman l, ke w te di ki te soti lakay ou e desann peyi Lejip; epi sa pral rive lè w mennen frè l ban mwen m'ap pran li nan plas li, paske okenn nan nou pa t yon garanti pou li devan papa nou, epi lè li va vini devan m, m'ap voye avèk ou frè w, ke w te garanti pou li a.

[63] Epi kòlè Jida te limen kont Jozèf lè li te di bagay sa a, epi je l t'ap koule ti gout san ak kòlè li, epi l di frè l yo: Kijan nonm sa fè ap chache pwòp destriksyon li ak destriksyon tout Lejipsyen yo jodi a!

[64] Simeyon reponn Jozèf, li di l: Èske nou pa t di ou depi nan kòmansman ke nou pa t konnen ki kote espesifik li te ale, ni si l mouri oswa vivan, poukisa mèt mwen ap pale bagay sa yo?

[65] Epi Jozèf, lè li te obsève figi Jida, li te wè kòlè l te kòmanse limen lè l t'ap pale avè l, lè l te di l:–Mennen lòt frè w la ban mwen olye frè sa a.

[66] Jozèf di frè l yo: Sètènman nou te di ke frè w la swa l mouri oswa l pèdi, kounyeya si m ta rele l jodi a epi l ta vini devan nou, èske nou t'ap bay li ban mwen olye frè li?

[67] Jozèf kòmanse pale, li pran rele:–Jozèf, Jozèf, vini jodi a devan mwen, parèt devan frè w yo epi chita devan yo.

[68] Lè Jozèf te pale bagay sa a devan yo, yo chak t'ap gade nan yon direksyon diferan pou yo te wè ki bò Jozèf tap vini devan yo.

[69] Jozèf te obsève tout aksyon yo, epi l di yo: Poukisa nou ap gade isit epi laba? Mwen se Jozèf ke nou te vann nan Lejip, kounyeya, pa kite sa fè nou lapenn ke nou te vann mwen, paske kòm yon sipò pandan grangou a, BonDye te voye m devan nou.

[70] Epi frè l yo te pè l anpil lè yo te tande pawòl Jozèf, sitou Jida, li te ekstrèmman pè devan li.

[71] Lè Benjamen te tande pawòl Jozèf, li te devan yo nan pati enteryè kay la, Benjamen kouri al jwenn Jozèf frè l, epi l pran l nan bra li epi l tonbe sou kou l, epi yo tou de kriye.

[72] Lè frè Jozèf yo wè Benjamen te tonbe sou kou frè li a e kriye avè l, yo tout te tonbe sou Jozèf yo pran l nan bra yo, epi yo kriye yon gwo kriye ak Jozèf.

[73] E yo te tande vwa a nan kay Jozèf la, ke mesye sa yo se frè Jozèf yo ye, epi sa te fè Farawon ekstrèmman kontan, paske l te pè ke yo te ka detwi Lejip.

[74] Farawon te voye sèvitè l yo al felisite Jozèf konsènan frè l yo ki te vin jwenn li, tout kaptenn lame yo ak twoup ki te nan peyi Lejip te vini rejwi avèk Jozèf, epi tout Lejip te rejwi anpil pou frè Jozèf yo.

[75] Farawon te voye sèvitè l yo al jwenn Jozèf, li di: Di frè w yo pou yo al chache tout sa ki pou yo epi kite yo vini kote mwen, epi m'ap mete yo nan pi bon pati peyi Lejip la, e yo te fè sa.

[76] Après sa, Jozèf te bay lòd a moun ki te responsab kay li a pou te pote kado ak rad bay frè l yo, epi l te pote ba yo anpil rad ki se rad wa ak anpil kado, Jozèf te separe yo pami frè l yo.

[77] Epi li te bay chak nan frè l yo yon chanjman rad an lò ak ajan, ak twa san moso ajan, epi Jozèf te bay lòd pou yo tout abiye nan rad sa yo, pou yo te mennen yo devan Farawon.

[78] Epi Farawon, lè l te wè tout frè Jozèf yo se gason vanyan ak bèl aparans, li te rejwi anpil.

[79] Après sa, yo te soti devan prezans Farawon pou ale nan peyi Kanaran, y'al jwenn papa yo, epi frè yo Benjamen te avèk yo.

[80] Jozèf te leve epi l te ba yo onz cha soti nan men Farawon, Jozèf te ba yo cha li, sou ki li te monte nan jou l te kouwone nan peyi Lejip la, pou al chache papa l e mennen l nan Lejip; Jozèf te voye bay pitit frè l yo rad selon kantite yo, epi san moso ajan pou chak nan yo, epi l te voye tou rad pou madanm frè l yo soti nan rad madanm wa yo, li te voye yo.

[81] Epi l te bay chak nan frè l yo dis gason pou t'ale avèk yo nan peyi Kanaran pou sèvi yo, pou sèvi pitit yo ak tout sa ki te pou yo lè y'ap vini nan Lejip.

[82] Jozèf te voye pa men frè l Benjamen dis kostim rad pou dis pitit gason l yo, yon pòsyon anplis pase rès timoun pitit Jakòb yo.

[83] Epi l te voye pou chak [ti moun sa yo] senkant moso ajan, epi dis cha sou kont Farawon, epi l te voye bay papa l dis bourik chaje ak tout bagay dous nan Lejip, ak dis fenmèl bourik chaje ak mayi ak pen ak manje pou papa l, ak pou tout moun ki te avè l kòm pwovizyon pou wout la.

[84] Epi l te voye bay sè l Dina rad an ajan ak lò, lansan ak myè, lalwa ak bijou pou fanm an gwo kantite, li te voye menm bagay la soti nan men madanm Farawon yo bay madanm Benjamen.

[85] Epi l te bay tout frè l yo, e tou pou madanm yo, tout kalite pyè oniks ak bdelyòm, ak nan tout bagay ki te gen valè nan mitan gwo moun Lejip yo, pa t gen anyen ki te koute chè ki te rete, ke Jozèf pa t voye bay kay papa l.

[86] Li te voye frè l yo ale, epi yo te ale, li te voye frè l Benjamen avèk yo.

[87] Jozèf te soti avèk yo pou akonpaye yo sou wout la jiska fwontyè Lejip la, epi l te bay yo lòd konsènan papa l ak kay li, pou yo vini nan Lejip.

[88] Epi l di yo: Pa diskite sou wout la, paske bagay sa a te soti nan men SENYÈ a, poul te epanye yon gwo pèp soti nan grangou sa a, paske rete ankò senkan grangou nan peyi a.

[89] Epi l te bay yo lòd, li di yo: Lè nou rive nan peyi Kanaran, pa vin toudenkou devan papa m nan zafè sa a, men aji avèk sajès nou.

[90] Jozèf te sispann ba yo lòd, epi l vire tounen l'ale Lejip, pitit Jakòb yo te ale nan peyi Kanaran pou yo t'ale jwenn papa yo Jakòb ak kè kontan.

[91] Epi yo te rive nan fwontyè peyi a, yo di youn ak lòt: Kisa nou pral fè nan zafè sa a devan papa nou, paske si nou vin toudenkou ba li epi di l zafè a, li pral pè anpil pou pawòl nou yo epi l p'ap kwè nou.

[92] Aprè sa, yo kontinye mache jiskaske yo rive pre kay yo, epi yo jwenn Serak, pitit fi Asè a, ki t'ap soti vin kontre yo, jèn fi a te bèl anpil, entèlijan, epi l te konnen kijan pou jwe gita.

[93] Yo rele l, li vini devan yo, epi li tanmen bo yo, yo pran li epi yo ba li yon gita, yo di l:-Ale kounyeya devan papa nou, chita devan li, jwe gita, pale pawòl sa yo.

[94] Yo te ba li lòd pou l te ale nan kay yo, li pran gita nan men yo, li te fè prese li pran devan yo, li vin chita toupre Jakòb.

[95] Epi l t'ap jwe e chante byen, li te pale ak dousè ak pawòl li:-Jozèf tonton mwen vivan, epi l ap gouvène nan tout peyi Lejip, li pa mouri.

[96] Epi l te kontinye ap repete pawòl sa yo, Jakòb tande pawòl li yo e yo te agreyab pou li.

[97] Li koute l pandan li t'ap repete yo de fwa epi twa fwa, lajwa antre nan kè Jakòb pou dousè pawòl li yo, Lespri BonDye te sou li, epi l te vin konnen tout pawòl li yo se verite.

[98] Jakòb beni Serak lè l te pale pawòl sa yo devan li, epi l di l: Pitit fi mwen, lanmò p'ap janm gen pouvwa sou ou, paske w te fè lespri m reviv; pale devan mwen ankò jan ou te pale, paske w te fè m kontan ak tout pawòl ou yo.

[99] Li te kontinye ap chante pawòl sa yo, Jakòb koute l, sa te fè l plezi, epi l te rejwi, e Lespri BonDye te ranpli l.

[100] Pandan li t'ap pale avèk Serak, li gade, li wè pitit gason l yo te rive kot li ak cheval ak cha ak rad wayal ak sèvitè k'ap kouri devan yo.

[101] Jakòb leve pou l t'ale rankontre yo, li wè pitit gason l yo te abiye ak rad wayal epi l wè tout trezò ke Jozèf te voye ba yo.

[102] Epi yo di l: Konnen ke frè nou Jozèf vivan, se li menm k'ap gouvène nan tout peyi Lejip, se li menm ki te pale ak nou jan nou te di w la.

[103] Jakòb te tande tout pawòl pitit gason l yo, kè l te bat fò pou pawòl yo, paske l pa t kapab kwè yo jiskaske l te wè tout sa Jozèf te voye ba yo ak tout siy ke Jozèf te pale ba yo.

[104] Yo te louvri devan li, epi montre l tout sa Jozèf te voye, yo bay chak moun sa Jozèf te voye ba li, epi l te vin konnen ke yo te pale verite, li te rejwi anpil poutèt pitit gason li an.

[105] Jakòb di, sa ase pou mwen ke pitit gason m Jozèf toujou vivan, m'ap ale wè l anvan m mouri.

[106] Epi pitit gason l yo te rakonte l tout sa ki te rive yo, Jakòb di: M'ap desann nan peyi Lejip pou m wè pitit gason m ak pitit li yo.

[107] Jakòb te leve, li mete rad yo ke Jozèf te voye ba li, aprè l te fin lave kò li, epi raze cheve l, li te mare tèt li ak yon mouchwa ke Jozèf te voye ba li.

[108] Epi tout moun nan kay Jakòb yo ansanm ak madanm yo te mete rad yo ke Jozèf te voye ba yo, epi yo te rejwi anpil paske Jozèf te toujou vivan epi l t'ap gouvènen nan peyi Lejip,

[109] Tout abitan peyi Kanaran te tande bagay sa a, yo te vini epi yo te rejwi anpil ak Jakòb paske l te toujou vivan.

[110] Jakòb te fè yon fèt pou yo pandan twa jou, tout wa Kanaran yo ak nòb tè a te manje, bwè epi rejwi nan kay Jakòb.

55- Izrayelit Yo Etabli Nan Lejip
(Jenèz 46)

[1] Aprè sa te rive, Jakòb di konsa: Mwen pral ale wè pitit mwen an nan peyi Lejip epi m'ap retounen nan peyi Kanaran kote BonDye te pale ak Abraram lan, paske mwen pa ka kite peyi kote mwen fèt la.

[2] Aprè sa, pawòl SENYÈ a te vin jwenn li, e di l:-Desann nan peyi Lejip ak tout fanmi w epi rete la, pa pè desann peyi Lejip paske Mwen pral fè w tounen yon gwo nasyon la.

[3] Jakòb di nan kè l: Mwen pral ale wè pitit mwen an pou m wè si krentif BonDye li a toujou nan kè l nan mitan tout moun ki abite Lejip yo.

[4] Epi SENYÈ a di Jakòb, pa pè pou Jozèf, paske l toujou kenbe entegrite l pou sèvi Mwen, jan sa pral parèt bon nan je w, epi Jakòb te kontan anpil pou pitit li.

[5] Nan epòk sa a, Jakòb te bay pitit gason l yo ak fanmi l lòd pou yo ale Lejip selon pawòl SENYÈ a te di l, epi Jakòb leve ak pitit gason l yo ak tout fanmi l, yo kite peyi Kanaran, li te soti Bècheba, ak kè kontan ak lajwa, epi yo t'ale nan peyi Lejip.

[6] Lè yo te rive pre Lejip, Jakòb voye Jida devan l al jwenn Jozèf pou l ka montre l yon plas nan Lejip, epi Jida fè selon pawòl papa l, li prese kouri al jwenn Jozèf, yo te ba yo yon plas nan peyi Gochenn pou tout fanmi l, epi Jida retounen vin jwenn papa l sou wout la.

[7] Jozèf te byen mare cha a, li te rasanble tout mesye vanyan l yo ak sèvitè l yo ak tout chèf Lejip yo, pou t'al rankontre papa l Jakòb, epi yo anonse nan Lejip ke tout moun ki pa al rankontre Jakòb pral mouri.

[8] Nan demen, Jozèf soti ak tout Lejip, yon gwo lame pwisan, tout abiye ak rad twal fin ak koulè wouj violèt, ak enstriman an ajan ak lò ak zouti lagè yo.

[9] Yo tout ale rankontre Jakòb ak tout kalite enstriman mizik, tanbou ak tanbouren, yo simen lami ak lalwa sou tout wout la, yo tout te ale konsa, epi tè a tranble ak bri yo t'ap fè a.

[10] Tout fanm Lejip yo monte sou twati yo ak sou miray yo pou y'al rankontre Jakòb, epi sou tèt Jozèf te gen kouwòn wa Farawon an, paske Farawon te voye l ba li pou l mete lè l ta pral rankontre papa l.

[11] Lè Jozèf te rive a senkant koude a papa l, li desann soti sou cha a epi li mache al jwenn papa l, lè tout chèf Lejip yo ak nòb yo te wè Jozèf t'ap mache al jwenn papa l, yo tout te desann epi yo mache al jwenn Jakòb.

[12] Lè Jakòb pwoche kan Jozèf la, Jakòb wè kan ki t'ap vin jwenn li ak Jozèf, sa te fè l plezi epi Jakòb te etone de sa.

[13] Jakòb di Jida: Ki moun sa mwen wè nan kan Lejip la ki abiye ak rad wa, ak yon rad ki wouj anpil sou li epi yon kouwòn wayal sou tèt li, ki desann soti nan cha li epi k'ap vini bò kote nou an? Jida reponn papa l, li di l: Se pitit ou Jozèf, wa a; Jakòb te kontan anpil lè l wè glwa pitit gason l lan.

[14] Jozèf te pwoche bò kote papa l epi l bese devan papa l, tout gason nan kan an bese atè devan Jakòb ansanm avèk li.

188

[15] Jakòb kouri al jwenn pitit gason l Jozèf epi l tonbe sou kou l, li bo l, epi yo tou de kriye, Jozèf tou anbrase papa l li bo l, yo kriye epi tout pèp Lejip la te kriye ansanm ak yo.

[16] Jakòb di Jozèf: Kounyeya mwen ka mouri kè kontan, aprè mwen fin wè figi w, ke w te toujou vivan epi nan glwa w.

[17] Aprè sa, pitit gason Jakòb yo ak madanm yo, pitit yo, sèvitè yo, ak tout kay Jakòb la te kriye anpil ansanm ak Jozèf, yo bo l epi yo kriye anpil ansanm avèk li.

[18] Aprè sa, Jozèf ak tout pèp li a retounen lakay yo nan Lejip, Jakòb ak pitit gason l yo ak tout timoun kay li yo te vini ak Jozèf nan Lejip, Jozèf mete yo nan pi bon pati Lejip la, nan peyi Gochenn.

[19] Jozèf di papa l ak frè l yo: Mwen pral monte epi di Farawon; Frè m yo ak kay papa m ak tout sa ki pou yo vin jwenn mwen, yo nan peyi Gochenn.

[20] Jozèf te fè sa epi l pran frè l yo, Ribenn, Izaka, Zabilon ak frè l Benjamen, epi l mete yo devan Farawon.

[21] Jozèf te pale ak Farawon, li di l: Frè m yo ak kay papa m ak tout sa ki pou yo, ansanm ak bèt yo ak bèf yo vin jwenn mwen soti nan peyi Kanaran, pou yo rete kòm etranje nan Lejip; paske grangou a te grav sou yo.

[22] Farawon di Jozèf: Mete papa w ak frè w yo nan pi bon pati nan peyi a, pa kenbe anyen ki bon pou yo, fè yo manje pati ki pi gra nan peyi a.

[23] Jozèf reponn, li di l: Gade, mwen mete yo nan peyi Gochenn, paske yo se bèje, kidonk kite yo rete nan Gochenn pou yo ka bay bèt yo manje, separe de moun Lejip yo.

[24] Farawon di Jozèf: Fè ak frè w yo tout sa yo pral di w; epi pitit gason Jakòb yo bese devan Farawon, yo soti lakay li ak lapè, aprè sa Jozèf mennen papa l devan Farawon.

[25] Jakòb vini epi l bese devan Farawon, Jakòb beni Farawon, li soti; Jakòb ak tout pitit gason l yo, ak tout kay li, yo te abite nan peyi Gochenn.

[26] Nan dezyèm ane a, sa vle di nan san trantyèm ane (130) lavi Jakòb, Jozèf te pran swen papa l ak frè l yo, ak tout kay papa l la, ak pen selon ti moun yo, pandan tout jou grangou a; yo pa t manke anyen.

[27] Jozèf te ba yo pi bon pati nan tout peyi a; pi bon nan Lejip te pou yo pandan tout jou Jozèf yo; Jozèf te ba yo tout ak kay papa l la, rad ak twal fin blan chak ane; epi pitit gason Jakòb yo te rete an sekirite nan Lejip pandan tout jou frè yo.

[28] Jakòb te toujou manje sou tab ansanm ak Jozèf, Jakòb ak pitit gason l yo pa t janm kite tab Jozèf, lajounen kou lannwit, san konte sa timoun Jakòb yo te konsome nan kay yo.

[29] Epi tout Lejip te manje pen pandan tout jou grangou a, soti nan kay Jozèf, paske tout Lejipsyen yo te vann tout sa yo te genyen akoz grangou a.

[30] Jozèf te achte tout tè ak jaden Lejip yo pou pen sou kont Farawon, epi Jozèf te bay tout Lejip pen pandan tout jou grangou yo, Jozèf te kolekte tout ajan ak lò ki te vin jwenn li pou mayi yo te achte nan tout peyi a, epi l te akimile anpil lò ak ajan, san konte yon kantite imans pyè oniks, bdèlyòm ak rad valab ke yo te pote bay Jozèf soti nan chak pati nan peyi a lè lajan yo te fini.

[31] Jozèf pran tout ajan ak lò ki te vini nan men l, apeprè swasanndouz talan ajan an lò, ansanm ak pyè oniks ak bdèlyòm an gwo kantite, Jozèf t'ale li kache yo nan kat pati, li kache yon pati nan dezè a toupre Lanmè Wouj la, yon pati bò rivyè Perat, epi twazyèm ak katriyèm pati yo li kache nan dezè a anfas dezè Pès ak Medya.

[32] Li pran yon pati nan lò ak ajan ki te rete a, li bay tout frè l yo ak tout kay papa l la, tout fanm kay papa l, epi rès la li te pote nan kay Farawon, apeprè ven talan lò ak ajan.

[33] Jozèf te bay tout lò ak ajan ki te rete a bay Farawon, epi Farawon te mete yo nan trezò a. Aprè sa, jou grangou yo te rive bout nan peyi a, yo te simen e rekòlte nan tout peyi a, epi yo te jwenn kantite abityèl yo chak ane; yo pa t manke anyen.

[34] Jozèf te viv an sekirite nan Lejip, epi tout peyi a te sou konsèy li, papa l ak tout frè l yo te abite nan peyi Gochenn, e yo te pran posesyon peyi Gochenn.

[35] Jozèf te vin granmoun anpil, avanse nan laj, epi de pitit gason l yo, Efrayim ak Manase, te toujou rete nan kay Jakòb, ansanm ak timoun yo nan pitit gason Jakòb yo, frè yo, pou yo te aprann chemen SENYÈ a ak lwa li.

[36] Jakòb ak pitit gason l yo te abite nan peyi Lejip nan tè Gochenn, epi yo te pran posesyon ladan l, yo te pwodiktif e yo te miltipliye ladan l.

56- Lanmò Jakòb

(Jenèz 49:29-33; 50:1-14)

[1] Aprè sa, Jakòb te viv nan peyi Lejip la pandan disèt lane, e jou Jakòb yo, ak tout lane lavi l te san karant sèt (147) lane.

[2] Nan moman sa a, Jakòb te atake pa maladi ki te pran lavi l, men li te voye chèche pitit gason l Jozèf soti Lejip, e Jozèf, pitit gason li a, soti Lejip e te vin jwenn papa l.

[3] Jakòb di Jozèf ak pitit gason l yo: Gade, m'ap mouri, e BonDye zansèt nou yo pral vizite nou, e mennen nou retounen nan peyi a, ke SENYÈ a te sèmante pou l ba ou ak pitit ou yo aprè ou, kounyeya, lè m mouri, antere m nan kav ki nan Makpela nan Ebwon nan peyi Kanaran, pre zansèt mwen yo.

[4] Jakòb fè pitit gason l yo sèmante pou antere l nan Makpela, nan Ebwon, pitit gason l yo sèmante l konsènan bagay sa a.

[5] Li bay yo lòd, li di: Sèvi SENYÈ BonDye nou an, paske Li Menm ki te delivre zansèt nou yo, Li pral delivre nou tou, de tout traka.

[6] Jakòb di: Rele tout pitit ou yo ban mwen, e tout pitit pitit gason Jakòb yo te vini e chita devan l, e Jakòb beni yo, e li di yo: SENYÈ BonDye zansèt nou yo pral ban nou mil fwa plis e beni nou, ke Li ba nou benediksyon zansèt nou Abraram; e tout pitit gason Jakòb yo t'ale jou sa aprè li te beni yo.

[7] E nan demen, Jakòb ankò rele pitit gason l yo, e yo tout te rasanble e vin jwenn li e chita devan l, Jakòb jou sa a te beni pitit gason l yo anvan lanmò l, chak gason li te beni yo selon benediksyon li, sa ekri nan **Liv Lalwa SENYÈ a** konsènan pèp Izrayèl la.

[8] Jakòb di Jida: Mwen konnen, pitit mwen, ke ou se yon gason vanyan pou frè w yo; gouvène sou yo, pitit ou yo pral gouvène sou pitit yo pou tout tan.

[9] Sèlman anseye pitit ou yo itilize banza, ak tout lòt zam lagè, pou yo ka goumen batay frè yo ki pral gouvène sou lènmi yo.

[10] Jakòb ankò bay pitit gason l yo lòd jou sa a, li di yo: Gade, jodi a mwen pral rasanble ak pèp mwen; pote m soti Lejip, e antere m nan kav Makpela jan mwen te bay lòd la.

[11] Men, pran prekosyon, m priye n ke okenn nan pitit nou yo pa pote m, sèlman nou menm, e men jan nou dwe fè m, lè nou pral pote kò m pou n ale avèk li nan peyi Kanaran poun antere m.

[12] Jida, Izaka, ak Zabilon pral pote sèkèy mwen sou bò solèy leve; Riben, Simeyon ak Gad sou bò sid, Efrayim, Manase ak Benjamen sou bò lwès, Dan, Asè ak Neftali sou bò nò.

[13] Pa kite Levi pote avèk nou, paske li menm ak pitit gason l yo pral pote Bwat Kontra SENYÈ a ak pèp Izrayèl yo nan kan, pa kite Jozèf, pitit mwen an pote m tou, paske li se yon wa, kite l ak glwa li; sepandan, Efrayim ak Manase pral nan plas li.

[14] Se konsa nou dwe fè m lè n'ap pote m ale; pa neglije anyen nan tout sa mwen kòmande nou; e sa pral rive lè nou fè sa pou mwen, ke SENYÈ a pral sonje nou ak pitit nou yo avèk favè pou tout tan.

[15] Epi nou menm, pitit mwen yo, onore chak frè ak fanmi nou, epi bay pitit nou yo Lòd, ak pitit pitit aprè nou yo pou sèvi SENYÈ BonDye zansèt nou yo tout jou yo.

[16] Pou nou ka pwolonje jou nou yo nan peyi a, ou menm ak pitit ou yo ak pitit pitit ou yo pou tout tan, lè nou fè sa ki byen e dwat nan je SENYÈ BonDye nou an, pou nou mache nan tout chemen Li yo.

[17] Epi ou menm, Jozèf, pitit gason mwen, mwen sipliye w padonnen pikan frè w yo ak tout move zak yo te fè w, paske BonDye te gen entansyon fè l pou byen ou ak byen pitit ou yo.

[18] O! Pitit mwen, pa kite frè w yo nan men moun Lejip yo, pa blese santiman yo, paske gade, mwen konfye yo nan men BonDye e nan men ou pou pwoteje yo kont moun Lejip yo; epi pitit gason Jakòb yo reponn papa yo, yo di l: O, papa nou, tout sa ou te kòmande nou, konsa n'ap fè l;Ke BonDye sèlman avèk nou.

[19] Jakòb di pitit gason l yo: Konsa BonDye ka avèk ou lè w kenbe tout chemen Li yo; pa vire ni adwat ni agoch nan fè sa ki byen e dwat nan je l.

[20] Paske mwen konnen anpil ak gwo traka pral tonbe sou nou nan dènye jou yo nan peyi a, wi pitit nou yo ak pitit pitit nou yo, sèlman sèvi SENYÈ a e li pral sove nou de tout traka.

[21] E sa pral rive lè nou pral swiv BonDye pou sèvi l, epi nou pral anseye pitit nou yo aprè nou, ak pitit pitit nou yo, pou konnen SENYÈ a, lè sa a, SENYÈ a pral leve pou ou ak pitit ou yo, yon sèvitè pami pitit ou yo, epi SENYÈ a pral delivre nou atravè men li anba tout afliksyon, lap retire nou soti Lejip epi mennen nou retounen nan peyi zansèt nou yo pou nou eritye l an sekirite.

[22] Jakòb te sispann bay pitit gason l yo lòd, li rale pye l mete sou kabann lan, epi l mouri, li te rasanble ak pèp li.

[23] Jozèf tonbe sou papa l e li te kriye epi li fè yon rèl sou li, li bo li, epi l rele ak yon vwa amè, li di:-O papa m, papa m.

[24] Epi madanm pitit gason l yo ak tout kay li vin tonbe sou Jakòb, yo t'ap rele, yo kriye ak yon vwa fò anpil pou Jakòb.

[25] Lè sa a, tout pitit gason Jakòb yo te leve ansanm, yo chire rad yo, epi yo tout mete sak sou ren yo, yo tonbe fas atè, yo voye pousyè sou tèt yo nan direksyon syèl la.

[26] Epi bagay la te pale bay Osnat, madanm Jozèf lan, li leve epi l mete yon sak, li menm ansanm ak tout medam Lejip yo avèk li vin kriye e rele pou Jakòb.

[27] Tout pèp Lejip ki te konnen Jakòb, yo tout te vini nan jou sa a, lè yo te tande bagay sa a, tout Lejip te pran kriye pou anpil jou.

[28] Mete sou sa, soti nan peyi Kanaran, medam yo te vin nan peyi Lejip lè yo te tande Jakòb te mouri, e yo te kriye pou li nan peyi Lejip pandan swasann dis jou.

[29] Aprè sa, Jozèf te bay sèvitè l yo ak doktè yo, lòd pou anbome papa l ak lami, lansan, e ak tout kalite lansan ak pafen, e doktè yo te anbome Jakòb jan Jozèf te kòmande yo.

[30] Epi tout pèp Lejip la, gwoup ansyen yo, ak tout moun ki rete nan peyi Gochenn lan te kriye epi te fè dèy pou Jakòb, e tout pitit li yo ak timoun kay li yo te pote lapenn e te fè dèy pou papa yo Jakòb pandan anpil jou.

[31] Aprè jou lapenn li yo te pase, nan fen swasann dis jou yo, Jozèf te di Farawon, m'ap monte pou m antere papa m nan peyi Kanaran jan li te fè m sèmante, epi m'ap retounen.

[32] Farawon te voye Jozèf, li di l: Monte antere papa w jan li te di w la, e jan li te fè ou sèmante a; e Jozèf te leve ak tout frè l yo pou yo te ale nan peyi Kanaran pou antere papa yo Jakòb jan li te kòmande yo.

[33] Farawon te bay lòd pou yo te anonse nan tout peyi Lejip, li di: Nenpòt moun ki pa monte ak Jozèf e ak frè l yo nan peyi Kanaran pou antere Jakòb, ap mouri.

[34] Epi tout Lejip te tande pwoklamasyon Farawon an, e yo tout leve ansanm, e tout sèvitè Farawon, granmoun kay li, tout ansyen nan peyi Lejip la te monte ak Jozèf, tout ofisye ak nòtab Farawon yo te monte kòm sèvitè Jozèf, e yo te ale pou antere Jakòb nan peyi Kanaran.

[35] Epi pitit gason Jakòb yo te pote sèkèy kote li te kouche a; selon tout sa papa yo te kòmande yo, konsa pitit gason l yo te fè pou li.

[36] Epi sèkèy la te fèt an lò pi, e li te genyen pyè oniks ak bdèlyòm toutotou; e kouvèti sèkèy la te fèt an travay lò trikote, ini ak fil, e te genyen kwochèt pyè oniks ak bdèlyòm sou yo.

[37] Jozèf te mete sou tèt papa l Jakòb yon gwo kouwòn lò, e li te mete yon septè lò nan men l, e yo te antoure sèkèy la jan sa te abitye fèt pou wa pandan lavi yo.

[38] Epi tout twoup Lejip yo te ale devan l nan fòmasyon sa a, an premye tout gason vanyan Farawon yo, ak gason vanyan Jozèf yo, e aprè yo rès moun ki te rete nan peyi Lejip la, e yo tout te genyen epe mare bò kote yo, e yo te ekipe ak kotmay, e yo te genyen ekipman lagè sou yo.

[39] Tout moun ki t'ap kriye ak fè dèy, yo te ale nan yon distans opoze sèkèy la, yo t'ap mache e kriye, fè dèy, epi rès moun yo t'ap swiv dèyè sèkèy la.

[40] Jozèf ak kay li te ale ansanm bò sèkèy la, pye atè yo t'ap kriye, rès sèvitè Jozèf yo te mache bò kote l; chak moun te gen bijou li sou li, e yo tout te ame ak zam yo pou lagè.

[41] E senkant nan sèvitè Jakòb yo te mache devan sèkèy la, e yo te simen sou wout la myè ak lalwa, ak tout kalite pafen, e tout pitit gason Jakòb ki te pote sèkèy la te mache sou pafen an, epi sèvitè Jakòb yo te ale devan yo ap simen pafen an sou wout la.

[42] Jozèf te monte ak yon gwo kan, e yo te fè konsa chak jou jiskaske yo te rive nan peyi Kanaran, yo te rive nan plas batman Atad, ki te sou lòt bò larivyè Jouden an, epi yo te fè yon dèy ekstrèmman gwo e lou nan plas sa a.

[43] Epi tout wa Kananeyen yo te tande bagay sa a e yo tout te soti, chak moun te soti lakay li, tranteyen wa Kanaran, e yo tout te vin ak mesye yo pou yo te kriye epi fè dèy pou Jakòb.

[44] Tout wa sa yo te wè sèkèy Jakòb la, yo gade, kouwòn Jozèf la te sou li, e yo menm tou yo te mete kouwòn yo sou sèkèy la, epi yo te antoure l ak kouwòn.

[45] Epi tout wa sa yo te fè nan plas sa a yon gwo dèy lou ansanm ak pitit gason Jakòb yo, e ak moun peyi Lejip pou Jakòb, paske tout wa Kanaran yo te konnen valè Jakòb ak pitit gason l yo.

[46] Nouvèl la te rive jwenn Ezaou, yo di l: Jakòb mouri nan peyi Lejip, pitit gason l yo ak tout peyi Lejip ap pote l ale nan peyi Kanaran pou antere l.

[47] Ezaou te tande bagay sa a, li te rete nan mòn Seyi, epi l te leve ak pitit gason l yo ak tout pèp li a, ak tout kay li, yon pèp ki te gwo anpil, yo te vin pou kriye epi fè dèy pou Jakòb.

[48] Lè Ezaou te rive, li te fè dèy pou frè l Jakòb, tout peyi Lejip ak tout Kananeyen yo ankò te leve yo te fè yon gwo dèy ak Ezaou pou Jakòb nan plas sa a.

[49] Jozèf ak frè l yo te pote papa yo Jakòb soti nan plas sa a, epi yo te ale Ebwon pou antere Jakòb nan kav la bò kot zansèt li yo.

[50] Lè yo te rive Kiriat-Arba, devan kav la, pandan yo te rive, Ezaou te kanpe ak pitit gason l yo fas kare ak Jozèf e frè l yo kòm yon anpèchman nan kav la, yo di l:-Jakòb p'ap antere isit la, paske se pou nou menm ak papa nou li ye.

[51] Jozèf ak frè l yo te tande pawòl pitit gason Ezaou yo, yo te fache anpil, e Jozèf pwoche bò kote Ezaou, li mande l: Kisa pawòl sa yo vle di, ke y'ap pale a? Asireman papa m Jakòb te achte l nan men w pou gwo richès aprè lanmò Izarak, kounyeya se te ven senk ane de sa, li te achte nan men ou, tout tè Kanaran ak nan men pitit ou yo, ak pitit pitit ou yo aprè w.

[52] Jakòb te achte l pou pitit li yo ak pitit pitit li yo kòm yon eritaj pou tout tan, e poukisa w'ap pale bagay sa yo jodi a?

[53] Ezaou reponn, li di l: W'ap pale pawòl ki pa kòrèk, w'ap bay manti, paske m pa t vann anyen ki pou mwen nan tout tè sa, jan w di a, ni frè m Jakòb pa t achte anyen ki pou mwen nan tè sa a.

[54] Men, Ezaou te di bagay sa yo pou l te twonpe Jozèf ak pawòl li yo, paske Ezaou te konnen ke Jozèf pa t la nan jou sa yo lè Ezaou te vann tout sa ki te pou li nan peyi Kanaran bay Jakòb.

[55] Jozèf di Ezaou: Sètènman papa m te ekri bagay sa yo avèk ou nan Liv Acha a, epi l te fè temwen siyen dosye a. Gade! Li avèk nou nan peyi Lejip.

[56] Ezaou reponn, li di l: Pote dosye a, tout sa ou jwenn nan dosye a, se konsa nou pral fè.

[57] Jozèf rele Neftali, frè l la, li di l: Fè rapid, pa rete, epi kouri, tanpri, ale nan peyi Lejip epi pote tout dosye yo; dosye acha a, dosye sele a, dosye louvri a, epi tou pran tout premye dosye yo, kote tout tranzaksyon dwa nesans la ekri, chèche yo.

[58] Wa va pote yo ban nou isit la, pou nou ka konnen de liv sa yo, tout pawòl Ezaou ak pitit gason l yo, ke yo te pale jodi a.

[59] Neftali te koute vwa Jozèf e li te fè prese, li kouri desann nan peyi Lejip, e Neftali te pi rapid sou pye pase nenpòt nan sèf ki te nan dezè a, paske l te ka mache sou zòrèy pye mayi san kraze yo.

[60] Lè Ezaou wè Neftali te ale chèche dosye yo, li menm ak pitit gason l yo te ogmante rezistans yo kont kav la, Ezaou ak tout pèp li a te leve kont Jozèf ak frè l yo pou goumen.

[61] Epi tout pitit gason Jakòb yo ak pèp peyi Lejip la te pran goumen ak Ezaou e mesye l yo, pitit gason Jakòb yo te bat pitit gason Ezaou yo ak pèp li yo, pitit gason Jakòb yo te touye karant gason nan pèp Ezaou yo.

[62] Choushim, pitit gason Dan lan, Dan ki se pitit Jakòb, te la ak tout frè l yo nan moman sa a, men Choushim te apeprè san koud distans ak plas batay la, paske l te rete ak pitit pitit gason Jakòb yo bò sèkèy la, pou yo te siveye l.

[63] Choushim te soud e bèbè, men li te konprann tout eskandal nan mitan moun yo.

[64] Epi l mande, li di:-Poukisa nou pa antere mò a, e poukisa gwo eskandal sa yo? Yo reponn li, yo di l tout pawòl Ezaou ak pitit gason l yo te di a; epi li kouri al jwenn Ezaou nan mitan batay la, li koupe tèt li, li touye Ezaou ak yon epe, tèt la vole ale byen lwen, e Ezaou te tonbe pami moun ki te nan batay la.

[65] Lè Choushim te fè bagay sa a, pitit gason Jakòb yo te genyen batay la sou pitit Ezaou yo. Pitit Jakòb yo te antere papa yo Jakòb nan kav la ak fòs, la menm pitit gason Ezaou yo te sezi wè sa.

[66] Yo te antere Jakòb nan Ebwon, nan kav Makpela ke Abraram te achte nan men pitit gason Et yo, pou yo te gen yon plas pou antèman yo, e li te antere nan rad ki te chè anpil.

[67] Pa t gen okenn wa ki te resevwa onè sa a tankou Jozèf te bay papa l nan lanmò li, paske l te antere l ak gwo onè menm jan yo te antere wa yo.

[68] Epi Jozèf ak frè l yo te fè sèt jou dèy pou papa yo.

57- Zefo Fè Lagè

[1] Aprè sa, pitit Ezaou yo te fè lagè ak pitit Jakòb yo, pitit Ezaou yo te goumen ak pitit Jakòb yo nan Ebwon, pandan Ezaou te toujou kouche mouri, yo pa t ko antere l.

[2] Batay la te lou nan mitan yo, pitit Jakòb yo te bat pitit Ezaou yo, pitit Jakòb yo te touye katreven gason nan pitit Ezaou yo, e pa t gen yon moun nan moun pitit Jakòb yo ki te mouri; e men Jozèf te domine sou tout pèp pitit Ezaou yo, e li te pran Zefo, ki se pitit Elifaz, pitit gason Ezaou, ak senkant nan mesye l yo kòm prizonye, li mare yo ak chenn fè, li bay yo nan men sèvitè l yo, pou yo mennen yo nan peyi Lejip.

[3] Epi, lè pitit Jakòb yo te pran Zefo ak pèp li kòm prizonye, tout rès moun ki te soti nan kay Ezaou, yo te pè anpil pou lavi yo akoz sa, yo te pè yo ta ka pran yo kòm prizonye tou, yo tout te kouri ak Elifaz pitit Ezaou ak pèp li, ak kadav Ezaou, e yo te pran chemen yo pou yo t'ale nan mòn Seyi.

[4] Yo te rive nan mòn Seyi, e yo te antere Ezaou nan Seyi, men yo pa t pote tèt li avèk yo nan Seyi, paske yo te antere l nan plas kote batay la te fèt la nan Ebwon.

[5] Lè pitit Ezaou yo te kouri devan pitit Jakòb yo, pitit Jakòb yo te pouswiv yo rive jouk nan fwontyè Seyi a, men pitit Jakòb yo pa t touye yon sèl moun nan pitit Ezaou yo lè yo te pouswiv yo, paske kadav Ezaou ke yo te pote avèk yo te bay pitit Jakòb yo konfizyon, se konsa yo te kouri. Pitit Jakòb yo te retounen, epi yo monte nan plas kote frè yo te ye nan Ebwon, yo te rete la nan jou sa a, e nan jou aprè an, jouk yo te repoze soti nan batay la.

[6] Epi sa te pase, nan twazyèm jou a, moun pèp Ezaou yo te rasanble tout pitit Seyi moun Orit la, e yo te rasanble tout timoun lès yo, yon foul moun tankou sab bò lanmè a, yo t'ale e yo desann nan Lejip pou yo te goumen ak Jozèf e ak frè l yo, pou yo te delivre frè yo.

[7] Jozèf ak tout pitit Jakòb yo te tande ke pitit Ezaou yo ak timoun lès yo te vin sou yo pou batay, pou yo te ka delivre frè yo.

[8] Jozèf ak frè l yo, e ak gason fò Lejip yo te soti e yo t'al goumen nan lavil Ramesès, e Jozèf ak frè l yo te bat pitit Ezaou yo ak timoun lès yo, ak yon gwo kou.

[9] Yo te touye nan yo sis san mil gason (600,000), anplis yo te touye nan yo tout gason vanyan nan timoun Seyi yo moun Orit la; te rete sèlman yon ti ponyen nan yo, e yo te touye tou yon gwo kantite nan timoun lès yo, e nan timoun Ezaou yo; Elifaz pitit Ezaou, ak timoun lès yo, yo tout te kouri devan Jozèf ak frè l yo.

[10] Jozèf ak frè l yo te pouswiv yo pou jouk yo rive nan Siko, e yo te touye nan yo trant gason nan Siko, e rès yo te chape e yo kouri, chak moun nan vil yo.

[11] Jozèf ak frè l yo ak gason fò Lejip yo te retounen soti dèyè yo ak kè kontan, paske yo te bat tout lènmi yo.

[12] Zefo, pitit Elifaz, ansanm ak mesye l yo, te toujou esklav nan peyi Lejip pou pitit Jakòb yo, e soufrans yo te ogmante.

[13] Lè pitit Ezaou yo ak pitit Seyi yo te retounen nan peyi yo, pitit Seyi yo te wè ke yo tout te tonbe anba men pitit Jakòb yo, ak moun peyi Lejip yo, akoz batay pitit Ezaou yo.

[14] Epi pitit Seyi yo di pitit Ezaou yo: Nou menm pitit Ezaou yo nou wè epi nou konnen ke kan sa a se te sou kont nou, men pa gen yon vanyan sòlda oubyen yon ekspè nan lagè ki te rete.

[15] Kounyeya, soti nan peyi nou an, ale nan peyi Kanaran, peyi kote zansèt nou yo te abite; poukisa pou pitit Ezaou yo ta dwe eritye sa ki pou pitit nou yo nan jou kap vini yo?

[16] Pitit Ezaou yo pa t koute pawòl pitit Seyi yo, pitit Seyi yo te konsidere fè lagè ak yo.

[17] Pitit Ezaou yo te voye sekrètman kote Angeas, wa Lafrik la, ki se menm peyi [Afrik] sa ankò ki rele Dinaba a, yo di l.

[18] Voye kèk nan gason w yo ban nou, kite yo vin jwenn nou, epi nou pral goumen ansanm ak pitit Seyi moun Orit la, paske yo te deside goumen ak nou pou chase nou soti nan peyi a.

[19] Angeas, wa Dinaba, te fè sa, paske nan jou sa yo li te zanmi ak pitit Ezaou yo, e Angeas te voye senksan (500) sòlda vanyan enfantri ak wit san (800) kavalye bay pitit Ezaou yo.

[20] Pitit Seyi yo te voye kote moun lès yo ak moun Madyanit yo, yo di: Nou wè sa pitit Ezaou yo fè nou, akoz yo nou tout prèske fin detwi, nan batay yo ak pitit Jakòb yo.

[21] Kounyeya, vin jwenn nou e ede nou, nou pral goumen ak yo ansanm, e nou pral chase yo soti nan peyi a, pou nou vin pran revanj pou kòz frè nou yo ki mouri pou yo, nan batay yo ak frè yo, pitit Jakòb yo.

[22] Tout moun [peyi] lès yo te koute pitit Seyi yo, e yo te vin jwenn yo, anviwon wit san (800) gason ak nepe yo rale, pitit Ezaou yo te goumen ak pitit Seyi yo nan tan sa a nan rak Paran.

[23] Pitit Seyi yo te genyen sou pitit Ezaou yo lè sa a, pitit Seyi yo te touye nan jou sa a nan pitit Ezaou yo, nan batay sa a, anviwon de san (200) gason nan pèp Angeas, wa Dinaba.

[24] E nan dezyèm jou a, pitit Ezaou yo te vini ankò pou goumen yon dezyèm fwa ak pitit Seyi yo, e batay la te difisil pou pitit Ezaou yo nan dezyèm fwa sa a, e sa te trakase yo anpil akoz pitit Seyi yo.

[25] Lè pitit Ezaou yo te wè ke pitit Seyi yo te pi fò pase yo, kèk gason nan pitit Ezaou yo te vire e ede pitit Seyi yo, lènmi yo.

[26] Te gen ankò nan pèp pitit Ezaou yo ki te tonbe nan dezyèm batay la, senkantwit gason nan pèp Angeas, wa Dinaba.

[27] Nan twazyèm jou a, pitit Ezaou yo te tande ke kèk nan frè yo te vire kont yo pou goumen ak yo nan dezyèm batay la; pitit Ezaou yo te nan dèy lè yo te tande bagay sa a.

[28] Yo di: Kisa nou pral fè ak frè nou yo ki vire kont nou pou ede pitit Seyi yo, lènmi nou yo? Epi pitit Ezaou yo revoye ankò bay Angeas, wa Dinaba, yo di l:

[29] Voye ban nou ankò lòt gason pou nou ankò, pou n mete ansanm ak yo, pou n ka goumen ak pitit Seyi yo, paske yo te deja de fwa pi fò pase nou.

[30] Angeas te voye ankò anviwon sis san gason vanyan bay pitit Ezaou yo, e yo te vin pou ede pitit Ezaou yo.

[31] Nan dis jou ankò, pitit Ezaou yo te fè lagè ak pitit Seyi yo nan dezè Paran, e batay la te trè grav sou pitit Seyi yo, pitit Ezaou yo te genyen fwa sa a sou pitit Seyi yo, pitit Seyi yo te kraze figi-plat devan pitit Ezaou yo, pitit Ezaou yo te touye nan yo anviwon de mil gason (2,000).

[32] Tout gason vanyan pitit Seyi yo te mouri nan batay sa a, e sèlman ti moun yo ki te rete nan vil yo.

[33] Tout Madyanit ak pitit lès yo te pran chape soti nan batay la, e yo te kite pitit Seyi yo, e yo te kouri lè yo te wè ke batay la te grav pou yo, pitit Ezaou yo te pouswiv tout pitit lès yo jouk yo te rive nan peyi yo.

[34] Pitit Ezaou yo te touye ankò nan yo anviwon de san senkant (250) gason e nan pèp pitit Ezaou yo te gen anviwon trant gason ki te mouri nan batay sa a, men mal sa a te rive sou yo akoz frè yo te vire kont yo pou yo t'al ede pitit Seyi moun Orit la, pitit Ezaou yo te tande ankò move zak sa a ke frè yo te fè a, e yo te ankò nan dèy akoz bagay sa a.

[35] Aprè batay la, pitit Ezaou yo te retounen lakay yo nan Seyi, pitit Ezaou yo te touye rès moun ki te rete yo nan peyi pitit Seyi yo; yo te touye tout madanm ak ti moun yo, yo pa t kite yon sèl nanm vivan eksepte senkant jèn gason ak jèn fi yo kite vivan, pitit Ezaou yo pa t touye yo, e jèn gason sa yo te vin esklav yo, e yo te pran jèn fi yo pou madanm.

[36] Pitit Ezaou yo te abite nan peyi Seyi nan plas pitit Seyi yo, e yo te eritye tè yo e pran posesyon li.

[37] Pitit Ezaou yo te pran tout sa ki te nan tè a ki te pou pitit Seyi yo, tout bann yo, towo yo, ak tout byen yo, tout sa ki te pou pitit Seyi yo, pitit Ezaou yo te pran li, pitit Ezaou yo te abite nan Seyi nan plas pitit Seyi yo pou jouk jounen jodi a, pitit Ezaou yo te divize tè a an pòsyon pou senk pitit gason Ezaou yo, selon fanmi yo.

[38] Nan jou sa yo, pitit Ezaou yo te deside pou yo te mete yon wa pou yo nan peyi ke yo te vin posede a. E yo di youn ak lòt: Se pa konsa sa ap rete; men li pral gouvènen sou nou nan peyi nou, e nou pral anba konsèy li, e li pral goumen nan batay nou yo, kont lènmi nou yo, epi yo te fè sa.

[39] Tout pitit Ezaou yo te fè sèman, yo di: Okenn nan frè nou yo p'ap janm gouvènen sou nou, men yon moun etranj ki pa nan frè nou yo, paske nanm tout pitit Ezaou yo te anmè kont pitit gason yo, frè yo, ak zanmi yo, akoz mal yo te sibi nan men frè yo, lè yo te goumen ak pitit Seyi yo.

[40] Se poutèt sa, pitit gason Ezaou yo te fè sèman, yo di: Depi jou sa a pou toutan yo p'ap chwazi yon wa nan mitan frè yo, men yon moun ki soti nan yon peyi etranje jouk jounen jodi a.

[41] Te gen yon nonm la ki te soti nan pèp Angeas wa Dinaba; non li se te Bela, pitit Beyò, ki te yon nonm vanyan anpil, bèl e trankil, e saj nan tout sajès, e yon nonm ki gen sans ak konsèy; e pa t gen okenn nan pèp Angeas ki te tankou l.

[42] Tout pitit Ezaou yo te pran li, yo te pase l lwil, e yo te kouwone li kòm wa, e yo te enkline devan li, e yo te di l: Viv wa a, viv wa a.

[43] Yo te ouvè yon dra, e yo te pote ba li, chak gason, zanno an lò ak ajan oswa bag oswa braslè, e yo te fè l vin rich anpil nan ajan ak nan lò, nan pyè oniks ak bdèlyòm, e yo te fè yon twòn wayal

pou li, e yo te mete yon kouwòn wayal sou tèt li, e yo te bati yon palè pou li e li te abite ladan l, li te vin wa sou tout pitit Ezaou yo.

[44] Aprè sa, pèp Angeas la, te pran lajan yo pou batay la nan men pitit Ezaou yo, e yo te ale, yo te retounen jwen mèt yo, nan Dinaba nan tan sa a.

[45] Bela te gouvènen sou pitit Ezaou yo trant ane, pitit Ezaou yo te abite nan peyi a olye de pitit Seyi yo, e yo te abite an sekirite nan plas yo pou jouk jounen jodi a.

58- Lagè Edòmiten Kontinye

[1] Aprè sa, nan tranndezyèm ane depi Izrayelit yo te desann nan peyi Lejip, sa vle di nan swasann onzyèm (71) ane nan lavi Jozèf, nan ane sa a Farawon, wa Lejip la, te mouri, e Magron, pitit gason li, te gouvène nan plas li.

[2] Farawon te bay lòd a Jozèf anvan lanmò l pou l te yon papa pou pitit gason li, Magron, e ke Magron ta dwe anba swen Jozèf e sou konsèy li.

[3] Tout Lejip te dakò ak bagay sa a, ke Jozèf ta dwe wa sou yo, paske tout Lejipsyen yo te renmen Jozèf tankou anvan, sèlman Magron, pitit Farawon an, te chita sou twòn papa l, e li te vin wa nan jou sa yo nan plas papa l.

[4] Magron te gen karanteyenan (41) lè l te kòmanse gouvène, e li te gouvène nan Lejip pandan karantan, e tout Lejipsyen te rele l non Farawon aprè non papa l, jan sa se te koutim yo nan peyi Lejip pou chak wa ki te gouvène sou yo.

[5] Lè Farawon (ki se Magron) te gouvène nan plas papa l, li te mete lalwa Lejip yo ak tout zafè gouvènman an nan men Jozèf, jan papa l te bay lòd la.

[6] Jozèf te vin wa sou Lejip, paske l t'ap sipèvize tout Lejip, e tout Lejip te anba swen li e sou konsèy li, paske tout Lejip te enkline vè Jozèf aprè lanmò Farawon, e yo te renmen l anpil pou l te gouvène sou yo.

[7] Men, te gen kèk moun pami yo, ki pa t renmen li, yo te di:-Okenn etranje pa dwe ap gouvène sou nou; malgre sa, tout gouvènman Lejip la te tonbe anba Jozèf nan jou sa yo, e aprè lanmò Farawon, li te kontwole peyi a, e fè sa li te vle nan tout peyi a san okenn moun pa t entèfere.

[8] Tout Lejip te anba swen Jozèf, e Jozèf te fè lagè ak tout lènmi l yo ki te antoure l, e li te soumèt yo. Epi tou, tout peyi a, ak tout Filisten yo, rive nan fwontyè Kanaran, Jozèf te soumèt yo, e yo tout te anba pouvwa li e te gen yon taks chak ane yo te bay Jozèf.

[9] Farawon, wa Lejip la, te chita sou twòn nan, nan plas papa l, men li te anba kontwòl ak konsèy Jozèf, jan li te premye ye an anba kontwòl papa l.

[10] Li pa t gouvène [oken lòt kote] men sèlman nan peyi Lejip la, anba konsèy Jozèf, men Jozèf te gouvène sou tout peyi a nan moman sa a, soti nan Lejip rive nan gwo larivyè Lefrat.

[11] Jozèf te reyisi nan tout zafè l yo, SENYÈ a te avèk li, e SENYÈ a te bay Jozèf plis sajès, onè, glwa, ak lanmou nan kè Lejipsyen yo ak nan tout peyi a, e Jozèf te gouvène sou tout peyi a pandan karantan.

[12] Tout peyi Filisten yo, Kanaran, Zidon, ak sou lòt bò Jouden an, te pote kado bay Jozèf pandan tout lavi l, e tout peyi a te nan men Jozèf, e yo te pote ba li yon tribi anyèl jan sa te konn regle a, paske Jozèf te goumen kont tout lènmi l yo ki te antoure l e li te soumèt yo, e tout peyi a te nan men Jozèf, e Jozèf te chita an sekirite sou twòn li nan peyi Lejip.

[13] Epi tout frè l yo, pitit Jakòb yo, te viv an sekirite nan peyi a, pandan tout jou Jozèf, e yo te fè anpil pitit e miltipliye anpil nan peyi a, e yo te sèvi SENYÈ a pandan tout lavi yo, jan papa yo Jakòb te bay lòd la.

[14] Sa te pase aprè anpil jou ak ane, lè pitit Ezaou yo t'ap viv trankilman nan peyi yo ak Bela wa yo, e ke pitit Ezaou yo te fè anpil pitit e miltipliye nan peyi a, yo te deside al goumen ak pitit Jakòb yo ak tout Lejip, pou delivre frè yo Zefo, pitit Elifaz, ak mesye l yo, paske yo te toujou esklav Jozèf nan jou sa yo.

[15] Pitit Ezaou yo te voye bay tout pitit lès yo, e yo te fè lapè ak yo, e tout pitit lès yo te vin jwenn yo pou t'ale ak pitit Ezaou yo nan peyi Lejip pou goumen.

[16] Te gen moun ki te soti nan pèp Angeas, wa Dinaba, ki te vin jwenn yo tou, e yo te voye tou kote pitit Izmayèl yo, e yo menm tou yo te vin jwenn yo.

[17] Tout pèp sa a te rasanble e vini nan peyi Seyi pou yo t'al ede pitit Ezaou yo nan batay yo, e kan sa a te gwo anpil e lou ak moun, yo te anpil tankou sab bò lanmè, anviwon wit san mil (800,000) gason, efantri ak kavalye, e tout twoup sa yo te desann nan peyi Lejip pou yo te ale goumen ak pitit Jakòb yo, e yo te kanpe bò Ramesès.

[18] Jozèf te soti ak frè l yo ak gason vanyan Lejip yo, anviwon sis san gason, e yo te goumen ak yo nan peyi Ramesès; Pitit Jakòb yo nan tan sa a, te goumen ankò ak pitit Ezaou yo, nan senkantyèm ane depi pitit Jakòb yo te desann nan peyi Lejip, sa vle di nan trantyèm ane rèy Bela sou pitit Ezaou yo nan Seyi.

[19] SENYÈ a te lage tout vanyan gason Ezaou yo ak pitit lès yo nan men Jozèf ak frè l yo, e pèp pitit Ezaou yo ak pitit lès yo te pèdi batay devan Jozèf.

[20] Nan pèp Ezaou yo ak pitit lès yo ki te mouri, te gen anviwon de san mil (200,000) gason ki te tonbe devan pitit Jakòb yo, e wa yo Bela, pitit Beyò a , te tonbe avèk yo nan batay la, e lè pitit Ezaou yo te wè ke wa yo te tonbe nan batay la e li te mouri, fòs yo te vin febli nan konba sa a.

[21] Jozèf ak frè l yo ansanm ak tout Lejip te kontinye ap bat moun kay Ezaou yo, e tout pèp Ezaou yo te pè pitit Jakòb yo, e yo te kouri devan yo.

[22] Jozèf ak frè l yo ansanm ak tout Lejip te pouswiv yo, pou yon jounen vwayaj, e yo te touye anviwon twa san (300) gason nan yo, e yo te kontinye ap bat yo sou wout la; Aprè sa, yo te retounen.

[23] Jozèf ak tout frè l yo te retounen nan peyi Lejip, pa t gen yon sèl gason ki te manke pami yo, men douz nan gason Lejipsyen yo te mouri.

[24] Lè Jozèf te retounen nan peyi Lejip li te bay lòd pou yo mare Zefo ak mesye l yo plis toujou, e yo te mare yo ak chenn fè e yo te ogmante lapenn yo.

[25] Tout pèp pitit Ezaou yo, ak pitit lès yo, te retounen ak yon wont nan vil yo, paske tout gason vanyan ki te avèk yo te tonbe nan batay la.

[26] Lè pitit Ezaou yo te wè ke wa yo te mouri nan batay la, yo te prese pran yon nonm nan pèp pitit lès yo; non li se te Jòbab, pitit Zarak, ki te soti nan peyi Bozra, e yo te fè l wa sou yo nan plas Bela wa yo.

[27] Jòbab te chita sou twòn Bela kòm wa nan plas li, e Jòbab te gouvène nan Edòm sou tout pitit Ezaou yo pandan dis ane. Pitit Ezaou yo pa t al goumen ak pitit Jakòb yo ankò apati jou sa a, paske pitit Ezaou yo te konnen valè pitit Jakòb yo, e yo te vin pè piti Jakòb yo anpil.

[28] Men depi jou sa a, pitit Ezaou yo te rayi pitit Jakòb yo, e rayisman ak lespri rayisab t'ap bouyi fò anpil antre yo, tout jou yo, jiska jounen jodi a.

[29] Aprè sa, nan fen dis ane a, Jòbab, pitit Zarak, ki te soti nan Bozra, te mouri. Pitit Ezaou yo te pran yon nonm ki te rele Choucham, ki te soti nan peyi Teman, e yo te fè l wa sou yo nan plas Jòbab, e Choucham te gouvène nan Edòm sou tout pitit Ezaou yo pandan ven ane.

[30] Jozèf, wa Lejip la, ak frè l yo, ak tout pitit Izrayèl yo te viv an sekirite nan peyi Lejip nan jou sa yo, ansanm ak tout pitit Jozèf ak frè l yo, san okenn antrav oswa aksidan mal, e peyi Lejip la te nan yon peryòd de kè poze kote pa t genyen lagè ankò pandan tan Jozèf ak frè l yo.

59- Lanmò Jozèf

(Jenèz 50:22-26)

[1] Men non pitit Izrayèl yo ki te abite nan Lejip, ki te vini ak Jakòb, tout pitit gason Jakòb yo te vini nan Lejip, chak moun ak fanmi li.

[2] Pitit Leya yo se te Riben, Simeyon, Levi, Jida, Izaka ak Zabilon, ak sè yo Dina.

[3] Pitit gason Rachèl yo se te Jozèf ak Benjamen.

[4] Pitit gason Zilpa, sèvant Leya a, se te Gad ak Asè.

[5] Pitit gason Bila, sèvant Rachèl la, se te Dan ak Neftali.

[6] Men tout kantite piti ki te fèt pou desandan sa yo nan peyi Kanaran, anvan yo te vin nan Lejip ak papa yo Jakòb.

[7] Pitit gason Riben yo se te Enòk, Palou, Ezwon ak Kami.

[8] Pitit gason Simeyon yo se te Jemouyèl, Jamin, Orad, Jaken, Zoka ak Sayil, pitit gason fanm Kananeyen an.

[9] Pitit Levi yo se te Gèchon, Keyat ak Merari, ak sè yo Jokebèd, ki te fèt pou yo pandan yo t'ap desann nan Lejip.

[10] Pitit gason Jida yo se te Èr, Onan, Chela, Perèz ak Zerak.

[11] Èr ak Onan te mouri nan peyi Kanaran; Pitit gason Perèz yo se te Ezwon ak Kamoul.

[12] Pitit gason Izaka yo se te Tola, Pova, Jòb ak Chomron.

[13] Pitit gason Zabilon yo se te Serèd, Elon ak Jaleyèl, pitit gason Dan an se te Chouchim.

[14] Pitit gason Neftali yo se te Jazeyèl, Gouni, Jezè ak Chilèm.

[15] Pitit gason Gad yo se te Zifyon, Agi, Chouni, Ezbon, Eri, Awodi ak Areyèli.

[16] Pitit Asè yo se te Jimna, Jichva, Jichvi, Berya ak sè yo Serak; Pitit gason Berya yo se te Ebè ak Malkyèl.

[17] Pitit gason Benjamen yo se te Bèla, Bekè, Achbèl, Gera, Naaman, Echi, Wòch, Moupim, Choupim ak Ad.

[18] Pitit gason Jozèf, ki te fèt pou li nan Lejip, se te Manase ak Efrayim.

[19] Se tout nanm sa yo ki te soti nan ren Jakòb, yo te swasanndis nanm; se te kantite sa yo ki te vini ak Jakòb papa yo nan Lejip pou te abite la: e Jozèf ak tout frè l yo te viv an sekirite nan Lejip, e yo te manje sa ki te pi bon nan Lejip tout jou lavi Jozèf.

[20] Jozèf te viv nan peyi Lejip katreven trèzan (93), e Jozèf te gouvène sou tout Lejip pandan katreven (80) ane.

[21] Lè jou Jozèf yo te pwoche pou li mouri, li te voye rele frè l yo ak tout kay papa l, e yo tout te vin ansanm e chita devan li.

[22] Jozèf te di frè l yo ak tout kay papa l la: Gade, mwen pral mouri, e BonDye ap sètènman vizite nou e mennen nou soti nan peyi sa ale nan peyi Ke l te sèmante bay zansèt nou yo pou ba yo.

[23] Lè sa dwe fèt, BonDye ap vizite nou pou mennen nou soti isit la, ale nan peyi zansèt nou yo, lè sa a, pote zo mwen yo avèk nou soti isit la.

[24] Jozèf te fè pitit gason Izrayèl yo fè sèman, pou desandan yo aprè yo, li di: BonDye ap sètènman vizite nou e nou dwe pote zo mwen yo avèk nou soti isit la.

[25] Aprè sa, Jozèf mouri nan ane sa a, swasann onzyèm (71) ane depi Izrayelit yo te desann nan peyi Lejip.

[26] Jozèf te gen sanndis (110) ane lè li te mouri nan peyi Lejip, e tout frè l yo ak tout sèvitè l yo te leve, e yo te anbome Jozèf, jan koutim yo te ye a, e frè l yo ak tout Lejip te pran dèy pou li pandan swasanndis (70) jou.

[27] Yo mete Jozèf nan yon sèkèy plen ak epis santi bon ak tout kalite pafen, e yo te antere l bò kote rivyè a, sa vle di larivyè Nil la, pitit gason li yo ak tout frè l yo, ak tout kay papa l la te fè sèt jou dèy pou li.

[28] Aprè lanmò Jozèf, tout Lejipsyen yo te kòmanse gouvène sou pitit Izrayèl yo nan jou sa yo, e Farawon, wa Lejip la, ki t'ap gouvène nan plas papa l, te pran tout lwa Lejip yo e dirije tout gouvènman Lejip la anba konsèy li, e li te gouvène an sekirite sou pèp li.

60- Lagè ant Angeas ak Turnus

[1] Lè ane a te vini, ki te swasanndouzyèm (72) ane depi Izrayelit yo te desann nan peyi Lejip, aprè lanmò Jozèf, Zefo, pitit Elifaz, pitit Ezaou, te sove kite Lejip, li menm ak mesye l yo, e yo te ale.

[2] Li rive nan Afrik, ki se Dinaba, yo t'ale jwenn Angeas wa Afrik la, e Angeas resevwa yo avèk gwo onè, epi l fè Zefo kòmandan lame li.

[3] Zefo te jwenn favè devan je Angeas ak devan je pèp li, e Zefo te kòmandan lame Angeas wa Afrik la pou anpil jou.

[4] Zefo t'ap ankouraje Angeas wa Afrik la pou l t'al rasanble tout lame li pou l te ale goumen ak Lejipsyen yo, e ak pitit Jakòb yo, pou l tire revanj pou frè l yo.

[5] Men Angeas pa t vle koute Zefo pou l te fè bagay sa a, paske Angeas te konnen fòs pitit Jakòb yo, e sa yo te fè ak lame l nan lagè yo ak pitit Ezaou yo.

[6] Nan jou sa yo, Zefo te genyen anpil valè nan je Angeas ak nan je tout pèp li a, e li te kontinye ankouraje yo pou yo t'al fè lagè kont Lejip, men yo pa t vle.

[7] Epi nan jou sa yo, te gen nan peyi Kittim yon nonm nan lavil Puzimna, ki te rele Uzu, e yo te konsidere l tankou yon dye pami pitit Kittim yo, e nonm lan te vin mouri san li pa t gen pitit gason, li te gen sèlman yon pitit fi ki rele Jania.

[8] Jènn fi an te ekstrèmman bèl, atraktif e entèlijan, pa t genyen tankou l pou bote ak sajès nan tout peyi a.

[9] Moun Angeas wa Afrik la te wè li, yo t'ap vin fè lwanj li bay wa, e Angeas te voye kote moun Kittim yo, li te mande yo, pou l pran l pou madanm li, e moun Kittim yo te dakò pou bay Jènn fi an kòm madanm.

[10] Lè mesajè Angeas yo t'ap soti nan peyi Kittim pou yo te pran vwayaj yo. Lè yo gade, yo te wè mesajè Turnus yo, wa Bibentu, t'ap vin jwenn moun Kittim yo, paske Turnus wa Bibentu te voye mesajè li yo tou, pou yo te mande pou Jania, pou l te pran l kòm madanm, paske tout mesye l yo t'ap fè lwanj Jènn fi an ba li, kidonk li te voye tout sèvitè l yo kote moun Kittim yo.

[11] Sèvitè Turnus yo te rive nan Kittim, e yo te mande pou Jania, pou yo te pran li bay Turnus wa yo kòm madanm.

[12] Men moun Kittim yo di sèvitè Turnus yo:-Nou pa ka bay li, paske Angeas wa Afrik la te vle l pou madanm li anvan nou te rive, kidonk nou te gentan ba li l, kounyeya nou pa ka fè bagay sa a pou n retire Jania nan men Angeas pou nou bay Turnus li.

[13] Paske nou pè Angeas anpil, pou si l ta vin goumen kont nou e detwi nou, e Turnus mèt nou an p'ap ka vin delivre nou anba men l.

[14] Lè mesajè Turnus yo te tande tout pawòl moun Kittim yo, yo te retounen al jwenn mèt yo, e di l tout pawòl moun Kittim yo.

[15] Men moun Kittim yo te voye yon memwa bay Angeas, yo di l:-Gade! Turnus te voye mande pou Jania pou l te pran l kòm madanm li. Men, nou te reponn li konsa; Kounyeya, nou tande li ap

rasanble tout lame l pou l vin fè lagè kont ou, e li gen entansyon pase pa wout Sardunia pou l goumen kont frè w Lucus, après sa li pral vin goumen kont ou.

[16] Angeas te tande pawòl moun Kittim yo, ke yo te voye ba li nan yon lèt, e kòlè l te limen e li te leve, li rasanble tout lame l e li te pase nan zile yo sou lanmè, li te pran wout pou Sardunia, pou l t'al jwenn frè l Lucus, wa Sardunia.

[17] Niblos, pitit gason Lucus, te tande ke tonton li Angeas t'ap vini, e li te soti pou l t'al rankontre l ak yon gwo lame, li bo l epi li te anbrase l. Niblos di Angeas:–Lè w'a mande papa m kijan li ye. Lè m'ap ale avèk ou pou m goumen ak Turnus, mande l pou l fè m kòmandan lame l. Angeas te fè sa vre, li te ale jwenn frè la e frè li te soti al rankontre l, e li te mande l kijan l ye.

[18] Après Angeas te mande frè l Lucus kijan l ye, li te mande l pou l te fè pitit gason li Niblos kòmandan lame l, epi Lucus te fè sa. Après sa Angeas ak frè li Lucus leve, yo t'ale goumen ak Turnus, e yo te gen avèk yo yon gwo lame plen ak moun.

[19] Yo te vini nan bato, yo te rive nan pwovens Ashtorach, lè yo gade, Turnus te vin kontre ak yo, paske l te ale Sardunia, e li te gen entansyon detwi l, après sa pou l te pase al goumen ak Angeas.

[20] Angeas ak frè l Lucus te rankontre ak Turnus nan vale Kanopia, batay la te fò e pwisan ant yo nan plas sa a.

[21] Batay la te grav pou Lucus, wa Sardunia, e tout lame l te tonbe, Niblos, pitit gason l lan te tonbe tou nan batay sa a.

[22] Lè sa, tonton l Angeas te bay lòd a sèvitè l yo, e yo te fè yon sèkèy an lò pou Niblos, yo mete l ladan li, epi Angeas te kontinye ap fè lagè ankò kont Turnus. Men, Angeas te pi fò pase Turnus, e li te touye l, li te frape tout pèp li ak pwent epe l, Angeas te tire revanj kòz Niblos, pitit frè li a, ak kòz lame frè li Lucus.

[23] Lè Turnus te vin mouri, kantite men moun ki te siviv batay la te vin fèb, yo te pran kouri devan Angeas ak Lucus, frè l.

[24] Angeas ak frè l Lucus te pouswiv yo rive jouk nan gran wout la, ki ant Alphanu ak Romah, yo te touye tout lame Turnus ak kout nepe yo.

[25] Après sa a, Lucus, wa Sardunia, te bay lòd pou sèvitè l yo te fè yon sèkèy an kwiv, pou mete kò pitit gason li Niblos ladan li, e yo te antere l nan plas sa a.

[26] Yo te bati yon gwo fò sou li la, sou gran wout yo te antere Niblos lan, e yo te rele l: Niblos jouk jounen jodi a, yo te antere Turnus, wa Bibentu, la tou nan plas sa ak Niblos.

[27] Se konsa sou gran wout la ant Alphanu ak Romah, tonm Niblos la sou yon bò ak tonm Turnus sou lòt bò a, e gen yon twotwa ant yo pou jouk jounen jodi a.

[28] Lè yo te antere Niblos, kounyeya Lucus, papa l, te retounen ak lame l nan peyi l Sardunia, epi Angeas, frè li, wa Afrik la, te ale ak pèp li nan vil Bibentu, ki se lavil Turnus.

[29] Men, Abitan Bibentu yo te tande pale de Angeas wa Afrik la, yo te pè anpil, yo te soti ale rankontre l ak kriye. Yo t'ap sipliye l, epi abitan Bibentu yo te mande Angeas pou li pa t touye yo ni detwi lavil yo; e li te koute yo li pa t detwi lavil yo, paske nan epòk sa a, Bibentu te konsidere kòm youn nan vil yo ki te pou moun Kittim yo; se poutèt sa li pa t detwi vil la.

[30] Men depi jou sa a, twoup wa Afrik la te konn ale Kittim pou piye l, epi piyaje li. Chak fwa yo t'ale, Zefo, kòmandan lame Angeas la, te ale avèk yo.

[31] Aprè sa, Angeas vire ak lame l, yo te rive nan lavil Puzimna, epi Angeas pran Jania, pitit fi Uzu a, kòm madanm e mennen l nan vil li nan Afrik.

61- Zefo Ini Itali

[1] Nan menm tan sa a, Farawon, wa peyi Lejip la, te bay lòd pou tout pèp li a te fè yon palè solid pou li nan peyi Lejip.

[2] Li te bay lòd tou pou pitit gason Jakòb yo te ede Lejipsyen yo nan konstriksyon an, e Lejipsyen yo te fè yon bèl palè ak elegans pou yon abitasyon wayal, Farawon te abite ladan l, li te renouvle gouvènman l, li te reye an sekirite.

[3] Zabilon, pitit gason Jakòb la, te mouri nan ane sa a, sa vle di swasanndouzyèm (72) ane depi lè Izrayelit yo te desann nan peyi Lejip, Zabilon te mouri a san katòzan (114), yo te mete l nan yon sèkèy, aprè sa yo te renmèt li nan men pitit li yo.

[4] Nan swasann-kenzyèm ane a (75), frè li Simeyon te mouri, li te gen san ven (120) ane lè li te mouri, e yo te mete l tou nan yon sèkèy e yo te renmèt li nan men pitit li yo.

[5] Zefo, pitit Elifaz, pitit gason Ezaou, kaptenn lame pou Angeas, wa Dinaba, chak jou t'ap pouse Angeas pou l te prepare pou lagè, pou l t'al goumen ak pitit gason Jakòb yo nan peyi Lejip, e Angeas pa t vle fè sa, paske sèvitè l yo te rakonte l tout fòs pitit gason Jakòb yo, sa Izrayelit yo te fè yo nan batay ansanm ak pitit gason Ezaou yo.

[6] Zefo nan jou sa yo, chak jou t'ap pouse Angeas pou li t'al goumen ak pitit gason Jakòb yo nan tan sa yo.

[7] Aprè kèk tan, Angeas te koute pawòl Zefo, li te dakò avè l pou li t'al goumen ak pitit gason Jakòb yo nan peyi Lejip. Angeas te mete tout pèp li a nan lòd, yon pèp ki te anpil tankou sab ki sou bò lanmè, li te fòme rezolisyon li pou l t'ale nan peyi Lejip pou l t'al batay avèk yo.

[8] Men, pami sèvitè Angeas yo, te gen yon jèn gason kenz ane, Balaram, pitit gason Beyò se te non li, jèn gason an te saj anpil e li te konprann atizay maji.

[9] Angeas rele Balaram li di l: Tanpri, evoke pou nou, fè maji pou nou, pou n ka konnen kiyès ki pral genyen nan batay sa a nou pral kounyeya.

[10] Balaram te bay lòd pou yo te pote ba li lasi, e li te fè ladan l fòm cha ak kavalye ki te reprezante lame Angeas ak lame Lejip la, e li te mete yo nan dlo yo te prepare ak anpil ladrès pou sa menm, e li te pran nan men l branch pye jasmen, li te egzèse malen li konn fè a. Li kole yo ansanm mete sou dlo a, imaj ki te parèt devan l nan dlo a, te sanble ak lame Angeas yo ki t'ap tonbe devan imaj ki sanble ak Lejipsyen yo e ak pitit gason Jakòb yo.

[11] Balaram te di bagay sa a Angeas, e Angeas te dekouraje. Li pa t ame tèt li ankò pou l te desann nan peyi Lejip pou lagè, li te rete nan vil li.

[12] Lè Zefo, pitit gason Elifaz lan, te wè ke Angeas te dekouraje pou l te soti al goumen ak Lejipsyen yo, Zefo te kouri kite Angeas li te soti nan peyi Afrik, li ale e li te rive nan peyi Kittim.

[13] Tout pèp Kittim yo te resevwa l ak gwo onè, e yo te anplwaye l pou l te goumen batay yo tout tan, Zefo te vin ekstrèmman rich nan tan sa yo, e twoup wa Lafrik la te toujou ap gaye nan tan sa

yo, pitit Kittim yo te rasanble e yo te ale sou Mòn Cuptizia akoz twoup Angeas, wa Lafrik la, ki t'ap avanse sou yo.

[14] Te gen yon jou Zefo te pèdi yon jenn ti bef, li te ale chache l, li te tande l ap rele bò mòn lan.

[15] Zefo t'ale, li gade, epi li te wè, te gen yon gwòt ki te laj nan pye mòn lan, te gen yon gwo wòch la nan antre gwòt la, Zefo te fann wòch la, li antre nan gwòt la, li gade, epi li te wè, yon gwo bèt t'ap devore bèf la. Depi nan mitan kò bèt la monte rive nan tèt li, li te sanble ak yon nonm, depi nan mitan kò bèt lan desann nan pye l li te sanble yon bèt, Zefo leve kont bèt la e li te touye l ak nepe l.

[16] Abitan Kittim yo te tande bagay sa a, yo te rejwi anpil, yo t'ap di:-Kisa nou pral fè pou nonm sa a ki touye bèt la ki t'ap manje bèt nou yo?

[17] Yo tout te rasanble pou konsakre yon jou nan ane a pou li, e yo te rele non jou sa a Zefo daprè non li, yo te pote ba li ofrann bwason chak ane nan jou sa a, yo te pote ba li kado.

[18] Nan epòk sa a, Jania, pitit fi Uzu, madanm wa Angeas lan, te vin malad, e maladi li a te vin twòp pou Angeas ak ofisye l yo. Angeas te mande saj li yo: Kisa pou mwen fè pou Jania, kouman mwen ka geri l de maladi l? Saj li yo te di l:-Se paske lè peyi nou an pa menm jan ak lè peyi Kittim, e dlo nou an pa menm jan ak dlo pa yo, se poutèt sa larenn lan vin malad.

[19] Akoz chanjman nan lè a ak dlo a li vin malad, e tou paske nan peyi l, li te sèlman bwè dlo ki soti Purmah, ke zansèt li yo te monte ak pon.

[20] Angeas te bay lòd a sèvitè l yo, e yo te pote ba li nan veso dlo Purmah ki te soti Kittim, e yo te peze dlo sa yo ak tout dlo tè Lafrik la, yo te jwenn dlo sa yo pi lejè pase dlo Lafrik la.

[21] Angeas te wè bagay sa a, li te bay lòd pou tout ofisye l yo rasanble koupè wòch pa milye ak dizèn de milye, e yo te koupe wòch san konte, batisè yo te vini, yo te konstwi yon pon ekstrèmman solid, e yo te dirije sous dlo a soti nan tè Kittim rive Lafrik, e dlo sa yo te pou Jania larenn lan ak pou tout bezwen li, pou bwè, pou fè pen, lave, ak benyen avèk yo, e tou pou wouze avèk yo tout grenn kote manje ka soti, ak tout fwi tè a.

[22] Wa a te bay lòd pou yo te pote tè Kittim nan gwo bato, e yo te pote tou wòch pou konstwi avèk yo, e enjenyè yo te bati plizyè palè pou Jania larenn lan, e larenn lan te geri de maladi li.

[23] Nan revolisyon ane a, twoup Lafrik la te kontinye ap vini nan peyi Kittim pou piye tankou dabitid. Men, Zefo, pitit gason Elifaz la, te tande rapò yo, li te bay lòd konsènan yo, li te goumen ak yo, twoup Lafrik la te kouri devan l, li te delivre peyi Kittim anba men yo.

[24] Timoun Kittim yo te wè valè kouraj Zefo, pitit Kittim yo te konkli, pou yo te fè Zefo wa sou yo, se konsa li te vin wa sou yo vre. Pandan li t'ap gouvènen, yo te ale soumèt pitit Tubal yo, ak tout zile ki te ozozalantou yo.

[25] Zefo, wa yo te ale alatèt yo, e yo te fè lagè ak Tubal ak zile yo, e yo te soumèt yo, lè yo te retounen soti nan batay la yo te renouvle gouvènman l pou li, yo te bati pou li yon palè ki te gwo pou abitasyon wayal li ak chèz li, yo te fè yon gwo twòn pou li, Zefo te gouvènen sou tout tè Kittim ak sou tè Itali pandan senkant ane.

62- Lanmò Pitit Gason Jakòb Yo

(Egzòd 1:1-6)

[1] Nan ane sa a, ki te swasanndiznevyèm (79) ane depi pèp Izrayèl la te desann nan peyi Lejip, Riben, pitit gason Jakòb la te mouri nan peyi Lejip; Riben te gen sanvensenkan (125) lè li te mouri, e yo te mete l nan yon sèkèy, e yo te bay pitit li yo kò an.

[2] Nan katrevenzyèm (80) ane a, frè li Dan te mouri; li te gen sanven tan (120) lè l te mouri, e yo te mete l tou nan yon sèkèy e yo te bay pitit li yo kò an.

[3] Nan menm ane sa a, Koucham, wa Edòm la te mouri, e Adad, pitit gason Bedad, te gouvènen aprè li pandan trann-senk ane; e nan katrevenyenyèm (81) ane a, Izaka, pitit gason Jakòb la mouri nan peyi Lejip, Izaka te gen sanvenndezan (122) lè l te mouri, yo te mete l nan yon sèkèy nan peyi Lejip e yo te bay pitit li yo kò an.

[4] Nan katrevendezyèm (82) ane a, frè li Asè te mouri; li te gen sanvenn twazan (123) lè l te mouri, yo te plase l nan yon sèkèy nan peyi Lejip, yo te bay pitit li yo kò wan.

[5] Nan katreventwazyèm (83) ane a, Gad te mouri; li te gen sanvennsenkan (125) lè l te mouri, yo te mete l nan yon sèkèy nan peyi Lejip, yo te bay pitit li yo kò an.

[6] Sa rive nan katrevenkatriyèm (84) ane a, sa vle di senkantyèm ane rèy Adad, pitit gason Bedad, wa Edòm, kote ke Adad te rasanble tout pitit Ezaou yo, li te prepare tout lame l, anviwon katsan mil (400,000) gason, li te pran direksyon peyi Mowab, e li te ale goumen ak Mowab pou l te fè yo retounen tribitè pou li.

[7] Pitit Mowab yo te tande bagay sa a, yo te pè anpil, e yo te voye chache pitit Madyan yo, pou yo te vin ede yo goumen ak Adad, pitit gason Bedad, wa Edòm.

[8] Adad te rive nan peyi Mowab la, e Mowab ak pitit Madyan yo te soti pou rankontre l, Madyanit yo te mete tèt yo an fòmasyon batay kont li nan jaden Mowab la.

[9] Adad te goumen ak Mowab, te gen anpil moun nan pitit Mowab ak pitit Madyan yo ki te mouri, anviwon desan mil gason (200,000).

[10] Batay la te di anpil pou Mowab, lè pitit Mowab yo te wè ke batay la te di pou yo, yo te febli, yo te vire do yo, yo te kite pitit Madyanit yo, pou yo te kontinye batay la.

[11] Pitit Madyanit yo pa t konnen entansyon Mowab yo, men yo te ranfòse tèt yo nan batay la, yo te goumen avèk Adad e ak tout lame l, tout Madyanit yo te tonbe devan li.

[12] Adad te frape tout Madyanit yo ak yon gwo kou, e li te touye yo ak kwen epe l; Li pa t kite okenn sivivan nan moun ki te vin ede Mowab.

[13] Lè tout pitit Madyanit yo te peri nan batay la, pitit Mowab yo te chape, Adad fè tout Mowabit yo retounen tribitè pou li nan epòk sa a, yo te tonbe anba men li, e yo te bay yon taks chak ane jan sa te òdone, e Adad te retounen li te ale nan peyi l.

[14] Nan chanjman ane a, lè rès pèp Madyanit yo, ki te nan peyi a tande ke tout frè yo te tonbe nan batay ak Adad pou kòz Mowab, paske pitit Mowab yo te vire do ba yo nan batay la, e kite Madyanit

goumen sèl, senk nan chèf Madyanit yo ansanm ak rès frè yo ki te rete nan peyi a, yo te deside goumen ak Mowab pou yo te tire revanj pou frè yo.

[15] Pitit Madyanit yo te voye chache tout frè yo pitit lès yo, ak tout lòt frè yo; ki se tout pitit Ketoura yo te vini, pou yo te vin ede Madyanit goumen ak Mowab.

[16] Pitit Mowab yo te tande bagay sa a, yo te pè anpil paske tout pitit lès yo te rasanble ansanm kont yo pou batay. Pitit Mowab yo voye yon lèt nan peyi Edòm bay Adad, pitit gason Bedad, ki te di l:

[17] "Vin jwenn nou kounyeya, ede nou, e nou pral frape Madyanit yo, paske yo tout rasanble ansanm e vin kont nou ak tout frè yo, pitit lès yo, pou yo batay, pou yo tire revanj pou kòz Madyanit [frè yo] ki te tonbe nan batay."

[18] Adad, pitit gason Bedad, wa Edòm, te soti ak tout lame l, e ale nan peyi Mowab pou yo goumen ak Madyanit yo, e Madyanit yo ak pitit lès yo te goumen ak Mowab nan jaden Mowab, batay la te sovaj anpil ant yo.

[19] Adad te frape tout pitit Madyanit yo, ak pitit lès yo ak pwent epe li, nan moman sa a Adad te delivre mowab anba men Madyanit, e sa ki te rete nan Madyanit yo, ak pitit lès yo te kouri devan Adad e ak lame l, Adad te pouswiv yo jiska peyi yo, e frape yo ak yon gwo masak, moun ki te mouri yo te tonbe sou wout la.

[20] Adad te delivre mowab anba men Madyanit yo, paske tout pitit Madyan yo te frape anba nepe l, aprè sa Adad te vire tounen nan peyi l.

[21] Depi jou sa a, pitit Madyanit te rayi pitit Mowab yo, paske yo te tonbe nan batay la pou kòz yo, te gen yon gwo ènmi pwisan ant yo pandan tout jou yo.

[22] Tout rès Madyanit ke yo te jwenn sou wout peyi Mowab la, yo te peri anba epe Mowabit yo, tout rès Mowabit ke yo te jwenn sou wout peyi Madyanit yo, te peri anba epe Madyanit yo; se konsa Madyanit te fè ak Mowab e Mowab ak Madyanit pou anpil tan.

[23] Sa te rive nan epòk sa a ke Jida, pitit gason Jakòb la, te mouri nan peyi Lejip, nan katrevensizyèm (86) ane depi Jakòb te desann nan peyi Lejip la, Jida te gen sanvent nèf ane (129) lè l te mouri, yo te anbonmen l e mete l nan yon sèkèy, yo te bay pitit li yo kò an.

[24] Nan katrevennevyèm (89) ane a, Neftali te mouri; li te gen santranndezan (132), yo te mete l nan yon sèkèy, yo te bay pitit li yo kò an.

[25] Sa te rive nan katrevenonzyèm (91) ane depi Izrayelit yo te desann nan peyi Lejip, sa vle di nan trantyèm ane rèy Zefo, pitit Elifaz, pitit Ezaou, sou pitit Kittim yo. Pitit Lafrik yo te vin sou pitit Kittim yo, pou yo te piye yo jan yo te abitye fè an, men yo pa t vini avan sa a sou yo pou trèzan sa yo.

[26] Men, aprè trèzan yo te rive sou yo nan ane sa a, Zefo, pitit Elifaz la, te soti al rankontre yo ak kèk nan mesye l yo e li te frape yo ak anpil fòs, twoup Afrik yo te kouri devan Zefo, moun ki te mouri yo te tonbe devan li, Zefo ak sòlda l yo te pouswiv yo, e li te kontinye ap frape yo jiskaske yo te rive toupre Afrik.

[27] Angeas, wa Afrik la, te tande sa Zefo te fè, sa te fè l fè anpil kòlè, e Angeas te pè Zefo tout jou yo.

63- Lagè Women-Afriken

[1] Nan katreventrezyèm (93) ane a, Levi, pitit gason Jakòb la, te mouri nan peyi Lejip, Levi te gen santrannsèt (137) ane lè l te mouri, yo te mete l nan yon sèkèy, yo te remèt li nan men pitit li yo.

[2] Aprè lanmò Levi, lè tout peyi Lejip te wè tout pitit gason Jakòb yo, frè Jozèf yo, te mouri, tout Ejipsyen yo te kòmanse ap maltrete pitit Jakòb yo, e agrave lavi yo depi jou sa a jiskaske yo te kite peyi Lejip, yo te pran nan men yo tout jaden rezen ak tè ke Jozèf te ba yo, ak tout bèl kay kote pèp Izrayèl la te viv, ak tout kote gra nan peyi Lejip la, Lejipsyen yo te pran tout nan men pitit Jakòb yo nan jou sa yo.

[3] Lamen tout peyi Lejip la te vin pi di nan jou sa yo kont pitit Izrayèl yo, Lejipsyen yo te andomaje Izrayelit yo jiskaske pitit Izrayèl yo te fatige ak lavi yo akoz Lejipsyen yo.

[4] Nan jou sa yo, nan sandezyèm ane (102) depi Izrayèl te desann nan peyi Lejip, Farawon wa peyi Lejip la te vin mouri, e Melol pitit gason l te pran rèy nan plas li, tout gason vanyan peyi Lejip yo ak tout jenerasyon sa ki te konnen Jozèf ak frè l yo te mouri nan jou sa yo.

[5] Kounyeya yon lòt jenerasyon te leve nan plas yo, ki pat konnen pitit gason Jakòb yo ak tout byen yo te fè pou yo, ak tout fòs yo nan peyi Lejip.

[6] Se poutèt sa, depi jou sa a, tout peyi Lejip la te kòmanse amèrize lavi pitit Jakòb yo, e maltrete yo ak tout kalite travay di, paske yo pat konnen zansèt Ebre yo ki te delivre yo nan jou grangou a.

[7] Men, sa te soti nan SENYÈ a tou, pou pitit Izrayèl yo, pou sa te benefisye yo nan dènye jou yo, pou tout pitit Izrayèl yo ta ka konnen SENYÈ BonDye yo a.

[8] Epi pou yo te ka konnen siy ak gwo mirak ke SENYÈ a t'ap fè nan peyi Lejip pou Izrayèl pèp Li a, pou pitit Izrayèl yo te ka gen krentif pou SENYÈ BonDye zansèt yo, e mache nan tout chemen Li yo, yo menm ak pitit yo aprè yo, tout jou yo.

[9] Melol te gen ven tan lè l te kòmanse gouvène, li te gouvène katrevenkatòz (94) ane, tout peyi Lejip te rele l Farawon daprè non papa l, jan sa te ye kòm abitid pou yo, pou yo te fè pou chak wa ki te gouvène sou yo nan peyi Lejip.

[10] Nan tan sa a, tout twoup Angeas wa Lafrik la te soti pou gaye nan peyi Kittim kòm dabitid pou piye.

[11] Zefo, pitit Elifaz, pitit Ezaou, te tande rapò yo, li te soti al kontre yo ak lame l, li te goumen ak yo la nan wout la.

[12] Zefo te frape twoup wa Lafrik la ak nepe file li a, li pa t kite okenn nan yo rete, pa t gen yon menm ki te retounen kot mèt li nan Lafrik.

[13] Angeas te tande sa Zefo, pitit Elifaz la te fè ak tout twoup li yo, ke l te detwi yo, Angeas rasanble tout [rès] twoup li yo, tout gason peyi Lafrik, yon pèp ki te anpil tankou sab bò lanmè.

[14] Epi Angeas te voye kote Lucus frè l la, li di l:-Vin jwenn mwen ak tout gason ou yo, ede m frape Zefo ak tout pitit Kittim yo ki detwi mesye m yo. Lucus te vini ak tout lame l, yon fòs ki te gran anpil, pou l t'al ede Angeas frè l la goumen ak Zefo e ak pitit Kittim yo.

[15] Zefo ak pitit Kittim yo te tande bagay sa a, yo te pè anpil e yon gwo laperèz te antre nan kè yo.

[16] Zefo tou voye yon lèt nan peyi Edòm bay Adad, pitit gason Bedad wa Edòm nan, ak tout pitit Ezaou yo, li di yo:

[17] Mwen tande Angeas wa Lafrik la ap vini sou nou ak frè l pou batay kont nou, nou pè l anpil, paske lame li a gran depase, sitou paske l ap vini sou nou ak frè li a, e frè l ap vini ak lame pa l tou.

[18] Kounyeya, vin monte avèk mwen tou, vin ede m, nou pral goumen ansanm kont Angeas ak frè l Lucus, wa pral sove nou anba men yo, men si se pa sa, konnen nou tout pral mouri.

[19] Epi pitit Ezaou yo te voye yon lèt bay pitit Kittim yo ak Zefo wa yo. Yo di l:-Nou p'ap kapab goumen kont Angeas ak pèp li a paske yon alyans lapè te genyen ant nou depi anpil ane, depi jou Bela premye wa a, e depi jou Jozèf, pitit gason Jakòb lan, wa peyi Lejip la, ak ki nou te goumen lòt bò larivyè Jouden an lè l t'ap antere papa l la.

[20] Lè Zefo te tande pawòl frè l yo, pitit Ezaou yo, li te rete lwen yo, Zefo te pè Angeas anpil.

[21] Angeas ak frè l Lucus pozisyone tout fòs yo, apeprè wit san (800,000) mil gason, kont pitit Kittim yo.

[22] Tout pitit Kittim yo di Zefo:-Priye pou nou bay BonDye zansèt ou yo, petèt Li ka delivre nou anba men Angeas ak lame li a, paske nou tande li se yon Gran BonDye e Li delivre tout moun ki met konfyans nan Li.

[23] Zefo tande pawòl yo, epi Zefo chache SENYÈ a, e li di.

[24] O SENYÈ BonDye Abraram ak Izarak zansèt mwen yo, jodi a mwen konnen Ou se yon vrè BonDye, e tout dye nasyon yo pa vo anyen, yo san itilite.

[25] Sonje jodi a pou mwen alyans Ou ak Abraram papa nou, ke zansèt nou yo te rakonte nou, aji avè m jodi a ak favè pou Abraram ak Izarak zansèt nou yo, sove mwen ak pitit Kittim yo anba men wa Lafrik la ki ap vini kont nou pou batay.

[26] SENYÈ a koute vwa Zefo, Li te gen konsiderasyon pou li akoz Abraram ak Izarak, SENYÈ a delivre Zefo ak pitit Kittim yo anba men Angeas ak pèp li a.

[27] Zefo goumen kont Angeas wa Lafrik la ak tout pèp li a nan jou sa a, SENYÈ a te bay tout pèp Angeas yo nan men pitit Kittim yo.

[28] Batay la te vin difisil pou Angeas, Zefo frape tout gason Angeas yo ak Lucus frè l la ak nepe file li, apeprè kat san mil (400,000) gason ki te tonbe anba men Zefo pou rive jiska aswè jou sa a.

[29] Lè Angeas wè tout gason l yo fini, li voye yon lèt bay tout abitan Lafrik pou vin jwenn li, pou ede l nan batay la, li ekri nan lèt la, li di:-Tout moun ki nan Lafrik, depi dizan monte, vin jwenn mwen; si yon moun pa vini, li pral mouri, tout sa l genyen, ak tout fanmi l, wa a pral pran yo.

[30] Epi tout rès abitan Lafrik yo te pè ak pawòl Angeas, apeprè twa san mil (300,000) mesye ak jèn ti gason, depi dizan monte, soti nan vil la, yo t'ale jwenn Angeas.

[31] Nan fen dis jou, Angeas renouvle batay la kont Zefo ak pitit Kittim yo, batay la te trè gran e fò ant yo.

[32] Nan lame Angeas ak Lucus la, Zefo te blese anpil moun anba nepe, apeprè de mil (2,000) gason, e Sosiphtar, kaptenn lame Angeas la, te tonbe nan batay sa.

[33] Lè Sosiphtar te tonbe, twoup Afriken yo te vire do yo, e pran kouri, Angeas ak Lucus, frè l la, te avèk yo.

[34] Zefo ak pitit Kittim yo pouswiv yo, yo te frape yo fò anpil sou wout la, apeprè de san (200) gason, yo te pouswiv Azdrubal, pitit gason Angeas la ki te kouri ak papa l, yo te frape ven nan mesye l yo sou wout la, Azdrubal te chape soti anba men pitit Kittim yo, ki vin fè yo pa t touye l.

[35] Angeas ak Lucus, frè l la, te sove ak rès mesye l yo, yo te chape e antre nan Lafrik ak terè, e ak anpil kè sote. Angeas te pè tout tan l, pou Zefo, pitit gason Elifaz la, pa t vin fè lagè ak li ankò.

64- Lagè Women-Lejipsyen

[1] Balaram, pitit Beyò a, te avèk Angeas nan batay la nan epòk sa a, lè l te wè Zefo te genyen sou Angeas, li kouri kite l, li ale Kittim.

[2] Zefo ak pitit Kittim yo te resevwa l ak anpil onè, paske Zefo te konnen sajès Balaram, Zefo bay Balaram anpil kado, li te rete avè l.

[3] Lè Zefo retounen soti nan lagè, li bay lòd pou yo konte tout pitit Kittim yo ki te ale nan batay avèk li, lè l gade, youn pa t manke.

[4] Zefo te kontan pou bagay sa a, li te renouvle wayòm li, e li te fè yon fèt pou tout sijè l yo.

[5] Men, Zefo pa t sonje SENYÈ a, e li pa t konsidere ke SENYÈ a te ede l nan batay la, e ke SENYÈ a te delivre li menm ak pèp li anba men wa Lafrik la, men l te kontinye ap mache nan chemen pitit Kittim yo ak move chemen pitit Ezaou yo, pou l te sèvi lòt dye ke frè li yo, pitit Ezaou yo, te aprann li; se poutèt sa yo di: 'Se nan mechan an, mechanste soti!'

[6] Zefo te gouvènen sou tout pitit Kittim yo san danje, men li pa t konnen SENYÈ a ki te delivre li menm ak tout pèp li anba men wa Lafrik la; e twoup Lafrik yo pa t retounen ankò nan Kittim pou piye kòm dabitid, paske yo te konnen pouvwa Zefo ki te bat yo tout ak nepe file l, konsa Angeas te pè Zefo, pitit Elifaz la, ak pitit Kittim yo tout jou sa yo.

[7] Nan epòk sa a, lè Zefo te retounen soti nan lagè, Zefo te wè kijan li te genyen sou tout pèp Lafrik la, jan l te bat yo nan batay ak nepe li, lè sa a Zefo konsilte ak pitit Kittim yo, pou y'ale nan peyi Lejip pou yo te ka al goumen ak pitit Jakòb yo e ak Farawon, wa peyi Lejip la.

[8] Paske Zefo te tande ke gason vanyan peyi Lejip yo te mouri e ke Jozèf ak frè l yo, pitit Jakòb yo, te mouri, e ke tout pitit yo, pitit pitit Izrayèl yo, te rete nan peyi Lejip.

[9] Zefo te konsidere pou l te ale goumen kont yo ak tout peyi Lejip, pou l te vanje kòz frè l yo, pitit Ezaou yo, ke Jozèf ak frè li yo ak tout peyi Lejip te bat nan peyi Kanaran, lè yo te monte pou antere Jakòb nan Ebwon.

[10] Zefo voye mesajè kote Adad, pitit Bedad, wa Edòm nan, ak tout frè l yo, pitit Ezaou yo, li di yo:

[11] Èske nou pa t di ke nou pa t'ap goumen kont wa Lafrik la paske l se yon manm nan alyans nou an? Gade! Mwen te goumen avè l, mwen te bat li menm ak tout pèp li.

[12] Kounyeya, mwen deside goumen kont peyi Lejip ak pitit Jakòb ki la, mwen pral tire revanj sou yo pou sa Jozèf, frè l yo ak zansèt yo te fè nou nan peyi Kanaran lè yo te monte antere papa yo nan Ebwon.

[13] Kounyeya, si nou vle vin jwenn mwen pou ede m goumen kont yo ak peyi Lejip, lè sa a, nou pral vanje kòz frè nou yo.

[14] Epi pitit Ezaou yo te koute pawòl Zefo, yo te rasanble ansanm, yon pèp ki te anpil, yo te ale pou ede Zefo ak pitit Kittim yo nan batay.

[15] Zefo te voye kote tout pitit lès yo ak tout pitit Izmayèl yo ak menm pawòl lan, yo te rasanble e vin ede Zefo ak pitit Kittim yo nan lagè sou peyi Lejip.

[16] Tout wa sa yo, wa Edòm nan ak pitit lès yo, ak tout pitit Izmayèl yo, ak Zefo wa Kittim yo, soti epi yo òganize tout lame yo nan Ebwon.

[17] Kan an te lou anpil, li te lonje sou yon distans twa jou vwayaj, yon pèp ki te anpil tankou sab sou bò lanmè ki pa t ka konte.

[18] Epi tout wa sa yo ak lame yo desann e vini kont tout peyi Lejip nan batay la, yo te kanpe ansanm nan vale Patwòs.

[19] Tout peyi Lejip la te tande rapò yo, e yo menm tou yo te rasanble ansanm. Tout pèp peyi Lejip la, ak tout vil ki te fè pati Lejip, apeprè twa san mil (300,000) gason.

[20] Mesye Lejip yo te voye kote pitit Izrayèl yo, nan jou sa yo ki te nan peyi Gochenn, pou yo te vini kote yo pou yo t'ale goumen ak wa sa yo.

[21] Epi mesye Izrayèl yo te rasanble, yo te apeprè san senkant (150) gason, yo te ale nan batay la pou yo t'al ede Lejipsyen yo.

[22] Mesye Izrayèl yo ak mesye Lejip yo soti, apeprè twa san mil gason (300,00) ak san senkant (150) gason Izrayelit, yo te ale kont wa sa yo nan batay, yo te plase tèt yo deyò peyi Gochenn anfas Patwòs.

[23] Men, Lejipsyen yo pa t fè konfyans a Izrayelit yo; Pou Izrayelit yo te ale avèk yo nan kan yo ansanm pou yo te batay, paske tout Lejipsyen yo te di:-Petèt pitit Izrayèl yo ka lage nou nan men pitit Ezaou ak Izmayèl yo, paske yo se frè yo.

[24] Tout Lejipsyen yo di pitit Izrayèl yo:-Rete isit la ansanm nan pozisyon nou e nou pral ale goumen kont pitit Ezaou ak Izmayèl yo, si wa sa yo ta ap triyonfe sou nou, lè sa a, vin sou yo e ede nou. Pitit Izrayèl yo te fè sa.

[25] Zefo, pitit Elifaz, pitit Ezaou, wa Kittim, ak Adad, pitit Bedad, wa Edòm, ak tout kan yo, ak tout pitit lès yo, ak pitit Izmayèl yo, yon pèp ki te anpil tankou sab bò lanmè, kanpe ansanm nan vale Patwòs anfas Tapanès.

[26] Balaram, pitit Beyò, Siryen an, te la nan kan Zefo a, paske l te vini ak pitit Kittim yo nan batay la, Balaram te yon nonm ki te gen anpil onè nan je Zefo ak mesye l yo.

[27] Zefo di Balaram: Eseye divinasyon pou nou, pou nou ka konnen kiyès ki pral genyen nan batay la, nou menm oswa Lejipsyen yo.

[28] Balaram leve epi l eseye atizay divinasyon l, li te abil nan konesans bagay sa, men li te konfonn e travay la te kraze nan men l.

[29] Li te eseye ankò men li pa t reyisi, epi Balaram te dekouraje, li kite sa san fini l, paske sa te soti nan men SENYÈ a, pou Li te fè Zefo ak pèp li yo tonbe anba men pitit Izrayèl yo, ki te mete konfyans yo nan SENYÈ a, BonDye zansèt yo, nan lagè yo.

[30] Zefo ak Adad mete fòs yo an òd batay, tout Lejipsyen yo te ale poukont yo anfas yo, apeprè twa san mil (300,00) gason, e pa t gen yon gren gason Izrayèl la avèk yo.

[31] Tout Lejipsyen yo te goumen ak wa sa yo anfas Patwòs ak Tapanès, batay la te grav pou Lejipsyen yo.

[32] Wa yo te pi fò pase Lejipsyen yo nan batay sa a, apeprè san katreven (180) gason Lejipsyen tonbe nan jou sa a, men te gen apeprè trant gason nan fòs wa yo ki te tonbe. Tout gason Lejip yo te kouri devan wa yo, konsa pitit Ezaou ak Izmayèl yo te pouswiv Lejipsyen yo, yo te kontinye frape yo jiskaske yo rive kote kan pitit Izrayèl yo te ye an.

[33] Tout Lejipsyen yo rele pitit Izrayèl yo, yo di:-Prese vit! Vin ede nou e sove nou anba men Ezaou, Izmayèl ak pitit Kittim yo.

[34] Epi san senkant (150) gason pami pitit Izrayèl yo kouri soti nan pozisyon yo, pou y'ale nan kan wa sa yo, pitit Izrayèl yo rele SENYÈ BonDye yo a, Pou l delivre yo.

[35] SENYÈ a koute pitit Izrayèl yo, Li te bay tout sòlda wa yo nan men pitit Izrayèl yo. Pitit Izrayèl yo te goumen kont wa sa yo, e yo frape apeprè kat mil (4,000) mesye nan mesye wa yo.

[36] SENYÈ a mete yon gwo panik nan kan wa yo, konsa ke laperèz pitit Izrayèl yo te tonbe sou yo.

[37] Tout lame wa yo te kouri kite devan pitit Izrayèl yo, pitit Izrayèl yo te pouswiv yo, e yo te kontinye ap frape yo jiskaske yo te rive nan fwontyè peyi Kouch.

[38] Pitit Izrayèl yo touye nan wout la ankò de mil (2,000) gason, e nan pitit Izrayèl yo, menm yon sèl pa t tonbe.

[39] Lè Lejipsyen yo te wè kouman pitit Izrayèl yo te goumen ak kèk gason kont wa sa yo, e ke batay la te trè grav kont wa sa yo,

[40] Tout Lejipsyen yo te pè anpil pou lavi yo akoz batay la ki te fò anpil, tout peyi Lejip la te kouri, chak moun t'al kache tèt yo pou lame ki te ranje kont yo a. Yo te kache tèt yo nan wout la, yo kite Izrayelit yo goumen.

[41] Pitit Izrayèl yo bay gason wa yo yon gwo kal, yo te retounen aprè yo te pouswiv yo ale nan fwontyè peyi Kouch la.

[42] Tout Izrayelit yo te konnen sa gason Lejip yo te fè yo, ke yo te kouri kite yo nan batay la, e te kite yo goumen poukont yo.

[43] Konsa, pitit Izrayèl yo tou aji ak riz, pandan pitit Izrayèl yo t'ap retounen soti nan batay la, yo jwenn kèk nan Lejipsyen yo nan wout la, yo frape yo la.

[44] Pandan y'ap touye yo, yo t'ap di yo pawòl sa yo:

[45] Poukisa nou menm Ejipsyen nou te kite nou, n'ale. Epi nou menm [Izrayèlit] yon ti ponyen pèp, nou te al goumen kont wa sa yo ki te gen yon gwo pèp pou frape nou menm Izrayèl, pou nou menm Lejipsyen te ka sove pwòp nanm nou?

[46] Pami moun sa yo ke Izrayelit yo te rankontre sou wout la, pitit Izrayèl yo pale youn ak lòt, yo di, "Frape, frape, paske li se yon Izmayelit, oswa yon Edòmit, oswa li soti nan pitit Kittim yo," epi yo kanpe sou li e touye l, men yo te konnen ke li te yon Lejipsyen.

[47] Pitit Izrayèl yo te fè bagay sa yo ak riz kont Lejipsyen yo, paske yo te abandone yo nan batay e te kouri kite yo.

[48] Pitit Izrayèl yo te touye apeprè de san (200) gason Lejipsyen yo sou wout la nan fason sa a.

[49] Tout gason Lejip yo te wè sa ki mal ke pitit Izrayèl yo te fè yo, se konsa tout Lejip te gen yon gwo pè pou pitit Izrayèl yo, paske yo te wè gwo pouvwa yo, e ke pa menm yon sèl nan yo te tonbe. [50] Se konsa tout pitit Izrayèl yo te retounen ak kè kontan sou wout yo pou t'ale Gochenn, e rès Lejipsyen yo te retounen, chak moun nan plas yo.

65- Izrayelit Yo Redwi An Esklavaj

(Egzòd 1:7-22)

[1] Aprè bagay sa yo, tout konseye Farawon, wa peyi Lejip la, ak tout ansyen peyi Lejip yo rasanble e yo vini devan wa a, yo enkline yo atè, yo chita devan li.

[2] Konseye ak ansyen yo nan peyi Lejip la pale ak wa a, yo di l:

[3] Gade, pitit pèp Izrayèl yo pi gran e pi pwisan pase nou, ou konnen tout mal yo te fè nou sou wout la lè nou t'ap retounen soti nan batay.

[4] Ou te wè tout fòs pwisan yo, fòs sa a soti nan zansèt yo, paske sèlman kèk gason ki te kanpe kont yon pèp ki te anpil tankou sab bò lanmè, yo te frape yo ak nepe file yo a. Epi de yo menm, pa t gen youn ladan yo ki te tonbe, konsa tou si yo te anpil yo ta pral detwi yo nèt.

[5] Kounyeya, ban nou konsèy sou sa pou nou fè ak yo, jouk nou detwi yo ti kras pa ti kras pami nou, pou yo pa vin twò anpil pou nou nan peyi a.

[6] Paske si pou pitit Izrayèl yo ta ogmante nan peyi a, yo pral vin yon obstak pou nou, si ta gen lagè ki rive, yo ak gwo fòs yo pral ini ak lènmi n kont nou, e yo pral goumen kont nou, y'ap detwi n nan peyi a, e y'a pral fè wout yo.

[7] Konsa, wa a reponn ansyen yo nan peyi Lejip la, li di yo:- Men plan kont Izrayèl, nou p'ap domi sou plan sa a.

[8] Gade, nan peyi a gen Piton ak Ranmsès, vil ki pa pwoteje kont batay, se pou ou menm ak pèp nou bati yo, e fòtifye yo.

[9] Kounyeya, ale ou menm tou e aji ak riz pou yo, fè yon apèl nan peyi Lejip ak nan Gochenn sou lòd wa a, e di:

[10] Tout gason peyi Lejip, Gochenn, Patwòs ak tout abitan yo! Wa a te bay lòd pou nou bati Piton ak Ranmsès, e pou nou fòtifye yo pou batay; ki moun pami nou tout nan peyi Lejip, nan pitit Izrayèl ak nan tout abitan vil yo, ki vle bati avèk nou, chak moun ap resevwa salè chak jou sou lòd wa a. Konsa, ale ou menm an premye e aji ak riz, rasanble tèt nou, vini nan Piton ak Ranmsès pou ou bati.

[11] Pandan nou ap konstwi, fè yon apèl konsa nan tout peyi Lejip chak jou sou lòd wa a.

[12] Lè kèk nan pitit Izrayèl yo vin bati avèk ou, w'ap ba yo salè yo chak jou, pou kèk jou.

[13] Aprè yo fin bati avèk ou pou salè chak jou yo, retire kò n ti kras pa ti kras, chak jou an sekrè. Aprè sa, w'a pral leve e vin Chèf kòve yo ak ofisye yo, epi ou pral kite yo, pou yo bati san peye yo, si yo refize, lè sa fòse yo ak tout fòs ou, pou yo bati.

[14] Si ou fè sa, li pral byen pou nou, pou n ranfòse peyi n kont pitit Izrayèl yo, paske akòz fatig konstwi ak travay la, pitit Izrayèl yo pral diminye, paske ou pral prive yo de madanm yo chak jou.

[15] Tout ansyen peyi Lejip yo te koute konsèy wa a, e konsèy la te sanble bon nan je yo ak nan je sèvitè Farawon an, ak nan je tout peyi Lejip la, e yo te fè selon pawòl wa a.

[16] Tout sèvitè yo soti kote wa a, yo te fè yon deklarasyon nan tout peyi Lejip, nan Tapanès nan Gochenn, ak nan tout vil ki te antoure peyi Lejip, yo di:

[17] Nou te wè kisa pitit Ezaou ak Izmayèl te fè nou, ki te vin goumen kont nou e ki te vle detwi nou.

[18] Kounyeya, se poutèt sa wa te bay lòd pou n ranfòse peyi a, pou n bati vil yo, Piton ak Ranmsès, e pou n fòtifye yo pou batay, pou si yo ta vin retounen kont nou ankò.

[19] Nenpòt moun pami nou, soti nan tout peyi Lejip ak nan pitit Izrayèl, ki pral vini bati avèk nou, li pral resevwa salè l chak jou ki pral soti nan men wa a, jan lòd li ban nou an.

[20] Lè peyi Lejip ak tout pitit Izrayèl yo te tande tout sa sèvitè Farawon an te di a, te gen moun peyi Lejip ak pitit Izrayèl yo ki te vini bati ak sèvitè Farawon yo, Piton ak Ranmsès, men okenn nan pitit Levi yo pa t vini ak frè yo pou bati.

[21] Tout sèvitè Farawon an ak prens li yo te vini an premye ak twonpri, pou yo te bati ak tout Izrayèl kòm travayè chak jou, yo te bay Izrayèl salè yo chak jou nan kòmansman an.

[22] Sèvitè Farawon yo te bati ak tout Izrayèl, yo te anplwaye nan travay sa ak Izrayèl pandan yon mwa.

[23] Nan fen mwa, tout sèvitè Farawon yo te kòmanse retire tèt yo an kachèt pami pèp Izrayèl la chak jou.

[24] Izrayelit yo te kontinye ak travay la nan tan sa a, men yo te resevwa salè yo chak jou, paske kèk nan moun peyi Lejip yo te kontinye ap fè travay la ansanm ak pèp Izrayèl la nan tan sa a; Se poutèt sa, chèf moun peyi Lejip yo te bay pèp Izrayèl salè yo nan jou sa yo, akòz moun peyi Lejip yo konpayon travay yo, pou yo menm tou te kapab kontinye resevwa kòb pou travay yo tou.

[25] Nan fen yon ane ak kat mwa tout Ejipsyen yo te retire tèt yo nan mitan pitit Izrayèl yo, konsa pitit Izrayèl yo te rete angaje poukont yo nan travay la.

[26] Aprè tout moun peyi Lejip yo te retire tet yo pami pitit Izrayèl yo, yo te retounen e vin oprese ak ofisye sou yo, e kèk nan yo te kanpe sou pitit Izrayèl yo kòm mèt travay, pou te resevwa nan men yo tout sa yo te ba yo pou kòb travay yo.

[27] Moun peyi Lejip yo te fè sa chak jou ak pitit Izrayèl yo, pou te maltrete yo nan travay yo.

[28] Tout pitit Izrayèl yo te angaje poukont yo nan travay la, e moun peyi Lejip yo te sispann bay okenn salè a pitit Izrayèl yo depi lè sa a.

[29] Lè kèk nan pitit Izrayèl yo te refize travay paske yo pa t'ap ba yo kòb, lè sa ekstraktè yo ak sèvitè Farawon an te maltrete yo e te frape yo ak gwo kou, e te fè yo retounen ak fòs, pou travay ak frè yo; konsa tout moun peyi Lejip yo te fè ak pitit Izrayèl yo tout jou yo.

[30] Pitit Izrayèl yo te pè moun peyi Lejip yo anpil sou zafè sa a, tout pitit Izrayèl yo te retounen, yo te travay poukont yo san peye.

[31] Pitit Izrayèl yo te bati Piton ak Ranmsès, tout pitit Izrayèl yo te fè travay la, kèk t'ap fè brik, e kèk t'ap bati, pitit Izrayèl yo te bati e ranfòse tout peyi Lejip la ak miray li yo, pitit Izrayèl yo te angaje nan travay la pandan anpil ane, jouk tan an te rive lè SENYÈ a te sonje yo e te mennen yo soti nan peyi Lejip.

[32] Men, pitit Levi yo pa t anplwaye nan travay la ak frè yo Izrayelit yo, depi nan kòmansman jouk jou yo te soti nan peyi Lejip.

[33] Paske tout pitit Levi yo te konnen ke moun peyi Lejip yo te pale tout pawòl sa yo ak twonpri bay Izrayelit yo, se poutèt sa pitit Levi yo te evite pwoche travay la ak frè yo.

[34] Moun peyi Lejip yo pa t vire atansyon yo pou te fè pitit Levi yo travay aprè sa, piske yo pa t avèk frè yo depi nan kòmansman, se poutèt sa moun peyi Lejip yo te kite yo trankil.

[35] Men, lamen moun peyi Lejip yo te dirije ak severite kontinyèlman kont pitit Izrayèl yo nan travay sa, moun peyi Lejip yo te fè pitit Izrayèl yo travay ak rigè.

[36] Moun peyi Lejip yo te rann lavi pitit Izrayèl yo amè ak travay di, nan mòtye ak brik, epi tou nan tout kalite travay nan jaden.

[37] Pitit Izrayèl yo te rele Melol, wa peyi Lejip la, "Meror, wa peyi Lejip," paske nan jou li yo, moun peyi Lejip yo te rann lavi yo amè ak tout kalite travay.

[38] Tout travay kote moun peyi Lejip yo te fè pitit Izrayèl yo travay, yo te egzije yo ak rigè, pou yo te aflije pitit Izrayèl yo, men plis yo t'ap maltrete yo, se plis yo te ogmante e grandi, moun peyi Lejip yo te gen lapenn poutèt pitit Izrayèl yo.

66- Ti Bebe Bason Izrayelit Yo Mouri

(Egzòd 1)

[1] Nan epòk sa a, Adad, pitit Bedad, wa Edòm nan te mouri, epi Samla soti Masreka, nan peyi pitit lès yo, li te vin wa nan plas li.

[2] Nan trèzyèm ane rèy Farawon wa peyi Lejip la, ki se te san vennsenkyèm (125) ane depi pitit Izrayèl yo te desann nan peyi Lejip, Samla te gen dizwitan depi l t'ap gouvènen sou Edòm.

[3] Lè l te wa, li te rasanble lame l pou l te ale goumen kont Zefo, pitit Elifaz, ak pitit Kittim yo, paske yo te fè lagè kont Angeas, wa Lafrik, e yo te detwi tout lame li.

[4] Men, li pa t goumen ak yo, paske pitit Ezaou yo te anpeche l, yo di l se te frè yo, konsa Samla te koute vwa pitit Ezaou yo, e li te retounen ak tout fòs li nan peyi Edòm, li pa t kontinye pou l te ale goumen kont Zefo, pitit Elifaz.

[5] Farawon, wa peyi Lejip la, te tande bagay sa a, li di: Samla, wa Edòm, te deside pou l goumen kont pitit Kittim yo, aprè sa li pral vin goumen kont peyi Lejip.

[6] Lè Lejipsyen yo te tande zafè sa a, yo te ogmante travay la sou pitit Izrayèl yo, pou evite ke Izrayelit yo ta fè menm bagay la ak yo, jan Izrayelit yo te fè ak yo nan lagè yo ak pitit Ezaou yo nan jou Adad.

[7] Konsa Lejipsyen yo di pitit Izrayèl yo: Prese fè travay nou, fini ak tach nou, ranfòse peyi a, pou pitit Ezaou, frè nou yo, pa vin goumen kont nou, paske se akoz nou yo pral vin kont nou.

[8] Pitit Izrayèl yo te fè travay Lejipsyen yo chak jou, e Lejipsyen yo te fè pitit Izrayèl yo soufri pou diminye yo nan peyi a.

[9] Men, menm jan Ejipsyen yo te ogmante travay la sou pitit Izrayèl yo, konsa pitit Izrayèl yo te ogmante e miltipliye, tout peyi Lejip la te plen ak pitit Izrayèl yo.

[10] Nan san vennsenkyèm (125) ane depi pitit Izrayèl yo te desann nan peyi Lejip, tout Ejipsyen yo te wè ke konsèy yo pa t reyisi kont Izrayèl, men yo t'ap ogmante e grandi, peyi Lejip ak tè Gochenn te plen ak pitit Izrayèl yo.

[11] Se konsa tout ansyen nan peyi Lejip yo ak moun saj yo te vin devan wa a, yo te bese tèt devan l e chita devan l.

[12] Tout ansyen nan peyi Lejip yo ak moun saj yo te di wa: "Ke wa a viv pou tout tan; Ou te konseye nou konsèy kont pitit Izrayèl yo, e nou te fè yo jan wa a te di a.

[13] Men, menm jan nou ogmante travay la, se konsa tou, pèp Izrayèl la ogmante e grandi nan peyi a, menm tout peyi a plen ak yo.

[14] Kounyeya, ou menm wa nou ak mèt nou an, je tout peyi Lejip sou ou pou ba yo konsèy ak sajès ou, pou yo ka triyonfe sou Izrayèl pou detwi yo, oswa pou diminye yo nan peyi a; Wa reponn yo, li di: "Bay konsèy nan zafè sa a pou nou ka konnen kisa pou nou fè ak yo.

[15] Yon ofisye, youn nan konseye wa yo, ki te rele Jòb, ki te soti Mezopotami, nan peyi Ou, te reponn wa a, li di l:

[16] Si sa fè wa a plezi, kite l koute konsèy sèvitè li a; e wa a di l: Pale!

[17] Jòb pale devan wa a, devan prens yo, e devan tout ansyen peyi Lejip yo, li di yo:

[18] Gade, konsèy wa a te bay avan konsènan travay pitit Izrayèl yo te bon anpil, ou pa dwe retire travay sa a sou yo pou toutan.

[19] Men konsèy la, pou w ka diminye yo, si sa sanble bon pou wa a, pou fè yo soufri.

[20] Gade, nou te pè lagè depi lontan, nou te di: Lè Izrayèl vin miltipliye nan peyi a, yo pral chase nou soti nan peyi a si yon lagè ta fèt.

[21] Si sa fè wa a plezi, kite yon dekrè wayal soti, epi kite l ekri nan lwa peyi Lejip ki p'ap ka revoke, ke chak timoun gason ki fèt pou Izrayelit yo, san li dwe koule atè.

[22] Lè w fè sa, lè tout timoun gason Izrayèl yo ta mouri, malè lagè yo a pral sispann; Kite wa fè sa epi voye chèche tout fanmchay Ebre yo, epi bay lòd pou yo egzekite sa; bagay sa a te fè wa ak prens yo plezi, wa te fè sa selon pawòl Jòb.

[23] Wa voye rele fanmchay Ebre yo, non youn se te Chefra, e non lòt la se te Pwa.

[24] Fanmchay yo vin devan wa, yo kanpe devan l.

[25] E wa di yo: Lè w fè ofis fanmchay pou fanm Ebre yo, e ou wè yo sou chèz la, si se yon gason, ou dwe touye l, men si se yon ti fi, kite l viv.

[26] Men, si w pa fè sa, mwen pral boule ou menm ak tout kay ou yo ak dife.

[27] Men, fanmchay yo te genyen krentif pou BonDye e yo pa t koute wa peyi Lejip la ni pawòl li, lè fanm Ebre yo te fè pitit devan fanmchay la, gason oswa fi, lè sa a fanmchay la te fè tout sa ki nesesè pou timoun nan e kite l viv; se konsa fanmchay yo te fè tout tan.

[28] Bagay sa a te rapòte bay wa, li te voye rele fanmchay yo e li di yo: Poukisa ou te fè bagay sa a e ou te kite timoun gason yo sove vivan?

[29] Fanmchay yo reponn e pale ansanm devan wa, yo di l:

[30] Pa kite wa panse ke fanm Ebre yo se menm jan ak fanm Lejipsyen yo, paske tout pitit Izrayèl yo fò, anvan fanmchay la rive kote yo, yo deja gentan akouche, kòm pou nou menm sèvant ou yo, depi anpil jou okenn fanm Ebre yo pa t akouche sou nou, paske tout fanm Ebre yo se pwòp fanmchay pa yo, paske yo rapid anpil.

[31] Farawon te tande pawòl yo epi l te kwè nan yo sou zafè sa, e fanmchay yo te ale kite wa, BonDye te byen trete yo, e pèp la te miltipliye e vin anpil anpil.

67- Miryam Fèt

[1] Te gen yon nonm nan peyi Lejip ki soti nan ras Levi, non li se Amram, pitit Keyat, pitit Levi, pitit Izrayèl.

[2] Nonm sa t'ale li pran yon madanm, ki rele Jokebèd pitit fi Levi, sè papa l, Jokebèd te gen san ven sis (126) lane, Amram te vin kouche avèk li.

[3] Fanm lan te vin ansent epi l te fè yon pitit fi, li rele l Miryam, paske nan epòk sa yo, Lejipsyen yo te rann lavi pitit Izrayèl yo amè.

[4] Li vin ansent ankò epi l te vin fè yon pitit gason, li rele l Arawon, paske nan jou konsèpsyon l, Farawon te kòmanse touye pitit gason pèp Izrayèl la.

[5] Nan epòk sa yo, Zefo, pitit Elifaz, pitit Ezaou, wa Kittim lan te mouri, epi Janè te pran plas li kòm wa.

[6] Zefo te gouvènen sou moun Kittim pandan senkant (50) ane, li mouri epi yo antere l nan vil Nabna, nan peyi Kittim.

[7] Epi Janè, youn nan gason vanyan pitit Kittim yo, vin wa aprè l epi l gouvènen pandan senkant (50) ane.

[8] Aprè lanmò wa Kittim nan, Balaram, pitit Beyò a, sove kite peyi Kittim, l'ale li rive nan peyi Lejip, kot Farawon, wa Ejip la.

[9] Farawon akeyi l ak anpil onè, paske l te tande pale de sajès li, li ba l kado epi l fè l konseye l, li fè l vin rich e gran.

[10] Balaram te rete nan peyi Lejip, ak onè pami tout nòb wa, epi nòb yo te leve l wo, paske yo tout te anvi aprann sajès li.

[11] Nan san trantyèm (130) ane depi Izrayèl te desann nan peyi Lejip, Farawon reve li chita sou twòn wayal li, li leve je l epi l wè yon Granmoun ki Gran, men ki kanpe devan l, te gen yon balans nan men Granmoun nan, menm kalite balans ke machann yo itilize a.

[12] Granmoun nan pran balans yo, epi Li pandye yo devan Farawon.

[13] Granmoun nan pran tout ansyen peyi Lejip yo ak tout nòb li yo ak gwo mesye yo, Li mare yo ansanm epi l mete yo nan yon balans.

[14] Li pran yon ti kabrit ki nan lèt epi l mete l nan lòt balans lan, ti kabrit la te peze plis pase tout.

[15] Farawon te etone devan vizyon terib sa a, poukisa ti kabrit la peze plis pase tout, epi Farawon reveye, lè l gade se te yon rèv.

[16] Farawon leve bonè nan maten epi l rele tout sèvitè l yo, li rakonte yo rèv la, mesye yo te pè anpil.

[17] Wa a di tout saj li yo: Tanpri, entèprete rèv mwen fè a pou mwen, pou mwen ka konnen l.

[18] Balaram, pitit Beyò, reponn wa epi l di l: Sa pa vle di lòt bagay pase yon gwo malè ki pral leve kont Lejip nan dènye jou yo.

[19] Paske yon pitit gason pral fèt pou Izrayèl ki pral detwi tout Lejip ak abitan l yo, epi l pral mennen Izrayelit yo soti Lejip ak yon men fò.

[20] Donk, kounyeya, O wa, pran konsèy sou zafè sa a, pou w ka detwi espwa pitit Izrayèl yo ak atant yo, anvan mal sa a leve kont peyi Lejip.

[21] Wa mande Balaram:-Kisa pou n fè ak pèp Izrayèl la? Asireman, nan yon fason nou te konseye kont yo oparavan e nou pa t kapab pote viktwa sou yo.

[22] Kounyeya, bay konsèy tou kont yo pou n ka domine sou yo.

[23] Balaram reponn wa a, li di l: Kounyeya, voye rele de konseye w yo, epi nou va wè ki konsèy yo genyen sou kesyon sa a, aprè sa sèvitè ou a va pale.

[24] Wa voye rele de konseye l yo, Reouyèl moun peyi Madyan ak Jòb moun peyi Ouz la, yo te vin chita devan wa a.

[25] Epi wa di yo, Gade: Nou tou de te tande rèv mwen te fè a, e entèpretasyon l; Kounyeya, bay konsèy epi konnen e wè kisa pou m fè ak pitit Izrayèl yo, pou nou ka triyonfe sou yo, anvan mal yo leve kont nou.

[26] Reouyèl moun peyi Madyan reponn wa epi l di: Ke wa viv, ke wa viv pou tout tan.

[27] Si sa fè wa plezi, kite wa sispann fè Ebre yo mal epi kite yo anrepo, pa lonje men l sou yo.

[28] Paske se yo menm SENYÈ a te chwazi depi lontan, Li te pran yo kòm pòsyon eritaj Li nan mitan tout nasyon sou latè ak wa yo; ki moun ki lonje men l sou yo san pinisyon, ke BonDye yo a pa t tire revanj?

[29] Sètènman ou konnen lè Abraram te desann nan peyi Lejip, Farawon, ansyen wa peyi Lejip la, te wè Sara, madanm li, epi l te pran l pou madanm, paske Abraram te di l:-Li se sè mwen. Poutèt li te pè, pou mesye Lejip yo pa t touye l akoz madanm li.

[30] Lè wa peyi Lejip la te pran Sara, BonDye te frape l ak fanmi l ak gwo pichon, jiskaske l te retounen Sara, madanm Abraram nan men l, lè sa a, li te geri.

[31] Epi Abimelèk, moun peyi Gerar la, wa Filisten yo, BonDye te pini l akoz Sara, madanm Abraram, li te bloke tout vant soti nan moun rive nan bèt.

[32] Lè BonDye yo a, te vin jwenn Abimelèk nan rèv lannwit lan Li te fè l pè pou l te ka retounen Sara bay Abraram, ke l te pran, aprè sa tout moun Gerar te tonbe anba pinisyon akoz Sara, Abraram te priye BonDye l pou yo, Li te tande priyè l, epi l te geri yo.

[33] Abimelèk te pè tout mal sa a ki te vin sou li ak pèp li, epi l te retounen Sara, madanm Abraram nan ba li, aprè sa li te ba l anpil kado.

[34] Li te fè menm bagay la tou pou Izarak lè l te voye l ale soti nan Gerar, BonDye te fè bèl bagay pou li, tout sous dlo Gerar yo te seche, pyebwa yo ki te kon pote fwi pa t pote fwi.

[35] Jiskaske Abimelèk nan Gerar, ak Akouzat youn nan zanmi l yo, ak Pikòl kaptenn lame l la, te ale jwenn li e yo te enkline epi bese tèt yo devan l jouk atè.

[36] Epi yo te mande l pou l te priye pou yo, li te priye SENYÈ a pou yo, e SENYÈ a te tande priyè l epi l te geri yo.

[37] Jakòb, nonm senp lan, te delivre anba men frè l Ezaou ak men Laban, Siryen an, frè manman l, ki te vle touye l; menm jan tou soti nan men tout wa peyi Kanaran ki te vin ansanm pou detwi l

ak pitit li yo, SENYÈ a te delivre yo anba men Kananeyen yo, yo te vire sou moun Kanaran yo epi touye yo, paske ki moun ki te janm lonje men kont yo san pinisyon?

[38] Ansyen Farawon anvan, papa papa ou a, te mete Jozèf, pitit Jakòb la, pi wo pase tout prens peyi Lejip yo, lè l te wè sajès li, paske ak sajès li, li te sove tout abitan peyi a soti nan grangou.

[39] Aprè sa, li te bay lòd pou Jakòb ak pitit li yo desann peyi Lejip, pou ke atravè entegrite yo, peyi Lejip ak peyi Gochenn te ka delivre anba grangou.

[40] Kounyeya, si sa sanble bon nan je w, sispann detwi pitit Izrayèl yo, men si se pa volonte w pou yo rete nan peyi Lejip, voye yo ale pou yo ka al nan peyi Kanaran, peyi kote zansèt yo te rete a.

[41] Lè Farawon te tande pawòl Jetwo, li te fache anpil sou li, konsa l te leve ak wont soti nan prezans wa, epi l t'ale nan peyi Madyanit, peyi pa l, epi l te pran baton Jozèf avèk li.

[42] Wa a di Jòb, moun peyi Ouz la: Kisa w di Jòb, ki konsèy ou sou Ebre yo?

[43] Jòb di wa konsa:-Gade! Tout abitan peyi a anba pouvwa w, kite wa fè sa ki sanble bon nan je l.

[44] Wa di Balaram:-Kisa w di Balaram, pale pawòl ou pou n ka tande l.

[45] Balaram di wa: Nan tout sa yo te konsèye wa a kont Ebre yo, yo pral delivre, e wa p'ap ka triyonfe sou yo ak okenn konsèy sa yo.

[46] Paske si w panse pou diminye yo ak flanm dife, ou p'ap ka domine sou yo, paske sètènman BonDye yo a te delivre Abraram papa yo soti nan Our nan Kalde; si w panse pou detwi yo ak epe, sètènman Izarak papa yo te delivre ladan l, yo te mete yon mouton nan plas li.

[47] Si ak travay di e brital ou panse pou diminye yo, ou p'ap ka reyisi menm nan sa, paske papa yo Jakòb te sèvi Laban nan tout kalite travay di, epi l te pwospere.

[48] Kounyeya, O Wa, koute pawòl mwen, paske sa se konsèy ki dwe swiv kont yo, paske se nan fason sa w'a pral domine sou yo, ou pa ta dwe vire do bay konsèy sa.

[49] Si sa fè wa plezi, kite l bay lòd pou tout timoun yo a ki pral fèt, soti jodi a e ale nèt. Yo dwe jete yo nan dlo a, paske ak sa ou ka efase non yo, paske okenn ladan yo, ni papa yo, pa t teste nan fason sa.

[50] Wa a tande pawòl Balaram, e bagay la te fè wa ak prens li yo plezi, wa a te fè selon pawòl Balaram.

[51] Wa a te bay lòd pou pibliye yon pwoklamasyon epi fè yon lwa pase nan tout peyi Lejip la, ki di: Tout timoun gason ki fèt nan Ebre yo soti jodi a, yo pral jete yo nan dlo a.

[52] Farawon rele tout sèvitè l yo, li di: Ale kounyeya epi chèche nan tout peyi Gochenn kote pitit Izrayèl yo ye, gade pou chak pitit gason ki fèt nan Ebre yo, jete yo nan larivyè, men chak pitit fi, ou dwe kite l viv.

[53] Lè pitit Izrayèl yo te tande bagay sa a ke Farawon te kòmande an, pou jete pitit gason yo nan larivyè, kèk nan pèp la te separe ak madanm yo e lòt yo te rete ak madanm yo.

[54] Depi jou sa a, lè lè akouchman an te rive pou fanm Izrayèl yo ki te rete ak mari yo, yo t'ale nan jaden pou yo te fè pitit la, yo fè pitit nan jaden an, yo kite timoun yo sou jaden an epi yo retounen lakay yo.

[55] SENYÈ a, Ki te sèmante ak zansèt yo pou miltipliye yo, voye youn nan zanj Li yo ki nan syèl la pou lave chak timoun nan dlo, pou l wen l, vlope l epi mete nan men li de wòch lis, youn ladan yo pou l souse lèt epi lòt la pou siwo myèl, Li fè cheve yo pouse jiska jenou yo, pou cheve a ka kouvri tèt yo; pou konsole l epi pou l kole avè l, atravè konpasyon Li pou yo.

[56] Lè sa a, akòz BonDye te gen konpasyon pou yo e Li te vle miltipliye yo sou sifas tè a, Li te bay tè a lòd pou resevwa yo pou yo konsève ladan li jiskaske yo grandi, aprè sa tè a te louvri bouch li epi l vomi yo, epi yo pouse soti nan vil la tankou zèb tè a, ak zèb nan forè a, yo chak te retounen nan fanmi yo ak nan kay papa yo, yo rete avèk yo.

[57] Ti bebe pitit Izrayèl yo te sou tè a tankou zèb nan jaden, atravè favè BonDye pou yo.

[58] Lè tout Lejipsyen yo te wè bagay sa a, yo t'ale deyò, chak nan jaden pa yo ak jouk bèf yo e ak lam chari yo, epi yo raboure l menm jan yon moun raboure tè a nan tan simen.

[59] Lè yo t'ap raboure, yo pa t kapab fè timoun yo mal, timoun pitit Izrayèl yo, konsa pèp la te ogmante epi yo te vin anpil anpil.

[60] Farawon bay lòd pou ofisye l yo chak jou ale Gochenn pou y'ale chèche ti bebe pitit Izrayèl yo.

[61] Lè yo te chèche epi yo jwenn yon sèl, yo pran l nan bra manman l ak fòs, yo jete l nan larivyè a, men pitit fi a, yo kite l ak manman l; konsa Lejipsyen yo te fè Izrayelit yo tout jou yo.

68– Moyiz Fèt

(Egzòd 2)

[1] Se te nan epòk sa a Lespri BonDye te sou Miryam, pitit fi Amram, sè Aaron, li leve li al pwofetize nan kay la, li di:–Gade yon pitit gason pral fèt pou nou soti nan papa m ak manman m fwa sa a, li pral sove Izrayèl anba men Lejip.

[2] Lè Amram te tande pawòl pitit fi li a, l'ale li pran madanm li, li retounen lakay li, aprè l te voye l ale lè Farawon te bay lòd pou yo te jete tout ti bebe gason nan kay Jakòb yo nan dlo.

[3] Konsa, Amram pran Jokebèd, madanm li, twa ane aprè li te voye l ale, li vin jwenn li epi l vin ansent.

[4] Nan fen sèt mwa depi l te ansent lan, li te fè yon pitit gason, tout kay la te ranpli ak yon gwo limyè tankou limyè solèy la ak lalin nan lè yo klere.

[5] Lè fanm lan te wè timoun nan, li wè l te bon epi l te fè l plezi nan je, li te kache l pou twa mwa nan yon chanm anndan.

[6] Nan jou sa yo, Lejipsyen yo konplote pou detwi tout Ebre yo ki te la.

[7] Fanm Lejipsyen yo te ale nan Gochenn kote pitit Izrayèl yo te ye an, yo te pote timoun pa yo sou zepòl yo, ti bebe yo ki pa t ko ka pale.

[8] Nan jou sa yo, lè fanm pitit Izrayèl yo te akouche, chak fanm te kache pitit gason l pou Lejipsyen yo pa t ka konnen yo te akouche, pou Lejipsyen yo pa t ka detwi yo nan peyi a.

[9] Fanm Lejipsyen yo vini Gochenn, epi timoun pa yo ki pa t ka pale te sou zepòl yo, lè yon fanm Lejipsyen antre nan kay yon fanm Ebre, ti bebe li a kòmanse kriye.

[10] Lè l kriye, timoun ki te nan chanm anndan an reponn li, se konsa fanm Lejipsyen yo ale e y'al di sa nan kay Farawon an.

[11] Farawon voye ofisye l yo pou pran timoun yo epi touye yo; konsa Lejipsyen yo te fè ak fanm Ebre yo tout jou sa yo.

[12] Se te nan epòk sa a, apeprè twa mwa aprè Jokebèd te kache pitit gason l lan, bagay la te vin konnen nan kay Farawon an.

[13] Jokebèd te prese pran pitit gason li an anvan ofisye yo vini, epi l te pran pou li yon ti bwat wozo, li badijonnen l ak gonm bwapen e ak goudwon, epi l mete timoun nan ladan l, li mete l nan mitan touf wozo yo bò rivyè a.

[14] Miryam, sè li te kanpe lwen pou l te konnen sa ki t'ap pase ak li, epi sa ki ta pral rive ak pawòl li te pwofetize yo.

[15] BonDye voye nan epòk sa a yon chalè terib nan peyi Lejip, ki te boule po moun tankou solèy la nan sikui li, epi l te fè Lejipsyen yo soufri anpil.

[16] Tout Lejipsyen yo desann al benyen nan rivyè a, akoz chalè konsomatè a ki te boule po yo.

[17] Batiya, pitit fi Farawon an, te ale tou pou l benyen nan rivyè a, akoz chalè konsomatè a, epi sèvant li yo te mache bò kote rivyè a, ak tout fanm Lejip yo tou.

[18] Batiya leve je l sou rivyè a, li wè ti bwat la sou dlo a, li voye sèvant li al chèche l.

[19] Lè l louvri l, li wè timoun nan, epi l gade ti bebe a t'ap kriye, li pran pitye pou li, epi l di:-Sa se yon timoun Ebre.

[20] Tout fanm Lejip yo ki t'ap mache bò rivyè a te vle bay timoun nan tete, men li pa t vle tete, paske bagay sa te soti nan men SENYÈ a, pou l te ka retounen nan tete manman l.

[21] Epi Miryam, sè li a, te la pami fanm Lejipsyen yo arebò rivyè a nan epòk sa, li te wè bagay sa epi l di pitit fi Farawon an: Ou vle mwen ale chèche yon nouris nan fanm Ebre yo, pou li ka bay timoun nan tete pou ou?

[22] Epi pitit fi Farawon an di l: Ale non! Lè sa a jèn fi an ale, li rele manman timoun nan.

[23] Pitit fi Farawon an di Jokebèd: Pran timoun sa a, ale ba l tete pou mwen, m'ap peye w de moso ajan chak jou kòm salè w; Fanm lan pran timoun nan epi l ba l tete.

[24] Nan fen dezan, lè timoun nan grandi, li mennen l bay pitit fi Farawon an, epi l te pou li tankou yon pitit gason, li te rele l Moyiz, paske li te di: Akòz mwen te retire l nan dlo a.

[25] Amram, papa l, te rele l Chabar, li di: Se pou li mwen te asosye ak madanm mwen ke mwen te voye ale.

[26] Jokebèd, manman l, rele l Jekutiel, paske, li di:-Mwen te espere l nan men Toupisan an, epi BonDye retabli l ban mwen.

[27] Miryam, sè l, te rele l Jerèd: Paske l te desann dèyè l al nan rivyè a pou l konnen ki sa ki t'ap rive l.

[28] Arawon, frè l, te rele l Abi Zanik, li di:-Papa m te kite manman m epi l retounen vin jwen li [manman m] akoz li [Moyiz].

[29] Epi Keyat, papa Amram, rele l Abigdor: Paske akoz li BonDye te repare brèch nan kay Jakòb la, yo pa t ka jete pitit gason yo nan dlo ankò.

[30] Nouris yo te rele l Abi Soko, paske, yo di:-Nan tabènak li, li te kache pou twa mwa, akoz pitit Kam yo.

[31] Tout Izrayèl rele l Shemaya Ben Nethanel, paske yo di:-Nan jou li yo BonDye te tande kri yo epi sove yo anba opresè yo.

[32] Moyiz te nan kay Farawon an, epi l te pou Batiya, pitit fi Farawon an, tankou yon pitit gason, Moyiz te grandi pami timoun wa yo.

69- Lejipsyen Yo Maltrete Izrayelit Yo

(Egzòd 5)

[1] Wa peyi Edòm an te mouri nan jou sa yo, nan dizwityèm ane rèy li, epi yo antere l nan tanp li te bati pou tèt li kòm rezidans wayal nan peyi Edòm.

[2] Pitit Ezaou yo voye al chèche nan Petò, ki sou [bò]rivyè a, epi yo pran ladan l yon jèn gason ak bèl je ak yon bèl aparans, li te rele Sayil, yo te fè l wa sou yo nan plas Samla.

[3] Sayil te gouvènen sou tout pitit Ezaou yo nan peyi Edòm pandan karant ane.

[4] Lè Farawon, wa peyi Lejip la, wè ke konsèy Balaram te bay konsènan pitit Izrayèl yo pa t reyisi, e ke yo te toujou ap fè pitit, miltipliye, epi ogmante nan tout peyi Lejip la.

[5] Lè sa a, Farawon te bay lòd nan jou sa yo, pou yo te pibliye pwoklamasyon nan tout Lejip bay pitit Izrayèl yo, li di: Okenn moun pa dwe diminye anyen nan travay chak jou li.

[6] Gason ke yo jwenn ki manke nan travay li fè chak jou, kit se nan mòtye oswa nan brik, lè sa a, y'ap mete nan plas li pitit gason l ki pi piti ya.

[7] Travay Lejip la te vin pi di pou pitit Izrayèl yo nan jou sa yo, si yon brik te manke nan travay chak jou yon gason, Lejipsyen yo te pran ti gason ki pi piti a ak fòs nan men manman l, epi mete l nan konstriksyon an nan plas brik ki te manke ke papa l te kite.

[8] Mesye Lejip yo te fè sa a tout pitit Izrayèl yo chak jou, tout jou yo pou yon peryòd long.

[9] Men, tribi Levi a pa t'ap travay nan tan sa ak Izrayelit frè yo, depi nan kòmansman, paske pitit Levi yo te konnen riz yo ke Lejipsyen yo te itilize depi nan kòmansman kont Izrayelit yo.

70- Ti Bebe Moyiz

(Egzòd 4:10)

[1] Nan twazyèm ane depi nesans Moyiz, Farawon te chita nan yon fèt, lè Alparanit, larenn lan, te chita adwat li, Batiya agòch li, Moyiz jenn timoun nan te la, li te kouche sou lestomak li, epi Balaram, pitit Beyò a, ansanm ak de pitit gason l, ak tout prens wayòm nan te chita bò tab la, nan prezans wa a.

[2] Epi jenn ti pitit lan lonje men l sou tèt wa a, li pran kouwòn nan tèt wa epi l mete l sou tèt pa l.

[3] Lè wa ak prens yo te wè sa ti gason an te fè, wa ak prens yo te pè, epi yon di vwazen li sa ki te etone l nan sa a.

[4] Wa di prens yo ki te devan l bò tab la: Kisa nou di epi kisa nou panse, O nou menm prens yo, sou zafè sa a, e ki jijman pou ti gason an akoz zak sa a?

[5] Balaram, pitit Beyò a, majisyen an, reponn devan wa ak prens yo, li di:-Sonje kounyeya, O mèt mwen e wa mwen, rèv ou te fè depi kèk jou pase yo, ak sa sèvitè w te entèprete pou ou a.

[6] Kounyeya, sa se yon timoun pami pitit Ebre yo, nan li ke lespri BonDye a ye. Ke wa mwen pa dwe imajine ke jenn ti gason sa a, te fè bagay sa a san konesans.

[7] Paske li se yon ti nonm Ebre, sajès ak konpreyansyon avèk li, byenke li se yon timoun toujou, se ak sajès li te fè sa epi l chwazi wayòm Lejip la pou tèt li.

[8] Paske sa li fè a, se fason sa a li ye pou tout Ebre yo, pou yo twonpe wa yo ak nòb yo, pou fè tout bagay sa yo ak riz, pou fè wa latè yo ak gason yo tranble.

[9] Sètènman, ou konnen ke Abraram zansèt yo te aji konsa, li te twonpe lame Nimwòd, wa Babilòn, ak Abimelèk, wa Gerar, epi li te pran posesyon tè pitit Et yo ak tout wayòm Kanaran.

[10] Li te desann peyi Lejip epi l te di sou Sara madanm li, li se sè mwen, pou twonpe Lejip ak wa l.

[11] Pitit gason li Izarak te fè menm bagay la, lè l te ale Gerar epi l te rete la, fòs li te genyen sou lame Abimelèk, wa Filistin yo.

[12] Li te panse tou pou fè wayòm Filistin yo tonbe, lè l te di ke Rebeka, madanm li, te sè li.

[13] Jakòb tou te aji ak trayizon anvè frè l, epi l pran nan men l dwa premye nesans li ak benediksyon l.

[14] Li t'ale lè sa a Mezopotami nan kay Laban, frè manman l, se te avèk riz li te pran nan men l pitit fi li, bèt li, ak tout sa ki te pou li, li te sove li retounen nan peyi Kanaran nan kay papa l.

[15] Pitit gason l yo te vann frè yo Jozèf, ki te desann peyi Lejip epi te vin esklav, yo te mete l nan prizon pou douz ane.

[16] Jiskaske ansyen Farawon an te reve rèv, li te retire l nan prizon, li te leve l pi wo pase tout prens yo nan peyi Lejip akoz li te entèprete rèv li pou li.

[17] Lè BonDye te lakòz yon grangou nan tout peyi a, li te voye chèche l epi l te mennen papa l ak tout frè l yo, ak tout kay papa l, li te sipòte yo san pri oswa rekonpans, li te achte Lejipsyen yo kòm esklav.

[18] Donk! Kounyeya, O wa mwen, gade, timoun sa a leve kanpe nan plas yo nan peyi Lejip, pou fè daprè zèv yo, pou jwe a chak wa, prens ak jij.

[19] Si sa fè wa plezi, ann kounyeya vide san li sou tè a, pou li pa grandi epi pran gouvènman an nan men ou, pou espwa Lejip la pa disparèt aprè li ta gen pou li gouvènen an.

[20] Balaram di wa:-Mete sou sa, ann rele tout jij Lejip yo ak moun saj yo, ann wè si ti gason sa a merite jijman lanmò jan ou te di avan an, aprè sa nou va touye l.

[21] Farawon te voye rele tout moun saj Lejip yo e yo te vini devan wa a, epi yon zanj SENYÈ a te vin pami yo, li te sanble ak youn nan moun saj Lejip yo.

[22] Wa a di moun saj yo: Sètènman nou te tande sa ti nonm Ebre ki nan kay la te fè a, men kouman Balaram te jije nan zafè a.

[23] Kounyeya, jije nou menm tou epi gade kisa ki dwe fèt pou ti gason an pou zak li te komèt la.

[24] Zanj lan ki te sanble ak youn nan moun saj Farawon yo reponn, epi l di:-Devan tout moun saj Lejip yo ak devan wa, ak prens yo:

[25] Si sa fè wa plezi, kite wa voye chèche mesye ki pral pote devan l yon wòch oniks ak yon chabon dife, mete yo devan timoun nan, si timoun nan lonje men l pran wòch oniks la, lè sa a nou pral konnen ke se ak sajès ti gason an li te fè tout sa li te fè a, lè sa a nou dwe touye l.

[26] Men, si li lonje men l sou chabon an, lè sa a nou pral konnen ke se pa ak konesans li te fè bagay sa a, l'a pral viv.

[27] Bagay la te sanble bon nan je wa ak prens yo, se konsa wa te fè selon pawòl zanj SENYÈ a.

[28] Wa te bay lòd pou yo pote wòch oniks la ak chabon an epi mete yo devan Moyiz.

[29] Yo mete ti gason an devan yo, ti gason an te fè efò pou l lonje men l pran wòch oniks la, men zanj SENYÈ a te pran men l epi li mete l sou chabon an, epi chabon an te etenn nan men l, li leve l e mete l nan bouch li ki boule yon pati nan lèv li ak yon pati nan lang li, depi lè sa a, li te vin lou nan bouch ak mare nan lang.

[30] Lè wa a ak prens yo wè sa, yo te vin konnen ke Moyiz pa t aji ak sajès lè l te pran kouwòn nan nan tèt wa a.

[31] Se konsa wa ak prens yo te refize touye ti gason an, kidonk Moyiz te rete nan kay Farawon ap grandi, SENYÈ a te avèk li.

[32] Pandan ti gason an te nan kay wa a, yo te abiye l ak rad koulè wouj violèt, li te grandi pami timoun wa a.

[33] Lè moyiz te grandi nan kay wa, Batiya, pitit fi Farawon an, te konsidere l kòm yon pitit gason, tout kay Farawon te onore l, tout gason Lejip te pè l.

[34] Chak jou li te soti epi antre nan peyi Gochenn, kote frè l yo, pitit Izrayèl yo te ye, Moyiz te wè yo chak jou anba souf kout ak travay di.

[35] Moyiz te mande yo:-Poukisa travay sa a enpoze sou nou chak jou?

[36] Yo te rakonte l tout sa ki te rive yo, ak tout enjonksyon yo ke Farawon te mete sou yo anvan nesans li.

[37] Yo te rakonte l tout konsèy yo ke Balaram, pitit Beyò a, te bay kont yo, sa l te konsèye sou kont li pou yo te ka touye l, lè l te pran kouwòn wa a soti sou tèt li.

[38] Lè moyiz te tande bagay sa yo, kòlè l te limen kont Balaram, epi l te ap chèche touye l, li te nan anbiskad pou li chak jou.

[39] Balaram te vin pè Moyiz, li menm ak de pitit gason l yo te leve, yo te soti nan peyi Lejip, yo te kouri pou sove lavi yo epi yo te pran direksyon peyi Kouch, kote Kikianis, wa Kouch te ye an.

[40] Moyiz te nan kay wa, ap soti epi antre, SENYÈ a te ba li favè nan je Farawon, nan je tout sèvitè l yo, ak nan je tout pèp Lejip la, yo te renmen Moyiz anpil.

[41] Epi jou a te rive lè moyiz te ale Gochenn pou l te wè frè l yo, li te wè pitit Izrayèl yo anba chay lou yo ak travay di, Moyiz te gen lapenn pou yo.

[42] Moyiz retounen nan peyi Lejip, li ale nan kay Farawon, li vin devan wa a, Moyiz enkline devan wa.

[43] Moyiz di Farawon: Tanpri! M'ap sipliye w, monwa, mwen vin chèche yon ti demann bò kote w, pa voye figi m vid; Farawon di l:-Pale!

[44] Moyiz di Farawon: Se pou yo bay sèvitè w yo, pitit Izrayèl ki nan Gochenn, yon jou repo nan travay yo.

[45] Wa reponn Moyiz epi l di l:-Gade, mwen leve figi w nan bagay sa a, pou akòde w demann ou.

[46] Farawon bay lòd pou yo pibliye yon pwoklamasyon nan tout Lejip ak Gochenn, li di:

[47] Pou nou tout, pitit Izrayèl yo, men sa wa a di:-Pou sis jou nou pral fè travay nou, men nan sètyèm jou a, nou pral repoze, nou pa dwe fè okenn travay, konsa nou pral fè tout jou yo, jan wa ak Moyiz, pitit Batiya, te kòmande a.

[48] Moyiz te kontan pou bagay sa a ke wa te akòde l, epi tout pitit Izrayèl yo te fè jan Moyiz te òdone yo.

[49] Paske bagay sa a te soti nan men SENYÈ a pou pitit Izrayèl yo, paske SENYÈ a te kòmanse sonje pitit Izrayèl yo pou sove yo poutèt zansèt yo.

[50] SENYÈ a te avèk Moyiz, repitasyon l te gaye nan tout Lejip.

[51] Moyiz te vin gran nan je tout Lejipsyen yo, nan je tout pitit Izrayèl yo, li t'ap chèche byen pou pèp Izrayèl la, li te pale pawòl lapè konsènan Izrayelit yo bay wa a.

71- Moyiz Touye Yon Lejipsyen

(Egzòd 2:11-15)

[1] Lè moyiz te gen dizwit lane, li te vle wè manman l ak papa l, li t'ale Gochenn pou l te wè yo. Lè moyiz te rive pre Gochenn, li te rive kote pitit Izrayèl yo t'ap travay di a, li te obsève chay yo, li te wè yon Ejipsyen ki t'ap bimen anba kou yon Ebre, frè parèy li.

[2] Lè mesye ki te viktim nan wè Moyiz, li kouri al jwenn li pou mande èd, paske Moyiz te gen anpil respè nan kay Farawon an, epi l di l: Mèt, tanpri ede m, Ejipsyen sa antre lakay mwen nan mitan lannwit lan, li mare m, epi l t'ale kouche madanm mwen devan je m, kounyeya l vle touye m.

[3] Lè moyiz te tande sa, li te fache anpil kont Ejipsyen an, li gade adwat, li gade agoch, lè l wè pa t gen moun, li frape Ejipsyen an epi l antere l nan sab la, li sove Ebre a anba men moun ki te frape l la.

[4] Ebre a retounen lakay li, epi Moyiz retounen lakay li tou, li soti epi li retounen nan palè wa a.

[5] Lè mesye an retounen lakay li, li panse pou l te rejte madanm li, paske li pa t bon pou nenpòt gason nan kay Jakòb ale kouche ak madanm li, aprè li te sal.

[6] Madanm nan t'ale di frè l yo sa, epi frè fi an te vle touye mesye an, men li te sove al kache lakay li.

[7] Nan dezyèm jou a, Moyiz te soti al jwenn frè l yo ankò, epi l wè de mesye k'ap diskite, li di sa ki mechan an:-Poukisa w'ap frape vwazen w lan?

[8] Li reponn Moyiz, li di l: Ki moun ki mete w chèf e jij sou nou? Ou panse w pral touye m jan ou te touye Ejipsyen an? Moyiz te pè, li di: Sètènman, bagay la genlè gaye?

[9] Farawon te tande pale sou zafè a, li bay lòd pou touye Moyiz, men BonDye te voye zanj li, epi l parèt devan Farawon nan fòm yon kaptenn gad.

[10] Zanj SENYÈ a pran nepe nan men kaptenn gad la, epi l koupe tèt li avèk li, paske fòm kaptenn gad la te chanje an fòm Moyiz.

[11] Zanj SENYÈ a pran Moyiz nan men dwat li, epi li mennen l soti nan peyi Lejip, li mete l deyò fwontyè Lejip, yon distans karant jou vwayaj.

[12] Arawon, frè l la, sèlman ki te rete nan peyi Lejip, epi li te pwofetize bay pitit Izrayèl yo, li di yo:

[13] Men sa SENYÈ BonDye zansèt nou yo di: Jete, chak moun, abominasyon ki devan je nou yo, pa sal tèt nou ak zidòl Lejipsyen yo.

[14] Pitit Izrayèl yo te rebèl epi yo pa t vle koute Arawon nan epòk sa a.

[15] SENYÈ a te panse pou detwi yo, si se pa t paske Li te sonje kontra Li te fè ak Abraram, Izarak, ak Jakòb.

[16] Nan jou sa yo, men Farawon an te kontinye vin lou sou pitit Izrayèl yo, li te kraze yo epi oprese yo, jiskaske tan BonDye te voye pawòl Li, Pou l te pran swen yo.

72- Kikiyanis

[1] Nan epòk sa a, te gen yon gwo lagè ant pitit Kouch yo ak pitit lès yo ak Aram, yo te rebelye kont wa Kouch la, paske yo te anba dominasyon l.

[2] Se konsa Kikiyanis, wa Kouch la, te soti ak tout pitit Kouch yo, yon pèp ki te anpil tankou sab, li t'ale goumen kont Aram ak pitit lès yo, pou l te mete yo anba dominasyon l.

[3] Lè Kikiyanis te soti, li te kite Balaram majisyen an, ak de pitit gason l yo, pou yo te veye vil la, ak moun ki pi pòv yo nan peyi a.

[4] Kikiyanis ale kote Aram ak pitit lès yo, li goumen kont yo epi li bat yo, yo tout te tonbe blese devan Kikiyanis ak pèp li.

[5] Li pran anpil nan yo kòm prizonye epi l mete yo anba dominasyon l tankou nan kòmansman, li etabli l sou tè yo pou pran lajan nan men yo kòm dabitid.

[6] Lè wa Kouch la te kite Balaram, pitit Beyò an, pou l te veye vil la ak pòv yo nan vil la, li leve epi l fè plan ak moun nan peyi a pou rebelye kont wa Kikiyanis, pou pa kite l antre nan vil la, nan lè l ta dwe retounen lakay li.

[7] Moun peyi a koute l, yo sèmante ba li epi yo fè l wa sou yo, ak de pitit gason l yo kòm kaptenn lame a.

[8] Se konsa yo leve epi yo rebati miray vil la nan de kwen yo, epi yo bati yon gwo kay ki te bon jan solid.

[9] Nan twazyèm kwen an, yo fouye anpil fòs san konte, ant vil la ak rivyè a ki antoure tout peyi Kouch, yo fè dlo rivyè a soti la.

[10] Nan katriyèm kwen an, yo te rasanble anpil sèpan atravè wanga ak maji yo, yo fòtifye vil la epi abite ladan l, pèsonn pa t kapab soti ni antre devan yo.

[11] Kikiyanis te fin goumen kont Aram ak pitit lès yo, li fin soumèt yo tankou anvan, yo te vin peye l lajan taks abityèl yo, apre sa li ale fè wout li nan direksyon peyi l.

[12] Lè Kikiyanis, wa Kouch la, te pwoche vil li a ak tout fòs kaptenn yo avè l, yo leve je yo epi yo wè ke miray vil la te rebati, leve byen wo, konsa mesye yo te etone de sa.

[13] Yo di youn ak lòt: Se paske yo te wè nou te pran reta nan batay la, yo te pè nou anpil, se poutèt sa yo te fè bagay sa a, yo leve miray vil la epi fòtifye yo pou wa Kanaran yo pa t vini goumen kont yo.

[14] Se konsa wa, ak twoup yo pwoche pòt vil la, yo gade anlè yo wè tout pòtay vil la te fèmen, yo rele gad yo, yo di:-Louvri ban nou, pou nou ka antre nan vil la.

[15] Men gad yo refize louvri pou yo sou lòd Balaram majisyen an, wa yo, yo pa kite Kikiyanis ak moun li yo antre nan vil la.

[16] Se konsa yo leve yon batay ak yo devan pòtay vil la, epi san trant (130) gason nan lame Kikiyanis la te tonbe nan jou sa a.

[17] Nan demen, yo te kontinye ap goumen, yo goumen arebò rivyè a; yo t'ap eseye pase men yo pa t kapab, konsa kèk nan yo tonbe nan twou yo epi yo mouri.

[18] Se konsa wa a te bay lòd pou yo koupe pyebwa pou fè flòt, pou yo te ka pase sou yo, epi yo te fè sa.

[19] Lè yo rive kote fòs tou yo ye an, dlo yo te vire pa yon moulen, epi de san (200) gason sou dis flòt neye.

[20] Nan twazyèm jou a, yo vin goumen bò kote sèpan yo te ye a, men yo pa t kapab pwoche, paske sèpan yo te touye san swasann dis (170) nan yo, epi Kikiyanis ak mesye l yo sispann goumen kont Kouch, yo te asyeje Kouch pandan nèf ane, pèsonn pa t soti ni antre.

[21] Nan tan ke lagè a ak syèj la te kont Kouch, Moyiz te sove kite Lejip pou Farawon ki te vle touye l poutèt li te touye Ejipsyen an.

[22] Moyiz te gen dizwit lane lè l te sove kite Lejip devan Farawon, li kouri chape poul li ale nan kan Kikiyanis, ki nan tan sa a te asyeje Kouch.

[23] Moyiz te pase nèf ane nan kan Kikiyanis wa Kouch, tout tan yo te asyeje Kouch, Moyiz te soti epi rantre ak yo.

[24] Wa, prens yo, ak tout gason ki t'ap goumen yo te renmen Moyiz, paske l te gran epi diy, bèl wotè l te tankou yon lyon nòb, figi l te tankou solèy la, fòs li te tankou fòs yon lyon, li te yon konseye pou wa.

[25] Nan fen nèf ane yo, Kikiyanis te frape ak yon maladi mòtèl, maladi a te domine sou li, epi l te vin mouri nan Sètyèm jou a.

[26] Se konsa sèvitè l yo te anbome l, epi pote l antere anfas pòtay vil la nan nò peyi Lejip.

[27] Yo te bati sou li yon gwo kay elegan, fò, e wo, yo te mete plizyè gwo wòch anba l.

[28] Epi ekriven wa a grave sou wòch sa yo, tout fòs Kikiyanis, wa yo ak tout batay li te goumen, gade yo ekri la jiska prèzan.

[29] Kounyeya, aprè lanmò Kikiyanis wa Kouch la, sa te fè mesye li yo ak twoup li yo tris anpil akoz lagè a.

[30] Se konsa yo di youn ak lòt:-Ban nou konsèy kisa pou nou fè nan moman sa a, kòm nou te rete nan dezè a nèf ane lwen kay nou.

[31] Si nou di nou pral goumen kont vil la, anpil nan nou pral tonbe blese oswa mouri, si nou rete isit nan syèj la nou pral mouri tou.

[32] Kounyeya tout wa Aram yo ak pitit lès yo pral tande wa nou an mouri, yo pral atake nou toudenkou nan yon fason agresif, yo pral goumen kont nou, yo p'ap kite okenn rès nan nou.

[33] Kounyeya, ann ale fè yon wa pou nou, epi ann rete nan syèj la jiskaske yo livre vil la ban nou.

[34] Yo te vle chwazi yon gason ki te pou vin wa yo, soti nan lame Kikiyanis nan jou sa a, yo pa t jwenn okenn opozisyon sou chwa yo, ke Moyiz pou gouvènen sou yo.

[35] Yo prese, chak moun yo retire rad sou yo, epi yo voye yo atè, yo fè yon gwo pil, yo mete Moyiz sou li.

[36] Yo leve, yo soufle nan twonpèt, yo rele devan l, yo di: "Viv wa a, viv wa a!"

237

[37] Tout pèp la ak nòb yo te fè sèman ba li, pou yo te bay li Adonya, larenn nan, yon moun Etyopi, madanm Kikiyanis, yo fè Moyiz wa sou yo nan jou sa a.

[38] Tout pèp Kouch la te fè yon deklarasyon nan jou sa a, yo di: "Chak moun dwe bay Moyiz yon bagay nan sa li posede."

[39] Yo ouvè yon dra sou pil la, chak moun jete ladan l kèk bagay nan sa l te genyen, youn yon zanno an lò ak lòt la yon pyès monnen.

[40] Epitou, pyè oniks, bdelyòm, pèl ak mab, moun Kouch yo te jete bay Moyiz sou pil la, ansanm ak ajan ak lò an gwo kantite.

[41] Moyiz pran tout ajan ak lò, tout veso yo, ak bdelyòm ak pyè oniks yo, ke tout moun Kouch yo te ba li, li te mete yo nan mitan trezò l yo.

[42] Moyiz te gouvènen sou moun Kouch yo nan jou sa yo, nan plas Kikiyanis, wa Kouch la.

73- Moyiz Nan Etyopi
(Egzòd 2)

[1] Nan senkannsenkyèm ane rèy Farawon wa Lejip la, sa vle di nan san senkannsetyèm (157) ane depi Izrayelit yo te desann nan peyi Lejip, Moyiz t'ap gouvènen nan peyi Kouch.

[2] Moyiz te gen venn sèt ane lè li te kòmanse gouvènen sou Kouch, li te gouvènen pandan karant ane.

[3] SENYÈ a te fè Moyiz jwenn favè ak gras devan je tout pitit Kouch yo, pitit Kouch yo te renmen l anpil, konsa Moyiz te genyen favè devan SENYÈ a ak devan moun.

[4] Nan Sètyèm jou rèy li, tout pitit Kouch yo te rasanble e vin devan Moyiz epi yo te bese tèt yo jouk atè devan l.

[5] Tout pitit Kouch yo pale ansanm devan wa a, yo di l:-Ban nou konsèy pou nou ka wè kisa poun fè ak vil sa a.

[6] Paske sa fè nèf ane depi nou ap asyeje vil la, nou pa wè pitit nou yo ak madanm nou yo.

[7] Konsa wa reponn yo, li di:-Si nou koute vwa m nan tout sa m pral kòmande nou, lè sa a, SENYÈ a pral lage vil la nan men nou e nou pral soumèt li.

[8] Paske si nou goumen ak yo tankou nan ansyen batay nou te mennen ak yo avan lanmò Kikiyanis lan, anpil nan nou pral tonbe blese tankou anvan.

[9] Kounyeya, men konsèy pou nou nan zafè sa a; si nou koute vwa m, lè sa a vil la pral lage nan men nou.

[10] Tout fòs yo reponn wa a, yo di l:-Tout sa ou menm mèt nou an kòmande, se sa nou pral fè.

[11] Moyiz di yo: Pase nan tout kan an epi anonse yon vwa nan tout kan an bay tout pèp la, di:

[12] Men sa wa a di: Ale nan forè a epi pote ak nou ti jenn ti sigòy, chak moun yon ti jenn sigòy nan men l.

[13] Nenpòt moun ki dezobeyi pawòl wa, ki pa pote ti jenn sigòy li, li pral mouri, wa pral pran tout sa ki pou li.

[14] Lè nou pral pote yo, yo pral anba siveyans nou, nou dwe leve yo jiskaske yo grandi, nou dwe aprann yo fè atak plonje, jan ti jenn malfini yo fè.

[15] Se konsa tout pitit Kouch yo te tande pawòl Moyiz yo, yo leve epi yo pibliye yon deklarasyon nan tout kan an, yo di:

[16] Pou ou, tout pitit Kouch yo, men ki lòd wa bay:-Se pou nou tout ale ansanm nan forè a, epi kenbe ti sigòy yo, chak moun ak ti jenn sigòy pa l nan men l, nou dwe pote yo lakay.

[17] Nenpòt moun ki vyole lòd wa pral mouri; Epitou, wa pral pran tout sa ki pou li.

[18] Tout pèp la fè sa, yo t'ale nan bwa, yo grenpe pye sapen yo, chak moun kenbe yon ti sigòy nan men l, tout ti jenn sigòy yo, yo mennen yo nan dezè a epi leve yo sou lòd wa, yo aprann yo plonje, menm jan ak ti jenn malfini yo.

[19] Aprè ti jenn sigòy yo te fin grandi, wa te bay lòd pou fè yo rete grangou pandan twa jou, tout pèp la te fè sa.

[20] Twazyèm jou a, wa di yo: Pran fòs, se poun devni vanyan gason. Chak moun mete zam nou prè, mete nepe nou yo nan ren nou, chak moun monte chwal yo. Chak moun pran avèk yo ti jen sigòy li nan men li.

[21] N'ap leve, n'a goumen ak lavil la kote sèpan yo ye a. Tout pèp la te fè jan wa te bay lòd la.

[22] Yo chak te pran ti sigòy yo nan men yo, yo pati. Lè yo te rive kote sèpan yo ye a, wa a di yo:-Chak moun voye jenn ti sigòy yo sou sèpan yo.

[23] Yo chak voye jenn sigòy yo sou lòd wa a, jenn sigòy yo kouri sou sèpan yo, sigòy yo devore tout sèpan yo, epi detwi yo tout nan plas sa a.

[24] Lè wa ak pèp la wè tout sèpan yo te detwi kote sa a, tout pèp la pran fè yon gwo rèl.

[25] Yo pwoche bò kote lavil la, yo pran goumen ak moun lavil la, yo sezi l, yo soumèt li, epi yo antre nan lavil la.

[26] Jou sa a, mil san (1,100) gason nan moun ki te rete nan lavil la te mouri, men nan moun ki te sènen yo wan pa t mouri.

[27] Se konsa, tout pitit Kouch yo te retounen lakay yo, kay madanm yo, pitit yo ak tout sa ki te pou yo.

[28] Lè Balaram, majisyen an, wè yo te pran lavil la, li louvri pòtay la, li menm ansanm ak de pitit gason l yo, ak wit frè l yo kouri met deyò, yo retounen nan peyi Lejip kote Farawon an, wa peyi Lejip la.

[29] Se sòsye sa yo ak majisyen sa yo ki mansyone nan **Liv Lalwa** a, yo te kanpe kont Moyiz lè SENYÈ a te voye kalamite yo sou peyi Lejip la.

[30] Se konsa, gras ak bon konprann li, Moyiz te pran lavil la, epi moun peyi Kouch yo mete l sou fotèy la nan plas Kikiyanis, wa Kouch la.

[31] Yo te mete kouwòn wa sou tèt li, yo ba li pou madanm Adonya, larenn peyi Letiopi a, madanm Kikiyanis.

[32] Moyiz te gen krentif pou SENYÈ a, BonDye zansèt li yo, li pa t kouche avèk li, ni li pa t vire je l sou li.

[33] Moyiz te vin chonje jan Abraram te fè Elyezè, sèvitè l la, fè sèman, li di l:-Pinga ou pran yon fanm nan mitan pitit fi Kanaran yo pou Izarak, pitit mwen an.

[34] Avèk tou, sa Izarak te di lè Jakòb te kouri pou frè l la, lè l te ba l lòd sa a: Pinga ou marye ak pitit fi Kanaran yo, ni ou p'ap fè alyans ak okenn nan pitit Kam yo.

[35] Paske, SENYÈ a, BonDye nou an, te bay Kam, pitit Noye a, ak tout pitit pitit li yo, kòm esklav pou pitit Sèm yo ak pou pitit Jafè yo, ak desandan yo aprè yo kòm esklav, pou tout tan.

[36] Se poutèt sa, pandan tout tan li t'ap gouvènen peyi Kouch, Moyiz pa t vire kè li ni je l sou madanm Kikiyanis la.

[37] Moyiz te gen krentif pou SENYÈ a, BonDye li a, pandan tout lavi l, epi Moyiz te mache devan SENYÈ a nan verite a, ak tout kè l ak tout nanm li, li pa t janm vire do bay chemen dwat la pandan tout lavi l. Li pa t detounen soti nan chemen ni adwat ni agoch, ke Abraram, Izarak ak Jakòb te mache a.

[38] Moyiz te fòtifye tèt li nan wayòm moun peyi Kouch yo, li te gide moun peyi Kouch yo ak bon konprann nòmal li a, zafè Moyiz te mache byen nan wayòm li an.

[39] Lè sa a, moun Aram yo ak moun ki te sou bò solèy leve yo te vin konnen Kikiyanis, wa peyi Kouch la te mouri. Konsa Aram ak pitit gason lès yo te vin revòlte kont Kouch nan jou sa yo.

[40] Moyiz rasanble tout moun peyi Kouch yo, yon pèp ki te gen anpil pouvwa, anviwon trantmil (30.000) gason, li pati pou y'al goumen ak moun Aram yo ak moun ki te sou bò solèy leve yo.

[41] O kòmansman, yo te ale bò kote moun ki te sou bò solèy leve an, Lè moun ki te sou bò solèy leve yo te tande nouvèl sa a, yo te al rankontre yo, yo te goumen ak yo.

[42] Epi lagè a te sevè kont moun ki te sou bò solèy leve yo, se konsa SENYÈ a te lage tout moun ki te sou bò solèy leve yo nan men Moyiz.

[43] Tout moun ki te sou bò solèy leve yo te retounen, yo fè bak, se konsa Moyiz ak moun peyi Kouch yo swiv yo, yo bat yo, epi yo mete yon taks sou yo, jan yo te konn abitye fè l lan.

[44] Se konsa, Moyiz ansanm ak tout moun ki te avè l yo pati, yo te pran wout pou peyi Siri a pou yo t'ale goumen.

[45] Moun peyi Siri yo te al rankontre yo tou, yo te goumen ak yo, SENYÈ a te lage moun peyi Siri yo nan men Moyiz, anpil nan moun peyi Siri yo te blese tonbe atè.

[46] Moyiz ak moun peyi Kouch yo te soumèt peyi Siri yo tou. E fè yo bay taks kòm abitid.

[47] Moyiz mennen Aram ak moun ki te sou bò solèy leve yo soumèt devan moun Kouch yo. Moyiz ak tout moun ki te avè l yo retounen nan peyi Kouch.

[48] Moyiz te fòtifye tèt li nan wayòm pitit moun Kouch yo, SENYÈ a te avèk li, tout moun peyi Kouch yo te pè l.

74- Moyiz Reye Nan Peyi Kouch

[1] Nan fen ane yo, Sayil, wa peyi Edòm nan, te mouri, se Baal Kanan, pitit gason Akbò a, ki te gouvènen nan plas li.

[2] Nan sèzyèm lane rèy Moyiz t'ap gouvènen Kouch, Baal Kanan, pitit gason Akbò a, moute wa nan peyi Edòm sou tout moun peyi Edòm yo pandan trantwitan.

[3] Sou tan li, Mowab te revòlte kont pouvwa peyi Edòm nan, li te soumèt anba peyi Edòm depi sou tan Adad, pitit gason Bedad la, ki te bat yo ak moun Madyanit yo, li te fè Mowab soumèt devan Edòm.

[4] Lè Baal Kanan, pitit gason Akbò a, t'ap gouvènen peyi Edòm nan, tout pitit Mowab yo te retire alyans yo pou peyi Edòm.

[5] Lè sa a, Angeas, wa peyi Lafrik la te mouri, se Azdrubal, pitit gason l lan, ki te moute wa nan plas li.

[6] Lè sa a, Yaneas, wa pitit Kittim yo, te mouri, yo antere l nan tanp li te bati pou tèt li nan plenn Kanopia pou yon abitasyon, epi Latinis te gouvènen nan plas li.

[7] Nan venndezyèm lane Moyiz t'ap gouvènen peyi Kouch yo, Latinis te gouvènen peyi Kittim yo pandan karannsenkan.

[8] Li menm tou, li te bati yon gwo fò won pou tèt li, epi l bati ladan l yon tanp elegan pou rezidans li, pou dirije gouvènman l, jan sa te konn abitye ye an.

[9] Twazyèm lane depi l t'ap gouvènen, li te fè yon pwoklamasyon bay tout moun li yo ki te gen anpil ladrès, ki te fè anpil bato pou li.

[10] Aprè sa, Latinis rasanble tout lame l yo, yo pase pa bato, yo ale nan batay ak Azdrubal, pitit gason Angeas, wa Lafrik la, yo rive nan Lafrik e angaje yo nan batay ak Azdrubal ak lame li a.

[11] Latinis te genyen batay la sou Azdrubal, Latinis te sezi nan men Azdrubal gwo kannal papa l te fè bati nan men pitit Kittim yo, lè l te pran Janiya, pitit fi Ouzi a, pou madanm. Se konsa Latinis te chavire gwo pon kannal lan, li frape tout lame Azdrubal la ak yon gwo kou.

[12] Aprè sa, rès vanyan sòlda Azdrubal yo te ranfòse tèt yo, kè yo te ranpli ak jalouzi, yo t'ap chèche lanmò, e angaje yo ankò nan batay ak Latinis, wa Kittim.

[13] Batay la te sevè sou tout moun Lafrik yo, yo tout te tonbe blese devan Latinis ak pèp li a, Azdrubal wa te tonbe tou nan batay sa a.

[14] Wa Azdrubal te gen yon bèl pitit fi ki te rele Ouchpezena. Tout mesye Afrik yo te koud imaj li sou rad yo, akoz gran bote li ak bèl aparans li.

[15] Mesye Latinis yo te wè Ouchpezena, pitit fi Azdrubal la, yo te fè lwanj li bay Latinis, wa yo a.

[16] Latinis te bay lòd pou yo mennen l bali, epi Latinis te pran Ouchpezena pou yon madanm, epi l retounen nan wout li nan Kittim.

[17] Aprè lanmò Azdrubal, pitit gason Angeas, lè Latinis te retounen nan peyi l aprè batay la, tout moun ki te rete nan Lafrik la yo leve, yo te pran Anibal, pitit gason Angeas, ti frè Azdrubal la. Yo fè l wa pito nan plas frè l la sou tout peyi Afrik lan.

[18] Lè l t'ap gouvènen an, li te deside ale Kittim pou goumen ak pitit Kittim yo, pou tire revanj kòz Azdrubal, frè li a, ak kòz moun ki rete nan Lafrik lan, li te fè sa.

[19] Aprè sa, li te fè anpil bato, li antre ladan l ak tout lame li a, epi l t'ale Kittim.

[20] Se konsa, Anibal te goumen ak moun Kittim yo. Moun Kittim yo te tonbe devan Anibal ak lame li a. Anibal te tire revanj frè l la.

[21] Anibal te kontinye lagè a ak moun Kittim yo pandan dizwitan. Anibal te rete nan peyi Kittim la, li te moute kan li la, li te abite nan peyi Kittim pou yon bon bout tan.

[22] Anibal te touye moun Kittim yo anpil, li te touye gwo chèf yo ak prens yo. Li te touye katrevenmil (80.000) gason nan rès pèp la.

[23] Aprè plizyè jou ak ane, Anibal retounen nan peyi Afrik li an, li te gouvènen an sekirite nan plas Azdrubal, frè li a.

75- Efrayimit Yo Eseye Kite Lejip

(1 Kwonik 7:20-23)

[1] Nan tan sa a, nan san katrevenyèm (180) ane depi Izrayelit yo te desann nan peyi Lejip, kèk gwoup vanyan gason te soti nan peyi Lejip, trant mil (30.000) a pye, nan pitit Izrayèl yo. Tout te soti nan tribi Efrayim, pitit Jozèf la.

[2] Paske yo te di peryòd la te konplete ke SENYÈ a te fikse pou pitit Izrayèl yo nan tan lontan, ke Li te di ak Abraram lan.

[3] Mesye sa yo mare ren yo, chak moun mete epe l bò kote l, chak moun mete kouvèti pwoteksyon l sou li, yo te mete konfyans nan fòs yo, yo te soti ansanm nan peyi Lejip ak yon men pwisan.

[4] Men, yo pa t pote pwovizyon pou vwayaj la, yo te pote nan men yo sèlman ajan ak lò, pa menm pen pou jou sa yo, paske yo te panse pou yo te jwenn pwovizyon yo pou achte bò kote Filisten yo, si l pa ta sa, yo t'ap pran li pa fòs.

[5] Mesye sa yo se te gason ki te genyen fòs ak gason kouraj, yon sèl nan yo te kapab pouswiv mil, e de nan mesye sa yo te kapab mete dimil ladan yo kraze rak, se konsa yo te mete konfyans nan fòs yo e yo te ale ansanm jan yo te ye a.

[6] Yo te dirije chemen yo vè tè Gat la, yo te desann e yo jwenn gadò mouton moun Gat yo k'ap bay bèt Gat yo manje.

[7] Yo te di gadò yo: Ban nou kèk mouton, n'ap peye, pou nou ka manje, paske nou grangou, nou pa t manje pen jodi a.

[8] Gadò yo di yo: Èske se mouton nou oswa bèt nou yo ye, pou nou ta pran yo ba ou, menm pou lajan? Konsa, pitit Efrayim yo pwoche pou te pran yo pa fòs.

[9] Gadò Gat yo rele sou yo, yon kri ki te tande nan yon distans, konsa tout pitit Gat yo te soti vin jwenn yo.

[10] Lè pitit Gat yo te wè move zak pitit Efrayim yo, yo retounen al rasanble mesye Gat yo. Chak moun yo mete zam li sou li, yo te vin jwenn pitit Efrayim yo pou batay.

[11] Yo angaje yo nan batay nan vale Gat la, batay la te grav, lè sa a nan tou de kan yo anpil nan yo te pran anpil frap jou sa a.

[12] Nan dezyèm jou a, pitit Gat yo te voye chache sekou nan tout vil Filisten yo pou yo vin ede yo, yo di:

[13] Monte vin ede nou, pou nou ka frape pitit Efrayim yo ki soti Lejip pou pran bèt nou yo, pou goumen kont nou san rezon.

[14] Kounyeya, nanm pitit Efrayim yo te epwize ak grangou ak swaf, paske yo pa t manje pen depi twa jou. E karant mil gason (40,000) soti nan lavil Filisten yo pou vin ede gason Gat yo.

[15] Mesye sa yo te angaje nan batay ak pitit Efrayim yo, SENYÈ a te lage pitit Efrayim yo nan men Filisten yo.

[16] Yo te touye tout pitit Efrayim yo, tout moun ki te soti Lejip, pa t rete okenn eksepte dis gason ki te sove soti nan batay la.

[17] Paske kalamite sa, te soti nan men SENYÈ a kont pitit Efrayim yo, paske yo te vyole pawòl SENYÈ a nan kite Lejip, anvan peryòd la te rive ke SENYÈ a nan tan lontan te fikse pou Izrayèl.

[18] Nan Filisten yo tou te gen anpil ki te tonbe, anviwon ven mil (20,000) gason, frè yo te pote yo epi antere yo nan vil yo.

[19] Moun ki te mouri yo nan pitit Efrayim yo, te rete abandone nan vale Gat pou anpil jou ak ane, yo pa t mennen yo pou antere, vale a te plen ak zo moun.

[20] Mesye yo ki te chape soti nan batay la te vini Lejip, yo te rakonte tout pitit Izrayèl yo tout sa ki te rive yo.

[21] Papa yo, Efrayim, te nan lapenn pou yo pou anpil jou, frè l yo te vin pou konsole l.

[22] Li te ale kot madanm li, madanm li te fè yon pitit gason, Efrayim te rele l Berya, paske te gen malè nan kay li.

76 – Moyiz Kite Peyi Kouch
(Egzòd 2:11-23; Travay 7:30)

[1] Moyiz, pitit Amram lan, te toujou wa nan peyi Kouch nan jou sa yo, li te pwospere nan wayòm li, e li te dirije gouvènman pitit Kouch yo ak jistis, dwati, e ak entegrite.

[2] Tout pitit Kouch yo te renmen Moyiz tout jou l te reye sou yo, tout abitan peyi Kouch te gen anpil krentif pou li.

[3] Nan karantyèm ane rèy Moyiz sou Kouch, Moyiz te chita sou twòn wayal la pandan ke Adoniya, larenn lan, te devan l, tout nòb yo te chita bò kote l.

[4] Adoniya, larenn lan, te di devan wa ak prens yo:-Ki sa bagay sa a ye la, ke nou menm, pitit Kouch yo, nou fè depi lontan sa a?

[5] Sètènman nou konnen ke pandan karantan gason sa a te gouvènen sou Kouch, li pa janm pwoche mwen, ni l pa sèvi dye moun Kouch yo.

[6] O! Nou menm pitit Kouch yo, koute kounyeya, pa kite nonm sa ap gouvène sou nou ankò paske l pa soti nan ras san nou.

[7] Gade, Menakris, pitit gason m nan fin grandi, kite l reye sou nou, paske l pi bon pou nou sèvi pitit gason mèt nou, pase pou n sèvi yon etranje, esklav wa peyi Lejip la.

[8] Tout pèp la ak nòb yo nan moun Kouch yo te tande pawòl Adoniya, larenn lan te di nan zòrèy yo.

[9] Tout pèp la te prepare jiska aswè, nan maten yo leve bonè, yo fè Menakris, pitit Kikiyanis, wa sou yo.

[10] Tout pitit Kouch yo te pè pou yo te lonje men yo sou Moyiz, paske SENYÈ a te avèk Moyiz, pitit Kouch yo te sonje sèman yo te fè a Moyiz, se poutèt sa yo pa t fè l mal.

[11] Men pitit Kouch yo te bay Moyiz anpil kado, yo voye l ale ak anpil onè.

[12] Konsa, Moyiz te soti nan peyi Kouch, li te retounen lakay li e li te sispann reye sou Kouch, Moyiz te gen swasann-sis lane lè li te soti nan peyi Kouch, bagay sa te soti nan SENYÈ a, paske tan an te rive ke Li te fikse depi nan tan lontan, pou Li te fè pèp Izrayèl la soti anba afliksyon pitit Kam yo.

[13] Konsa Moyiz te ale nan peyi Madyan, paske l te pè pou li te retounen nan peyi Lejip akoz Farawon, li te ale e chita bò yon pi dlo nan peyi Madyanit.

[14] Kounyeya, sèt pitit fi Reouyèl, Madyanit la, te soti pou bay bann mouton papa yo manje.

[15] Yo te rive bò pi a epi yo rale dlo pou bay bann mouton papa yo bwè.

[16] Bèje Madyanit yo vini, yo kwape jenn fi yo ale, Moyiz te leve, li ede yo epi l bay bann mouton yo bwè.

[17] Yo retounen lakay papa yo Reouyèl, yo rakonte l sa Moyiz te fè pou yo.

[18] Yo di: Yon gason Lejipsyen delivre nou anba men bèje yo, li rale dlo pou nou epi l bay bann mouton yo bwè.

[19] Reouyèl di pitit fi l yo: E kote l ye? Poukisa n kite mesye a?

[20] Reyouèl voye chèche l, li mennen l lakay li, epi l manje pen ansanm avèk li.

[21] Moyiz rakonte Reouyèl li te sove kite peyi Lejip e ke li te reye pandan karantan sou Kouch, aprè sa, yo te pran gouvènman an nan men l, yo te voye l ale ak lapè, ak onè, e ak kado.

[22] Lè Reouyèl tande pawòl Moyiz yo, Reouyèl di nan kè l, mwen pral mete nonm sa a nan prizon, konsa m'a fè pitit Kouch yo plezi, paske l te kouri kite yo.

[23] Yo pran l epi yo mete l nan prizon, Moyiz te nan prizon dis ane, pandan Moyiz te nan prizon, Zipora, pitit fi Reouyèl la, te gen pitye pou li, e li te ba l manje ak dlo pandan tout tan sa a.

[24] Tout pitit Izrayèl yo te toujou nan peyi Lejip ap sèvi Lejipsyen yo nan tout kalite travay di, lamen Lejipsyen yo te kontinye ap peze sou pitit Izrayèl yo nan jou sa yo.

[25] Nan tan sa a, SENYÈ a te frape Farawon, wa peyi Lejip la, li te aflije l ak maladi lalèp, depi nan pla pye l rive nan tèt li; akoz tretman brital li sou pitit Izrayèl yo, maladi sa li te genyen yan te soti nan SENYÈ a sou Farawon, wa peyi Lejip la.

[26] Paske SENYÈ a te tande priyè pèp li a, pitit Izrayèl yo, kri yo te rive jwenn li akoz travay di yo.

[27] Men kòlè li pa t vire sou yo, lamen Farawon an te toujou lonje sou pitit Izrayèl yo, Farawon te fè kè l di devan SENYÈ a, e li te ogmante jouk li sou pitit Izrayèl yo, li te rann lavi yo amè ak tout kalite travay di.

[28] Lè SENYÈ a te voye maladi sou Farawon, wa peyi Lejip la, li te mande majisyen li yo ak sòsye l yo, pou geri l.

[29] Majisyen l yo ak sòsye yo te di l: Si yo mete san timoun nan blesi l yo, li ka geri.

[30] Farawon te koute yo, li te voye minis li yo ale Gochenn kot pitit Izrayèl yo pou pran timoun yo.

[31] Minis Farawon yo te ale, yo te pran ti bebe pitit Izrayèl yo nan bra manman yo ak fòs, yo te mennen yo bay Farawon chak jou yon timoun, doktè yo te touye yo e aplike san yo sou maladi a; konsa yo te fè chak jou.

[32] Kantite timoun ke Farawon te touye se te twa san swasankenz (375)

[33] Men SENYÈ a pa t koute doktè wa peyi Lejip la, maladi a te kontinye ap ogmante anpil.

[34] Farawon te soufri ak maladi sa a pandan dis ane, toujou kè Farawon te vin pi di kont pitit Izrayèl yo.

[35] Nan fen dis ane yo, SENYÈ a te kontinye ap aflije Farawon ak maladi destriktif sa.

[36] SENYÈ a te frape l ak yon move timè ak maladi nan vant, e maladi sa a te retounen yon gwo apse.

[37] Nan tan sa a, de minis Farawon yo te soti nan peyi Gochenn kote tout pitit Izrayèl yo te ye a, yo te ale kay Farawon, yo te di l:-Nou te wè pitit Izrayèl yo ap ralanti nan travay yo e yo neglijan nan travay yo.

[38] Lè Farawon te tande pawòl minis li yo, kòlè l te limen kont pitit Izrayèl yo anpil, paske l te nan anpil soufrans akòz doulè kò l.

[39] Li reponn e di:-Kounyeya pwiske pitit Izrayèl yo konnen mwen malad, yo vire epi y'ap pase nou nan rizib, nan moman sa la menm, prepare cha mwen pou mwen, e mwen pral ale Gochenn pou mwen wè rizib pitit Izrayèl yo ap fè mwen; Se konsa sèvitè l yo prepare cha a pou li.

[40] Yo pran l e fè l monte sou yon chwal, paske li pa t kapab monte pou tèt pa l.

[41] Li pran avèk li dis chwalye ak dis pyeton, e li te ale kot pitit Izrayèl yo nan Gochenn.

[42] Lè yo te rive nan fwontyè Lejip la, chwal wa antre nan yon pasaj etwat, ki te leve nan yon pati vid nan jaden rezen an, ki te antoure ak baryè sou tou de bò yo, peyi plat la te sou lòt bò a.

[43] Chwal yo te kouri rapid nan kote sa a e peze youn lòt, e lòt chwal yo te peze chwal wa a.

[44] Chwal wa tonbe nan tè plat la pandan wa t'ap mennen l, lè wa te tonbe a, cha a te vire sou figi wa e chwal la te kouche sou wa a, e wa te rele, paske kò l te nan anpil doulè.

[45] Po wa te chire soti sou li, zo l yo te kase e li pa t kapab monte, paske bagay sa a te soti nan SENYÈ a pou li, paske SENYÈ a te tande kri pèp li a, pitit Izrayèl yo, e afliksyon yo.

[46] Sèvitè l yo te pote l sou zepòl yo, ti kras pa ti kras, yo te mennen l retounen Lejip, chwalye yo ki te avèk li yo tou te retounen Lejip.

[47] Yo mete l nan kabann li, e wa te konnen ke fen l te rive pou l te mouri, konsa Aparanit larenn lan, madanm li, vini e kriye devan wa a, e wa te kriye anpil ansanm avèk li.

[48] Tout nòb li yo ak sèvitè l yo te vini jou sa a e wè wa nan afliksyon sa, yo te kriye anpil ansanm avèk li.

[49] Prens wa ak tout konseye l yo konseye wa pou l fè yon moun reye nan plas li nan peyi a, nenpòt moun li ta chwazi nan pitit gason l yo.

[50] Wa a te gen twa pitit gason ak de pitit fi ke Aparanit larenn lan, madanm li, te fè pou li, san konte pitit wa yo ak konkibin yo.

[51] Men non yo, premye pitit la Otri, dezyèm nan Adikam, ak twazyèm nan Morion, e sè yo; Non gran sè a se Batiya e lòt la se Akuzi.

[52] E Otri, premye pitit gason wa, te yon idyo, li te toujou ap presipite e prese nan pawòl li yo.

[53] Men Adikam te yon nonm malen e saj, li te konnen anpil nan tout sajès Lejipsyen yo, men l pa t bèl vizaj, li pa t gra nan po, e li te kout anpil nan wotè; wotè l te yon pye edmi.

[54] Lè wa te wè Adikam, pitit gason li an te entelijan e saj nan tout bagay, wa te deside ke l ta dwe wa nan plas li aprè lanmò l.

[55] Li te fè pran Geduda, pitit fi Abilot, kòm madanm pou li, li te gen dizan, e li te ba l kat pitit gason.

[56] Aprè sa, li pran twa lòt madanm epi l fè wit pitit gason ak twa pitit fi.

[57] Men, dezòd la te vin pi grav sou wa, chè li te santi tankou chè yon kadav yo jete nan chan pandan ete, anba chalè solèy la.

[58] Lè wa te wè maladi a te vin pi fò sou li, li bay lòd pou yo mennen pitit gason l, Adikam, vin jwenn li, yo te fè l wa sou peyi a nan plas li.

[59] Nan fen twa zan, wa te mouri, nan wont, dezònè, e degoutans. Sèvitè l yo te pote l epi antere l nan tonm wa yo nan peyi Lejip, nan Zoan Mizrayim.

[60] Men yo pa t anbome l jan yo konn fè sa pou wa yo, paske chè l te pouri, yo pa t kapab pwoche bò kote l pou anbome l akoz sant la, kidonk yo te prese antere l.

[61] Paske sa, se te malè ki te soti nan SENYÈ a pou li, paske SENYÈ a te rann li mal pou mal, ke li te fè pèp Izrayèl la pandan jou l yo.

[62] Li te mouri ak laperèz ak wont, pitit gason l, Adikam, te vin wa nan plas li.

77- Baton Moyiz

(Egzòd 4:2)

[1] Adikam te gen ventan lè l te kòmanse gouvènen sou Lejip, li te gouvènen pandan katran.

[2] Nan de san sizyèm (206) ane depi Izrayelit yo te desann nan peyi Lejip, Adikam te kòmanse gouvènen sou Lejip, men l pa t kontinye gouvènen sou Lejip otan ke papa l yo te gouvènen.

[3] Melol, papa l, te gouvènen pandan katrevenkatòz ane nan peyi Lejip, men l te malad pandan dis ane epi l te mouri, paske l te fè sa ki mal devan SENYÈ a.

[4] Tout Lejipsyen yo te rele Adikam Farawon menm jan ak papa l yo, jan koutim yo te ye nan peyi Lejip.

[5] Tout moun save Farawon yo te rele Adikam Ahuz, paske Ahuz vle di 'kout' nan lang Lejipsyen an.

[6] Adikam te ekstrèmman lèd, li te mezire yon pye edmi, e li te gen yon gwo bab ki te rive jiska pla pye l yo.

[7] Farawon te chita sou twòn papa l pou l gouvènen sou Lejip, e li te kondwi gouvènmnan peyi Lejip la ak sajès li.

[8] Pandan li t'ap gouvènen, li te depase papa l ak tout wa ki te vini anvan l nan mechanste, li te ogmante jouk li sou pitit Izrayèl yo.

[9] Li te ale ak sèvitè l yo Gochenn kot pitit Izrayèl yo, li te ranfòse travay la sou yo e li te di yo:- Konplete travay nou, travay chak jou, pa kite men nou bese nan travay nou depi jodi a pou pi devan jan nou te fè nan jou papa m.

[10] Li te mete ofisye sou yo ki te soti pami pitit Izrayèl yo, sou menm ofisye sa yo li te mete sou yo mèt travay pami sèvitè l yo.

[11] Li te mete sou yo yon kantite brik pou yo fè selon kantite sa a chak jou, epi l te retounen ale nan peyi Lejip.

[12] Nan epòk sa a, mèt travay Farawon yo te bay ofisye nan pitit Izrayèl yo lòd selon kòmandman Farawon, yo di:

[13] Men sa Farawon di:-Fè travay nou chak jou, fini travay nou, respekte mezi brik chak jou; Pa diminye anyen.

[14] Sa gen pou rive si nou manke nan brik chak jou nou yo, m'ap mete jenn timoun nou yo nan plas yo.

[15] Mèt travay Lejip yo te fè sa nan jou sa yo jan Farawon te bay lòd yo.

[16] Chak fwa yo te jwenn yon mank nan mezi brik chak jou pitit Izrayèl yo, mèt travay Farawon yo te ale kay madanm pitit Izrayèl yo e pran timoun piti pami pitit Izrayèl yo nan kantite brik ki manke, yo te pran yo ak fòs nan bra manman yo, mete yo kole nan konstriksyon olye de brik yo;

[17] Pandan papa yo ak manman yo t'ap kriye pou yo, lè yo te tande vwa rèl timoun yo nan konstriksyon miray lan.

[18] Mèt travay yo te dominen sou Izrayèl, pou ke Izrayelit yo ta dwe mete timoun yo nan konstriksyon an, konsa yon nonm te mete pitit gason l nan miray la epi l te kouvri l ak mòtye, pandan je l t'ap koule dlo sou li, dlo je l te koule desann sou pitit li.

[19] Chèf travay Lejip yo te fè sa ak ti bebe Izrayèl yo pandan anpil jou, pèsonn pa t gen pitye oswa konpasyon pou ti bebe pitit Izrayèl yo.

[20] Kantite tout timoun ki te mouri nan konstriksyon an te de san swasanndis (270), gen kèk ke yo te bati sou yo olye de brik ki te manke pa papa yo, gen kèk ke yo te rale mouri soti nan konstriksyon an.

[21] Travay yo te enpoze sou pitit Izrayèl yo nan jou Adikam yo te pi di pase sa yo te fè nan jou papa l.

[22] Pitit Izrayèl yo te pouse soupi chak jou akoz travay lou yo, paske yo te di tèt yo: Gade! Lè Farawon an va mouri, pitit gason li an ap leve epi l ap soulaje travay nou!

[23] Men yo te ogmante travay la pi plis pase avan, pitit Izrayèl yo t'ap soupire pou sa epi kriye yo te monte jwenn BonDye akoz travay yo.

[24] BonDye te tande vwa pitit Izrayèl yo ak kriye yo, nan jou sa yo, BonDye te sonje alyans Li te fè ak Abraram, Izarak ak Jakòb.

[25] BonDye te wè chay pitit Izrayèl yo, ak travay lou yo nan jou sa yo, Li te deside pou l te delivre yo.

[26] Moyiz, pitit gason Amram, te toujou fèmen nan kacho a nan jou sa yo, nan kay Reouyèl, Madyanit la, Zipora, pitit fi Reouyèl, te sipòte l ak manje an kachèt chak jou.

[27] Moyiz te fèmen nan kacho a nan kay Reouyèl pandan dizan.

[28] Nan fen dis ane yo ki te premye ane rèy Farawon an sou Lejip, nan plas papa l.

[29] Zipora te di papa l Reouyèl: Pèsonn pa vin mande oswa chèche konnen sou nonm Ebre a, ke w te mare nan prizon an pandan dis ane yo.

[30] Kounyeya, si sa sanble bon nan je w, annou voye wè si l vivan oswa mouri, men papa l pa t konnen ke l te sipòte l.

[31] Reouyèl, papa l, te reponn epi l te di l:-Èske janm gen yon bagay konsa ki te rive, ke yon nonm ta fèmen nan yon prizon san manje pandan dis ane, epi l ta viv?

[32] Zipora te reponn papa l, li di l:-Asireman ou te tande ke BonDye Ebre yo gran e terib, e Li fè mirak pou yo nan tout tan.

[33] Se Li menm ki te delivre Abraram soti nan Our nan peyi Kalde yo, Izarak anba nepe papa l, Jakòb anba zanj SENYÈ a ki te goumen avè l nan pasaj Jabòk la.

[34] Li menm ak nonm sa a Li te fè anpil bagay, Li te delivre l soti nan larivyè nan peyi Lejip e anba nepe Farawon an, nan men pitit Kouch yo, konsa tou Li ka delivre l soti nan grangou e fè l viv.

[35] Bagay la te sanble bon nan je Reouyèl, li te fè selon pawòl pitit fi l, e li te voye nan kacho a pou konnen sa ki te rive Moyiz.

[36] Lè l gade, nonm Moyiz la te vivan nan kacho a, li te kanpe sou pye l, li t'ap fè lwanj epi l t'ap priye BonDye zansèt li yo.

[37] Reouyèl te bay lòd pou yo te retire Moyiz nan kacho a, yo te raze l epi l te chanje rad prizon l e manje pen.

[38] Aprè sa, Moyiz te antre nan jaden Reouyèl ki te dèyè kay la, li te la li t'ap lapriyè SENYÈ a BonDye li an, Ki te fè gwo mirak pou li.

[39] Pandan li t'ap lapriyè, li te gade devan l, epi l wè, te gen yon baton safi ki te pike nan tè a, ki te plante nan mitan jaden an.

[40] Li te pwoche bò baton an epi l te gade, li te wè Non: YAHWEH ELOYIM, EL SABAÒTH te grave sou li, sa te ekri e devlope sou baton an.

[41] Li te li l, epi l lonje men l, li te rache l tankou yon ti pyebwa nan yon rak bwa, e baton an te nan men l.

[42] E se ak baton sa a tout travay BonDye nou an te fèt, aprè l te kreye syèl la ak tè a, tout lame zanj yo, lanmè yo, rivyè yo ak tout pwason yo.

[43] Lè BonDye te pouse Adan soti nan jaden Edenn, Adan te pran baton an avèk li, epi l te ale deyò jaden an, li t'al kiltive tè a ke li te soti ladan li an.

[44] Baton an te desann jwenn Noye, li te bay li a Sèm ak desandan l yo, jiskaske l te rive nan men Abraram Ebre an.

[45] Lè Abraram te bay pitit gason l Izarak tout sa l te genyen, li te ba l baton sa a tou.

[46] Lè Jakòb te kouri pou l t'al Mezopotami, li te pran l avèk li, epi lè l te retounen kot papa l, li pa t kite l dèyè.

[47] Menm lè l te desann nan peyi Lejip, li te kenbe l nan men l epi l te bay li a Jozèf, yon pòsyon pi wo pase frè l yo, paske Jakòb te pran l pa fòs nan men frè l Ezaou.

[48] Aprè lanmò Jozèf, ansyen Lejip yo te antre nan kay Jozèf, baton an te rive nan men Reouyèl Madyanit la, e lè l te soti Lejip, li te pran l nan men l epi l te plante l nan jaden l.

[49] Tout gason vanyan Kinit yo te eseye rache l lè yo t'ap eseye pran Zipora, pitit fi l, men yo pa t ka reyisi.

[50] Konsa, baton an te rete plante nan jaden Reouyèl, jiskaske moun ki te gen dwa sou li a te vini epi l te pran l.

[51] Lè Reouyèl te wè baton an nan men Moyiz, li te sezi, epi l te bay pitit fi li Zipora kòm madanm.

78- Apèl Moyiz

(Egzòd 3)

[1] Nan tan sa a, Baal kanan, pitit Akbò, wa peyi Edòm nan, te mouri, yo te antere l nan kay li nan peyi Edòm.

[2] Aprè lanmò l, pitit Ezaou yo te voye nan peyi Edòm, yo te pran yon nonm ki te nan Edòm, ki te rele Adad, yo te fè l wa sou yo nan plas Baal Kanan, wa yo.

[3] Adad te gouvènen sou pitit Edòm yo pandan karantwit ane.

[4] Lè l te gouvènen, li te deside goumen kont pitit Mowab yo, pou mennen yo anba pouvwa pitit Ezaou yo jan yo te ye anvan, men li pa t kapab, paske pitit Mowab yo te tande bagay sa a, yo te leve e prese eli yon wa sou yo pami frè yo.

[5] Aprè sa, yo te rasanble yon gwo pèp, yo te voye kote pitit Amon, frè yo, yo mande èd pou goumen kont Adad, wa Edòm nan.

[6] Adad te tande sa pitit Mowab yo te fè, li te gen anpil laperèz pou yo, li te vin refize goumen kont yo.

[7] Nan jou sa yo, Moyiz, pitit Amram, nan Madyanit, te pran Zipora, pitit fi Reouyèl Madyanit la, kòm madanm.

[8] Zipora te mache nan chemen pitit fi Jakòb yo, li pa t manke anyen nan jistis Sara, Rebeka, Rachèl ak Leya.

[9] Zipora te vin ansent, li te fè yon pitit gason, Moyiz te rele non l Gèchòm, paske l te di: Mwen te etranje nan yon peyi etranje; men l pa t sikonsi chè ti pijon pitit gason an, sou lòd Reouyèl, bòpè l.

[10] Li te vin ansent ankò e li te fè yon lòt pitit gason, li te sikonsi chè ti pijon l, e li te rele non l Eliyezè, paske Moyiz te di:-BonDye zansèt mwen yo te ede m, e li te delivre m anba nepe Farawon an.

[11] Farawon, wa Lejip la, te ogmante travay la sou pitit Izrayèl yo nan jou sa yo, e li te kontinye fè jouk li yo pi lou sou pitit Izrayèl yo.

[12] Li te bay lòd pou fè yon pwoklamasyon nan peyi Lejip, li di: Pa bay pèp la pay ankò pou fè brik, kite yo ale chèche pay jan yo kapab jwenn li.

[13] Epitou kantite brik yo dwe fè chak jou, yo dwe bay sa chak jou, pa diminye anyen, paske yo parese nan travay yo.

[14] Pitit Izrayèl yo te tande sa, yo te nan lapenn e yo t'ap soupire, yo t'ap kriye bay SENYÈ a akoz nanm yo te anmè kou fyèl.

[15] SENYÈ a te tande kriye pitit Izrayèl yo, li te wè opresyon ke Lejipsyen yo te oprese yo.

[16] SENYÈ a te jalou pou pèp Li a ak eritaj Li, e Li te tande vwa yo, Li te deside pou l retire yo anba mizè Lejip la, pou l te ba yo peyi Kanaran kòm yon posesyon.

79- Moyiz Devan Farawon

(Egzòd 5:1-3)

[1] Nan epòk sa yo, Moyiz t'ap gade twoupo Reouyèl, bòpè l Madyanit la, pa dèyè nèt pi lwen dezè Zin, epi baton l te pran nan men bòpè l lan te nan men l lè sa a.

[2] Yon jou, yon kabrit soti nan twoupo a, Moyiz te swiv li jiska mòn BonDye a, Orèb.

[3] Lè l te rive Orèb, SENYÈ a te parèt devan l nan yon touf bwa, li jwenn touf bwa a te limen ak dife, men dife a pa t gen pouvwa pou l te boule touf bwa a nèt.

[4] Moyiz te etone anpil devan espektak sa a, paske touf bwa a pa t boule, li te pwoche pou l te wè bagay etonan sa a, SENYÈ a te rele Moyiz nan dife a, Li te ba l lòd pou l desann nan peyi Lejip, kote Farawon, wa Lejip la, pou l te lage pitit Izrayèl yo soti nan sèvis li.

[5] SENYÈ a di Moyiz:-Ale, retounen nan peyi Lejip, paske tout moun ki t'ap chèche lavi w yo mouri, e w'ap pale ak Farawon pou l lage pitit Izrayèl yo soti nan peyi l.

[6] SENYÈ a te montre l fè mirak ak siy nan peyi Lejip devan je Farawon ak devan je sijè l yo, pou yo ka kwè ke se SENYÈ a ki te voye l.

[7] Moyiz te koute tout sa SENYÈ a te kòmande l, li te retounen kay bòpè l e li te rakonte l bagay la, Reouyèl di l: Ale anpè.

[8] Moyiz leve pou l t'ale nan peyi Lejip, li pran madanm li ak pitit gason l yo avè l, li te ale nan yon otèl sou wout la, yon zanj BonDye desann, li t'ap chèche yon okazyon pou touye l.

[9] Li te vle touye l akoz premye pitit gason li an, paske li pa t sikonsi l, e li te vyole alyans SENYÈ a te fè ak Abraram.

[10] Paske Moyiz te koute pawòl bòpè l ki te di l pa sikonsi premye pitit gason li an, se poutèt sa li pa t sikonsi l.

[11] Zipora te wè zanj SENYÈ a t'ap chèche yon okazyon kont Moyiz, li te konnen ke bagay sa a te rive akoz li pa t sikonsi pitit gason l Gèchòm.

[12] Zipora te prese pran wòch byen file ki te la, li te sikonsi pitit gason li an, e li te delivre mari l ak pitit gason li anba men zanj SENYÈ a.

[13] Arawon, pitit gason Amram nan, frè Moyiz la, te nan peyi Lejip ap mache bò larivyè a jou sa a.

[14] SENYÈ a te parèt devan l nan plas sa a, Li di l: Kounyeya, ale rankontre Moyiz nan dezè a, e li t'ale e li rankontre l nan mòn BonDye a, li bo l.

[15] Arawon te leve je l, li te wè Zipora, madanm Moyiz, ak pitit li yo, e li di Moyiz, sa moun sa yo ye pou ou?

[16] Moyiz di l: Se madanm mwen ak pitit gason m yo, ke BonDye te ban mwen nan Madyanit; bagay la te fè Arawon lapenn pou madanm lan ak pitit li yo.

[17] Arawon di Moyiz: Voye madanm lan ak pitit li yo retounen lakay papa yo, Moyiz te koute pawòl Arawon, e li te fè sa.

[18] Zipora te retounen ak pitit li yo, e yo t'ale kay Reouyèl, yo rete la jiskaske lè a te rive lè SENYÈ a te vizite pèp li, e li te mennen yo soti Lejip anba men Farawon.

[19] Moyiz ak Arawon te vin Lejip y'ale jwenn kominote pitit Izrayèl yo, e yo te pale ak yo tout pawòl SENYÈ a, e pèp la te kontan yon gwo kontantman.

[20] Moyiz ak Arawon te leve bonè nan demen, e yo t'ale kay Farawon, yo te pran baton BonDye a nan men yo.

[21] Lè yo te rive nan pòtay wa, te gen de jèn lyon ki te mare la ak enstriman fè, pèsonn pa t soti oswa antre devan yo, sof moun wa te bay lòd pou vini, lè sa a, se majisyen yo ki te konn vin retire lyon yo ak maji yo, yo te mennen yo bay wa a.

[22] Men, Moyiz prese leve baton an sou lyon yo, li lage yo, e Moyiz ak Arawon te antre nan kay wa.

[23] Lyon yo tou te vin ak yo avèk lajwa, yo te swiv yo e te kontan tankou yon chen ki te kontan lè mèt li soti nan jaden.

[24] Lè Farawon te wè bagay sa a li te sezi, li te pè anpil ak rapò a, paske aparans yo te tankou aparans pitit BonDye yo.

[25] Farawon di Moyiz: Kisa nou vle? E yo reponn li; SENYÈ BonDye Ebre yo voye nou ba ou, pou di w:-Voye pèp mwen an ale pou yo ka al sèvi mwen.

[26] Lè Farawon te tande pawòl sa yo li te pè anpil devan yo, li di yo:-Ale jodi a epi retounen vin jwenn mwen demen, yo te fè selon pawòl wa.

[27] Epi lè yo te ale, Farawon te voye chèche Balaram majisyen an ak Janès e Janbrès, pitit gason l yo, ak tout majisyen ak iluzyonist yo ak konseye ki te pou wa, yo tout te vini epi chita devan wa.

[28] Wa a te di yo tout pawòl Moyiz ak frè l Arawon te di l, e majisyen yo te mande wa: Men, kijan mesye sa yo te fè vin jwenn ou, avèk lyon yo ki te mare nan pòtay la?

[29] E wa a di yo:-Paske yo te leve baton yo sou lyon yo e yo lage lyon yo, e yo vin jwenn mwen, lyon yo te kontan pou yo tankou yon chen ki te kontan lè li rankontre ak mèt li.

[30] Balaram, pitit Beyò majisyen an, reponn wa a, li di l:-Se majisyen tankou nou yo ye.

[31] Kounyeya, voye chèche yo, kite yo vini e nou pral teste yo, e wa a te fè sa.

[32] Nan maten, Farawon te voye chèche Moyiz ak Arawon pou vin devan wa a, yo te pran baton BonDye a, yo te vin devan wa epi yo pale avèk li, yo di l:

[33] Men sa YAWEH BonDye Ebre yo di:-Voye pèp Mwen an ale pou yo ka sèvi m.

[34] Wa a di yo:-Men ki moun ki pral kwè nou, ke nou se mesajè BonDye e ke nou vin jwenn mwen sou lòd Li?

[35] Kounyeya, fè yon mirak oswa yon siy sou koze sa a, epi pawòl nou pale a ap kwè.

[36] Arawon prese voye baton an nan men l devan Farawon ak devan sèvitè l yo, baton an tounen yon sèpan.

[37] Majisyen yo wè sa a, chak moun lage baton yo atè e yo tounen sèpan tou.

[38] Sèpan baton Arawon an leve tèt li epi l louvri bouch li pou l vale baton majisyen yo.

[39] Balaram majisyen an reponn e di yo:-Bagay sa a se depi lontan, ke yon sèpan ta vale konpè l, e ke bèt vivan kon devore yon lòt.

[40] Kounyeya, retounen li an baton jan li te ye a, an premye, nou menm tou nou pral retounen baton nou yo jan yo te ye a, an premye, epi si baton ou la vale baton nou yo, lè sa a nou pral konnen ke Lespri BonDye a nan ou, men si se pa sa, ou se sèlman yon atizan menm jan avèk nou.

[41] Arawon prese lonje men l, epi l kenbe ke sèpan an e li te retounen yon baton nan men l, e majisyen yo fè menm bagay la ak baton yo, chak moun te kenbe ke sèpan yo, e yo retounen baton wan jan yo te ye avan an.

[42] Lè yo te retounen baton, baton Arawon an vale baton yo a.

[43] Lè wa a wè bagay sa a, li bay lòd pou yo pote liv dosye ki gen rapò ak wa Lejip yo, e yo te pote liv dosye yo, kwonik wa Lejip yo, kote tout zidòl Lejip yo te enskri, paske yo te panse yo ta jwenn non JEWOVA ladan l, men yo pa jwenn li.

[44] Farawon di Moyiz ak Arawon:-Gade! Mwen pa jwenn non BonDye nou an ekri nan liv sa a, e mwen pa konnen non l non plis.

[45] Konseye yo ak moun save yo reponn wa a:-Nou te tande ke BonDye Ebre yo se yon pitit saj, pitit wa ansyen yo.

[46] Farawon vire bò kote Moyiz ak Arawon e li di yo: Mwen pa konnen SENYÈ a ke nou deklare a, e mwen p'ap voye pèp Li a ale.

[47] Yo reponn e di wa, YAHWEH ELOHIM BonDye dye yo se Non Li, e Li te pwoklame non Li sou nou depi nan jou zansèt nou yo, se Li ki te voye nou, Li di:-Ale kot Farawon e di l:-Voye pèp Mwen an pou yo ka al sèvi Mwen.

[48] Kounyeya, voye nou, pou nou ka fè yon vwayaj pou twa jou nan dezè a, epi la nou ka ofri sakrifis ba Li, paske depi lè nou te desann nan peyi Lejip, Li pa resevwa nan men nou swa ofrann boule nèt, ni nenpòt ofrann, ni sakrifis, epi si w pa voye nou, kòlè Li pral limen kont ou, e Li pral frape Lejip swa ak yon epidemi oswa ak nepe.

[49] Farawon di yo:-Pale m kounyeya sou pouvwa Li ak fòs Li; e yo di l:-Li te kreye syèl la ak tè a, lanmè yo ak tout pwason yo, Li te fòme limyè, Li kreye fènwa, Li fè lapli tonbe sou tè a e wouze l, e Li fè zèb ak gazon pouse, Li kreye lòm ak bèt, e bèt nan bwa, zwazo nan lè ak pwason nan lanmè, e ak bouch Li, yo viv e yo mouri.

[50] Sètènman, Li te kreye ou menm nan vant manman w, e mete souf lavi nan ou, e grandi w e mete w sou twòn wayal Lejip la, e Li pral pran souf ak nanm ou nan men w, epi retounen w nan tè kote ou te soti a.

[51] Kòlè wa a te limen ak pawòl yo, e li di yo:-Men, ki nan tout dye nasyon yo ki ka fè sa? Rivyè mwen se pa mwen li ye, se mwen menm ki fè l pou tèt mwen.

[52] Wa a te voye yo ale, e li te bay lòd pou travay sou pèp Izrayèl yo vin pi di pase jan l te ye yè ak anvan.

[53] Moyiz ak Arawon te soti devan prezans wa a, e yo te wè pitit Izrayèl yo nan yon kondisyon move paske chèf travay yo te fè travay la vin ekstrèmman lou.

[54] Moyiz te retounen kote SENYÈ a e di l:-Poukisa Ou te maltrete pèp Ou a? depi Lè mwen te vin pale ak Farawon sou sa Ou te voye m fè a, l'ap plede maltrete pitit Izrayèl yo yon fason ekstrèmman mal.

[55] SENYÈ a di Moyiz:-Gade! Ou pral wè ke ak yon men lonje ak gwo epidemi, Farawon pral voye pitit Izrayèl yo soti nan peyi l.

[56] Moyiz ak Arawon te vin viv pami frè yo, pitit Izrayèl yo, nan peyi Lejip.

[57] E kòm pou pitit Izrayèl yo, Lejipsyen yo te rann lavi yo anmè, ak travay lou yo te enpoze sou yo.

80- Epidemi Lejipsyen Yo

(Egzòd 7:14; 8-12)

[1] Epi nan fen dezan, SENYÈ a te voye Moyiz ankò kote Farawon pou l te ka fè pitit Izrayèl yo soti, pou l te fè yo kite peyi Lejip.

[2] Moyiz ale, li rive kay Farawon, li pale avè l pawòl SENYÈ a ki te voye l la, men Farawon pa t vle tande vwa SENYÈ a, epi BonDye te fè l santi fòs Li nan peyi Lejip sou Farawon ak sijè l yo, BonDye te frape Farawon ak pèp li a avèk gwo malèz e ak epidemi ki te grav anpil.

[3] SENYÈ a te voye pa men Arawon epi l te fè tout dlo Lejip yo tounen san, ak tout larivyè yo ak letan yo.

[4] Lè yon Lejipsyen ale pou l te pran dlo poul bwè, lè l gade nan kannari l la, tout dlo a tounen san; Lè l al bwè nan gode l, dlo ki te nan gode a tounen san.

[5] Lè yon fanm ap fè petri farin li pou l te kwit manje l, aparans yo chanje e sa te vin tounen san.

[6] SENYÈ a voye ankò epi l fè tout dlo yo pote krapo, tout krapo yo antre nan kay Lejipsyen yo.

[7] Lè Lejipsyen yo te bwè, vant yo te plen ak krapo epi yo t'ap danse nan vant yo tankou lè y'ap danse lè yo te nan rivyè a.

[8] Tout dlo yo te bwè ak dlo yo te kwit manje te tounen krapo, menm lè yo te kouche nan kabann yo, swe yo te pwodui krapo.

[9] Malgre tout sa, kòlè SENYÈ a pa t vire sou yo, Men l te lonje kont tout Lejipsyen yo pou l te frape yo ak tout kalite gwo pichon.

[10] SENYÈ a voye yo, yo frape pousyè tè a li te vin tounen vèmin, vèmin yo te vin nan peyi Lejip jiska wotè de koude sou tè a.

[11] Vèmin yo te vin anpil nan kò moun ak bèt, nan tout moun ki te rete nan peyi Lejip, menm sou wa ak larenn SENYÈ a te voye vèmin yo, epi sa te fè Ejipsyen soufri anpil akoz vèmin sa yo.

[12] Malgre sa, kòlè SENYÈ a pa t vire, epi Men l te toujou lonje sou Lejip.

[13] SENYÈ a voye tout kalite bèt nan chan nan peyi Lejip, yo vini epi yo detwi tout Lejip, moun ak bèt, pyebwa, ak tout bagay ki te nan peyi Lejip.

[14] SENYÈ a voye sèpan dife, skòpyon, sourit, foumi, krapo, ansanm ak lòt bèt ki ranpe nan pousyè.

[15] Mouch, gèp, pis, pinèz, ak maringwen, chak bann daprè kalite yo.

[16] Tout reptil ak bèt ki gen zèl daprè kalite yo vini nan peyi Lejip epi fè Ejipsyen yo soufri anpil.

[17] Pis ak mouch yo antre nan je ak zòrèy Lejipsyen yo.

[18] Epi gèp la te tonbe sou yo, li fè yo kouri, lè yo retire l nan chanm yo andedan, li pouswiv yo.

[19] Lè Ejipsyen yo kache tèt yo akoz bann bèt yo, yo fèmen pòt yo dèyè yo, BonDye bay lòd pou Silanit ki te nan lanmè a, pou l te monte soti epi ale nan peyi Lejip.

[20] Bèt lan te gen bra long, dis koude nan longè, daprè koude yon nonm.

[21] Li te monte sou twati yo, li retire kouvèti yo ak planche yo epi l koupe yo, li lonje bra l nan kay la, retire kadna ak verou yo, epi l louvri kay nan peyi Lejip yo.

[22] Aprè sa, bann bèt yo antre nan kay moun Lejip yo, epi bann bèt yo te preske detwi Lejipsyen yo, sa te fè yo soufri anpil.

[23] Malgre sa, kòlè SENYÈ a pa t vire sou Lejipsyen yo, men BonDye te toujou ret lonje sou yo.

[24] BonDye te voye epidemi, epi epidemi an anvayi Lejip, nan chwal yo, nan bourik yo, nan chamo yo, nan twoupo bèf yo ak mouton yo, epi nan moun.

[25] Lè Lejipsyen yo leve bonè nan maten pou mennen bèt yo al manje, yo jwenn tout bèt yo mouri.

[26] Epi nan bèt Lejipsyen yo ki te rete an, sèlman youn sou chak dis bèt ki te genyen, nan bèt ki te pou Izrayèl yo nan Gochenn, pa genyen youn ki te mouri.

[27] BonDye te voye yon enflamasyon boule nan kò Lejipsyen yo, ki te fè po yo pete, epi sa te vin tounen yon gratèl grav sou tout Lejipsyen yo depi nan pla pye yo pou rive nan tèt yo.

[28] Epi anpil apse te nan kò yo, kò yo te kòmanse pouri jiskaske yo te vin gate ak pi.

[29] Malgre sa, kòlè SENYÈ a pa t vire, men l te toujou lonje sou tout Lejip.

[30] SENYÈ a te voye yon lagrèl ki te anpil, ki te frape pye rezen yo, ki te kraze pyebwa ki bay fwi yo, e sèche yo jiskaske yo tonbe sou moun yo.

[31] Epitou tout zèb vèt te vin sèch ak disparèt, paske yon dife melanje te desann nan mitan lagrèl la, se poutèt sa lagrèl la ak dife a te boule preske tout bagay.

[32] Moun ak bèt ki te deyò yo te mouri akoz flanm dife yo ak lagrèl la, epi tout jèn lyon yo te bouke anpil.

[33] SENYÈ a voye yo, epi yo te pote anpil krikèt nan peyi Lejip, Kasel, Salom, Kargol, ak Kagole, krikèt chak nan kalite yo, ki te devore tout sa ki te rete aprè lagrèl la.

[34] Lè sa a, Lejipsyen yo te kontan pou krikèt yo, byenke yo te manje pwodwi jaden yo, yo te kenbe yo an abondans epi sale yo pou yo te manje.

[35] SENYÈ a te fè yon gwo van soti nan lanmè a ki te pote ale tout krikèt yo, menm sa yo ki te sale yo, epi Li te voye yo nan Lanmè Wouj la; pa t rete yon sèl krikèt nan limit Lejip yo.

[36] BonDye te voye fènwa sou Lejip, tout peyi Lejip ak Patwòs te vin fènwa pou twa jou, konsa yon moun pa t kapab wè men l lè l te leve l mete l nan bouch li.

[37] Nan epòk sa a, anpil moun pami pèp Izrayèl la ki te rebelye kont SENYÈ a e ki pa t vle koute Moyiz ak Arawon, ki pa t kwè nan yo ke BonDye te voye yo.

[38] Ki te di:—Nou p'ap soti nan peyi Lejip pou nou pa mouri grangou nan yon dezè vid, se konsa yo pa t vle koute vwa Moyiz.

[39] SENYÈ a te frape yo nan twa jou fènwa yo, Izrayelit yo te antere yo nan jou sa yo, san pèp Lejipsyen yo pa t konnen sa ni pa t rejwi pou sa.

[40] Fènwa a te epè anpil nan peyi Lejip pou twa jou, nenpòt moun ki te kanpe lè fènwa a te rive, rete kanpe nan plas li, moun ki t'ap chita rete chita, moun ki t'ap kouche kontinye rete kouche nan menm eta a, moun ki t'ap mache rete chita atè a nan menm plas la; Bagay sa a te rive tout Lejipsyen yo, jiskaske fènwa a te pase.

[41] Jou fènwa te pase, SENYÈ a voye Moyiz ak Arawon bay pitit Izrayèl yo, li di yo: Selebre fèt nou epi fè Pak nou, paske gade M'ap vini nan mitan lannwit nan kote tout Lejipsyen yo, M'ap frape

tout premye pitit yo, depi premye pitit gason yon moun rive nan premye pitit bèt, Lè m wè [mak] Pak nou, m'ap pase sou kote nou.

[42] Pitit Izrayèl yo te fè selon tout sa SENYÈ a te kòmande Moyiz ak Arawon, konsa yo te fè nan lannwit sa a.

[43] Epi sa te rive nan mitan lannwit lan, SENYÈ a pase nan mitan peyi Lejip, Li frape tout premye pitit Lejipsyen yo, depi premye pitit gason yon moun rive nan premye pitit bèt.

[44] Farawon leve nan lannwit lan, li menm ak tout sèvitè l yo ak tout Lejipsyen yo, te gen yon gran rèl nan tout peyi Lejip nan lannwit sa a, paske pa t gen yon kay kote pa t gen yon kadav.

[45] Menm pòtre premye pitit Lejip yo, ki te grave nan mi kay yo, te detwi epi tonbe atè.

[46] Menm zo premye pitit yo ki te mouri avan sa epi yo te antere nan kay yo, te fouye pa chen Lejipsyen yo nan lannwit sa a epi trennen mete devan pye Lejipsyen yo.

[47] Tout Lejipsyen yo te wè sa ki mal ki te tonbe sou yo toudenkou, tout Lejipsyen yo rele ak yon gwo vwa.

[48] Tout fanmi Lejip yo te kriye nan lannwit sa a, chak gason pou pitit gason l ak chak gason pou pitit fi l, ki te premye pitit la, epi bri Lejipsyen yo te tande byen lwen nan lannwit sa a.

[49] Batiya, pitit fi Farawon an, soti ak wa a nan lannwit sa a pou yo t'al chèche Moyiz ak Arawon nan kay yo. Yo jwenn yo nan kay yo, ap manje ap bwè epi ap fè fèt ak tout Izrayèl.

[50] Batiya di Moyiz:-Èske se rekonpans sa, pou byen mwen te fè pou ou, mwen ki te leve w, ki te pran swen w, epi w pote sa ki mal la sou mwen ak kay papa m?

[51] Moyiz di l:-Asireman, dis epidemi SENYÈ a te pote sou Lejip; Èske nenpòt mal te rive w poutèt nenpòt nan yo? Èske youn nan yo te afekte w? Epi li di l:-Non!

[52] Moyiz di l: Malgre ou se premye pitit manman w, ou p'ap mouri, epi okenn mal p'ap rive w nan mitan peyi Lejip.

[53] Batiya di l:-Ki avantaj sa ban mwen, lè m wè wa, frè m, ak tout kay li ak sijè l yo nan sa ki mal la a, kote premye pitit li peri ak tout premye pitit Lejip yo?

[54] Moyiz di l:-Asireman, frè w ak kay li, ak sijè l yo, fanmi Lejip yo, pa t vle koute pawòl SENYÈ a, se poutèt sa malè sa a rive sou yo.

[55] Farawon, wa Lejip la, pwoche bò kote Moyiz, Arawon, ak kèk nan pitit Izrayèl yo ki te avèk yo nan kote sa, li sipliye yo, li di:

[56] Leve non, pran frè w yo, tout pitit Izrayèl ki nan peyi a, ak mouton yo ak bèf yo, ak tout sa ki pou yo, yo pa dwe kite anyen dèyè, sèlman priye SENYÈ BonDye w la pou mwen.

[57] Moyiz di Farawon:-Gade! Menm si w se premye pitit manman w, pa pè, paske w p'ap mouri, SENYÈ a te kòmande pou w viv, pou Li ka montre w gwo pisans Li ak bra l ki lonje.

[58] Farawon bay lòd pou voye pitit Izrayèl yo ale, epi tout Lejipsyen yo te fòtifye tèt yo pou voye yo ale, paske yo te di: Nou tout ap peri.

[59] Tout Lejipsyen yo voye Izrayelit yo ale, ak gwo richès, mouton ak bèf ak bagay ki gen valè, daprè sèman SENYÈ a te fè ak papa nou Abraram.

[60] Pitit Izrayèl yo te pran tan pou yo te pati nan mitan lannwit lan, lè Lejipsyen yo vin jwenn yo pou mennen yo soti. Pèp Izrayèl la di yo:-Èske nou se vòlè, pou n ta dwe pati nan mitan lannwit lan?

[61] Pitit Izrayèl yo mande Lejipsyen yo, veso an ajan, ak veso an lò, ak rad, pitit Izrayèl yo pran sa Lejipsyen yo te genyen.

[62] Moyiz prese leve, li t'ale bò rivyè Lejip la, li pran sèkèy Jozèf la epi l ale avèk li.

[63] Pitit Izrayèl yo tou pran sèkèy chak papa yo avèk yo, ak sèkèy chak tribi yo.

81- Lanmè Wouj la Separe

(Egzòd 14)

[1] Pitit Izrayèl yo te kite Ramesès pou ale Soukòt, apeprè sis san mil gason (600,000) apye, san konte ti moun yo ak madanm yo.

[2] Yon foul moun melanje tou te moute avèk yo, ansanm ak twoupo mouton ak bèf, menm anpil bèt.

[3] Epi sejou pitit Izrayèl yo, ki te abite nan peyi Lejip nan travay di, te de san dis (210) ane.

[4] Nan fen de san dis ane yo, SENYÈ a te mennen pitit Izrayèl yo soti Lejip ak yon men fò.

[5] Pitit Izrayèl yo vwayaje kite Lejip ak Gochenn ak Ramesès, epi yo tabli kan yo nan Soukòt nan kenzyèm jou premye mwa a.

[6] Lejipsyen yo antere tout premye ne yo ke SENYÈ a te frape, tout Lejipsyen yo te pran twa jou pou antere moun yo ki te mouri yo.

[7] Pitit Izrayèl yo vwayaje soti Soukòt e tabli kan yo nan Etam, nan bout dezè a.

[8] Sou twazyèm jou a aprè Lejipsyen yo te fin antere premye ne yo, anpil gason te leve soti Lejip e kouri dèyè Izrayèl pou fè yo retounen Lejip, paske yo te regrèt yo te voye Izrayelit yo ale soti nan esklavaj yo.

[9] Yon gason di vwazen l: Asireman Moyiz ak Arawon te pale ak Farawon, yo di l:-Nou pral fè yon vwayaj twa jou nan dezè a epi sakrifye bay SENYÈ BonDye nou an.

[10] Kounyeya, ann leve bonè nan maten e fè yo retounen, si yo retounen avèk nou Lejip bay mèt yo, lè sa a nou pral konnen ke gen lafwa nan yo, men si yo pa tounen, lè sa a nou pral goumen ak yo, e fè yo retounen ak gwo pouvwa ak yon men fò.

[11] Tout nòb Farawon yo te leve nan maten, e avèk yo apeprè sèt san mil (700.000) gason, yo te kite Lejip jou sa a, yo te rive kote pitit Izrayèl yo te ye a.

[12] Tout Lejipsyen yo te gade, epi yo te wè Moyiz ak Arawon ak tout pitit Izrayèl yo chita devan Pyakiwòt, ap manje, bwè epi selebre fèt SENYÈ a.

[13] Tout Lejipsyen yo te di pitit Izrayèl yo: Asireman nou te di:- Nou pral fè yon vwayaj pou twa jou nan dezè a epi sakrifye bay BonDye nou an epi n'ap retounen.

[14] Kounyeya, jodi a fè senk jou depi nou te ale, poukisa nou pa retounen ale jwen mèt nou yo?

[15] Moyiz ak Arawon reponn, yo di: Paske SENYÈ BonDye nou an te temwanye ban nou, Li di:- Nou p'ap janm retounen Lejip ankò, men nou pral ale nan yon peyi k'ap koule lèt ak siwo myèl, jan SENYÈ a BonDye nou an te sèmante bay zansèt nou yo pou ba nou.

[16] Lè nòb Lejip yo wè ke pitit Izrayèl yo pa t koute yo, pou yo te retounen Lejip, yo te pare yo pou goumen ak Izrayèl.

[17] SENYÈ a fòtifye kè pitit Izrayèl yo kont Lejipsyen yo, yo ba yo yon batay sere, batay la te di pou Lejipsyen yo, tout Lejipsyen yo te kouri devan pitit Izrayèl yo, paske anpil nan yo te mouri nan men Izrayèl.

[18] Nòb Farawon yo retounen Lejip e di Farawon:-Pitit Izrayèl yo sove, yo p'ap retounen Lejip ankò, se konsa Moyiz ak Arawon te pale ak nou.

[19] Farawon te tande bagay sa a, kè l ak kè tout sijè l yo te vire kont Izrayèl, yo regrèt yo te voye Izrayèl ale; Tout Lejipsyen yo konseye Farawon pou pouswiv pitit Izrayèl yo pou fè yo retounen pote chay yo.

[20] Yo di youn ak lòt: Kisa nou fè la a, ke nou voye Izrayèl ale soti nan esklavaj nou?

[21] SENYÈ a fèmen kè tout Lejipsyen yo pou pouswiv Izrayelit yo, paske SENYÈ a te vle kraze Lejipsyen yo nan Lanmè Wouj la.

[22] Farawon leve, li atele cha l, e li bay lòd pou tout Lejipsyen yo rasanble, pa gen yon sèl gason ki te rete eksepte ti moun yo ak fanm yo.

[23] Tout Lejipsyen yo soti ak Farawon pou yo te pouswiv pitit Izrayèl yo, kan peyi Lejip la te yon kan ekstrèmman gwo e lou, apeprè yon milyon (1,000,000) gason.

[24] Tout kan sa a te ale pouswiv pitit Izrayèl yo, pou te fè yo retounen Lejip, yo te rive jwenn yo kanpe bò Lanmè Wouj la.

[25] Pitit Izrayèl yo leve je yo, epi yo wè tout Lejipsyen yo ap pouswiv yo, pitit Izrayèl yo te pè anpil, yo te kriye nan pye SENYÈ a.

[26] Akòz Lejipsyen yo, pitit Izrayèl yo te divize an kat divizyon, yo te divize nan opinyon yo, paske yo te pè Lejipsyen yo, Moyiz pale ak chak nan yo.

[27] Premye divizyon an se te pitit Riben, Simeyon, ak Izaka, e yo te deside jete tèt yo nan lanmè, paske yo te gen gwo lapèrèz pou Lejipsyen yo.

[28] Moyiz di yo:-Pa pè, kanpe fèm epi gade delivrans SENYÈ a ap pote pou nou jodi a.

[29] Dezyèm divizyon an se te pitit Zabilon, Benjamen, ak Neftali, yo te deside retounen Lejip ak Lejipsyen yo.

[30] Moyiz di yo: Pa pè, jan nou wè Lejipsyen yo jodi a, konsa nou p'ap janm wè yo ankò pou tout tan.

[31] Twazyèm divizyon an se te pitit Jida ak Jozèf, yo te deside ale kontre Lejipsyen yo pou goumen ak yo.

[32] Moyiz di yo:-Rete kote nou ye a, paske SENYÈ a ap goumen pou nou, e nou menm, fòk nou rete trankil.

[33] katriyèm divizyon an se te pitit Levi, Gad, ak Ase, yo te deside antre nan mitan pèp Ejipsyen yo pou konfonn yo, Moyiz di yo:-Rete nan pozisyon nou, pa pè, rele sèlman nan pye SENYÈ a pou l ka sove nou anba men yo.

[34] Apre sa, Moyiz leve nan mitan pèp la, li lapriyè nan pye SENYÈ a e l di l:

[35] O SENYÈ BonDye tout tè a, sove kounyeya pèp Ou a, ke Ou te fè kite Lejip, pa kite Lejipsyen yo di pouvwa ak fòs se pou yo.

[36] Se konsa SENYÈ a di Moyiz: Poukisa w'ap kriye nan pye m? Pale ak pitit Izrayèl yo pou yo avanse, lonje baton ou sou lanmè a pou divize l, pitit Izrayèl yo va pase nan mitan l.

[37] Moyiz te fè sa, li leve baton l sou lanmè a e li divize l.

[38] Epi dlo lanmè a te divize an douz pati, pitit Izrayèl yo te pase apye, ak soulye yo, tankou yon moun ki t'ap pase nan yon wout prepare.

[39] SENYÈ a te fè pitit Izrayèl yo wè mèvèy Li nan peyi Lejip ak nan lanmè a, atravè men Moyiz ak Arawon.

[40] Lè pitit Izrayèl yo te antre nan lanmè a, Lejipsyen yo te kouri dèyè yo, epi dlo lanmè a te retounen sou yo, e yo tout te neye nan dlo a, pa t gen yon sèl gason ki te rete eksepte Farawon, ki te remèsye SENYÈ a e te kwè nan li, se poutèt sa SENYÈ a pa t fè l peri nan tan sa ansanm ak Lejipsyen yo.

[41] SENYÈ a te bay yon zanj lòd pou te pran l nan mitan Lejipsyen yo, jete l sou tè Niniv la e li te gouvènen sou tè Niniv lan pandan yon bon bout tan.

[42] Nan jou sa a SENYÈ a te sove Izrayèl anba men Lejip, tout pitit Izrayèl yo te wè ke Lejipsyen yo te peri, yo te wè gwo ponyèt SENYÈ a, nan sa li te fè nan peyi Lejip ak nan lanmè a.

[43] Lè sa a, Moyiz ak pitit Izrayèl yo te chante chante sa a pou SENYÈ a, nan jou lè SENYÈ a te fè Lejipsyen yo tonbe devan yo.

[44] Tout Izrayèl te chante ansanm, yo di:—M'ap chante pou SENYÈ a paske Li wo anpil, chwal la ak kavalye l, Li te jete nan lanmè; gade, sa ekri nan **Liv Lalwa BonDye**.

[45] Aprè sa, pitit Izrayèl yo te kontinye vwayaj yo, e yo te tabli kan yo nan Mara, SENYÈ a te bay pitit Izrayèl yo lwa ak jijman nan kote sa a nan Mara, SENYÈ a te bay lòd pou pitit Izrayèl yo mache nan tout chemen l yo epi sèvi l.

[46] Yo te vwayaje soti Mara, yo te rive Elim, nan Elim te gen douz sous dlo ak swasant pye dat, pitit Izrayèl yo te tabli la bò dlo yo.

[47] Yo te vwayaje soti Elim, yo te rive nan dezè Zin, nan kenzyèm jou dezyèm mwa aprè yo te kite Lejip.

[48] Nan tan sa a, SENYÈ a te bay lamàn a pitit Izrayèl yo pou yo manje, SENYÈ a te fè manje soti nan syèl la pou pitit Izrayèl yo chak jou.

[49] Pitit Izrayèl yo te manje lamàn pandan karantan, tout jou yo te fè nan dezè a, jouk yo rive nan peyi Kanaran pou posede l.

[50] Yo te soti nan dezè Zin e yo te kanpe nan Alouch.

[51] Yo te soti Alouch, yo te kanpe nan Refidim.

[52] Lè pitit Izrayèl yo te nan Refidim, Amalèk, pitit Elifaz, pitit Ezaou, frè Zefo, te vin goumen ak Izrayèl.

[53] Li te mennen avèk li witsan enmil (801,000) gason, majisyen ak konjirè, li te pare pou batay ak Izrayèl nan Refidim.

[54] Yo te mennen yon gwo batay grav kont Izrayèl, SENYÈ a te lage Amalèk ak pèp li a nan men Moyiz ak pitit Izrayèl yo, e nan men Jozye, pitit Noun, Efratit la, sèvitè Moyiz.

[55] Pitit Izrayèl yo te frape Amalèk ak pèp li a ak nepe file yo, men batay la te vin difisil pou pitit Izrayèl yo.

[56] SENYÈ a di Moyiz:-Ekri bagay sa a kòm yon memwa pou ou nan yon Liv, mete l nan men Jozye, pitit Noun, sèvitè w la, epi ou dwe kòmande pitit Izrayèl yo, di yo: Lè w'ap antre nan peyi Kanaran, ou dwe efase nèt tout memwa Amalèk anba syèl la.

[57] Moyiz te fè sa, li te pran Liv la e ekri sou li pawòl sa yo, li di:

[58] Sonje sa Amalèk te fè ou sou wout la lè ou te soti Lejip.

[59] Ki te rankontre ou sou wout la epi frape dèyè w, menm sa yo ki te fèb dèyè w lè w te fatige epi bouke.

[60] Se poutèt sa, lè SENYÈ BonDye w la va ba w repo kont tout lènmi w yo bò kote w nan peyi ke SENYÈ BonDye w la ba ou kòm eritaj pou posede l, ou dwe efase memwa Amalèk anba syèl la, pa bliye sa.

[61] Wa ki ta gen pitye pou Amalèk, oswa pou memwa l oswa pou pitit li yo, gade, M'ap mande sa nan men l, e M'ap koupe l nan mitan pèp li.

[62] Moyiz te ekri tout bagay sa yo nan yon Liv, e li te enstwi pitit Izrayèl yo konsènan tout zafè sa yo.

82- Lalwa Sou Mòn Sinayi

(Egzòd 19,20)

[1] Pitit Izrayèl yo te kite Refidim, yo te tabli kan yo nan dezè Sinayi, nan twazyèm mwa depi yo te soti Lejip.

[2] Nan tan sa a, Reouyèl, Madyanit la, bòpè Moyiz, vin jwenn li ansanm ak Zipora, pitit fi li, ak de pitit gason l yo, paske l te tande pale sou bèl bagay SENYÈ a te fè pou Izrayèl, ki jan l te delivre yo anba men Lejip.

[3] Reouyèl te vin jwenn Moyiz nan dezè a kote l te moute tant li, kote mòn BonDye te ye a.

[4] Moyiz soti al rankontre bòpè l ak anpil onè, tout pèp Izrayèl te avèk li.

[5] Reouyèl ak pitit li yo te rete nan mitan pèp Izrayèl yo pou anpil jou, depi jou sa a Reouyèl te vin konnen SENYÈ a.

[6] Nan twazyèm mwa depi pitit Izrayèl yo te soti Lejip, nan sizyèm jou mwa a, SENYÈ a bay Izrayèl dis kòmandman yo sou mòn Sinayi a.

[7] Tout pèp Izrayèl la te tande tout kòmandman sa yo, e yo tout te kontan anpil nan SENYÈ a jou sa a.

[8] Laglwa SENYÈ a te repoze sou mòn Sinayi, Li rele Moyiz, e Moyiz te monte mòn lan epi l te antre nan mitan yon nwaj.

[9] Moyiz rete sou mòn lan karant jou ak karant nwit; li pa t manje pen ni bwè dlo, SENYÈ a t'ap enstwi l nan lwa ak jijman yo pou l te ka anseye pèp Izrayèl yo.

[10] SENYÈ a ekri dis kòmandman yo Li te bay pèp Izrayèl yo sou de tablèt wòch, Li te bay Moyiz pou kòmande pèp Izrayèl yo.

[11] Nan fen karant jou ak karant nwit lan, lè SENYÈ a te fin pale ak Moyiz sou mòn Sinayi a, lè sa a SENYÈ a bay Moyiz tablèt wòch yo, ekri ak dwèt BonDye.

[12] Lè pitit Izrayèl yo te wè Moyiz pran twòp tan pou l te desann soti sou mòn lan, yo rasanble bò kote Arawon, yo di l:-Nou pa konnen sa ki rive nonm sa a, Moyiz.

[13] Kounyeya, leve, fè nou yon dye ki pral devan nou, pou w pa mouri.

[14] Arawon te pè moun yo anpil, li mande yo pote lò epi l te fonn yo, li koule l nan youn moul, li fè yon ti towo bèf pou yo.

[15] SENYÈ a di Moyiz, anvan li desann soti sou mòn lan:-Desann, paske pèp ou te soti Lejip la gate tèt yo.

[16] Yo te fonn pou tèt yo yon ti towo bèf, yo adore l, kounyeya kite Mwen pou m ka disparèt yo sou latè, paske se yon pèp tèt di.

[17] Moyiz te chèche favè SENYÈ a, li priye SENYÈ a pou pèp la poutèt ti towo bèf yo te fè a, epi l desann soti sou mòn lan ak de tablèt wòch yo nan men l, ke BonDye te ba li pou l kòmande pèp Izrayèl la.

[18] Lè moyiz pwoche kan an e li wè ti towo bèf la ke moun yo te fè a, kòlè moyiz te pran l, li te kraze tablèt yo anba mòn lan.

[19] Moyiz antre nan kan an, li pran ti towo bèf la, li boule l ak dife, epi l pile l jiskaske l retounen nan pousyè fen an, epi l simen l sou dlo a, epi l bay pèp Izrayèl la bwè l.

[20] Te gen twa mil (3,000) gason ki te fè ti towo bèf la, ki mouri anba nepe youn lòt.

[21] Nan denmen, Moyiz di pèp la: Mwen pral monte jwenn SENYÈ a, petèt mwen ka fè yon sakrifis pou peche nou te fè a kont SENYÈ a.

[22] Moyiz monte ankò al jwenn SENYÈ a, e li te rete ak SENYÈ a karant jou ak karant nwit.

[23] Pandan karant jou yo, Moyiz te lapriyè SENYÈ a pou pitit Izrayèl yo, SENYÈ a te tande lapriyè Moyiz, SENYÈ a te kite tèt Li vin jwenn pa lapriyè Moyiz pou Izrayèl.

[24] Aprè sa, SENYÈ a di Moyiz pou l taye de tablèt wòch epi pote yo monte ba Li, pou Li te ka ekri dis kòmandman yo sou yo.

[25] Moyiz fè sa, li desann, li taye de tablèt yo, epi l monte sou Mòn Sinayi li te ale jwenn SENYÈ a, epi SENYÈ a ekri dis kòmandman yo sou tablèt yo.

[26] Moyiz rete ankò ak SENYÈ a karant jou ak karant nwit, epi SENYÈ a enstwi l nan lwa ak jijman pou l pataje ak Izrayèl.

[27] SENYÈ a te bay Moyiz lòd pou pèp la te fè yon sanktyè pou SENYÈ a, pou Non l ka repoze ladan l, SENYÈ a te montre li fòm sanktyè a ak tout veso l yo.

[28] Nan fen karant jou yo, Moyiz te desann soti sou mòn nan ak de tablèt yo nan men l.

[29] Moyiz vin jwenn pitit Izrayèl yo e li te pale yo tout pawòl SENYÈ a, e li te anseye yo lwa, estati ak jijman ke SENYÈ a te anseye l.

[30] Moyiz di pitit Izrayèl yo pawòl SENYÈ a, ke yo dwe fè yon sanktyè pou Li, Pou l ka rete pami pitit Izrayèl yo.

[31] Pèp la te kontan anpil pou tout sa ki bon SENYÈ a te di yo, atravè Moyiz, e yo di l:-Nou pral fè tout sa SENYÈ a te di w.

[32] Pèp la te leve tankou yon sèl moun, yo te fè ofrann jenere pou sanktyè SENYÈ a, chak moun te pote ofrann SENYÈ a pou travay sanktyè a, ak pou tout sèvis li.

[33] Tout pitit Izrayèl yo te pote, chak moun, tout sa yo te jwenn nan posesyon yo pou travay sanktyè SENYÈ a, lò, ajan ak kwiv, ak tout bagay ki te itil pou sanktyè a.

[34] Tout moun ki te gen konesans nan travay, te vini epi yo te fè sanktyè SENYÈ a, selon tout sa SENYÈ a te bay lòd, chak moun nan travay ke l te konnen fè a; tout moun ki te gen konesans nan kè yo te fè sanktyè a, mèb li yo ak tout veso yo pou sèvis sakre, jan SENYÈ a te bay Moyiz lòd la.

[35] Travay sanktyè tabènak la te fini nan fen senk mwa, pitit Izrayèl yo te fè tout sa SENYÈ a te bay Moyiz lòd fè a.

[36] Yo pote sanktyè a ak tout mèb li yo bay Moyiz; Menm jan SENYÈ a te montre Moyiz la, se konsa pitit Izrayèl yo te fè.

[37] Moyiz te wè travay la, epi l gade, yo te fè l jan SENYÈ a te bay lòd la, konsa Moyiz te beni yo.

83- Douz Espyon Yo

(Nonb 13)

[1] Nan douzyèm mwa a, nan ventwazyèm jou nan mwa a, Moyiz pran Arawon ak pitit gason l yo, li abiye yo ak rad sakre yo, li te wen yo epi l te fè pou yo sa SENYÈ a te kòmande l, Moyiz te ofri tout ofrann yo ke SENYÈ a te mande jou sa a.

[2] Aprè sa, Moyiz pran Arawon ak pitit gason l yo epi l di yo:- Pandan sèt jou wap rete devan pòt tabènak la, paske se konsa mwen te resevwa lòd.

[3] Arawon ak pitit gason l yo te fè tout sa SENYÈ a te kòmande yo atravè Moyiz, yo rete pandan sèt jou devan pòt tabènak la.

[4] Epi nan wityèm jou a, ki se premye jou premye mwa a, nan dezyèm ane depi pèp Izrayèl la te kite peyi Lejip, Moyiz drese sanktyè a, li mete tout mèb tabènak la ak tout mèb sanktyè a, e li te fè tout sa SENYÈ a te kòmande l.

[5] Moyiz rele Arawon ak pitit gason l yo, yo pote ofrann boule ak ofrann pou peche pou yo menm ak pou pitit Izrayèl yo, jan SENYÈ a te kòmande Moyiz.

[6] Jou sa a, de pitit gason Arawon yo, Nadab ak Abiyou, te pran dife etranj epi yo pote l devan SENYÈ a, ke Li pa t kòmande yo sa, yon dife te soti devan SENYÈ a, li boule yo, yo mouri devan SENYÈ a jou sa a.

[7] Lè sa a, nan jou Moyiz te fin drese sanktyè a, chèf pitit Izrayèl yo kòmanse pote ofrann yo devan SENYÈ a pou konsekrasyon lotèl la.

[8] Yo pote ofrann yo, chak chèf pou yon jou, yon chèf chak jou pandan douz jou.

[9] Tout ofrann yo te pote, chak moun nan jou l, yon plak an ajan ki te peze san trant (130) chekel, yon bòl an ajan ki te peze swasann dis (70) chekel selon chekel sanktyè a, tou de plen ak farin fen melanje ak lwil pou yon ofrann bèt.

[10] Yon kiyè ki peze dis chekel an lò, plen ak lansan.

[11] Yon jenn towo, yon belye, yon ti mouton premye ane pou yon ofrann boule.

[12] Yon jenn kabrit pou ofrann pou peche.

[13] Epi pou yon sakrifis ofrann lapè, de bèf, senk belye, senk bouk kabrit, senk ti mouton premye ane.

[14] Se konsa douz chèf Izrayèl yo te fè, chak jou, chak moun nan jou l.

[15] Aprè sa, nan trèzyèm jou mwa a, Moyiz te kòmande pitit Izrayèl yo pou te obsève Pak la.

[16] Pitit Izrayèl yo te fete Pak la nan sezon l, kenzyèm jou nan mwa a, jan SENYÈ a te kòmande Moyiz, se konsa pitit Izrayèl yo te fè.

[17] Epi nan dezyèm mwa a, nan premye jou l, SENYÈ a pale ak Moyiz, Li di l:

[18] Konte tout gason pitit Izrayèl yo depi ventan monte, ou menm ak frè ou Arawon ak douz chèf Izrayèl yo.

[19] Moyiz te fè sa, Arawon vin ak douz chèf Izrayèl yo, yo konte pitit Izrayèl yo nan dezè Sinayi a.

[20] Kantite pitit Izrayèl yo, daprè kay papa yo, depi ventan monte, se te sis san twamil, senksan senkant (603,550).

[21] Men, pitit Levi yo pa t konte pami frè yo, pitit Izrayèl yo.

[22] Kantite tout gason pitit Izrayèl yo, depi yon mwa monte, te venndemil, desan swasantrèz (22,273).

[23] Kantite pitit Levi yo, depi yon mwa monte, se te venndemil (22,000).

[24] Moyiz te mete prèt yo ak Levit yo, chak moun selon sèvis li ak chay li pou sèvi sanktyè tabènak la, jan SENYÈ a te kòmande Moyiz.

[25] Nan ventyèm jou mwa a, nyaj la te leve sou tabènak temwayaj la.

[26] Nan tan sa a, pitit Izrayèl yo kontinye vwayaj yo soti nan dezè Sinayi, yo fè yon vwayaj twa jou, nyaj la repoze sou dezè Paran; Se la kòlè SENYÈ a te limen kont Izrayèl, paske yo te pwovoke SENYÈ a lè yo te Mande l vyann pou yo manje.

[27] SENYÈ a te tande vwa yo, Li te ba yo vyann ke yo te manje pou yon mwa.

[28] Men, aprè sa, kòlè SENYÈ a te limen kont yo, Li te frape yo ak yon gwo masak, yo te antere yo la nan plas sa a.

[29] Pitit Izrayèl yo te rele kote sa a Kebrot-Hataava, paske se la yo te antere moun ki te anvi vyann.

[30] Yo pati soti Kebrot-Hataava epi yo kanpe nan Azewòt, ki nan dezè Paran.

[31] Pandan pitit Izrayèl yo te nan Azewòt, kòlè SENYÈ a te limen kont Miryam akoz Moyiz, li te vin gen lalèp, blan kou nèj.

[32] Li te mete l deyò kan an pou sèt jou, jiskaske l te kapab resevwa ankò aprè lalèp li an.

[33] Aprè sa, pitit Izrayèl yo pati soti Azewòt, yo kanpe nan fen dezè Paran.

[34] Nan tan sa a, SENYÈ a pale ak Moyiz pou voye douz gason soti nan pitit Izrayèl yo, yon gason pou chak tribi, pou yo al espyonnen tè Kanaran.

[35] Moyiz te voye douz gason sa yo, yo rive nan tè Kanaran pou espyonnen l, e yo espyonnen tout tè a depi dezè Zin rive Rekòb jan ou vini nan Kamòt.

[36] Nan fen karant jou yo, espyon yo te retounen vin jwenn Moyiz ak Arawon, yo rapòte yo sa ki te nan kè yo. Dis nan mesye yo pote yon move rapò bay pitit Izrayèl yo, sou tè yo te espyonnen an, yo di:-Li pi bon pou nou retounen Lejip pase pou nou ale nan tè sa a, yon tè ki manje moun ki abite ladan l.

[37] Men, Jozye, pitit gason Noun, ak Kalèb, pitit gason Jefoune, ki te pami moun ki te espyonnen tè a, di:-Tè a bon anpil anpil.

[38] Si SENYÈ a pran plezi nan nou, Li pral mennen nou nan tè sa a epi se Li ki pral ban nou l, paske se yon tè ki gen lèt ak siwo myèl k'ap koule.

[39] Men, pitit Izrayèl yo pa t koute yo, yo te koute pawòl dis gason ki te pote move rapò sou tè a.

[40] SENYÈ a te tande pil bougonnen pitit Izrayèl yo, Li te fache epi l te sèmante, Li di:

[41] Asireman, pa gen menm yon sèl gason nan jenerasyon mechan sa a, depi ventan monte, ki pral wè peyi a, eksepte Kalèb, pitit gason Jefoune, ak Jozye, pitit gason Noun.

[42] Men, asireman jenerasyon mechan sa a pral peri nan dezè sa a, se pitit aprè yo ki pral vini nan peyi a e yo pral posede l; konsa kòlè SENYÈ a te limen kont Izrayèl, Li te fè yo vwayaje nan dezè a pandan karant ane jiskaske jenerasyon mechan sa a te fini, paske yo pa t swiv SENYÈ a. [43] Epi pèp la te rete nan dezè Paran pandan yon bon bout tan, aprè sa yo kontinye vwayaj yo nan dezè a pa chemen Lanmè Wouj la.

84- Rebelyon Kore
(Nonb 16)

[1] Nan tan sa a, Kore, pitit Iza, pitit Keyat, pitit Levi, te pran anpil gason nan mitan pitit Izrayèl yo, e yo te leve epi diskite ak Moyiz e Arawon ak tout kongregasyon an.

[2] SENYÈ a te fache ak yo, tè a louvri bouch li, epi l vale yo, ak kay yo ak tout sa ki te pou yo, ak tout gason ki te pou Kore.

[3] Aprè sa, BonDye te fè pèp la mache otou wout Mòn Seyi pandan yon bon bout tan.

[4] Nan tan sa a, SENYÈ a di Moyiz:-Pa pwovoke lagè kont pitit Ezaou yo, paske mwen p'ap ba w anyen ki pou yo, pa menm sa pye ka foule nan tè a, paske mwen te bay Mòn Seyi a kòm eritaj pou Ezaou.

[5] Se poutèt sa pitit Ezaou yo te goumen kont pitit Seyi yo nan tan lontan sa yo, SENYÈ a te lage pitit Seyi yo nan men pitit Ezaou yo, epi detwi yo devan yo, pitit Ezaou yo rete nan plas yo pou jouk jounen jodi a.

[6] Se poutèt sa, SENYÈ a te di pitit Izrayèl yo:-Pa goumen kont pitit Ezaou yo, frè w yo, paske anyen nan tè yo pa pou ou, men ou ka achte manje nan men yo pou lajan epi manje, e ou ka achte dlo nan men yo pou lajan epi bwè.

[7] Pitit Izrayèl yo te fè selon pawòl SENYÈ a.

[8] Pitit Izrayèl yo te mache otou dezè a, yo te pran wout otou Mòn Sinayi pandan yon bon bout tan, yo pa t manyen pitit Ezaou yo, e yo te rete nan distri sa a pandan diznèf ane.

[9] Nan tan sa a, Latinis, wa pitit Kittim yo, te mouri nan karann-senkyèm ane rèy li, ki se katòzyèm ane depi pitit Izrayèl yo te kite peyi Lejip.

[10] Yo antere l nan plas li te bati pou tèt li nan peyi Kittim, e Abimnas te pran rèy la nan plas li pou trantwit ane.

[11] Pitit Izrayèl yo te pase bò fwontyè pitit Ezaou yo nan jou sa yo, nan fen diznèf ane yo te vin pase sou wout dezè Mowab la.

[12] SENYÈ a di Moyiz:-Pa asyeje Mowab, e pa goumen kont yo, paske mwen p'ap ba w anyen nan tè yo.

[13] Pitit Izrayèl yo te pase sou wout dezè Mowab la pandan diznèf ane, yo pa t goumen kont yo.

[14] Nan trann-sizyèm ane depi pitit Izrayèl yo te soti Lejip, SENYÈ a frape kè Siyon, wa Amoreyen yo, li deklare lagè, e li soti pou goumen kont pitit Mowab yo.

[15] Siyon te voye mesajè kote Beyò, pitit Janès, pitit Balaram, konseye wa peyi Lejip la, ak Balaram pitit Beyò, pou modi Mowab, pou Mowab te ka tonbe nan men Siyon.

[16] Mesajè yo ale kote Beyò, pitit Janès ak Balaram pitit li, ki soti nan Peto nan peyi Mezopotami, se konsa Beyò ak pitit gason l Balaram te vin nan vil Siyon, yo modi Mowab ak wa l, devan Siyon, wa Amoreyen yo.

[17] Konsa Siyon soti ak tout lame l. L'al Mowab e goumen kont yo, epi l vin soumèt yo, SENYÈ a lage yo nan men l, Siyon te vin touye wa Mowab la.

[18] Siyon pran tout vil Mowab yo nan batay; li te pran Esbon nan men yo tou, paske Esbon se te yonn nan vil Mowab yo, epi Siyon mete chèf li yo ak nòb li yo nan Esbon, e Esbon te vin pou Siyon nan jou sa yo.

[19] Se poutèt sa moun ki pale pawòl parabòl yo, Beyò ak Balaram pitit gason l, yo te di pawòl sa yo, "Vini nan Esbon, vil Siyon an pral bati e etabli."

[20] Malè pou ou Mowab! Ou pèdi, pèp Kemòch la! Gade, sa ekri nan **Liv Lalwa BonDye a.**

[21] Lè Siyon te konkeri Mowab, li te mete gad nan vil yo te pran nan Mowab, yon gwo kantite nan pitit Mowab te tonbe nan batay devan Siyon, li te fè de yo gwo prizonye, pitit gason ak pitit fi, li te touye wa yo; se konsa Siyon vin retounen nan peyi pa l.

[22] Siyon bay Beyò ak Balaram pitit gason li anpil kado an ajan ak an lò, epi l voye yo ale, yo retounen Mezopotami nan peyi ak kay pa yo.

[23] Nan tan sa a, tout pitit Izrayèl yo te pase soti nan wout dezè Mowab la, yo retounen epi sènen dezè Edòm la.

[24] Se konsa, tout kongregasyon an rive nan dezè Zin nan premye mwa karantyèm ane depi yo te kite Lejip, pitit Izrayèl yo te rete la nan Kadès, nan dezè Zin, Miryam te mouri la e li te antere la.

[25] Nan tan sa a, Moyiz te voye mesajè bay Adad, wa Edòm, li di l:-"Men sa frè w Izrayèl di, Tanpri kite m pase nan peyi w, nou p'ap pase nan jaden ni nan pye rezen, nou p'ap bwè dlo nan pi; Nou pral mache nan chemen wa a."

[26] Epi Edòm voye di l:-"Ou p'ap ka pase nan peyi mwen," e Edòm te soti al rankontre ak pitit Izrayèl yo ak yon pèp fò.

[27] Pitit Ezaou yo te refize kite pitit Izrayèl yo pase nan peyi yo, konsa Izrayelit yo te retire kò yo epi yo pa t goumen ak yo.

[28] Paske avan sa, SENYÈ a te kòmande pitit Izrayèl yo, Li di:- "Ou p'ap goumen kont pitit Ezaou yo," konsa Izrayelit yo te retire kò yo epi yo pa t goumen ak yo.

[29] Se konsa pitit Izrayèl yo te kite Kadès, tout pèp la te rive Mòn Or la.

[30] Nan tan sa a, SENYÈ a di Moyiz, "Di frè w Arawon li pral mouri la, paske l p'ap antre nan peyi mwen bay pitit Izrayèl yo."

[31] Arawon monte, sou lòd SENYÈ a, nan Mòn Or la, nan karantyèm ane a, nan senkyèm mwa a, nan premye jou mwa a.

[32] Arawon te gen sanvenntwazan (123) lè l te mouri nan Mòn Or.

85-Mowabit Yo Sedwi Izrayèl

(Nonb 25)

[1] Wa Arad, Kananeyen an, ki te abite nan sid, te tande ke Izrayelit yo te pase sou wout espyon yo, li òganize fòs li yo pou l te goumen kont Izrayelit yo.

[2] Pitit Izrayèl yo te pè anpil devan l, paske l te gen yon lame gwo e lou, konsa pitit Izrayèl yo te deside retounen Lejip.

[3] Pitit Izrayèl yo te fè bak sou yon distans twa jou vwayaj rive Maserat Beni Jaakon, paske yo te pè anpil akoz wa Arad.

[4] Pitit Izrayèl yo pa t vle retounen nan plas yo, konsa yo te rete nan Beni Jaakon pandan trant jou.

[5] Lè pitit Levi yo wè ke pitit Izrayèl yo pa t vle fè bak, yo te jalou pou SENYÈ a, yo leve e goumen kont frè yo Izrayelit yo, yo touye anpil nan yo, e fòse yo retounen nan plas yo, Mòn Or.

[6] Lè yo te retounen, wa Arad te toujou t'ap òganize lame l pou batay kont Izrayelit yo.

[7] Izrayèl te fè yon ve, yo di:-Si Ou lage pèp sa a nan men mwen, mwen pral detwi konplètman vil yo.

[8] SENYÈ a te tande vwa Izrayèl, Li lage Kananeyen yo nan men yo, e yo te detwi yo nèt ansanm ak vil yo, yo te rele kote sa Orma.

[9] Pitit Izrayèl yo kite Mòn Or epi yo kanpe nan Obòt, epi yo kite Obòt, yo kanpe nan Ije-Abarim, sou fwontyè Mowab.

[10] Pitit Izrayèl yo te voye kote Mowab, yo di: Kite nou pase kounyeya nan peyi w pou n'ale nan plas nou, men pitit Mowab yo pa t kite pitit Izrayèl yo pase nan peyi yo, paske pitit Mowab yo te pè anpil, yo te pè ke pitit Izrayèl yo ta fè yo menm jan ak Siyon, wa Amoreyen yo te fè yo, li te pran tè yo e touye anpil nan yo.

[11] Se poutèt sa Mowab pa t kite Izrayelit yo pase nan peyi l, SENYÈ a kòmande pitit Izrayèl yo, Li di yo:-Pou yo pa goumen kont Mowab, konsa Izrayelit yo te retire tèt yo devan Mowab.

[12] Pitit Izrayèl yo te kite fwontyè Mowab, yo rive sou lòt bò Arnon, fwontyè Mowab, ant Mowab ak Amoreyen yo, yo kanpe sou fwontyè Siyon, wa Amoreyen yo, nan dezè Kedemòt.

[13] Pitit Izrayèl yo voye mesajè bay Siyon, wa Amoreyen yo, yo di:

[14] Kite nou pase nan peyi w, nou p'ap vire ni nan jaden w ni nan pye rezen w, nou pral swiv chemen wa a jiskaske nou pase fwontyè w. Men, Siyon pa t kite Izrayelit yo pase.

[15] Konsa Siyon rasanble tout pèp Amoreyen yo epi l t'ale nan dezè a pou l te rankontre ak pitit Izrayèl yo, li te goumen kont Izrayèl nan Ajaza.

[16] SENYÈ a lage Siyon, wa Amoreyen yo, nan men pitit Izrayèl yo, Izrayelit yo touye tout pèp Siyon ak nepe file yo, epi vanje kòz Mowab.

[17] Pitit Izrayèl yo pran posesyon tè Siyon soti Aram rive Jabòk, rive bò kote pitit Amon yo, yo pran tout piyay vil yo.

[18] Izrayèl pran tout vil sa yo, e Izrayèl abite nan tout vil Amoreyen yo.

[19] Tout pitit Izrayèl yo te deside goumen kont pitit Amon yo, pou yo te ka pran tè yo tou.

[20] Se konsa SENYÈ a di pitit Izrayèl yo:-Pa asyeje pitit Amon yo, pa leve lagè kont yo, paske Mwen p'ap ba ou anyen nan tè yo, pitit Izrayèl yo te koute pawòl SENYÈ a, yo pa t goumen kont pitit Amon yo.

[21] Pitit Izrayèl yo te vire e monte pa wout Bazan pou yo te ale nan peyi Og, wa Bazan an. Og, wa Bazan an, te soti pou l rankontre Izrayelit yo nan batay, li te gen avèk li anpil gason vanyan, ak yon fòs ki te fò anpil nan pèp Amoreyen yo.

[22] Og, wa Bazan an, se te yon nonm ki te pwisan anpil, men Naaron, pitit gason l, te pi pwisan pase l, e menm pi fò pase l.

[23] Og di nan kè l:-Gade kijan tout kan Izrayèl la pran espas twa kilomèt, kounyeya mwen pral frape yo tout alafwa san epe ni lans.

[24] Og monte sou Mòn Jaza, li pran yon gwo wòch, longè li te twa kilomèt, li te mete l sou tèt li, epi l deside pou l te jete l sou kan pitit Izrayèl yo, pou li te ka frape tout Izrayelit yo ak wòch sa a.

[25] Zanj SENYÈ a vini epi l pèse wòch la sou tèt Og, wòch la tonbe sou kou Og, epi Og tonbe atè akoz pwa wòch la sou kou l.

[26] Nan tan sa a, SENYÈ a di pitit Izrayèl yo:-Pa pè l, paske mwen te lage l ansanm ak tout pèp li ak tout tè l nan men nou, e nou pral fè avè l menm jan nou te fè avèk Siyon.

[27] Moyiz desann al jwenn li ak yon ti kantite nan pitit Izrayèl yo, Moyiz frape Og ak yon baton nan pye l ak nan cheviy li e touye l.

[28] Après sa, pitit Izrayèl yo pouswiv pitit Og ak tout pèp li yo, yo bat e detwi yo jiskaske pa t gen rès ki rete nan yo.

[29] Aprè sa, Moyiz voye kèk nan pitit Izrayèl yo pou espyonnen Jazè, paske Jazè te yon vil ki te renome anpil.

[30] Espyon yo te ale nan Jazè e eksplore l, espyon yo te mete konfyans yo nan SENYÈ a, yo te goumen kont gason Jazè yo.

[31] Mesye sa yo te pran Jazè ak tout ti bouk li yo, SENYÈ a te lage yo nan men Izrayèl, yo chase Amoreyen yo ki te la.

[32] Pitit Izrayèl yo pran tè de wa Amoreyen yo, swasant vil ki te sou lòt bò Jouden an, depi ravin Anon rive sou Mòn Emon.

[33] Pitit Izrayèl yo te vwayaje e rive nan plenn Mowab, ki sou bò Jouden, toupre Jeriko.

[34] Pitit Mowab yo te tande tout mal pitit Izrayèl yo te fè ak de wa Amoreyen yo, Siyon ak Og, se konsa tout gason Mowab yo te pè anpil devan Izrayelit yo.

[35] Ansyen Mowab yo di:-Gade, de wa Amoreyen yo, Siyon ak Og, ki te pi pwisan pase tout wa sou tè a, pa t kapab kanpe devan pitit Izrayèl yo, kouman nou menm n'ap kab kanpe devan yo?

[36] Sètènman yo te voye kote nou mesajè avan sa pou pase nan peyi nou sou wout yo, nou pa t kite yo fè sa, kounyeya yo pral vire sou nou ak epe lou yo epi detwi nou; Mowab te nan gwo traka akoz pitit Izrayèl yo, yo te pè yo anpil. Men, yo konsilte ansanm sa pou yo te fè ak pitit Izrayèl yo.

[37] Chèf fanmi moun Mowab yo te pran yon desizyon, yo chwazi yon nonm nan mitan yo, Balak, pitit Zipò moun Mowab la, yo fè l wa sou yo nan epòk sa a, Balak te yon nonm ki te saj anpil.

[38] Ansyen moun Mowab yo leve, yo voye kote pitit Madyanit yo pou te fè lapè ak yo, paske te gen yon gwo batay ak lènmi ant Mowab ak Madyanit, depi epòk Adad, pitit Bedad wa peyi Edòm, ki te bat Madyanit nan chan Mowab, rive jouk ka jou sa yo.

[39] Pitit Mowab yo voye kote pitit Madyanit, yo fè lapè ak yo, e granmoun Madyanit yo vin nan peyi Mowab pou fè lapè nan non pitit Madyanit yo.

[40] Chèf ansyen Mowab yo konsilte ak chèf ansyen Madyanit yo, sou sa pou yo fè pou sove lavi yo kont Izrayèl.

[41] Tout pitit Mowab yo di granmoun Madyanit yo: Kounyeya, pitit Izrayèl yo ap fini ak tout sa ki otou nou, menm jan bèf la fini ak zèb nan chan, paske se konsa yo te fè ak de wa Amoreyen yo ki te pi fò pase nou.

[42] Granmoun Madyanit yo di moun Mowab yo: Nou te tande lè Siyon, wa Amoreyen yo, te goumen kont moun ou yo, lè l te genyen sou pèp ou a, epi pran tè nou, li te voye chache Beyò, pitit Janeas, ak Balaram, pitit gason l, soti Mezopotami, e yo te vin modi moun ou yo; se poutèt sa a lamen Siyon te triyonfe sou nou, li te pran tè nou.

[43] Kounyeya, voye chache Balaram, pitit gason li an tou, paske li toujou nan peyi l, ba l salè l, pou li ka vin modi tout pèp ou pè a; Se konsa granmoun Mowab yo te tande bagay sa a, yo te kontan voye chache Balaram, pitit Beyò.

[44] Se konsa Balak, pitit Zipò, wa Mowab la, te voye mesajè al chache Balaram, li di l:

[45] Gade, gen yon pèp ki soti Lejip, gade yo kouvri fas tè a, e yo rete devan mwen.

[46] Kounyeya, vin modi pèp sa a pou mwen, paske yo twò fò pou mwen, petèt mwen ka rive triyonfe kont yo epi chase yo, paske mwen tande moun ou beni beni, e moun ou modi modi.

[47] Konsa mesajè Balak yo ale jwenn Balaram, epi yo pote Balaram pou vin modi pèp la pou goumen kont Mowab.

[48] Balaram vin jwenn Balak pou modi Izrayèl, epi SENYÈ a di Balaram:-Pa modi pèp sa a paske yo beni.

[49] Balak ensiste chak jou sou Balaram pou l modi Izrayèl, men Balaram pa t koute Balak akoz pawòl SENYÈ a te pale ak li.

[50] Lè Balak wè ke Balaram pa t dakò ak volonte l, li leve epi l retounen lakay li, Balaram tou retounen nan peyi l, li soti la li ale Madyanit.

[51] Pitit Izrayèl yo vwayaje soti nan plenn Mowab, yo kanpe bò larivyè Jouden an depi Bet-Jesimòt rive jouk nan Abèl-Chitim, nan bout plenn Mowab yo.

[52] Lè pitit Izrayèl yo te rete nan plenn Chitim, yo kòmanse fè dezòd ak fi Mowab yo.

[53] Pitit Izrayèl yo pwoche bò kote Mowab, pitit Mowab yo moute tant yo anfas kan pitit Izrayèl yo.

[54] Pitit Mowab yo te pè pitit Izrayèl yo, yo pran tout fi pa yo ak madanm yo ki te bèl e ki te gen bon aparans, yo abiye yo ak lò ak ajan ak rad chè.

[55] Pitit Mowab yo te mete medam sa yo chita nan papòt tant yo, pou pitit Izrayèl yo te ka wè yo, e vire bò kote yo, pou pitit Izrayèl yo pa t goumen kont Mowab.

[56] Tout pitit Mowab yo te fè bagay sa ak pitit Izrayèl yo, chak gason mete madanm li ak pitit fi l nan papòt tant li, tout pitit Izrayèl yo te wè aksyon pitit Mowab yo, yo te vire bò kote pitit fi Mowab yo, pitit Izrayèl yo te konvwate yo, e yo te ale jwenn yo.

[57] Sa te rive, lè yon Ebre te vin nan pòt tant yon Mowabit, li wè yon fi Mowab e li te anvi l nan kè l, li pale avèk li nan papòt tant la sou sa, ke l te vle l, pandan y'ap pale ansanm, gason ki te nan tant lan soti vin pale ak Ebre a ak pawòl sa yo:

[58] Asireman ou konnen nou se frè, nou tout se desandan Lo ak desandan Abraram frè l, poukisa w pa rete avèk nou, poukisa w pa manje pen nou ak sakrifis nou?

[59] Lè pitit Mowab yo te fin inonde l ak pawòl yo, epi yo te fin tante l ak bèl pawòl, yo te fè l chita nan tant la epi yo kwit manje epi sakrifye pou li, li te manje nan sakrifis yo ak nan pen yo.

[60] Aprè sa, yo ba l diven li bwè epi l vin sou, yo mete devan l yon bèl demwazèl, epi l te vin fè avèk li sa l te vle, paske li pa t konnen sa l t'ap fè a, akoz li te bwè anpil diven.

[61] Se konsa pitit Mowab yo te fè ak pitit Izrayèl nan kote sa a, nan plenn Chitim. Kòlè SENYÈ a te limen kont Izrayèl akoz bagay sa a, Li te voye yon epidemi pami yo, te gen venn katmil (24,000) gason Izrayelit ki te mouri.

[62] Kounyeya, te gen yon nonm nan pitit Simeyon yo ki te rele Zimri, pitit Salou, ki te mete tèt li ak Kosbi, yon fi Madyanit, pitit fi Zou, wa Madyanit, devan tout pitit Izrayèl yo.

[63] Fineyas, pitit gason Elyaza, pitit gason Arawon prèt la, wè bagay mechan sa a Zimri te fè a, li pran yon frenn epi l leve li kouri dèyè yo, li pèse yo toulède li touye yo, epi epidemi an te vin sispann sou pitit Izrayèl yo.

86- Izrayèl Atake Madyanit

(Nonb 31)

[1] Nan tan sa a, aprè epidemi an, SENYÈ a te di Moyiz, ak Eleaza, pitit gason Arawon prèt la, Li di l:

[2] Konte tèt tout kominote pitit Izrayèl yo, depi ventan e monte, tout moun ki te ale nan lame a.

[3] Moyiz ak Eleaza te konte pitit Izrayèl yo selon fanmi yo, kantite total Izrayèl yo te sètsan mil, sètsan trant (700,730).

[4] Kantite pitit Levi yo, depi yon mwa e monte, te ventwa mil (23,000), pami moun sa yo pa t gen yon gason pami yo kòm moun Moyiz ak Arawon te konte nan dezè Sinayi a anvan.

[5] Paske SENYÈ a te di yo ke yo t'ap mouri nan dezè a, konsa yo tout te mouri, epi pa t rete yon sèl pami yo eksepte Kalèb, pitit gason Jefoune a, ak Jozye, pitit gason Noun lan.

[6] Aprè sa, SENYÈ a te di Moyiz:-Di pitit Izrayèl yo pou yo tire revanj sou Madyanit pou kòz frè yo, pitit Izrayèl yo.

[7] Moyiz te fè sa, pitit Izrayèl yo te chwazi pami yo douzmil (12.000) gason, mil nan chak tribi, yo te ale kont Madyanit yo.

[8] Pitit Izrayèl yo te fè lagè kont Madyanit, yo te touye tout gason, ansanm ak senk prens Madyanit yo, yo te touye Balaram, pitit gason Bèyò, ak nepe a.

[9] Pitit Izrayèl yo te pran fanm Madyanit yo kòm prizonye, ansanm ak timoun yo ak bèt yo, ak tout sa ki te pou yo.

[10] Yo te pran tout byen ak tout prizonye yo, epi yo te pote l bay Moyiz ak Eleaza nan plèn Mowab yo.

[11] Moyiz, Eleaza ak tout chèf kongregasyon an te soti al rankontre yo ak kè kontan.

[12] Epi yo te divize tout byen Madyanit yo, pitit Izrayèl yo te tire revanj sou Madyanit pou kòz frè yo, pitit Izrayèl yo.

87- Lanmò Moyiz
(Detewonòm 34)

[1] Nan tan sa a, SENYÈ a di Moyiz:-Gade! Jou w yo ap pwoche nan bout li, kounyeya pran Jozye, pitit gason Noun, sèvitè w, mete l nan tabènak la, M'ap ba l lòd. Moyiz te fè sa.

[2] SENYÈ a te parèt nan tabènak la nan yon poto nwaj, epi poto nwaj la te kanpe nan antre tabènak la.

[3] SENYÈ a te bay Jozye, pitit gason Noun lan, lòd Li di l: Se pou w fò e kouraje, paske ou pral mennen pitit Izrayèl yo nan peyi mwen te sèmante pou m ba yo, M'ap avèk ou.

[4] Moyiz di Jozye: Se pou w fò e kouraje, paske w pral fè pitit Izrayèl yo eritye peyi a, SENYÈ a ap avèk ou, Li pap kite w, ni abandonnen w, pa pè, ni dekouraje.

[5] Moyiz rele tout pitit Izrayèl yo epi l di yo:-Nou te wè tout sa ki byen ke SENYÈ BonDye nou an te fè pou nou nan dezè a.

[6] Kounyeya, obsève tout pawòl lalwa sa a, epi mache nan chemen SENYÈ BonDye nou an, pa vire ni adwat ni agoch nan chemen SENYÈ a te bay lòd pou n swiv lan.

[7] Moyiz te anseye pitit Izrayèl yo lwa jeneral, jijman ak lwa pou yo fè nan peyi a jan SENYÈ a te ba li lòd la.

[8] Li te anseye yo chemen SENYÈ a ak lwa l yo; Gade! Yo ekri nan **Liv Lalwa BonDye**, ke Li te bay pitit Izrayèl yo nan men Moyiz.

[9] Moyiz te fin bay pitit Izrayèl yo lòd, SENYÈ a di l:-Monte sou Mòn Abarim la epi mouri la, yo pral ranmase w vin jwenn pèp ou a jan Arawon, frè w, te ranmase.

[10] Moyiz monte jan SENYÈ a te bay lòd, epi l te mouri la nan peyi Mowab pa lòd SENYÈ a, nan karantyèm ane depi Izrayelit yo te soti nan peyi Lejip.

[11] Pitit Izrayèl yo te kriye pou Moyiz nan plenn Mowab yo pandan trant jou, epi jou kriye ak dèy pou Moyiz yo te fini.

88- Jozye Travèse Jouden An

(Jozye 3)

[1] Aprè lanmò Moyiz, SENYÈ a te pale ak Jozye, pitit gason Noun, Li di l:

[2] Leve kanpe, travèse lòt bò larivyè Jouden an pou w ale nan peyi mwen bay pitit Izrayèl yo, ou pral fè pitit Izrayèl yo eritye peyi a.

[3] Tout kote pla pye w pral mache sou li, depi nan dezè Liban an rive nan gwo rivyè a, rivyè Lefrat, se pral fwontyè w.

[4] Pa gen moun ki pral kapab kanpe devan w tout jou lavi w; menm jan Mwen te avèk Moyiz, se konsa Mwen pral kanpe avèk ou, sèlman se pou w fò e gen kouraj pou obsève tout lwa Moyiz te bay lòd la, pa devye ni adwat ni agoch, pou w ka reyisi nan tout sa w'ap fè.

[5] Jozye te bay chèf pèp Izrayèl yo lòd, li di yo: Pase nan mitan kan an epi bay pèp la lòd, di: Prepare pwovizyon pou nou, paske nan twa jou nou pral travèse larivyè Jouden an pou n pran peyi a.

[6] Chèf pitit Izrayèl yo te fè sa, yo te bay pèp la lòd epi yo te fè tout sa Jozye te kòmande.

[7] Jozye te voye de gason pou espyone peyi Jeriko, mesye yo te ale epi espyone Jeriko.

[8] Aprè sèt jou yo retounen vin jwenn Jozye nan kan an epi yo di l:-SENYÈ a lage tout peyi a nan men nou, epi abitan yo pèdi kouraj akoz nou.

[9] Aprè sa te fèt:-Jozye leve nan maten ak tout pèp Izrayèl la, epi yo soti Shitim, Jozye ak tout pèp Izrayèl la te travèse larivyè Jouden; Jozye te gen katreven dezan, lè l te travèse Jouden an ak Izrayèl.

[10] Pèp la kite Jouden an nan dizyèm jou premye mwa a, yo kanpe nan Gilgal nan kwen lès Jeriko.

[11] Pitit Izrayèl yo te selebre Pak la nan Gilgal, nan plenn Jeriko a, nan jou kenz nan mwa, jan sa ekri nan lwa Moyiz la.

[12] Epi lamàn te sispann tonbe nan tan sa a, nan demen Pak la, pa t genyen lamàn ankò pou pitit Izrayèl yo, yo te manje pwodwi peyi Kanaran an.

[13] Jeriko te konplètman fèmen kont pitit Izrayèl yo, pèsonn pa t soti ni antre.

[14] Nan dezyèm mwa, nan premye jou mwa, SENYÈ a te di Jozye:-Leve kanpe, gade Mwen lage Jeriko nan men w ak tout pèp ki ladan l; Tout gason ki ka goumen yo pral mache bò vil la, yon fwa chak jou, konsa ou pral fè pandan sis jou.

[15] Prèt yo pral soufle nan twonpèt, lè w tande son twonpèt la, tout pèp la dwe bay yon gwo kri, pou miray vil la tonbe; tout pèp la dwe monte, chak moun kont advèsè l.

[16] Jozye te fè tout sa SENYÈ a te kòmande l.

[17] Nan Sètyèm jou a, yo te mache sèt fwa bò vil la, prèt yo te soufle nan twonpèt la.

[18] Nan Sètyèm fwa a, Jozye di pèp la:-Kriye, paske SENYÈ a lage tout vil la nan men nou.

[19] Sèlman vil la ak tout sa ki ladan l dwe vin dedye anba ve pou SENYÈ a, epi kenbe tèt nou lwen bagay madichon an, pou nou pa rann kan Izrayèl la madichonnen epi mete l nan traka.

[20] Men tout ajan ak lò ak kwiv ak fè dwe konsakre pou SENYÈ a, yo dwe antre nan trezò SENYÈ a.

[21] Pèp la te soufle nan twonpèt, yo bay yon gwo kri, epi miray Jeriko yo te tonbe. Tout pèp la monte, chak moun pran mache dwat devan l, yo pran vil la, yo detwi nèt tout sa ki te ladan l, gason kou fanm, jenn kou vye, bèf kou mouton ak bourik, ak nepe file yo.

[22] Yo boule tout vil la ak dife; sèlman veso an ajan ak lò, ak kwiv ak fè, yo te mete yo nan trezò SENYÈ a.

[23] Jozye fè sèman nan tan sa a, li di:-Madichon BonDye sou moun ki pral rebati Jeriko; Li pral mete fondasyon li avèk pèt premye pitit gason l, li pral mete pòtay li yo avèk pèt denyè pitit gason l.

[24] Epi Akan, pitit gason Kami, pitit gason Zabdi, pitit gason Zerak, pitit gason Jida, te aji an trayizon nan bagay ki te dedye anba ve yo, li te pran nan bagay madichon an epi l te kache l nan tant li, kòlè SENYÈ a te limen kont Izrayèl.

[25] Aprè sa, lè pitit Izrayèl yo te retounen sot mete dife nan lavil Jeriko, Jozye te voye gason pou espyone Ayi tou, pou goumen kont li.

[26] Mesye yo monte epi yo espyone Ayi, yo retounen yo di Jozye:-Pa kite tout pèp la monte avèk ou pou ale Ayi, kite sèlman anviwon twamil gason monte epi frape vil la, paske mesye yo ki la pa anpil.

[27] Jozye te fè sa, te gen anviwon twamil (3,000) gason nan pitit Izrayèl ki te monte avèk li, yo te goumen kont mesye Ayi yo.

[28] Batay la te grav kont Izrayèl, mesye Ayi yo te touye trannsis gason nan Izrayèl, epi pitit Izrayèl yo te kouri devan mesye Ayi yo.

[29] Lè Jozye te wè bagay sa a, li te chire rad li epi l te tonbe fas atè devan SENYÈ a, li menm ak ansyen yo nan pèp Izrayèl la, yo te mete pousyè sou tèt yo.

[30] Jozye di:-Poukisa, O SENYÈ, Ou te fè pèp sa ale travèse lòt bò larivyè Jouden an? Kisa mwen pral di aprè Izrayelit yo vire do bay lènmi yo?

[31] Kounyeya, tout Kananeyen yo, abitan peyi a, pral tande sa, yo pral antoure nou epi efase non nou.

[32] SENYÈ a di Jozye:-Poukisa ou tonbe fas atè a? Leve, kanpe, se paske Izrayelit yo te peche, yo te pran nan bagay madichon an; Mwen p'ap avèk yo ankò amwenske yo detwi bagay madichon an pami yo.

[33] Jozye leve, li rasanble pèp la, li pote Urim nan pa lòd SENYÈ a, tribi Jida a te chwazi, Akan, pitit gason Kami an, te chwazi.

[34] Jozye di Akan:-Di mwen, pitit mwen, kisa ou te fè, Akan di l:-Mwen te wè nan piyay la yon bèl rad Chinea ak desan (200) pyès ajan, ak yon lingò lò senkant (50) liv; Mwen te anvi yo epi mwen te pran yo, gade yo tout kache nan tè a nan mitan tant lan.

[35] Jozye voye kèk gason ki ale pran yo nan tant Akan an, epi yo pote yo bay Jozye.

[36] Jozye pran Akan ak istansil sa yo, ak pitit gason l yo, ak pitit fi l yo, ak tout sa ki te pou li, epi yo mennen yo nan vale Akò.

[37] Jozye te boule yo la ak dife, tout Izrayelit yo te kalonnen Akan ak wòch, yo te leve sou li yon pil wòch, se poutèt sa yo te rele kote sa a Vale Akò, konsa kòlè SENYÈ a te kalme, aprè sa Jozye te ale nan vil la epi l goumen kont li.

[38] SENYÈ a di Jozye:-Pa pè, pa dekouraje, gade Mwen lage Ayi nan men w, wa li a ak pèp li, epi w pral fè yo menm jan ou te fè Jeriko ak wa li, sèlman piyay la ak bèt yo ou pral pran pou tèt ou; Mete yon anbiskad dèyè vil la.

[39] Konsa Jozye te fè selon pawòl SENYÈ a, li chwazi nan mitan gason lagè yo trant mil (30,000) gason vanyan, li voye yo, yo mete anbiskad pou vil la.

[40] Li te ba yo lòd, li di yo:-Lè nou wè nou, nou pral kouri devan yo ak riz, yo pral pouswiv nou, lè sa a, nou pral leve soti nan anbiskad la epi pran vil la, e yo te fè sa vre.

[41] Jozye pran goumen, gason nan vil la soti kont Izrayèl, san yo pa konnen ke te gen moun kache dèyè vil la ap tann yo.

[42] Jozye ak tout Izrayelit yo fè tankou yo te bouke devan yo, epi yo kouri pa chemen dezè a ak riz.

[43] Gason Ayi yo rasanble tout moun ki te nan vil la pou pouswiv Izrayelit yo, yo soti, yo kite vil la vid, pa gen yon sèl moun ki te rete, yo kite vil la ouvè epi pouswiv Izrayelit yo.

[44] Epi sa ki te nan anbiskad yo leve soti nan kachèt yo, yo prese rantre nan vil la, yo pran l vit. Aprè sa, yo mete dife ladan l, moun Ayi yo vire retounen, yo wè lafimen nan vil la t'ap monte nan syèl la, yo pa t gen mwayen pou yo te sove, ni agòch ni adwat.

[45] Tout gason Ayi yo te nan mitan pèp Izrayèl la, kèk te sou bò goch, kèk te sou bò dwat, epi Izrayèl te bat yo jiskaske pa t rete youn nan yo.

[46] Pitit Izrayèl yo pran Melosh, wa Ayi a vivan, epi yo mennen l bay Jozye, Jozye pandye l sou yon pyebwa epi l mouri.

[47] Pitit Izrayèl yo retounen nan vil la aprè yo te fin boule l, yo touye tout moun ki te ladan l ak nepe yo.

[48] Kantite moun ki te tonbe nan gason ak fanm Ayi yo se te douzmil (12,000); Sèlman bèt yo ak piyay vil la yo te pran pou tèt yo, selon pawòl SENYÈ a te bay Jozye.

[49] Tout wa sa yo ki te sou bò larivyè Jouden an, tout wa Kanaran yo, yo te tande malè pitit Izrayèl yo te fè ak Jeriko ak Ayi, yo rasanble ansanm pou goumen kont Izrayèl.

[50] Sèlman moun Gabawon yo te gen gwo pè pou goumen kont Izrayelit yo pou yo pa t peri, konsa yo aji ak riz, epi yo vin jwenn Jozye ak tout Izrayèl, yo di yo:-Nou soti nan yon peyi byen lwen, kounyeya fè yon kontra avèk nou.

[51] Moun Gabawon yo te twonpe pitit Izrayèl yo, pitit Izrayèl yo te fè yon kontra avèk yo, epi yo te fè lapè avèk yo, chèf kongregasyon an te fè sèman ba yo. Aprè sa pitit Izrayèl yo te vin konnen ke yo se vwazen yo epi yo abite nan mitan yo.

[52] Men, pitit Izrayèl yo pa t touye yo; Paske yo te fè sèman ba yo nan non SENYÈ a, yo te vin taye bwa ak chache dlo pou Izrayèl.

[53] Jozye di yo:- Poukisa nou twonpe m, pou fè bagay sa a kont nou? Epi yo reponn li:-Paske yo te di sèvitè w, tout sa w te fè ak tout wa Amoreyen yo, nou te gen gwo pè pou lavi nou, se poutèt sa a nou te fè bagay sa.

[54] Jozye te mete yo depi jou sa a, pou yo taye bwa ak chache dlo, li divize yo kòm esklav pou tout tribi Izrayèl yo.

[55] Lè Adonizedèk, wa Jerizalèm, te tande tout sa pitit Izrayèl yo te fè ak Jeriko ak Ayi, li voye jwenn Oram, wa Ebwon, ak Pireyam, wa Jamout, ak Jafya, wa Lakis, ak Debi, wa Eglon, li di:

[56] Monte vin jwenn mwen pou n ka ede m, pou nou ka bat pitit Izrayèl yo ak moun Gabawon yo ki te fè lapè ak pitit Izrayèl yo.

[57] Epi yo te rasanble ansanm, senk wa Amoreyen yo monte ak tout kan yo, yon pèp pwisan ki te anpil tankou sab bò lanmè.

[58] Tout wa sa yo te vin kanpe devan Gabawon, yo te kòmanse goumen kont moun Gabawon yo, tout gason Gabawon yo voye di Jozye:-Vin ede n vit, paske tout wa Amoreyen yo rasanble ansanm pou goumen kont nou.

[59] Jozye ak tout sòlda yo kite Gilgal, epi Jozye rive sou yo toudenkou, li bat senk wa yo ak yon gwo masak.

[60] SENYÈ a konfonn yo devan pitit Izrayèl yo, ki te bat yo ak yon masak terib nan Gabawon, epi yo te pouswiv yo sou wout ki monte Bètowon rive Makkeda, yo te kouri devan pitit Izrayèl yo.

[61] Pandan yo t'ap kouri an, SENYÈ a voye lagrèl tonbe sou yo soti nan syèl la, plis moun te mouri akòz lagrèl la pase sa ki te mouri akòz masak pitit Izrayèl yo.

[62] Pitit Izrayèl yo te pouswiv yo, epi yo te kontinye ap frape yo sou wout la, yo pa t sispann ap bat yo.

[63] Men, pandan yo t'ap bat yo, jounen an te kòmanse bese vè aswè, Jozye di devan tout pèp la:-Solèy! Rete kanpe sou Gabawon, epi ou menm, lalin, nan vale Ajalon, jiskaske nasyon an tire revanj sou lènmi l yo.

[64] SENYÈ a koute vwa Jozye, solèy la rete imobil nan mitan syèl la, li te rete fiks pandan yon jou antye, lalin lan tou te rete imobil epi li pa t prese kouche pou yon jou antye.

[65] Pa t gen yon jou tankou sa a, ni anvan ni aprè, kote SENYÈ a te koute vwa yon moun, paske SENYÈ a t'ap goumen pou Izrayèl.

89- Konkèt Kanaran

(Jozye 6-13)

[1] Lè sa a, Jozye te chante chante sa a, nan jou kote SENYÈ a te livre Amoreyen yo nan men Jozye ak pitit Izrayèl yo, epi l te di devan tout Izrayèl:

[2] Ou fè gwo zèv, O SENYÈ, Ou fè bèl bagay; ki moun ki tankou Ou? Bouch mwen pral chante non Ou.

[3] Byennèt mwen ak fòtrès mwen, gwo fò mwen, m'ap chante yon nouvo chante pou Ou, avèk rekonesans m'ap chante pou Ou, Ou se fòs ki bay delivrans mwen.

[4] Tout wa latè yo pral louwe Ou, prens mond lan pral chante pou Ou, pitit Izrayèl yo pral rejwi nan delivrans Ou, yo pral chante epi louwe pwisans Ou.

[5] Se nan Ou, O SENYÈ, nou te mete konfyans; nou te di Ou se BonDye nou, paske Ou te abri nou ak gwo fò won kont lènmi nou yo.

[6] Nou te rele Ou epi nou pa t wont, nou te mete konfyans nan Ou epi n te delivre; Lè nou te rele Ou, Ou te tande vwa nou, Ou te delivre nanm nou anba nepe, Ou te montre nou favè W, Ou te ban nou delivrans Ou, Ou te fè kè nou kontan ak fòs Ou.

[7] Ou te soti pou delivrans nou, ak bra W, Ou te sove pèp Ou; Ou te reponn nou depi nan syèl sentete W, Ou te sove nou anba dizèn milye moun.

[8] Solèy la ak lalin lan te kanpe fèm nan syèl la, epi W te kanpe nan kòlè W kont opresè nou yo epi Ou te bay lòd jijman W sou yo.

[9] Tout prins latè yo te leve kanpe, wa nasyon yo te rasanble ansanm, yo pa t bouje devan prezans Ou, yo te swaf batay Ou yo.

[10] Ou te leve kont yo nan kòlè W, epi W te fè kòlè W tonbe sou yo; Ou te detwi yo nan kòlè W, epi W te elimine yo nan kè W.

[11] Nasyon yo te fini akòz kòlè W, wayòm yo te bese poutèt kòlè W, Ou te blese wa yo nan jou kòlè W.

[12] Ou te vide kòlè W sou yo, kòlè W te kenbe yo; Ou te fè inikite yo retounen sou yo, epi W te elimine yo nan mechanste yo.

[13] Yo te gaye yon pèlen, yo tonbe ladan l; Nan filè yo te kache a, pye yo te pran ladan l.

[14] Men W te pare pou tout lènmi W yo ki te di:-Avèk nepe yo, yo posede peyi a, avèk fòs ponyèt yo, yo te abite nan vil la; Ou te kouvri figi yo ak wont, Ou te bese kòn yo jis atè, Ou te fè yo pè nan kòlè W, epi W te detwi yo nan kòlè W.

[15] Latè te tranble epi te souke nan son tanpèt Ou sou yo, Ou pa t kenbe nanm yo lwen lanmò, epi W te mennen lavi yo nan kavo.

[16] Ou te pouswiv yo nan tanpèt Ou, Ou te fini ak yo nan toubiyon W, Ou te retounen lapli yo an lagrèl, yo tonbe nan twou fon konsa yo pa t kapab leve.

[17] Kadav yo te tankou fatra jete nan mitan lari yo.

[18] Yo te fini, e detwi nan kòlè W, Ou te sove pèp Ou a ak fòs Ou.

[19] Se poutèt sa kè nou kontan nan Ou, nanm nou leve nan delivrans Ou.

[20] Lang nou pral rakonte pwisans Ou, nou pral chante epi louwe bèl zèv Ou yo.

[21] Paske W te sove nou anba lènmi nou yo, Ou te delivre nou anba men moun ki te leve kont nou, Ou te detwi yo devan nou epi W te kraze yo anba pye nou.

[22] Konsa tout lènmi W yo pral peri, O SENYÈ. Mechan yo pral tankou pay pote ale pa van, moun Ou renmen yo pral tankou pyebwa plante bò dlo.

[23] Konsa Jozye ak tout Izrayèl avèk li retounen nan kan yo nan Gilgal, aprè yo te fin bat tout wa yo, konsa pa t genyen rès kite rete nan yo.

[24] Senk wa sa yo te kouri poukont yo a pye soti nan batay la, yo te kache tèt yo nan yon gwòt, Jozye te chèche yo nan chan batay la, epi l pa t jwenn yo.

[25] Aprè sa, yo te di Jozye, yo jwenn wa yo, gade yo kache nan yon gwòt la.

[26] Jozye di:-Mete gason pou veye bouch gwòt la, pou yo pa sove; epi pitit Izrayèl yo te fè sa.

[27] Jozye rele tout pèp Izrayèl la epi l di ofisye batay yo:-Mete pye nou sou kou wa sa yo, Jozye di:-Konsa SENYÈ a pral fè ak tout lènmi nou yo.

[28] Aprè sa, Jozye te bay lòd pou yo te touye wa yo epi jete yo nan gwòt la, epi pou mete gwo wòch nan bouch gwòt la.

[29] Aprè sa, Jozye te ale ak tout pèp la ki te avèk li jou sa a nan Makkeda, li te frape l ak nepe file li a.

[30] Li te konplètman detwi nanm yo ak tout sa ki te nan vil la, li te fè wa ak pèp li a menm jan l te fè ak Jeriko.

[31] Li te kite la, pou l t'ale Libna, li goumen kont li, SENYÈ a te lage l nan men l, Jozye te bat li ak nepe l, ansanm ak tout nanm ki te ladan l, li te fè ak li e wa li a, menm jan li te fè ak Jeriko.

[32] Aprè sa, li te pase pou l t'ale Lakis pou goumen kont li, epi Oram, wa Gaza, te monte pou ede moun Lakis yo, men Jozye te bat li ak pèp li a jiskaske pa t gen okenn ki te rete vivan pou li.

[33] Jozye te pran Lakis ak tout pèp ki te ladan l, epi l te fè menm jan ak Libna.

[34] Jozye te pase soti la pou l t'ale Eglon, epi l te pran vil sa a tou, li te bat li ak tout pèp ki te ladan l ak nepe file a.

[35] Aprè sa, li te pase ale Ebwon epi l te goumen kont li, li pran vil la epi l detwil nèt, li retounen soti la ak tout Izrayèl pou t'ale Debir, li goumen kont li epi l bat li ak nepe file a.

[36] Li detwi tout nanm ki te ladan l, li pa kite okenn moun rete vivan, li te fè ak li e ak wa li a, menm jan l te fè ak Jeriko.

[37] Jozye te bat tout wa Amoreyen yo soti Kadès-Banea pou rive Azah, epi l te pran peyi yo yon sèl kou, paske SENYÈ a te goumen pou Izrayèl.

[38] Jozye ak tout Izrayèl la te retounen nan kan yo nan Gilgal.

[39] Lè Jaben, wa Azò a, te tande tout sa Jozye te fè ak wa Amoreyen yo, Jaben te voye bay Yobad, wa Madyanit, ak Laban, wa Chimwon, ak Jefal, wa Akchaf, ak tout wa Amoreyen yo, li di:

[40] Vin ede nou rapid pou nou ka bat pitit Izrayèl yo, anvan yo rive sou nou epi fè nou menm jan yo te fè ak lòt wa Amoreyen yo.

[41] Tout wa sa yo te koute pawòl Jaben, wa Azò, yo soti ak tout kan yo, disèt wa, ak pèp yo ki te anpil tankou sab bò lanmè, ansanm ak chwal ak cha san konte, yo rasanble ansanm bò dlo Mewòm yo, yo te mete tèt yo ansanm pou goumen kont Izrayèl.

[42] SENYÈ a te di Jozye:-Pa pè yo, paske demen a menm lè sa, m'ap livre yo tout devan w. Ou pral koupe jarèt chwal yo epi boule cha yo ak dife.

[43] Jozye ak tout sòlda lagè yo te tonbe sou yo toudenkou epi yo bat yo, yo tonbe nan men yo, paske SENYÈ a te lage yo nan men pitit Izrayèl yo.

[44] Se konsa pitit Izrayèl yo te pouswiv tout wa sa yo ak kan yo, epi yo bat yo jiskaske pa t rete okenn nan yo, Jozye te fè ak yo jan SENYÈ a te pale avè l.

[45] Jozye te retounen Azò nan tan sa epi l bat vil la ak nepe li a, li te detwi tout nanm ki te ladan l, li te boule l ak dife, epi soti Azò, Jozye pase ale Chimwon, li bat li epi l te detwi l nèt.

[46] Soti la li pase ale Akchaf, epi l te fè ak li menm jan l te fè ak Chimwon.

[47] Soti la li pase ale Adoulam, li bat tout moun ki te ladan l, li te fè ak Adoulam menm jan li te fè ak Akchaf e ak Chimwon.

[48] Li te pase soti nan yo, li ale nan tout vil wa yo li te bat yo, li te bat tout moun ki te rete ladan yo epi l te konplètman detwi yo.

[49] Sèlman byen yo ak bèt yo, Izrayelit yo te pran pou tèt yo kòm piyay, men chak moun vivan yo te frape, yo pa t kite yon sèl nanm vivan.

[50] Jan SENYÈ a te kòmande Moyiz, konsa Jozye ak tout Izrayèl la te fè, yo pa t manke anyen.

[51] Konsa Jozye ak tout pitit Izrayèl yo te bat tout peyi Kanaran jan SENYÈ a te kòmande yo, epi yo te bat tout wa yo, ki te tranteyen wa, pitit Izrayèl yo te pran tout peyi yo.

[52] Anplis wayòm Siyon ak Òg ki te sou lòt bò Jouden an, ke Moyiz te bat anpil vil yo, Moyiz te bay moun Riben yo, moun Gad yo, ak mwatye tribi Manase a.

[53] Jozye te bat tout wa yo ki te sou bò sa a nan Jouden, bò lwès, epi l te bay yo kòm eritaj pou nèf tribi yo ak mwatye tribi Izrayèl la.

[54] Pandan senkan, Jozye te mennen lagè kont wa sa yo, epi l te bay vil yo a Izrayelit yo, epi peyi a te vin trankil san batay nan tout lavil Amoreyen yo ak Kananeyen yo.

90- Jozye Divize Peyi a
(Jozye 14-21)

[1] Nan epòk sa a, nan senkyèm ane aprè pitit Izrayèl yo te pase lòt bò larivyè Jouden an, aprè pitit Izrayèl yo te repoze nan lagè yo ak Kananeyen yo, nan epòk sa yon gwo ak grav batay te leve ant Edòm ak pitit Kittim yo, pitit Kittim yo te goumen kont Edòm.

[2] Abianis, wa Kittim yo, soti nan ane sa a, ki se nan trantyenyèm (31) ane rèy li, ak yon gwo fòs avè l nan vanyan gason pitit Kittim yo, li t'ale Seyi pou l te goumen kont pitit Ezaou yo.

[3] Adad, wa Edòm nan, tande pale de li, epi l soti pou kontre l ak yon pèp lou ak yon fòs solid, epi l angaje nan batay avèk li nan chan Edòm nan.

[4] Lamen Kittim yo triyonfe sou pitit Ezaou yo, pitit Kittim yo touye nan pitit Ezaou yo, venn de mil (22,000) gason, tout pitit Ezaou yo te kouri devan yo.

[5] Pitit Kittim yo pouswiv yo epi yo rive jwenn Adad, wa Edòm nan, ki t'ap kouri devan yo epi yo kenbe l vivan, epi mennen l bay Abianis, wa Kittim.

[6] Abianis bay lòd pou touye l, epi Adad, wa Edòm nan, mouri nan karantwityèm ane rèy li.

[7] Pitit Kittim yo kontinye pouswiv Edòm, yo frape yo ak yon gwo masak epi Edòm vin soumèt devan pitit Kittim yo.

[8] Pitit Kittim yo gouvènen sou Edòm, epi Edòm vin anba men pitit Kittim yo, yo vin fè yon sèl wayòm depi jou sa a.

[9] Depi lè sa a yo pa t kapab leve tèt yo ankò, wayòm yo vin fè yon sèl ak pitit Kittim yo.

[10] Abianis mete ofisye nan Edòm epi tout pitit Edòm yo vin soumèt, e peye tribi bay Abianis, epi Abianis retounen nan peyi pa l, Kittim.

[11] Lè li retounen, li te renouvle gouvènman l epi l te bati pou tèt li yon palè byen laj e fòtifye l pou rezidans wayal, epi l te gouvènen an sekirite sou pitit Kittim yo ak sou Edòm.

[12] Nan jou sa yo, aprè pitit Izrayèl yo te kwape tout Kananeyen yo ak Amoreyen yo, Jozye te vin granmoun epi avanse nan laj.

[13] SENYÈ a di Jozye:-Ou granmoun, e avanse nan lavi a. Men, yon gwo pati nan tè a rete pou posede.

[14] Kounyeya se poutèt sa divize tè sa a pou yon eritaj pou nèf tribi yo ak pou mwatye tribi Manase, Jozye leve epi l fè jan SENYÈ a te pale avè l.

[15] Li divize tout tè a bay tribi Izrayèl yo kòm eritaj selon divizyon yo.

[16] Men tribi Levi a, li pa t bay okenn eritaj, ofrann SENYÈ a se te eritaj yo, jan SENYÈ a te pale pou yo pa mwayen Moyiz.

[17] Jozye te pran Mòn Ebwon li bay Kalèb li, pitit Jefoune a, yon pòsyon anplis pase frè l yo, jan SENYÈ a te pale atravè Moyiz.

[18] Se poutèt sa, Ebwon vin tounen yon eritaj pou Kalèb ak pitit li yo jiska jounen jodi a.

[19] Jozye divize tout tè a pa sò pou tout Izrayèl kòm yon eritaj, jan SENYÈ a te kòmande l.

[20] Pitit Izrayèl yo te bay Levit yo vil nan pwòp eritaj yo, ak katye rich pou bèt yo, ak byen yo, jan SENYÈ a te kòmande Moyiz, konsa pitit Izrayèl yo te fè, yo te divize tè a pa sò, kit li gwo kit li piti.

[21] Epi yo t'ale pran posesyon tè a selon fwontyè yo, epi pitit Izrayèl yo te bay Jozye, pitit Noun lan, yon eritaj pami yo.

[22] Sou pawòl SENYÈ a yo te ba l vil li te mande a, Timnat-Sera nan mòn Efrayim, li bati vil la epi l te rete ladan l.

[23] Men eritaj yo ke Eleaza prèt la ak Jozye pitit Noun lan ak chèf fanmi tribi yo te pataje bay pitit Izrayèl yo pa sò nan Silo, devan SENYÈ a, nan pòt tabènak la, yo te sispann divize tè a.

[24] SENYÈ a te bay Izrayelit yo tè a, epi yo pran posesyon l jan SENYÈ a te pale ak yo, e jan SENYÈ a te sèmante bay zansèt yo.

[25] SENYÈ a bay Izrayelit yo repo kont tout lènmi yo ozalantou yo, pèsonn pa t kapab kanpe kont yo, SENYÈ a lage tout lènmi yo nan men yo, pa gen yon sèl bagay ki pa t rive nan tout byen SENYÈ a te pale ak pitit Izrayèl yo, wi SENYÈ a te fè tout bagay.

[26] Jozye te rele tout pitit Izrayèl yo epi l beni yo, li kòmande yo pou sèvi SENYÈ a, aprè sa li te voye yo ale, yo t'ale chak moun nan vil pa yo, chak moun nan eritaj pa yo.

[27] Pitit Izrayèl yo te sèvi SENYÈ a tout jou Jozye yo, SENYÈ a te ba yo repo tout otou yo, e yo te abite an sekirite nan vil yo.

[28] Sa te rive nan jou sa yo, ke Abianis, wa Kittim yo te mouri, nan trantwityèm ane rèy li, ki se sètyèm ane rèy li sou Edòm, yo antere l nan plas li te bati pou tèt li, epi Latinis gouvènen nan plas li pandan senkant ane.

[29] Pandan rèy li, li te mennen yon lame, epi l t'al goumen kont abitan Britani ak Kernani, pitit Elize, pitit Javan, li te triyonfe sou yo epi l te fè yo peye taks.

[30] Aprè sa, li tande ke Edòm te revòlte anba men moun Kittim yo, Latinis ale kote yo epi l bat yo, li soumèt yo, li te mete yo anba men pitit Kittim yo, Edòm vin yon sèl wayòm ak pitit Kittim yo pou tout jou yo.

[31] Pandan anpil ane pa t gen wa nan Edòm, gouvènman yo te ansanm ak pitit Kittim yo ak wa yo.

[32] Epi se te nan venn-sizyèm ane aprè pitit Izrayèl yo te pase Jouden an, sa vle di swasannsizyèm ane aprè pitit Izrayèl yo te kite peyi Lejip, ke Jozye te granmoun, avanse nan laj, li te gen san wit (108) ane nan jou sa yo.

[33] Jozye rele tout Izrayèl yo, ansyen yo, jij yo ak ofisye yo, aprè SENYÈ a te bay tout Izrayelit yo repo kont tout lènmi yo tout otou yo, Jozye di chèf ansyen Izrayèl yo, ak jij yo: Gade mwen granmoun, avanse nan laj, epi nou wè sa SENYÈ a te fè tout nasyon yo li te chase devan nou, paske se SENYÈ a ki te goumen pou nou.

[34] Kounyeya se pou nou ranfòse tèt nou pou kenbe epi fè tout sa pawòl lalwa Moyiz la mande a, pou nou pa devye ladan l ni adwat ni agoch, epi pou nou pa antre nan mitan nasyon sa yo ki rete nan peyi a; Ni pou nou pa mansyone non dye yo a, men pou nou kole ak SENYÈ BonDye nou an, jan nou te fè l jiska jodi a.

[35] Jozye ankouraje anpil pitit Izrayèl yo pou sèvi SENYÈ a tout jou yo.

[36] Tout Izrayelit yo di: Nou pral sèvi SENYÈ BonDye nou tout jou nou yo, nou menm ak pitit nou yo, ak pitit pitit nou yo, ak desandan nou pou tout tan.

[37] Jozye te fè yon alyans ak pèp la nan jou sa a, epi l voye pitit Izrayèl yo ale, chak moun ale nan eritaj pa yo ak nan vil pa yo.

[38] Nan jou sa yo, lè pitit Izrayèl yo te abite an sekirite nan vil yo, yo antere sèkèy tribi zansèt yo, ke yo te pote soti Lejip, chak moun nan eritaj pitit li yo, douz pitit Jakòb yo, pitit Izrayèl yo antere, chak moun nan posesyon pitit li yo.

[39] Sa yo se non vil yo kote yo te antere douz pitit Jakòb yo, ke pitit Izrayèl yo te pote soti Lejip.

[40] Yo antere Riben ak Gad sou bò Jouden, nan Romia, ke Moyiz te bay pitit yo.

[41] Simeyon ak Levi yo antere l nan vil Mauda, ke li te bay pitit Simeyon yo, epi banlye vil la te pou pitit Levi yo.

[42] Yo te antere Jida nan vil Benjamin anfas Bètleyèm.

[43] Epi zo Izaka ak Zabilon yo antere l nan Zidon, nan pòsyon ki te tonbe pou pitit li yo.

[44] Yo antere Dan nan vil pitit li yo nan Eshtael, epi Neftali ak Asè yo antere l nan Kadèch-Neftali, chak moun nan plas li te bay pitit li yo.

[45] Epi zo Jozèf yo te antere l nan Sichèm, nan pati jaden Jakòb te achte nan men Amò, epi ki te vin eritaj pou Jozèf.

[46] Yo antere Benjamen nan Jerizalèm anfas Jebizit la, ki te bay a pitit Benjamen yo; pitit Izrayèl yo antere papa yo chak moun nan vil pitit li yo.

[47] Nan fen dezan, Jozye, pitit Noun lan te mouri, li te gen san dis (110) ane, epi tan ke Jozye te jije Izrayèl la se te ventwit (28) ane, Izrayèl te sèvi SENYÈ a tout jou lavi l.

[48] Lòt zafè Jozye yo, batay li yo ak repwòch li yo ke l te repwoche Izrayèl, tout sa l te kòmande yo, ak non vil yo ke pitit Izrayèl yo te posede nan jou l yo, gade yo ekri nan Liv pawòl Jozye yo, ke l te bay pitit Izrayèl yo, e nan Liv Lagè SENYÈ a, ke Moyiz ak Jozye ak pitit Izrayèl yo te ekri.

[49] Pitit Izrayèl yo te antere Jozye nan fwontyè eritaj li, nan Timnat-Sera, ki te bay a li nan mòn Efrayim.

[50] Eleaza, pitit Arawon an, te mouri nan jou sa yo, e yo te antere l sou yon mòn ki te pou Fineyas, pitit gason l, ki te bay a li nan mòn Efrayim.

91- Gouvènans Ansyen yo

(Jij 1)

[1] Nan epòk sa a, aprè lanmò Jozye, pitit Kananeyen yo te toujou nan peyi a, Izrayelit yo te deside pou chase yo.

[2] Pitit Izrayèl yo mande SENYÈ a: Ki moun ki pral monte pou nou an premye pou al goumen kont Kananeyen yo? SENYÈ a di: Jida pral monte.

[3] Pitit Jida yo di pitit Simeyon yo: Monte avèk nou nan pòsyon nou an, nou pral goumen kont Kananeyen yo epi nou menm tou nou pral monte avèk ou nan pòsyon pa w, konsa pitit Simeyon yo ale ak pitit Jida yo.

[4] Pitit Jida yo monte, yo te goumen kont Kananeyen yo, konsa SENYÈ a lage Kananeyen yo nan men pitit Jida yo, e yo touye yo nan Bezek, dimil (10,000) gason.

[5] Yo goumen ak Adoni-bezèk nan Bezèk, li te kouri devan yo, e yo te pouswiv li e kenbe l, lè yo te kenbe l, yo te koupe gwo pous li yo ak gwo zòtèy li yo.

[6] Adoni-bezèk di: Swasanndis wa ki te gen gwo pous yo ak gwo zòtèy yo koupe, yo t'ap ranmase manje anba tab mwen, jan mwen te fè yo a se konsa BonDye peye m. Epi yo te mennen l Jerizalèm, li mouri la.

[7] Pitit Simeyon yo te ale ak pitit Jida yo, e yo te touye Kananeyen yo ak nepe file yo.

[8] SENYÈ a te avèk pitit Jida yo, e yo te pran posesyon mòn nan, pitit Jozèf yo monte Betèl, menm kote sa a rele Louz, epi SENYÈ a te avèk yo.

[9] Pitit Jozèf yo espyonnen Betèl, gadyen espyonnen yo wè yon nonm soti nan vil la, yo kenbe l e di l:-Montre nou antre vil la nou pral fèw favè.

[10] Nonm sa a montre yo antre vil la, epi pitit Jozèf yo vini e frape vil la ak nepe file yo.

[11] Nonm nan ak fanmi l yo voye l ale, e li ale kay moun Et yo e li bati yon vil, li rele non vil sa a Louz, konsa tout Izrayelit yo te abite nan vil yo. Pitit Izrayèl yo te abite nan vil yo, pitit Izrayèl yo te sèvi SENYÈ a tout jou Jozye yo, e tout jou ansyen yo, ki te viv yon bon bout tan aprè Jozye, yo te wè gwo travay SENYÈ a, ke Li te fè pou Izrayèl.

[12] Ansyen yo te jije Izrayèl aprè lanmò Jozye pou disèt ane.

[13] Epi tout ansyen yo tou te goumen batay Izrayèl kont Kananeyen yo epi SENYÈ a te chase Kananeyen yo devan pitit Izrayèl yo, pou plase Izrayelit yo nan peyi yo.

[14] SENYÈ a te akonpli tout pawòl Li te pale ak Abraram, Izarak, ak Jakòb, ak sèman Li te sèmante, pou te ba yo ak pitit pitit yo, peyi Kananeyen yo.

[15] SENYÈ a te bay pitit Izrayèl yo tout peyi Kananeyen an, jan Li te sèmante bay zansèt yo, SENYÈ a ba yo repo kont moun ki te ozalantou yo, pitit Izrayèl yo te abite an sekirite nan vil yo.

[16] Benediksyon pou SENYÈ a pou tout tan, amèn, e amèn.

[17] Ranfòse nou, e kite kè tout moun ki gen konfyans nan SENYÈ a gen kouraj. FEN AN

*Anèks A

*Enfòmasyon dat sa yo soti sou sit paj Biblefacts.org ki te òganize pa Dr. Ken Johnson©

Nesans ak Lanmò

0001-0930 Adan (930)

0130-1042 Sèt (912)

0235-1140 Enòs (905)

0325-1235 Kenan (910)

0395-1290 Malaleyèl (895)

0460-1422 Jerèd (962)

0622-0987 Enòk* (365)

0687-1656 Metouchela (969)

0874-1651 Lemèk (777)

0974-???? Naama

1056-2006 Noye (950)

1556-???? Jafèt

1558-2158 Sèm (600)

1656 Delij

1658-2096 Apachad (438)

1693-2126 Chela (433)

1723-2187 Ebè (464)

1757-1996 Pelèg (239)

1787-2026 Reou (239)

1819-2048 Sewoug (205)

1849-1997 Nakò I (148)

1878-2083 Terak (205)

1908-2123 Nimwòd (215)

1948-2123 Abraram (175)

1958-2085 Sara (127)

1947-2087 Lo (140)

2034-2172 Izmaèl (138)

2048-2228 Izarak (180)

2075-2208 Rebeka (133)

2108-2255 Jakòb (147)

2108-2255 Ezaou (147)

2164-2214 Leya (50)

2164-2209 Rachèl (45)

2188-???? Reouyèl (Ezaou 80)
2193-2317 Riben (124)
2193-2313 Simeyon (120)
2194-2331 Levi (137)
2195-2324 Jida (129)
2196-2310 Zabilon (114)
2196-2321 Gad (125)
2197-2319 Izaka (122)
2197-2320 Asè (123)
2198-2318 Dann (120)
2199-2309 Jozèf (110)
???? -2208 Laban
2209-2318 Benjamen (109)
2216-2349 Keyat (133)
2225-???? Perez ak Zerak
2233-???? Efrayim, Manase
2298-2488 Balaam II (190)
2338-2379 Jokèbed (141) Levi
2364-2488 Miryam (124)
2365-2488 Arawon (123)
2368-2488 Moyiz (120)
2406-2516 Jozye (110)
2445-???? Gèchon (Moyiz)
2446-???? Elièzè (Moyiz)

Enòk pa t mouri, men li te monte oswa transfòme.
Evènman Majò

0001 Adan kreye pa Bondye
0130 Sèt fèt de Adan (130)
0235 Enòs fèt de Sèt (105)
0325 Kenan fèt de Enòs (90)
0365 Kenan (40) vin wa
0395 Malaleyèl fèt de Kenan (70)
0460 Jerèd fèt de Malaleyèl (65)
0622 Enòk fèt de Jerèd (162)
0687 Metouchela fèt de Enòk (65)
0687 Enòk (65) vin wa

0874 Lemèk fèt de Metouchela (187)

0930 Adan mouri (930)

0930 Metouchela (243) vin wa

0974 Naama fèt de Enòk (352)

0987 Enòk (365) transpòte pa Bondye

1042 Sèt mouri (912)

1056 Lemèk (182) marye ak Ashouma

1056 Noye fèt de Lemèk (182) nan Rosh HaShanah

1140 Enòs mouri (905)

1235 Kenan mouri (910)

1290 Malaleyèl mouri (895)

1422 Jerèd mouri (962)

1554 Noye (498) marye ak Naama

1556 Jafèt fèt de Noye (500) ak Naama (582)

1558 Sèm fèt de Noye (502) ak Naama (584)

1651 Lemèk mouri (777)

1651 Noye (595) resevwa lòd pou konstwi Bato a

1651 Sèm, Kam, ak Jafèt marye ak pitit fi Eliakim yo

1656 Metouchela mouri (969)

1656 Delij la

1657 Alyans ak lwa Noye te etabli

1658 Apachad fèt de Sèm (100)

1693 Chela fèt de Apachad (35)

1723 Ebè fèt de Chela (30)

1757 Pelèg fèt de Ebè (34)

1787 Reouyèl fèt de Pelèg (30)

1819 Seroug fèt de Reouyèl (32)

1849 Nakò I fèt de Seroug (30)

1878 Terak fèt de Nakò I (29)

1908 Nimwòd fèt de Kouch

1948 Nimwòd (40) kòmanse gouvène

1948 Abraram fèt de Terak (70)

1958 Sara fèt de Nakò II

1958 Abraram (10) al viv ak Noye (902)

1987 Lo fèt de Nakò II

1993 Gwo fò won Babèl la tonbe

1996 Pelèg mouri (239)

1996 Kedòlaòmè wa Elam anvayi Sodòm ak Gomò

1997 Nakò I mouri (148)

1997 Abraram (49) ale Ur nan peyi Kalde

1998 Abraram (50) marye ak Sara (40)

2000 Abraram (52) chape soti anba Nimwòd pou al kay Noye (944)

2003 Abraram (55) ale Kanaran

2006 Noye mouri (950)

2008 Sodòm ak Gomò revòlte kont Kedòlaòmè

2013 Nimwòd (105) al goumen ak Kedòlaòmè

2018 Abraram (70) ale kay Terak (140) nan Ebwon (kòmanse 430 ane yo ; Gal. 3 :16,17)

2023 Abraram (75) ak Lo (36) ale Kanaran

2023 Rikayon vin Farawon

2026 Reouyèl mouri (239)

2034 Izmaèl fèt de Abraram (86)

2047 BonDye bay Abraram (99) lòd pou pratike sikonsizyon

2048 Sodòm ak Gomò detwi

2048 Izarak fèt de Abraram (100) ak Sara (90)

2048 Seroug mouri (205)

2075 Rebeka fèt de Betwèl

2083 Tera mouri (205)

2085 Izarak (37) ofri kòm sakrifis

2085 Sara mouri (127)

2088 Izarak (40) marye ak Rebeka (13)

2088 Abraram (140) marye ak Ketoura

2096 Apachad mouri (438)

2108 Ezaou ak Jakòb fèt de Izarak (60) ak Rebeka (33)

2123 Abraram mouri (175)

2123 Nimwòd mouri (215) pa Ezaou (15)

2123 Ezaou (15) vann dwa nesans li bay Jakòb (15)

2126 Chela mouri (433)

2126 Jakòb (18) al viv ak Sèm (568)

2158 Sèm mouri nan laj 600 an

2158 Jakòb (50) kite Sèm e al viv ak Izarak (110)

2164 Leya ak Rachèl fèt de Laban

2171 Jakòb (63) sove pou al viv ak Ebè (448)

2172 Izmaèl mouri (138)

2185 Jakòb (77) al kay Izarak (137) nan Ebwon

2185 Jakòb (77) al kay Laban nan Padam-Aram

2187 Ebè mouri (464)

2188 Reouyèl fèt de Ezaou (80)

2193 Jakòb (85) marye ak Leya (29) ak Rachèl (29)

2193 Riben fèt de Jakòb (85) ak Leya (29)

2193 Simeyon fèt de Jakòb (85) ak Leya (29)

2194 Levi fèt de Jakòb (86) ak Leya (30)

2195 Jida fèt de Jakòb (87) ak Leya (31)

2196 Zabilon fèt de Jakòb (88) ak Leya (32)

2196 Gad fèt de Jakòb (88)

2197 Izaka fèt de Jakòb (89) ak Lea (33)

2197 Asè fèt de Jakòb (89)

2198 Dann fèt de Jakòb (90)

2199 Jozèf fèt de Jakòb (91) ak Rachèl (35)

2206 Jakòb (98) retounen lakay Izarak (158)

2207 Jakòb (99) ale Betèl

2208 Rebeka mouri (133)

2208 Laban mouri

2209 Rachèl mouri (45) pandan l ap akouche Benjamen pitit Izrayèl (Jakòb) (101)

2214 Leya mouri (50)

2216 Jozèf (17) vann ann Ejip

2216 Levi (22) marye ak Adia (pitit Joktan, pitit gason Ebè)

2216 Keyat fèt de Levi (22)

2216 Jozèf (17) mete nan prizon

2225 Perez ak Zerak fèt de Jida (30)

2226 Jozèf (27) entèprete de rèv

2228 Izarak mouri (180)

2228 Jozèf (29 oswa 30) kòmanse gouvène ann Ejip

2233 Manase fèt de Jozèf (34)

2233 Efrayim fèt de Jozèf (34)

2238 Izrayèl (130) ale ann Ejip

2238 Jokèbed fèt de Levi (44) sou wout pou Ejip

2255 Izrayèl mouri (147)

2255 Ezaou mouri (147)

2270 Magwon vin Farawon

2298 Balaam II fèt de Beyò II

2309 Jozèf mouri (110)

2310 Zabilon mouri (114)

2313 Simeyon mouri (120)

2317 Riben mouri (124)

2318 Dann mouri (120)

2319 Izaka mouri (122)

2320 Asè mouri (123)

2321 Gad mouri (125)

2324 Jida mouri (129)

2331 Levi mouri (137)

2332 Esklavaj Izrayelit yo kòmanse ann Ejip

2353 Melol vin Farawon

2364 Miryam fèt de Amram ak Jokèbed

2365 Arawon fèt de Amram ak Jokèbed

2368 Moyiz fèt de Amram ak Jokèbed

2406 Jozye fèt de Noun

2445 Moyiz (77) marye ak Zipora

2447 Moyiz wè touf bwa ki t'ap boule a

2447 Baton Moyiz tounen yon sèpan

2448 Kalamite kont peyi Lejip yo kòmanse

2448 Izrayelit yo soti ann Ejip (15èm jou premye mwa a)

2448 BonDye bay 10 Kòmandman yo (6èm jou 3zyèm mwa a) (430 an fini, Gal. 3:16,17)

2448 Lamàn soti nan syèl la (15èm jou dezyèm mwa a)

2448 Tabènak Izrayelit yo bati (pandan 5 mwa)

2448 Arawon (83) vin gran prèt nan 23èm jou 12èm mwa a

2449 Tabènak la dedye (premye jou premye mwa a)

2449 Premye Pak Izrayelit yo obsève (13èm jou premye mwa a)

2449 Nwaj la kite Tabènak la (20èm jou premye mwa a)

2488 Izrayelit yo retounen nan peyi Kanaran (premye jou premye mwa a)

2488 Miryam mouri (124)

2488 Arawon mouri (123) sou Mòn Or lan (premye jou senkyèm mwa a)

2488 Balaram II mouri (190) nan peyi Moab

2488 Moyiz mouri (120) sou Mòn Nebo

2489 Jozye (82) travèse Rivyè Jouden an (10èm jou premye mwa a)

2489 Premye Pak nan peyi Kanaran (14èm jou premye mwa a)

2489 Bondye enstwi Jozye sou Jeriko

2494 Izrayelit yo konkeri peyi Kanaran

2503 Tè Izrayèl divize pami 12 tribi yo

2514 Jozye beni pèp Izrayèl la

2516 Jozye mouri (110)

2517 17 ane gouvènman anba ansyen yo kòmanse

*Anèks B

Nòt sou kwonoloji:

Galat 3:16 rapòte ke 430 ane yan kòmanse depi pwomès ki te bay a Abraram jiska Egzòd la oswa Jou Delivrans Pèp lan. Kalandriye sa a, dat estime l dakò avèk Jokebèd, manman Moyiz, ki te fèt pandan Jakòb ak pitit li yo te ap demenaje ale nan peyi Lejip, ak Adia, pitit fi Joktan, pitit gason Ebè, ki te marye ak Levi.

Lè nou mete istwa yo nan Liv Jasè a ansanm ak Flavius Josephus yon istoryen Ebre, nou aprann ke Moyiz te touye yon Ejipsyen a laj 18 tan e li te kouri kite Peyi Lejip nan pati yo te rele Pi Ba Lejip ou ankò jan pwofèt Ezayi rele l Patwòs (Eza.11:11). Sepandan, akòz yon rebelyon nan peyi Letiopi, yo mande l pou l pran kòmandman lame yo a. Apre li fin kraze rebelyon an, lè li tande ke Peyi Ba Lejip (ki se Patwòs) te toujou ap chache touye l, li rete rete l nan Anwo Lejip e li vin wa Letiopi, li vin ap dirije soti nan laj 27 an rive nan laj 66 an. Apre sa, li volontèman renonse pouvwa li epil ale nan peyi Madyan ke mwen avèw vin wè nan tèks nou an nan Egzòd 2:11-21.

Pandan l t'ap dirije Letiopi pandan 40 ane, li te fè batay ak divès wa epi tout pitit gason Kouch yo (Ladan yo te gen Ejipsyen) te pè Moyiz anpil. Sanble ke li te fè rebèl kont Lejip, lè li te fè Letiopi endepandan. Sa vin fè 40 ane Etyèn t'ap pale an te pase nan Lejip ak 40 ane li pase deyò Lejip lan (Travay 7:23-30) te vin dakò ak istwa Liv Jasé a e ak Josephus.

Dat sa yo ki te enplike pati sa a nan lavi li, sepandan, pa afekte okenn lòt bagay nan kalandriye sa. Se konsa, nan toude ka yo, tout lòt dat yo rete entak. Menm si Septante (tradiksyon grèk) nan Bib la genyen dat ki konplètman diferan ak vèsyon Ebre yo, toude, Septante ak Bib Ebre a dekri Liv Jasé a kòm yon liv istwa ki egzat. Twa kalandriye similtane yo nan Liv Jasé a dakò ak vèsyon Ebre yo (Ebre Jenèz la, Talmud, ak Seder Olam, elatriye).

Donk, kwonoloji vèsyon Ebre a dwe kòrèk omwen jiska lanmò Jozye an 2516. Lè nou ajoute 480 ane soti Jozye rive nan Tanp lan, nou ka plase dedikasyon Tanp Salomon an nan 2,935 ane apre Kreyasyon.

Tablo Nasyon yo

Enfòmasyon tablo sa soti sou sit paj Biblefacts.org ki te òganize pa Dr. Ken Johnson©
Tablo nasyon sa a soti nan Jenèz 10 ak enfòmasyon ki soti nan Jasé 7 ak 10 te ajoute. Enfòmasyon ki soti nan Josephus 1:6 prezante an Italik.

Jafè
- **Gomè (Gòl oswa Galat)**
  - *N. Francum, L. Franza, R. Franza, R. Senah*
- **Achkenaz** — *G. Rèjinien*
- **Riphath** — *N. Bartonim & Ripheans, G. Paflagonyen*

- L. Bartonia, L. Ledah
- **Togama (Amenia)**
- G. Friji R. Hithlah, R. Itatac, Buzar, Elicanum, Ragbib, Tarki, Bid, Zebuc, Yilmaz – R. Hithlah Ongal (Angoli), Balgar, Parzunac – R. Dubnee
- **Magòg**
- N. Magògim, G. Sythians
- Elichanaf, Lubal
- **Madayi**
- N. Orelum, G. Medes, L. Curson, Achon, Zeelo, Chazoni, Lot
- **Javan**
- N. **Javanim**, G. Grèk & Iona, L. Makdonia
- **Elicha** – G. Aeolians, N. Almanim, ant mòn Job ak Shibathmo. Nan yo se Lumbardi, ki te konkeri Itali.
- **Tasis** – L. Silisi, kapital vil la se Tasis
- **Kittim (Wòm)** – N. Romim, V. Kanopia, R. Tibreu. Anvan yo te rive nan peyi Itali, yo te kanpe sou zile Cethima oswa lil Chip.
- **Dodanim (Twaj?)** – L. Bordna, Gihon Lanmè
- **Tubal**
- G. Ibè, L. Tuskanah, R. Pashiah Sabinah? (Lès Itali) Ariphi, Kesed, Taari
- **Mechèk (Ris?)**
- N. Shebashni, G. Kapadokyen
- Dedon, Zaron, Shebashni
- **Tiras**
- N. Rushash, G. Trakyen, Cushni, Ongolis, Jabus Lanmè, R. Cura
- Benib, Gera, Lupirion, Gilak

R. = Rivyè, L. = Tè, Mts. = Mòn, V. = Vale, C. = Vil, N. = Non Ebre Moun yo, G. = Non Grèk
Lèdah Rivyè koule nan Lanmè Gihon, ki rele tou Oseyanus. Cura Rivyè koule nan Tragan Rivyè.

Kam
- **Kouch (Letiopi)**
- **Nimwod**
- Seba – G. Sabeans
- Avila – G. Getuli
- Sabtah – N. Sabthens, G. Astaborans
- Raama – Sheba & Dedan (Arabi Sawoudit)
- Sabtecha – Sabactens
- **Mizraim**
- G. Ejip, R. Sihor – yon riviè Ejip
- Anamim

- Anom, Ludim
- Lud, Lehabim
- Twa Sa yo te imigre nan direksyon Sid vè Libi
- Naphtuhim, Caphtorim
- Chaphtor Sa yo te ranvèse nan lagè Letiopi a.
- Pathrusim
- Pathros marye ak Casluhim
- Chasloth
- Pelishtim – G. Filisten
- Azathim
- Gerarim
- Githim
- Ekronim
- Pout (Libi)
- Gebul
- Hadan
- Benah
- Adan
- **Kanaran**
- Zidon – C. Sidon
- Arodi – Aradus Zile ak Arce nan Liban
- Amori – C. Amathine oswa Amathe, G. Epifani
- Heth, Gergashi, Hivi, Arkee, Seni, Zimodi, Chamothi Sa yo te detwi pa Izrayelit yo
- Hur Seir – Seirties, Detwi pa desandan Ezaou

R. = Rivyè, L. = Tè, Mts. = Mòn, V. = Vale, C. = Vil, N. = Non Ebre Moun yo, G. = Non Grèk

Sèm
- **Elam (Pès)**
- N. Elamit
- Shushan
- Machul
- Harmon
- **Asou** (Asiri)
- Mirus
- Mokil
- **Apacha (Babiloni)**
- G. Kaldeyen
- Chelak- Ebè, Pelèg & Yocktan

- Almodad, Chelèf, Azmavèt, Yerach, Adoram, Ozel Diklah, Obal, Abimayèl, Seba, Ofi, Avila, ak Jobab
- Anar
- Aschol
- **Lud**
- N. Ludit, G. Lydians
- Pethor
- Bizayon
- **Aram**
- N. Aramit, G. Syrians, L. Uz
- Celesyria jis nan mitan nò Siri.
- Uz – C. Trachonitus & Damas
- Hul Chul– L. Ameni
- Gether – N. Baktryen
- Mash – N. Mesaneans, G. Charax Spasini

R. = Rivyè, L. = Tè, Mts. = Mòn, V. = Vale, C. = Vil, N. = Non Ebre Moun yo, G. = Non Grèk

*Anèks C :

Lis Wa Janti yo (Ki se moun lòt nasyon ki pa Izraelit)

Soti nan Woulman Jasé

*Enfòmasyon Evènman sa yo soti sou paj Biblefacts.org ki òganize pa Dr. Ken Johnson©

Ane | Evènman yo:

1557 : Noe fè Kam

1656 : Inondasyon Noe a

???? : Kam fè Mitzrayim. Mitzrayim fonde peyi Lejip

???? : Mitzrayim fè Anom (Anom vin dye yo rele Amon-Ra) Jasé 7 :11

???? : Anom fè Oswiris (Oswiris vin dye Osiris) Jasé 14 :2

???? : Rikayon pran twòn lan epi vin premye farawon an. Jasé 14

2018 : BonDye fè Abraram Promès la (430 ane kòmanse ; Gal. 3 :16,17)

2023 : Abraram ale nan peyi Lejip e li wè Rikayon ak Oswiris Jasé 14,15

2039 : Lagè ant Chittim (oswa Kittim) ak Tubal (Vòl Sabines) kòmanse

2047 : Lagè Sabine yo fini

???? : Rikayon fè pitit ... Gap de 209-212 ane

2216 : Jozèf vann nan peyi Lejip – Jasé 59

2228 : Jozèf entèprete rèv farawon an – Jasé 59

2238 : Jakòb (130) ale nan peyi Lejip

2255 : Jakòb mouri, Zefo prizonye – Jasé 56-57

2270 : Magwon (Pitit farawon Jozèf la) vin farawon Jasé 58

2288 : Pitit Jakòb yo goumen ak pitit Ezaou yo

2309 : Jozèf mouri

2310 : Magwon mouri. Zefo kouri kite Lejip pou Angeas nan Lafrik

???? : Angeas nan Lafrik fè lagè ak Turnus nan Bibentu — Jasé 60

???? : Yon Farawon enkoni dirije soti 2310 rive 2340, oswa trant ane

2313 : Zefo kouri kite Angeas nan Lafrik pou Kittim

???? : Angeas konstwi gwo kanal pou dlo

???? : Zefo kite Angeas, lale Kittim

2317 : Zefo ini tout peyi Itali epi li vin premye wa Women an — Jasé 62 :1

2329 : Lafrik atake Kittim — Jasé 62 :25

2340 : Zefo detwi flòt envazyon Afriken an — Jasé 63

???? : Angeas ak Lucas atake Kittim — Edom refize ede Kittim — Zefo lapriyè

???? : Kittim (Zefo) ak Edom atake Lejip epi pèdi

2353 : Melol vin Farawon — Jasé 63 :4,9

2367 : Janeas vin wa Women an

2368 : Moyiz fèt

2386 : Moyiz touye moun Ejipsyen an epi kouri nan peyi Kouch — Jasé 71

2395 : Wa Kikianus nan Kouch mouri epi Moyiz vin wa nan Kouch — Jasé 73

2411 : Wa Angeas nan Lafrik mouri, Azdrubal pitit gason l pran twòn lan – Jasé 74

2417 : Janeas, wa nan Women an, mouri epi Latinis I vin wa Women an – Jasé 74

2421 :Latinis nan Women atake Azdrubal nan Lafrik. Azdrubal mouri frè l Anibal vin wa

2421 : Anibal fè lagè ak Women – Jasé 74

2437 : Melol malad pou dis lane – Jasé 77 :3

2444 : Adikam (pitit gason Melol) vin Farawon – Jasé 77 :1,3

2448 : Adikam pa t retounen Lejip – Jasé 81:40,41

2448 : Egzòd la

2448 : BonDye bay Dis Kòmandman yo (430 ane an fini ; Gal. 3 :16,17)

2462 : Wa Latinis I nan Women mouri – Jasé 74

2463 : Abianus vin wa Women an

2488 : Izrayèl antre nan peyi Kanaran anba Jozye

2494 : Abianus kaptire Edom

2501 : Abianus mouri epi Latinis II vin wa Women an – Jasé 90 :28,29

2505 : Règleman Jij yo kòmanse nan peyi Izrayèl

2551 : Latinis II mouri

Anèks D: Swadizan Kontradiksyon

Ansyen Liv Jasé a pote anpil limyè sou anpil pasaj nan Ekriti Sen an, men gen kèk bagay nan liv la ki kabap kesyonab.

Nèj anvan Inondasyon an?

Anpil etidyan konservatif anseye ke pa te gen lapli anvan Inondasyon Noye a, ki baze sou pasaj tankou Jenèz 2:5-6 ak 7:4. Te gen sèlman yon vapè ki te wouze plant yo. Lapli te parèt premye fwa lè Inondasyon Noye a te rive. Sa te ka nòmal oswa p'at nòmal nan tout pati nan mond lan. Lè ou gade atantivman pasaj la, ou wè ke nèj la te pre tèt mòn Enòk te monte a, anvan li te monte nan syèl. Menm si te gen sèlman yon vapè epi pa't gen lapli nan mond anvan inondasyon an, vapè dlo ki te vin frèt nan tèt mòn yo te kapab kristalize pou fòme glas oswa nèj.

Domine sou lespri?

Yon pasaj deklare ke Kenan te gouvène sou lespri ak demon. Sa a se pa maji li ye. Tèks la senpleman vle di ke Kenan, tankou Kretyen ki gen krentif pou BonDye, genyen pouvwa sou tout pwisans Advèsè a jodia. Anplis de sa, BonDye te di lèzòm pa mwayen Adan pou yo "Fè pitit e ogmante an kantite ; ranpli tè a epi soumèt li. Domine sou pwason ki nan lanmè a, sou zwazo ki nan syèl la ak sou tout bèt vivan ki deplase sou tè a." (Jen 1 :28) BonDye pa't fè eksepsyon a movèz espri kòm yon bagay lòm pat ka domine.

Eske sa te pran 120 ane oswa 5 ane pou te konstwi lach la?

Bib la anseye ke Noye te preche repantans pandan 120 ane epi li te konstwi Lach la. Li pat janm di aktyèlman ke sa te pran 120 ane pou konstwi lach la, men pito 120 ane pou tout pwosesis la. Jasé rapòte ke Noye te preche pandan 120 ane. Senk ane anvan fen 120 ane yo, Jasé di BonDye te enstwi Noye pou te finalman kòmanse konstriksyon Lach la.

Yon loup ki pale?

SENYÈ a te fè yon lou pale ak Jakòb nan Jasé 43:40-46. Nou jwen de lòt bèt ki te pale ak moun nan istwa anrejistre nan Ekriti Sen an. Yon bourik te pale ak Balàm jan li anrejistre nan Nonb 22:28-30 aprè lòm fin peche. Avèk avan lòm te peche nou jwen Sèpan te pale ak Ev nan Jen 3:1-7 donk Jasé pa rapòte anyen ki ta nan yon sans deranje Pawòl SENYÈ a men sèlman sak te pase Jakòb aprè sa l te panse ki te rive Jozèf.

Abraram etabli nan Kanaran a laj 75 an

Jenèz 12:4 deklare ke Abram te gen 75 ane lè li te kite Aran epi li te vini nan peyi Kanaran. Jasé 13:5 di ke Abram te ale nan peyi Kanaran lè l te gen 50 ane. Okòmansman, sa ta sanble tankou yon kontradiksyon; men, Jasé kontinye di ke Abram te retounen vwayaje nan Aran. Lè sa a, pita, nan laj 75 ane, Abraram an efè te vin etabli nan peyi Kanaran. Menm Ekriti Sen an anrejistre ke apre laj 75 an Abraram te deplase nan peyi Lejip pou yon tan akòz yon grangou; lè sa a pita li te retounen. Se menm jan tou, enfòmasyon sa a pa gen okenn kontradiksyon, se jis tou senpleman nouvo enfòmasyon ke nou pa jwen nan Bib la men ki enpòtan pou nou konnen ke Abraram te genyen ti moman dout li tou men SENYÈ a te pasyante anvè l. Menm janl pasyante anvè nou lè Li rele nou.

BonDye oswa yon zanj te pwofetize a Abraram?

Jasé 18:9 deklare ke youn nan zanj yo di Abraram ke Sara pral gen yon pitit gason; men Jenèz 17:16 di ke BonDye te di Abraram. Jenèz 18 kontinye istwa a kote twa zanj yo te vini lakay Abraram. Lè youn nan yo pale ak Abraram, Ekriti a di "Senyè a te di." Sa a se yon aparans pre-enkarnasyon de Jezi Kris la. Mo "zanj" nan Ebre ka senpleman vle di mesajè.

Jakòb nan Padan-Aram oswa kay Laban?

Jenèz 28:5 deklare ke Izarak te voye Jakòb nan Paddan-Aram (Mezopotami) lakay Laban. Jasé 29:11 di ke Jakòb te kouri al kache lakay Ebè pandan 14 ane. Pwiske Ekriti Sen yan pa bay dat pou evènman sa yo, se te byen posib e apwopriye pou ke Jakòb te ale lakay Ebè anvan li te vwayaje lakay Laban epi Ekriti Sen an jis anrejistre evènman ki te pi enpòtan nan moman sa pwiske Jasé te gentan bay detay lan.

Demann Farawon an anvan oswa apre li te wè Moyiz?

Farawon pwoklame pa gen okenn pay k'ap bay ankò a Ebre yo, men menm kantite brik yo dwe pwodwi, anvan menm Moyiz te ale konfwonte Farawon nan Jasé 78:12-13. Egzòd 5:1,7-8 anrejistre menm ensidans sa a rive apre Moyiz te fin konfwonte Farawon. Men sa li ye nan ka sa a Jasé mete enfòmasyon sa yo avan se se vre, men se paske se de fwa ke Farawon an te chanje kota chak jou an pou pèp la epi Bib lan kenbe sak te pi enpòtan ki se aprè Moyiz fin pale ak Farawon an. Tout enfòmasyon sa yo ki bay nan Jasé ak Bib lan enpòtan men nan chak ka diferan otè yo deside selon gid Lespri Sen an sak pi konsekan nan moman.

Nekromansi pratike?

Nan Jasé 42:30-41, Rachèl pale ak Jozèf, vwa te soti nan tonm nan. Sa ta sanble tankou nekromansi ki se yon abominasyon devan Senyè a dapre Detewonòm 18:11-12. Lè sa a te rive, Jozèf te sezi. Menm jan ak evènman sa a, li te rive lè lespri pwofèt Samyèl te retounen epi pwofetize sou Sayil nan 1 Samyèl 28. Men nan kèlkeswa sikonstans, nan de istwa sa yo BonDye kite lespri Rachèl ak lespri Samyèl monte pou te akonpli yon bi menm jan lespri Moyiz ak Eli te parèt pou te pale ak Jezi pou yon bi (Lik 9:29-30), kidonk kèlkeswa sa ou kwè ki te rive nan 1 Samyèl 28, sanble li te rive anvan nan Jasé 42.

Divinasyon pratike?

Dapre Jasé 53:18-22 Benjamen te itilize yon "kat zetwal" ak tas divinasyon Jozèf pou l te jwenn Jozèf. Detewonòm 18:10 entèdi divinasyon. "The Gospel in the Stars" pa Joseph A. Seiss bay yon eksplikasyon detaye sou syans saj yo ki te soti nan lès ak itilizasyon zetwal yo pou yo te jwenn Mesi a e sa a te totalman diferan de astrologi oswa nenpòt kalite divinasyon ni nan istwa Jase a ak ni nan Matye (Mat 2 :1-2). Evènman sa nan Jasé a se menm jan ak itilizasyon Urim ak Toumim pa prèt yo ki te kòmande pa BonDye, e sa p'at divinasyon.

Epidemi mouch oswa bèt?

Nan Egzòd 8:24 se mouch yo, ke yo mansyone kòm epidemi BonDye te voye; men nan Jasé 80 li di se yon epidemi bèt. Jasé dekri li kòm yon epidemi bèt; men Ejipsyen yo te fèmen tèt yo andedan, lwen pifò bèt yo. Nan pwen sa a se sèlman marengwen ak mouch ki te ka antre nan kay yo. Donk epidemi sa te vin konnen kòm epidemi mouch yo. Toude epidemi yo te rive e vrè men, selon sak te bezwen kominike pou moutre pouvwa BonDye se sa otè yo te fè.

Moyiz kite Ejip a laj 18 oswa 40?

Chapit 71 nan Jasé, deklare ke Moyiz te gen 18 ane lè li te kite Ejip. (Èske sa ka tradisyon rabinik?) Li pa t ale nan peyi Madyan, men nan peyi Kouch epi li vin wa (72:34-36) epi li te rete wa peyi Kouch pandan karant ane (73:2). Apre sa a li te ale nan peyi Madyan kote Reouyèl te mete l nan prizon pandan dis ane paske Reouyèl te panse Kouchit yo te bezwen touye Moyiz. Nan Trav.7:23-30, Etyèn, enspire pa Lespri Sen an, deklare ke Moyiz te nan peyi Ejip pandan 40 ane anvan li te ale nan Madyan pou yon lòt 40 ane ankò. Ta sanble ke Jasé ak Josephus pa kòrèk sou sa nan enfòmasyon sa a, oswa sèl fason toude ta ka vre se:

Jasé ak Josephus dekri Moyiz touye Ejipsyen an a laj 18, lè sa a li kouri kite Peyi Ba Lejip la (paske Lejip te divize an de pati Lejip Ba ak Lejip Wo, se nan Lejip Ba Moyiz t'ap viv avan l te touye Ejipsyen an) epi l pran kontwòl nasyon Kouchit nan Letiopi, ki te anba kontwòl Peyi Ba Lejip. Kèk ane pita, Moyiz te fè rebèl kont Ejip e Anpi Kouchit la te vin endepandan. Lè sa a Moyiz vin kite li ale nan peyi Madyan, epi nan laj 80 li retounen pou l te mennen pèp la soti kite Ejip! Rebelyon li nan mitan rèy li nan Letiopi vin pèmèt Etyèn, nan Trav 7:23-30, vin konplètman kòrèk lè li di Moyiz te pase 40 ane nan Ejip ak 40 ane lwen Ejip, ak an menm tan Jasé ak Josephus kòrèk tou lè yo di li te pase 18 ane ak Peyi Ba Lejip, 49 ane nan Letiopi,12 ane nan Madyan, lè sa a nan laj 80 ane, li te mennen delivrans pèp Izrayèl soti nan peyi Ejipsyen yo!

Yon esklavaj 210 ane oswa 430 ane?

Jasé 81:3-4 deklare ke Izrayelit yo te rete nan peyi Lejip pandan sèlman 210 ane. Egzòd 12:40-41 di yo te rete 430 ane. Galat 3:16-18 eksplike diferans sa a. Kantite 430 ane a te kòmanse lè BonDye te bay pwofesi a Abraram lè li te gen 75 ane. Donk, 430 ane sa a soti nan Abraram rive nan Egzòd la. Lè nou itilize kronoloji Jenèz la, se sèlman sa ki te rete nan 430 ane yan se te apeprè 210 ane total tan nan peyi Lejip.

Farawon te peri nan Lanmè Wouj oswa li te ale nan Niniv?

Jasé 81:40-41 di ke tout moun eksepte Farawon te peri nan Lanmè Wouj la. Farawon an di Senyè a mèsi e Senyè a te voye yon zanj ki voye l nan peyi Niniv kote Farawon an te gouvènen pandan lontan. Egzòd 14 :23 di lame Farawon an te peri. Li pa di aklè Farawon te peri ansanm ak yo. Istwa sa a ta ka vre oswa tou senpleman yon anbelisman. Men ki pa deranje anyen.

Ta sanble Rad majik ?

Jasé 7:24-30 di po BonDye te fè pou Adan ak madanm li te ale jwen Enòk apre yo fin mouri, apre sa Metouchela, answit Noye, apre sa Kam vòlè yo epi li te bay Kouch li. Apre sa a, li te pase nan men Nimwòd ki te vin fò lè li te mete rad « majik » yo. Sepandan, Bib la anrejistre yon evènman ki te rive nan lavi Jakòb. Nan Jenèz 30 :32-42 Jakòb te sèvi ak kèk branch pyebwa pou l te fè bèt yo repwodui. Menm jan Jakòb te konnen kèk bagay t'ap atire bèt ki pi an sante, rad sa a te kapab yon bagay ki te repouse kèk kalite bèt. Men se pa rad majik se BonDye ki te vle sa rete konsa paske li te genyen on bi.

Zwazo ki manje koulèv ?

Jasé 73 fè konnen Moyiz, ki te wa peyi Kouch la, te leve sigòy pou l yo te devore sèpan ki t'ap veye lavil Kouchit la. Nou jwenn evènman sa a tou nan Josephus Antiquities 2 :10. Donk li trè byen yon istwa vre.

Lanmè Wouj separe yon fwa oswa 12 fwa?

Jasé 81:38 di dlo a te divize an 12 pati nan travèse Lanmè Wouj là. Fason lang Ebre a ekri a li te kapab vle di 12 pati. Oswa li ta ka tou yon lekspresyon, sa vle di: tout 12 branch fanmi Izrayèl la te pase nan mitan lanmè Wouj la yon fwa, dolye youn apre lòt.

Bèt terib ?

Jasé 36:30-35 fè konnen 120 bèt terib ki te soti nan dezè a te atake bourik Anan yo. Fòm yo te mwatye moun yo soti nan mitan e desann, ak soti nan mitan yo monte anlè, gen kèk ki te sanble ak lous, oswa keephas ak ke dèyè yo soti nan mitan zepòl yo rive desann sou tè a. Yon fwa ankò sa yo ta ka kèk fòm reptil ki atake chwal yo lè yo sote sot sou yo tankou yon lyon ta kapab fè.

Yon mwatye nonm, yon mwatye bèt reptil?

Jasé 61:15 ekri ke Zefo te touye yon èt vivan mwatye moun / mwatye bèt. « Soti nan mitan an anwo li sanble ak yon nonm, ak soti nan mitan an desann li sanble a yon bèt. » Se ta ka pètèt yon gwo reptil oswa yon ti dinozò ki te mache dwat tankou yon nonm.

Lòt bagay etranj

Nan Jasé 8, yon etwal espesyal te make nesans Abraram. Nan Jasé 44:62-68 yon ti bebe onz mwa pale. Bagay sa yo ka parèt dwòl, men si w reflechi sou yo, yo pa kontredi anyen nan Bib là. Kòm ou konnen, pwofèt yo te fè kèk bagay ki te etranj anpil sou enstriksyon Senyè a nan tan lontan. Anpil nan mirak Senyè a te fè yo te etranj anpil, pa egzanp, bourik Balaam t'ap pale avèl, Ezayi te mache toutouni pandan 3 ane, Jezi te fè dlo tounen diven, mouchwa Apòt Paul te geri malad, Ezekyèl te kouche sou bò gòch li pou 390 jou ak bò dwat li pou 40 jou.

Konklizyon

Pa gen anyen nan Jasé ki dirèkteman kontredi Ekriti Sen an. Liv sa a bay limyè sou anpil pasaj Biblik e li rekòmande anpil pa Ekriti Sen an.

Anèks E:

Prefas Edisyon 1840

PREFAS

Se avèk plezi ke mwen kapab prezante piblik American an tradiksyon Liv Jasé a, jan li refere nan Jozye ak Dezyèm Samyèl, ki, apre plizyè ane negosyasyon ak pwopriyetè ak tradiktè travay la nan Anglètè, mwen te reyalize jwenn sa. Gen anpil liv ki nonmen nan Ansyen Testaman an, ki kounye a klase nan mitan liv ki manke, oswa liv ki sipoze pèdi nan mitan anpil revolisyon ki te rive nan Jide. Liv sa yo pa enkli nan Kanon Jwif yo, epi li kesyonab si gen nenpòt ki manke nan sa ki te konsidere kòm emanasyon nan ekriven enspire; paske, lè travay yo nan Bib la pa t kapab dekouvri apre rechèch ki pi dilijan an, enfòmasyon an se ke non yo aplike nan lòt liv, oswa te genyen diferan vèsyon nan menm travay la. Konsa, Liv Kontra an, (Egzòd xxiv. 7.) te yon senp koleksyon nan enjonksyon ak enstitisyon yo delivre atravè men Toupisan an bay Moyiz. Se konsa, li ta ka di tou nan Liv Lalwa a, (Detewonòm xxxi. 9.) Liv lagè Senyè a (Nonb xxi. 14.) yo pa ka jwenn, epi li se tout kote yo pale de li kòm youn nan liv yo ki manke. Doktè Lightfoot, nan Kwonik li yo, panse ke Moyiz refere a yon pwòp liv li konpoze, ke li ekri pa kòmandman BonDye, (Egzòd xvii. 14.) Nou panse, sepandan, ke Liv Jij yo se youn ki refere a kòm Liv lagè Senyè a; paske, nan liv sa a nou gen tout eksplwa Ebre yo nan detay e nan longè.

Nou jwenn nan Kwonik ak Wa anpil liv ki nonmen, ke yo pa ka jwenn liv sa yo. Zak wa David la, ekri nan Liv Samyèl Vwayan an, e tou nan Liv Nathan Pwofèt la, ak tou nan Liv Gad Vwayan an; zak Salomon yo nan Liv Nathan Pwofèt la, ak tou nan Liv Abiya Choulamit la; zak Roboam nan Liv Shemaya Pwofèt la; zak Jozafat nan Liv Jeou. Jounal wa Jida ak Izrayèl; twa mil senk chan, ak yon trete sou botanik ak lanati anime, pa wa sa a ki te aprann yo, pèdi; konsa tou "Zak Manase yo." Travay sa yo, pa t 'jwenn pa Esdras, pa t' ka antre nan Ansyen Testaman an, epi kòm konsekans Yo pa't ka konsidere kòm liv ki te ekri pa enspirasyon divin. Men, li ta asime plis pase sa ki nesesè, pou yon moun ta di ke pa te gen okenn lòt liv nan tan Esdras, pase sa yo konsidere kòm divin enspire. St. Austin di, "Men yo nan ekriti sakre a te ekri kèk bagay jan yo ye a, gason ak konesans istorik ak dilijans lòt bagay, yo te ekri kòm pwofèt, pa enspirasyon nan men BonDye." Nou gen konsa yon klasifikasyon nan travay yo, toude kòm istoryen ak kòm pwofèt.

Neglijans jwif yo nan tan lontan, ak tranzisyon yo kontinyèlman ap soti nan yon peyi ale nan yon lòt, vin lakòz anpil pèt nan ekriti sakre sa yo. Liv Detewonòm an te pèdi pou yon tan long. Te gen anpil liv rejte pa Kanon yo ki toujou objè nan kiryozite, ak venere pou antikite yo. Lapriyè wa Manase a, Bèl ak Dragon an, de Liv Esdras yo, Liv Makabe yo, ak Liv Enoch la, ki te jwenn dènyèman ak tradwi soti nan Ethiopic la. Liv Jasé, refere nan Jozye ak Dezyèm Samyèl, te lontan yon objè nan gwo kiryozite. Kèk nan ekriven Ebre yo te defann ke liv sa li te baze sou lavi ak aksyon Abraram, Izarak, ak Jakòb, ak lòt patriyach yo, ki te rele Jaséim, ki vle di Jis la. Doktè Lightfoot panse li se Liv lagè BonDye yo, epi konsa lektè a ka panse nan lekti plizyè batay li konte. Grotius rele li yon powèm triyonfal. Josephus di, "Ke, pa liv sa a yo dwe konprann sèten dosye ki te kenbe nan yon kote ki an sekirite tout espre, lè yo bay yon kont de sa ki te rive nan mitan Ebre yo ane apre ane, ak liv sa ki rele Jasé, oswa dwat, akòz fidelite a nan anal yo."

Se yon bagay ki konnen ke gen anpil kiryozite ak enkyetid pou dekouvri liv sa ki manke a, ke plizyè falsifikasyon anba non sa a te parèt de tan zan tan ; epi Reveran Mesye Horne, nan Entwodiksyon li nan Etid Ekriti a, te pran kèk tan pou kolekte yon istwa sou diferan fo liv Jasé yo ; sa ki pi remakab la te premye pibliye nan Angletè, nan ane 1750, pa yon moun yo rele Illivc, epi yo te di ke se te yon tradiksyon soti nan yon travay Ebre ki pote non sa a, ki te jwenn nan peyi Pès pa Alcuin. Li te repibliye nan Bristol nan ane 1829, epi mwen gen yon kopi nan men mwen kounye a. Se yon falsifikasyon mal fèt, ki pran sèlman swasann-de paj edmi, ak anpil nòt, ki fè Jasé parèt kòm youn nan Jij yo, pandan ke tradiksyon mo a vle di « moun dwat la », oswa « dosye dwat la ». Nan menm travay Dr. Horne, yo fè yon ti referans sou Liv Jasé, ki ekri nan Ebre Rabenik, yo di yo te dekouvri nan Jerizalèm lè yo te kaptire li anba Titus, epi ki te enprime nan Venice nan ane 1613. Se liv sa a kounye a ki tradwi an Anglè pou premye fwa.

Anvan destriksyon Jerizalèm, jwif yo te déjà etabli tèt yo nan diferan pati nan Espay ak Itali ; yo te fè komès nan ba Gibraltar, jan istoryen yo konfime, depi premye peryòd nan istwa ; epi Basnage mansyone ke nan Sagunto, yon vil nan Espay, yo te dekouvri yon moso wòch tonm, ki pote enskripsyon sa a nan lang Ebre : « Sa a se tonm Adoniram, yon ofisye wa Salomon, ki te vini pou kolekte lajan taks, epi ki te mouri _____ jou, » elatriye. Pa gen dout ke Espay, pwobableman Lafrans ak Itali, te peye taks bay Salomon. Sepandan, li sèten ke jwif yo te pote avèk yo nan Espay, lè yo te dispèse, yon kantite gwo maniskri ak woulo sakre, kote yo te rete pandan anpil ane, epi nan onzyèm syèk la, yo te mete yo nan gwo kolèj yo nan Cordova, epi soti la, yo te transpòte nan Venice lè yo te dekouvri enprime. Prefas Ebre enprime a pou Jasé montre ke li te yon transkripsyon douloure soti nan yon dosye Ebre trè ansyen ak prèske ilizib, epi ki te enprime ak konsantman gwo Konsistwa Raben yo nan Venice, ki te sèlman gen pouvwa pou pibliye travay sa yo soti nan dosye Ebre yo, jan yo te konsidere otantik. Soti nan edisyon Venice Jasé an, yon lòt edisyon te pibliye anpil ane apre, nan Lemberg, nan Galisia. Tou de edisyon yo, nan Ebre, yo kounye a nan men mwen ; epi Sosyete Wa Aziatik la, lè yo te jwenn yon kopi Jasé nan Calcutta, te bay lòd pou fè li tradwi, lòd sa a te anile lè yo te remake ke yo te fè gwo pwogrè nan Angletè nan tradiksyon sa a. Kopi lèt sa a ki soti nan sekretè a bay tradiktè a, montre estimasyon sosyete sa a mete sou travay la.

ROYAL ASIATIC SOCIETY HOUSE

Grafton St., Bond St., London, 2 Septanm 1831.

Chè Mesye,

Mwen ekstrèmman rekonesan dèske ou te pèmèt mwen li lèt M. Noah la. Nan repons ak lèt ou, mwen fè konnen Komite Tradiksyon Oriental la pa konsidere gen okenn revandikasyon sou travay ou a, e si nenpòt moman Rev. M. Adams ta tradwi Liv Jasé la, sa pa t ap rive anvan plizyè ane. Mwen swete ke efò enpòtan ak valab ou yo nan travay enteresan sa a ap byento prezante piblik la nan yon fòm oswa yon lòt.

Chè Mesye,

Sèvitè devwe ou,

WM. HUTTMAN.

Tout sa ki te ekri oswa pibliye pa komentatè yo konsènan fo Liv Jasé yo, mwen sèten yo pa t ap fè referans ak travay sa a, menm si Dr. Horne touche sa lè li pale de piblikasyon ki soti nan Venice pandan premye dekouvèt enprime a. Men, sou orijin ak istwa liv sa a, li pa t konn anyen lòt pase rimè ke li te pote orijinalman soti Jerizalèm. Gen sèten evènman ki anrejistre nan Jasé ki sanble ak sa yo jwenn nan Talmud, san dout kopi nan Jasé. Menm si nou jwenn anpil parabòl ak rakont imajinè nan Talmud, Mishnah, ak Gemara pou rezon moral ak relijye, tout bagay ki nan Jasé la ap parèt tou nan Bib la, men ak plis detay.

Filozòf pi popilè Mendelssohn te eksprime yon opinyon wo sou travay sa a. Gen kèk pati nan Jasé ki ka etone, espesyalman rakont lan de kidnaping fanm sabin yo. Premye fwa mwen li sa, mwen panse se te yon entèpolasyon, men apre refleksyon, mwen konprann ke sa te yon evènman byen plase nan yon lòd kronolojik apwopriye. Nan liv Révolution des Empires, ou Antiquités des Nations Pizron di (paj 164): "Li pwobab ke kèk nan Titans yo, pandan rèy Uranus oswa Satoun, rete nan yon pati nan Itali tou pre Tibre ak Apennins yo."

Sa a gen rapò ak tan kote Jasé plase kidnaping fanm sabin yo, nan 91yèm ane nan lavi Abraram. Liv sa a, menm si li pa sanble enspire, gen yon gwo valè kòm yon konesans ansyen ki ajoute limyè sou istwa sakre ak tradisyon.

Prefas Tradiktè a

Epòk nou an karakterize pa yon gwo enterè nan konprann konesans ak atizay nan tan lontan yo. Plizyè etidyan ak chèchè te vizite ansyen moniman nan peyi tankou Lejip, Babilòn, Asiri, ak lòt kote yo te vizite ak eksplorasyon yo; e se nan mitan moniman sa yo nan grandè imen ki nan kraze ke vwayajè vanyan ak limen jwenn yon gwo rekonpans pou travay li yo ki te chaje ak danje ak efò difisil; paske, nan mitan rès sa yo nan grandè imen, li te reyisi rasanble prèv solid ki konfime plizyè nan laverite ki pi enpòtan nan istwa sakre Istwa pwofan yo te vrèman transmèt nou kèk rakonte sou wayòm sa yo ak sou wa pwisan yo ki te dirije pandan anpil jenerasyon; men evènman yo rakonte yo klèman melanje ak egzajerasyon e yo ranpli ak lejann. Se konsa, kèlkeswa rekonesans otè yo genyen, oswa fason atiran yo ekri yo, elèv relijye ak filozofik la ap souvan vire do ak enatisfaksyon pou l al chache repons nan annal divin ki otantifye Ebre yo. Se sèlman nan sa yo ke li ka jwenn verite konsènan monte, bèl klète, degradasyon, ak veritab kòz kraze ansyen anpi sa yo.

Nan istwa sakre a, nou jwenn sèl enfòmasyon ki otantik ak, san dout, inestimab sou orijin linivè a, sa moun ak tout lòt kreyati vivan yo, elaji gradyèlman nan limanite a, epi delij ki te fèt nan ane A. M. 1656 la. Evènman kolosal sa a toujou gen prèv ki egziste jodi a, prèv ki tèlman inivèsèl ak fò ke tout konesans jeyològ ki sispèk pa janm ka fè yo disparèt pou fè plas pou ipotèz yo sanble yo. Evènman ak tranzaksyon memorab ki nan Ekriti yo, ansanm ak anpil lòt reyalite ki trè enteresan, yo enkli nan Liv Jasé. Tout bagay yo prezante nan yon stil majeste senp ki pa gen twòp dekorasyon, ki se yon karakteristik patikilyè nan lang Ebre a.

Sa a, ansanm ak anpil lòt prèv entènyè, pwobableman ap konvenk etidyan Ebre a ke liv sa a, eksepte kèk pati doutab, se yon moniman venere nan ansyen tan yo. Malgre ke ka gen kèk ajoute ki fèt nan tan modèn yo, li toujou gen ase prèv pou montre ke li se yon kopi liv ki mansyone nan Jozye chapit 10 ak 2 Samyèl chapit 1. Gen pa plis pase sèt oswa uit mo nan tout liv la ki ka, pa konstriksyon, sòti nan lang kaldeyen an. Kopi liv la an ebre ki nan men tradiktè a pa gen okenn pwen. Lè li te li li premye fwa, kèk konfizyon ak dout te leve nan tèt li sou otantisite li; men, plis li te etidye liv la, plis prèv irezistib te konvenk li ke liv la gen yon trezò enfòmasyon konsènan tan ansyen sa yo, kote istwa lòt nasyon yo swa rete silans oswa pa pote okenn limyè reyèl.

Li te espesyalman kontan wè ke tout kontni liv la sèvi pou ilistre ak konfime verite yo gwo ak enestimab ki nan istwa divin lan, jiska kèk ane apre lanmò Jozye, peryòd kote liv la fini. Nan liv eksepsyonèl sa a, lektè a pral rankontre modèl vèti, devosyon, ak jenewozite ki pi elve, ki pa ka fè anyen lòt pase leve admirasyon li ak, an menm tan, deklanche nan li yon santiman emilasyon pou swiv egzanp glwa ki prezante yo. Avèk obsèvasyon preliminè sa yo, tradiktè a kounye a angaje respè li pou eksplike kèk kòmantè sou kontni liv la pou lektè yo.

311

Tit la ספר הישר literalman vle di "rakonte ki dwat oswa kòrèk," men, paske liv la pa t 'konnen, yo te rele li "Liv Jasé." Sa a te fè kèk moun, ki pa konn lang Ebre a, sipoze ke Jasé te non yon pwofèt oswa yon jij nan Izrayèl. Yon egzanp nan sipozisyon sa a te parèt nan yon piblikasyon nan mitan syèk pase a, kote yo te sipoze li te yon tradiksyon angle nan yon maniskri Ebre sou Jashar ki te jwenn nan Gaza nan Pès. Tradiksyon sa a te sipoze pote pa Alcuin.

Lè tradiktè a te ekri editè London Courier nan mwa novanm ki sot pase a, li pa t 'okouran ke kopi Jashar, ki te anonse nan Bristol Gazette kòm yon dekouvèt enpòtan, te fè referans a liv fiktif sa a, ke li te gen opòtinite pou konsilte gras a jantiyès yon zanmi. Li te byen vit konvenki ke tout liv la te travay yon sètik nan Angletè, ki te imite langaj Ekriti yo. Liv sa a te pibliye san okenn mansyon sou enprimè a, librè a, editè a, oswa distribitè a; e li klè ke moun ki te patisipe nan ekri li, ki te fè Jashar tounen non yon jij nan Izrayèl, te inyoran menm nan rudiman lang yo te pretann yo te tradui tèks la, paske li byen konnen, menm pou yon debutan nan Ebre, ke atik defini ה pa janm ajoute nan non pwòp yo.

Tranzaksyon enpòtan yo ki rakonte ak yon remakab brèveté nan Bib la, nan Liv Jashar, yo detay avèk plis presizyon; pa egzanp, pou asasina Abel pa frè l' Kayen, gen yon rakonte espesyal sou dezakò ki te vini anvan zak sa a ak sou pretèks Kayen te chèche pou komèt krim lan.

Li montre tou ke lè jijman divin kondane l' pou l' vin yon nòmad ki va flannen sou tè a, madanm li te akonpaye l', men se pa nan peyi Nod, paske yon kote konsa pa mansyone; olye de sa, li sanble mo Nod nan Ekriti a vle di patisip vèb נדד ("vwayaje" oswa "mezi"). Jashar eksplike li konsa: « Epi nan moman sa a, Kayen soti nan prezans Senyè a, nan plas kote li te ye a; epi li kòmanse vwayaje ak flannen nan peyi a, nan bò solèy leve nan Eden, li menm ak tout sa ki te pou li. »

Nan pasaj ki konsène nesans Kayen ak Abel, yo mansyone tou twa fi. Dapre Jashar, atizay ekriti te sanble konnen e pratike depi pi ansyen peryòd yo; li mansyone ke Kayinan te enfòme davans pa Bondye sou destriksyon iminans limanite nan delij la, ke li te grave sou plizyè tablet wòch e li te konsève nan trezò li yo. Liv sa a gen yon rakonte pi detaye sou sikonstans terib ki te antoure kòmansman delij la ak sou konpòtman Noe devan foul moun yo ki te pè epi ki te sanble alantou lach la lè moman fatal la te rive e sò yo te irevokablman sele.

Yon deskripsyon patikilye sou lavi ak karaktè Enoch bay, montre ke, akòz sajès li, li te dirije pitit lèzòm, toujou anseye yo laverite, lajistis, ak konesans Souvan Wa a. Jashar fè nou konnen ke, nan tan Peleg, pa sèlman fanmi rasyon imen an te separe e gaye, men tè a menm te divize; epi li sipoze ke gen toujou prèv ase nan jounen jodi a ki montre verasite reyalite sa yo. Liv sa a bay tou yon rakonte pi detaye sou jenerasyon desandan Jafèt, Sèm ak Cham, ak diferan pati tè a kote yo te kolonize yo.

Nan peryòd istwa sa a, gen ladan l' yon rakonte sou Nimòd, kote karaktè li, ki abitrè ak vyolan, frape anpil. Pwen konteste sou si wi ou non Nimòd te fondatè anpi Asiryen an, jwenn yon klarifikasyon isit la. Kòz diskisyon an pami komentatè yo soti nan mo אשור nan Jenèz chapit 10, vèsè 11, ki ka vle di swa non yon moun oswa non peyi Asiri. Jashar dekri li konsa: « Epi Asyè, pitit Sèm, soti li menm ak pitit li yo ak moun lakay li yo, elatriye, epi yo bati kat vil la. »

Jashar klèman elusid yon kantite difikilte jènolojik ak kronolojik ki parèt nan Bib la; yon egzanp bay isit la ak jenerasyon Seir, Orit la, sou ki Bib la rete bèbè. Komantatè erudit Aben Ezra fè remake: « Seir, nou pa konnen jenerasyon li »; e mo חרי sipoze soti nan חור, ki vle di yon nòb; men Jashar ba nou desandan Seir la, (ki eksplike poukisa yo te rele l' Orit la), nan mo sa yo: « Epi Seir, pitit Hur, pitit Hivi, pitit Kanaran, pati, » elatriye; Se poutèt sa yo te rele l' Orit la, akoz de Hur, papa li.

Karaktè Abraram nan, pou devosyon li, diyite vre li, ak ospitalite li, sanble inegalab; men rakonte ki pi manyen ak ki pi bèl nan liv sa a se sa ki konsène sakrifis Izarak pa Abraram. Afeksyon mityèl ant papa ak pitit gason, ak devosyon yo ansanm ak obeyisans yo nan kòmandman Kreyatè yo, dekri ak yon presizyon telman pwofon ke li difisil pou pa santi w pwofondman touche pa narasyon sa a. Kondwit Sara, ki gen rapò ak evènman glorifye e san presedan sa a, te nètman diy madanm Abraram ak manman Izarak. Nan epòk sa a, Sara te mouri nan Kireat-Arba. Antèman li yo dekri kòm grandyoz; li mansyone ekspre ke li te akonpaye pa Sèm, pitit Noe, Ébè pitit li, wa Abimelèk, ansanm ak Anar, Eskòl, Mamre, ak lòt pèsonaj enpòtan nan peyi a.

Nan Bib la, Sara se sèl fanm ki gen laj li nan moman lanmò li mansyone; men li ta enteresan pou lektè a konnen ke Jashar anjeneral bay laj tout fanm ki mansyone pandan istwa a. Nan liv sa a, nou aprann ke Noe ak Abraram te kontemporen. Ala bèl refleksyon sou yon rankont ant de patriyach sa yo! Youn te yon moniman mizèrikòd Bondye, pandan lòt la te gen pwomès favè ak gras Bondye, pa sèlman pou tèt li men tou pou desandan li yo.

Fèt sa ta ka pwouve nan Ekriti yo; men depi nan vèsè 32 nan chapit 11 nan Jenèz, pifò komentatè kretyen yo, malerezman, dat nesans Abraram 60 ane pita pase sa ki reyèlman te rive; yo jeneralman presize ke li te fèt nan A. M. 2008, tandiske kalkil regilye nan Bib la mennen nou nan 60 ane pi bonè, ki vle di A. M. 1948.

Liv sa a bay yon rakonte espesyal sou enstriksyon ke Abraram, Izarak, ak Jakòb te resevwa nan men Sèm ak Ébè, ki te fè yo vin ekselan nan devosyon ak sajès. Moun sa yo te vin mentor yo, paske yo te viv jiska yon laj avanse; sitou Sèm, ki, paske li te okouran de tout sa ki te konnen anvan Delij la, te kapab ranfòse prensip vèti li yo, vrè adorasyon Bondye a, ak nesesite pou depann sèlman de Li, lè li te rakonte evènman terib li te wè yo.

Istwa Jozèf la toujou konsidere kòm youn nan istwa ki pi admirab ak enteresan yo. Li ekri nan yon stil elokans senp san artifis, ki manyen tout kè. Nan Jashar, istwa sa antre nan plis detay sou zafè madanm Potifè a, Zelikah; pwosesyon mayifik Jozèf la nan vil Ejip yo lè li te antre nan pouvwa a; ponp ki te akonpaye l' ak cha, ofisye, ak pèp Farawon an lè li te ale al kontre ak papa l'; sèn emosyonèl ki te fèt nan moman sa a, ansanm ak lòt ensidan remakab.

Liv sa a gen ladan yon istwa lavi ak evènman memorab tout pèsonaj enpòtan nan istwa sakre a, soti nan Adan jiska epòk Ansyen yo, ki te vini imedyatman apre Jozye.